일하면서 떠나는 해외여행

일하면서 떠나는 해외여행

지은이 안선희, 정태관, 김태경(상하이 : 이나미, 민보영)
펴낸이 안용백
펴낸곳 (주)넥서스

초판 1쇄 발행 2012년 11월 15일
초판 3쇄 발행 2013년 4월 15일

2판 1쇄 발행 2014년 10월 20일
2판 2쇄 발행 2014년 10월 25일

출판신고 1992년 4월 3일 제311-2002-2호
121-893 서울특별시 마포구 양화로8길 24
Tel (02)330-5500 Fax (02)330-5555
ISBN 979-11-5752-038-1 13980

저자와 출판사의 허락 없이 내용의 일부를
인용하거나 발췌하는 것을 금합니다.
저자와의 협의에 따라서 인지는 붙이지 않습니다.

가격은 뒤표지에 있습니다.
잘못 만들어진 책은 구입처에서 바꾸어 드립니다.

www.nexusbook.com

넥서스BOOKS는 (주)넥서스의 실용 브랜드입니다.

*이 책은 『직딩들의 해외여행 베스트 54』의 개정판입니다.

일하면서 떠나는 해외여행

월차, 연차 내고 즐기는 매력만점 해외여행

안선희·정태관·김태경 지음

넥서스BOOKS

여는글

일터에서 벗어나
나만의 해외여행을
즐겨 보자!

모처럼 징검다리 휴일이 생겼을 때, 어쩌다 바라본 하늘이 시리도록 푸를 때, 숨 막히게 바쁜 일을 마무리 짓고 스트레스를 풀고 싶을 때 등 여행을 생각나게 하는 순간은 많지만 막상 떠나기는 그리 쉽지 않다. 우여곡절 끝에 마음을 먹고, 시간을 내고, 계획을 세우면서도 마지막까지 고민하게 되는 것은 "어쩌다 한 번 가는 곳인데, 더 좋은 곳이 있지 않을까?"라는 점 때문이다.

여기도 가고 싶고, 저기도 가고 싶지만 다녀온 사람마다 알려 주는 얘기가 다르고, 갈 수 있는 시간과 예산은 한정되어 있으니 선택의 폭이 넓지도 않다. 그러니 여유 많은 사람들만 부러워할 따름이다.

이 책은 여행 가기 전에 드는 이러한 수십, 수백 가지의 고민거리에 대한 해답을 찾는 참고서로 활용하면 좋다. 이 책에는 각 여행지에서 그동안 가보지 못한 여러 동네, 그 나라에 갔다면 알아야 할 장소 등을 모아 두고 거기에 새로운 정보와 작가들의 노하우를 조금 더 보탰다.

처음 해외여행을 가려는 사람에게는 기본적인 정보와 함께 여러 여행지 중에서 내게 꼭 맞는 여행지를 선택할 수 있는 전반적인 가이드라인이 되어 줄 것이고, 여행을 여러 번 다녀온 사람에게는 준비하기 번거로운 여행 일정을 한 번에 해결해 주는 간편한 도우미가 되어 줄 것이다.

여행사에서 일하며 많은 사람에게 국내외 여러 여행지를 알려 주는 여행 플래너, 혼자라도 일단 기회가 되면 어떻게 해서든 비행기를 타려는 열혈 직장인, 5년 동안 세계 곳곳을 누빈 전직 승무원이 알려 주는 알짜배기 여행 정보를 마음껏 누려 보길 바란다.

Special Thanks To

태관 일본 취재에 큰 도움이 된 일본정부관광국(JNTO)과 이덕환, 이도원, 이나영, 이혁현 님 등 책을 준비할 때 많은 도움을 주신 지인분들, 항상 응원해 주는 가족 모두에게 감사의 인사를 전합니다.

써니 사진을 협찬해 준 민정 언니, 성민 언니, 유진, 세경, 경원 언니 그리고 주말마다 원고 쓰느라 도서관 데이트만 했던 새신랑 모두 모두 고마워요!

태경 함께하는 여행을 추구하는 나에게 항상 최고의 여행파트너가 되어 준 우리 가족. 아빠, 엄마, 밍키 언니 그리고 신랑 세호! 모두 고마워요.

* 취재 지원 : 일본정부관광국(JNTO)

이 책을 보는 법

《일하면서 떠나는 해외여행》은 핵심 여행 코스와 다채로운 테마 여행 코스로 구성되어 있다. 핵심 여행 코스의 앞뒤로 여러 테마 여행 코스를 연계하여 일정을 짜면 알차고 실속 있는 여행이 될 것이다. 해당 여행지를 처음 간다면 **핵심 여행 코스**를 위주로, 명소 여행보다 조금은 특별한 나만의 여행을 하고 싶다면 **테마 여행 코스**를 위주로 여행할 것을 추천한다.

★ 짧지만 황금 같은 휴가, 어디로 갈까?

주말이나 일주일 등 일정에 꼭 맞는 해외 여행지를 고르는 노하우를 소개한다. 덧붙여 각 해외 여행지를 제대로 즐길 수 있는 최고의 시기도 제안한다.

★ 여행 포인트와 베스트 코스

각 지역의 즐길 거리를 먼저 소개하고 최적의 동선을 고려한 베스트 코스를 보여 준다.

● 이 책에 소개된 여행 정보는 2014년 9월 기준으로 작성되었습니다. 자유 여행자들을 위해 최신의 정보를 정확하고 자세하게 담고자 하였습니다. 그러나 시시각각 변하는 여행지의 현지 사정에 의해 정보가 달라질 수 있음을 알려 드립니다.

핫 스폿 & TIP

꼭 가 봐야 할 여행 스폿을 자세한 정보와 함께 소개한다. 알뜰여행 정보, 알아 두면 좋은 여행 노하우 등 친절한 TIP을 이용하면 좀 더 알찬 여행이 될 것이다.

떠나기 전 준비 3STEPS

여권 만들기부터 비행기 티켓 예약까지 해외여행 초보자를 위한 여행 준비 노하우를 자세하게 담았다.

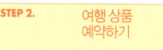

contents

OVERSEAS TRIP FOR WORKERS
일하면서 떠나는 해외여행

	여는 글
004	일터에서 벗어나 나만의 해외여행을 즐겨 보자!

	INTRO 짧지만 황금 같은 휴가, 언제 어디로 갈까?
012	01 금토일 여행지와 일주일 여행지로 어디가 좋을까?
016	02 이 계절, 어디로 떠나 볼까?

	잠들지 않는 도시	홍콩
024	홍콩 핵심 여행	
030	쇼퍼홀릭을 위한 쇼핑 투어	
036	로맨틱한 홍콩을 만끽하는 커플 여행	
040	아이들과 함께하는 가족 여행	

	아시아의 작은 유럽	마카오
050	마카오 핵심 여행	
056	마카오 세계문화유산 탐험	
062	드라마틱한 감성 충전 마카오 여행	

	HOT, IT, TREND, STYLE	도쿄
074	1일 패스를 이용한 도쿄 핵심 여행	
080	달콤한 도쿄 카페 여행	
086	피로를 싹 푸는 하코네 온천 여행	
092	금요일 밤에 떠나는 도쿄 주말 여행	

쇼핑과 먹거리의 천국 — 오사카

- 100 오사카 핵심 여행
- 106 주유 패스를 이용한 오사카 알뜰 여행
- 110 천년 고도 교토 산책
- 114 유럽의 향기 가득한 고베 카페 여행

꽃과 눈이 아름다운 자연의 땅 — 홋카이도

- 126 삿포로 핵심 여행
- 132 꽃 향기 가득한 비에이 여행
- 138 애주가를 위한 하코다테 맥주 여행
- 144 홋카이도 스키 여행

자연과 하나 되는 곳 — 규슈

- 152 후쿠오카 핵심 여행
- 158 가족과 함께 가는 후쿠오카 여행
- 162 맛 따라가는 나가사키 여행
- 168 유후인 료칸 여행

동양의 보물 창고 — 싱가포르

- 178 싱가포르 시내 핵심 여행
- 184 싱가포르 안 또 다른 나라로의 여행
- 188 싱가포르 아트 산책
- 194 아이들과 함께하는 센토사 여행

다채롭고 화려한 맛의 도시 — 상하이

- 206 상하이 핵심 여행
- 212 여성들을 위한 맞춤 쇼핑 여행
- 218 상하이 문화&예술 여행
- 222 맛의 도시 상하이 식도락 여행

세계 여행자들의 아지트 — 방콕

- 230 방콕 핵심 여행
- 234 여유만만 피로회복 여행
- 238 주말 방콕 쇼핑 여행
- 242 방콕 당일치기 근교 여행

예술가들이 사랑한 도시 — 파리

- 250 파리 핵심 여행
- 256 감성이 흐르는 파리 문화 산책
- 262 파리 교외 여행
- 266 두 바퀴로 즐기는 낭만 여행

예술과 역사의 나라 — 이탈리아

- 278 로마 시내 핵심 여행
- 286 역사 속으로 떠나는 바티칸 여행
- 292 명작과 만나는 피렌체 예술 여행
- 298 느릿느릿 베네치아 걷기 여행
- 304 거장들의 흔적을 찾는 밀라노 여행

신들의 놀이터 — 그리스

- 314 아테네 핵심 여행
- 322 아테네 시내 걷기 여행
- 328 그림 같은 산토리니 여행
- 332 산토리니의 숨은 매력 찾기 여행
- 336 지구의 파라다이스 미코노스 바다 여행

대자연이 펼쳐지는 영혼의 휴식처 — 스위스

- 346 루체른 핵심 여행
- 352 알프스 대자연 여행
- 356 알프스 라우터브루넨 마을 여행
- 362 자연을 닮은 도시 베른과 취리히 여행

화려한 스타일 시티 — 뉴욕

- 374 뉴욕 핵심 여행
- 382 눈과 귀가 즐거운 뉴욕 문화 여행
- 390 뉴욕의 상류사회를 맛보는 럭셔리 여행
- 394 뉴욕 히스토리컬 로드 걷기 여행

해양 휴양지 — 괌·사이판·코타키나발루

- 406 쇼핑과 휴식을 함께 즐기는 괌 여행
- 410 자연의 숨결 따라가는 사이판 여행
- 414 꿈의 파라다이스 코타키나발루 여행

INFO. 떠나기 전 준비 3단계

- 419 STEP 1> 여권, 비자 준비하기
- 420 STEP 2> 여행상품 예약하기
- 431 STEP 3> 여행 준비물 챙기기

지친 일상에서 활력 충전이 필요할 때 잠시 일터에서 벗어나 '바다 건너' 이색 여행지로 떠나 보는 것은 어떨까? 특별한 풍경과 볼거리를 생각만 해도 몸과 마음이 설렐 것이다. 바쁘게 일한 내게 특별한 휴식을 주자. 회사 때문에, 시간이 없어서, 돈이 없어서, 집안 사정 때문이라고 핑계 대지 말고 열심히 살아온 나 스스로에게 이색 풍경을 선물해 보자.

찾아보면 하루나 이틀만 휴가를 내면 주말을 끼고 2박 3일, 4박 5일로 저렴하고 실속 있게 다녀올 수 있는 해외 여행지가 꽤 많다. 국내 여행과는 또 다른 이색 풍경이 내 몸과 마음에 활기를 불어넣어 줄 것이다. 일단 떠나기로 마음먹었다면 회사를 그만두지 않고도 갈 수 있는 해외 여행지를 모아 둔 이 책을 펼쳐 보길 바란다.

이제 어디로 떠날지 고민이 되는가? 그럼 이 책을 넘기다가 마음에 드는 사진 속 풍경으로 떠나 보라. 좀 더 꼼꼼한 스타일이라면 책을 읽으며 내게 꼭 맞는 여행지를 찾아 떠나면 된다. '언제 떠날까?'라는 질문에는 안타깝게도 정답이 없다. 여행하기 좋은 때는 개인의 취향에 따라 다르기 때문이다. 하지만 겨울에는 따뜻한 곳으로, 유럽은 춥기 전에 등 어느 정도 가이드라인은 정해져 있으니, 시기에 맞춰 적당한 때를 골라 보자.

다음의 정보는 비행기 티켓을 예매하려고 홈페이지를 뒤적거리다 보면 자연스레 알게 되는 정보이지만 여행 초보자라면 한 번 읽어 두는 것이 좋다.

01

금토일 여행지와 **일주일** 여행지로 어디가 좋을까?

'여행' 하면 왠지 시간을 많이 내야 할 것 같지만 사실 마음만 먹으면 1박 2일 해외여행도 충분히 가능하다. 물론 그에 맞는 튼튼한 체력은 필수이다. 시간을 많이 낼 수 없는 직장인들이 주로 선택하는 여행지는 일본이나 홍콩 정도이다. 일본, 홍콩, 중국은 금요일 하루만 시간을 낸다면 주말을 이용해 충분히 다녀올 수 있으니, 떠나기로 마음먹었다면 우선 짧게 다녀올 수 있는 여행지부터 살펴보자. 화려한 도시로 떠나는 것이 아닌 휴식을 위한 여행을 하고 싶다면 동남아시아가 좋겠지만 거리상 최소 4일 이상은 필요하니 어느 정도 여유를 두는 것이 좋다.

2박 3일 여행지

주말을 끼고 2박 3일 동안 다녀올 수 있는 해외여행지는 일본과 중국밖에 없다. 비행기 출발 2시간 전에 공항에서 수속을 해야 하고 대부분의 공항이 시내에서 1시간 정도 떨어져 있기 때문에 2박 3일 일정으로 해외여행을 다녀오려면 무엇보다 비행기 스케줄이 중요하다. 후쿠오카, 오사카, 도쿄, 상하이, 베이징, 홍콩을 제외한 중국과 일본의 지방 도시도 2박 3일 여행이 불가능한 것은 아니지만 비행기가 하루 한 편 또는 주 3~4회만 운행되는 경우가 있어 실제 여행할 수 있는 시간이 매우 적다.

여행지	비행시간	시차	설명
후쿠오카	1시간 15분	0	마음만 먹으면 1박 2일도 가능하다. 타 지역보다 저렴하게 다녀올 수 있다. 일본 최고의 온천 여행지 유후인이 인기이다.

오사카	1시간 45분	0	먹거리가 풍부한 오사카와 천년 고도 교토, 아름다운 항구도시 고베 등 다양한 개성을 가진 도시를 즐길 수 있다.
도쿄	2시간 20분	0	볼거리, 먹거리, 쇼핑, 온천 등 일본 여행의 모든 테마를 즐길 수 있는, 명실상부한 일본 여행의 중심지이다.
홍콩	3시간 45분	-1	대부분 명품 쇼핑을 즐기기 위해 가긴 하지만, 쇼핑 외에도 흥미로운 관광지가 가득하다.
마카오	3시간 30분	-1	화려한 카지노가 제일 먼저 연상되지만 의외로 감성적이고 동서양의 색다른 조화가 돋보이는 곳이다.
상하이	1시간 55분	-1	홍콩과 비슷한 느낌이지만 보다 저렴한 비용으로 여행을 즐길 수 있다. 야경이 홍콩보다 더 좋다고 하는 사람도 있다.

홋카이도의 삿포로를 비롯한 지방 도시는 항공편이 대부분 하루 1편 정도만 운행되고 있다. 우리나라에서 출발한 비행기는 해외 공항에 도착해서 약 1~2시간 안에 기내 점검을 하고 돌아오는 손님을 태워서 돌아온다. 예를 들어, 우리나라에서 오전 10시에 출발해 현지에 12시에 도착하는 비행기라면 오후 1시 정도에 출발하는 귀국편을 이용하게 된다. 물론 하루에 여러 대의 비행기가 운행되는 도시라면 다양한 시간대의 항공편 중에서 선택할 수 있다.
휴가 없이 2박 3일 해외여행을 다녀올 수도 있다. 도쿄의 경우 금요일 밤 공항으로 출발해서 토요일 새벽에 출국하고 월요일 새벽에 귀국하는 야간 전세기편이 있고, 홍콩의 경우 금요일 저녁에 출발해 월요일 새벽에 도착하는 정규편이 있다. 토요일 새벽에 도쿄 야간 전세기를 탄다면 휴가를 낼 필요가 없으며, 홍콩도 금요일 저녁 출발편을 탄다면 금요일 오후에 반차만 써도 다녀올 수 있다.
도쿄 야간 전세기의 경우는 출국일과 귀국일을 변경할 수 없지만, 홍콩 저녁 출발편은 정규편을 이용하기 때문에 금요일 오전에 출국하고 월요일 새벽에 귀국하는 일정이나, 목요일 오전 근무를 마치고 여행을 떠나는 2박 4일의 일정도 가능하다.
베이징과 상하이는 2박 3일의 짧은 일정이어도 비자를 발급받아야 한다. 비자 발급 소요 기간은 대사관 접수일로부터 일반 접수는 3박 4일, 급행 접수는 1박 2일이기 때문에 여유 있게 신청하는 것이 좋다. 단, 관광 목적의 중국비자는 발급일로부터 3개월 이내에 중국에 입국해야 하기 때문에 너무 서둘러서 만들어 둘 필요는 없다.
주말여행으로 다녀올 수 있는 지역을 여행할 경우 대도시 위주의 쇼핑과 맛집을 다니는 일정이 가장 일반적이다. 만약 휴양을 위한 여행을 생각하고 있다면 후쿠오카나 상하이를 선택하자.
후쿠오카와 상하이는 2박 3일 일정으로 떠날 수 있는 해외여행지 중 가장 저렴하게 다녀올 수 있는 곳이다. 특히 후쿠오카의 경우는 도쿄와 홍콩에 비해 항공권이 20만 원 정도 저렴하다. 후쿠오카에서 열차로 2시간 거리에 있는 유후인은 일본 여성들이 가고 싶은 온천 여행지 1위로 꼽히는 곳이다. 상하이는 주말여행지 중 가장 저렴한 비용으로 마사지, 에스테틱 등을 받을 수 있는 매력적인 여행지이다.
2박 3일 주말여행을 가기 위해서 알아야 할 가장 중요한 것은 수많은 직장인이 최소한의 휴가를 이용해 여행을 다녀오고 싶어 한다는 것이다. 따라서 예약 마감이 매우 빠르므로 2~3개월 전에는 예약을 하는 것이 좋다. 혹시 월요일에 휴가를 쓸 수 있다면 금~일요일 2박 3일보다는 토~월요일 2박 3일 일정이 예약하기 수월하며 요금도 저렴한 경우가 많다. 갑자기 시간의 여유가 생겼다면 땡처리 여행상품도 이용해 볼 만하다.

3박 4일 & 4박 5일 여행지

시간적 여유가 있다면 중국, 일본보다 조금 멀리 나가 보자. 대부분의 동남아시아 지역은 목요일에 출발하는 비행기가 많아 목요일에 출발해 월요일 오전에 돌아오는 일정이라면 목요일과 금요일 이틀만 휴가를 쓰고 알차게 보낼 수 있다. 여름 성수기에는 가족 단위의 휴가객이 많아 리조트에서 한국인뿐 아니라 세계 여러 나라에서 온 휴가객들을 볼 수 있다. 사람도 많을뿐더러 비용도 비싸서 여름 성수기는 될 수 있으면 피하는 게 좋다.

여행지	비행시간	시차	설명
홋카이도	2시간 40분	0	홋카이도는 무엇보다 자연 경관이 뛰어나다. 봄에는 꽃놀이를, 겨울에는 눈놀이를 즐길 수 있는데다 1년 내내 축제가 펼쳐진다.
괌 & 사이판	4시간 20분	+1	쇼핑과 휴양을 즐길 수 있는 최적의 여행지이다. 리조트가 잘 되어 있어 아이들을 동반한 여행자들에게 추천한다.
코타키나발루	4시간	-1	자유 여행으로도 충분히 즐길 수 있는 휴양지이다. 바다에 무릎까지만 들어가도 물고기를 만날 수 있다.
방콕	4시간	-2	저렴한 물가 때문에 언제 떠나도 부담이 없다. 맛있는 음식과 마사지가 그립다면 방콕이 제격이다.

일본의 홋카이도는 거리상으로는 2박 3일 일정도 가능할 듯하지만, 항공 스케줄을 보면 점심 시간 즈음에 삿포로에 도착하고, 귀국하는 날은 오전 10시 전후로 공항으로 출발해야 하기 때문에 2박 3일 일정 중 실제로 여행을 할 수 있는 시간은 하루+반나절밖에 되지 않는다. 따라서 최소 3박 4일 일정으로 가는 것이 좋다.

괌과 사이판은 우리나라에서 저녁에 출발하고, 괌에서 돌아올 때도 저녁에 출발해 기내에서 1박을 하는 3박 5일 일정이 가장 많았지만, 진에어 저가항공이 취항하면서 우리나라에서 오전 10시에 출발, 괌에서 오후 4시 30분에 출발하는 비행편을 이용할 수 있게 되어 최근에는 3박 4일 일정도 인기를 끌고 있다. 괌과 비슷한 느낌의 사이판은 아시아나항공만 취항하지만 주 3~4편은 우리나라에서 오전 출발, 사이판에서 오후 출발하는 항공편이 있어 3박 4일 또는 3박 5일 일정이 가능하다.

말레이시아항공, 대한항공, 아시아나항공, 저가항공인 이스타항공과 진에어가 취항하고 있는 말레이시아의 인기 휴양지 코타키나발루는 오전 출발편과 저녁 출발편 모두 이용할 수 있다. 저가항공을 이용하기도 좋은 곳이기 때문에 3박 5일, 4박 6일의 기내 숙박이 포함되는 일정이 인기이다.

방콕은 저가항공도 많이 취항하기 때문에 다양한 시간대를 선택할 수 있다. 더군다나 저렴한 가격에 경유 없이 직항으로 이용할 수 있어 알뜰 여행을 하기에 최적의 도시이다. 단, 이스타항공, 제주항공 등 저가항공의 특가상품 이용 시, 편도 금액을 제시하는 곳이 많으니 구입할 때 꼼꼼하게 확인해야 한다.

5박 6일 이상의 여행지

일주일 정도의 여유가 생겼다면 고민하지 말고 장거리 비행을 떠나자. '유럽은 길게 가는 곳'이라는 생각이 있긴 하지만 유럽 장기 여행에서도 사실 한 도시에서 4일 이상 머무는 일이 많지 않다. 바쁘게 움직이는 걸 좋아한다면 짧은 기간에 두 도시도 볼 수 있지만, 한 도시를 제대로 보려면 최소 3일은 있어야 가능하다.

여행지	비행시간	시차	설명
파리	12시간	-7	괜히 낭만의 도시란 이름이 붙은 것이 아니다. 직접 가 보면 더욱 로맨틱하다. 모던함과 고풍스러움을 함께 느낄 수 있는 파리에서 진한 낭만을 느껴 보자.
로마	11시간 30분	-7	너무 많이 알려진 관광지라 매력을 느끼지 못할 수도 있지만, 인기 있는 데에는 이유가 있게 마련이다. 도시 전체가 유적지인 로마에서 시간 여행을 해 보자.
피렌체	16시간 (직항 없음)	-7	오래 머무를 만큼 볼거리가 풍부하지는 않아도, 잠깐 있기에는 아쉬운 아름다운 풍경을 가지고 있는 도시이다.
베네치아	12시간	-7	꼭 봐야 할 아름다운 도시이지만 혼자서 가는 여행이라면 뜯어 말리고 싶을 정도로 200% 로맨틱한 곳이다.
밀라노	12시간	-7	밀라노란 이름에서 느껴지는 세련미와 멋스러움을 그대로 보여주는 도시이다. 이탈리아의 다른 도시와는 다른 깔끔함이 매력 포인트이다.
그리스	14시간 (직항 없음)	-6	오래된 옛 이야기 속으로 환상적인 여행을 할 수 있는 곳이다. 그림 같은 섬 산토리니는 필수 코스이다.
스위스	13시간	-7	축복받은 땅 스위스에서 대자연과 함께하는 행복하고 감격스러운 경험을 해 보자.
뉴욕	14시간	-13	무척 긴 비행 시간에도 만족도가 높은 곳이다. 화려하면서도 소소한 매력이 공존하는 스타일리시한 도시이다.

뉴욕은 직항이 많은 편이라 스케줄 정하기가 그리 어렵지는 않지만 가격이 만만치 않다. 하지만 미국 항공사를 이용하면 조금이나마 더 저렴하게 다녀올 수 있으니 델타항공이나 유나이티드항공을 이용하는 게 좋다. 다만 이들은 샌프란시스코나 디트로이트 등 미국 내 다른 도시를 경유하는 경우가 많다. 뉴욕공항에서 시내로 들어가는 버스터미널이 브로드웨이에 있기 때문에 밤 늦게 도착하는 경우라면 가급적 숙소를 브로드웨이 42번가 근처로 잡는 것이 안전하다.

프랑스와 이탈리아, 스위스는 한 나라라고 생각해도 될 만큼 도시 간의 기차 이용이 편리하다. 파리로 들어가서 스위스나 이탈리아 도시로 이동해 한국으로 들어오면 동선과 비용을 동시에 절약할 수 있다. 에어프랑스, 오스트리아항공, KLM네덜란드 등을 이용하면 다른 유럽 도시와의 연결도 편리하다. 파리와 로마는 워낙 취항하는 항공사가 많기 때문에 1회만 경유하면 가격도 저렴할 뿐만 아니라 시간대도 다양하게 선택할 수 있다.

그리스 아테네는 국내에서 아직 직항편이 없다. 주변 국가인 터키, 두바이, 독일, 이탈리아 등을 경유해야 갈 수 있으며, 산토리니 섬도 아테네공항에서 다시 항공이나 배를 이용해 들어가야 하는 번거로움이 있다. 직항편이 없다는 건 그만큼 운항하는 항공기가 별로 없고, 전세계 사람들과 경쟁을 해야 한다는 것을 의미하기 때문에 그리스 여행을 계획 중이라면 최대한 빨리 예약하는 것이 좋다.

02
이 계절, 어디로 떠나 볼까?

여행을 계획할 때 날씨, 계절, 해당 지역의 축제나 이벤트 등을 생각해 보는 것도 좋다. 사계절이 뚜렷한 일본은 전체적으로 우리나라와 비슷한 날씨이지만, 남북으로 길게 뻗어 있어 벚꽃이 피는 시기가 지역에 따라 2개월 이상 차이가 나기도 하고, 한여름에도 20℃ 전후의 시원한 날씨를 만날 수 있는 홋카이도 같은 같은 곳도 있고, 한겨울에도 골프를 칠 만큼 온화한 남규슈 같은 곳도 있다.

쇼핑과 맛집 위주의 여행이 대부분을 차지하는 홍콩의 경우 실내에 있는 시간이 많기 때문에 1년 365일 날씨에 크게 영향을 받지 않지만 8~9월에는 태풍이 오는 경우가 많아 주의해야 한다. 파란 하늘과 뜨거운 태양을 찾아 떠난 동남아시아의 휴양지들은 건기와 우기가 있고, 유럽 대부분은 겨울에는 영업을 안 하는 곳도 있으니 각 나라별 여행 계획을 정할 때 주의할 것을 알아보자.

1》 홍콩, 마카오

홍콩도 베이징, 상하이와 마찬가지로 중국과 같은 춘절, 중추절의 연휴가 있지만 여행을 하는 데는 문제가 없다. 정기 세일은 연중 2회(7~8월, 12~1월)이며 쇼핑하기에 가장 좋은 시기이다. 여름에는 35℃를 넘나드는 기온과 90%에 육박하는 습도 때문에 야외 활동은 힘들지만 지하보도, 아케이드, 쇼핑몰 등을 둘러보는 데 큰 어려움은 없다. 계절적으로 여행하기 가장 좋은 시기는 10~2월경이며 2~3월에는 홍콩 예술제 기간으로 다양한 공연, 이벤트가 펼쳐진다.

마카오도 홍콩과 비슷하지만 전 세계적으로 유명한 이벤트인 마카오 그랑프리가 열리는 11월에는 호텔 예약이 어려울 정도이니 이 기간의 여행을 계획한다면 적어도 2~3개월 전에는 예약을 하는 것이 좋다.

2》일본

도쿄와 오사카는 우리나라와 마찬가지로 뚜렷한 사계절을 갖고 있다. 벚꽃이 피는 봄과 붉은 단풍으로 물드는 가을이 가장 여행하기 좋은 시기이다. 오사카와 도쿄의 벚꽃 시즌은 3월 말부터 4월 중순인데 매년 조금씩 다르고, 벚꽃이 피는 시기는 불과 1주일 정도이기 때문에 벚꽃을 보고 싶다면 일본의 일기예보에 관심을 가져야 한다. 4월 말부터 5월 1주는 일본의 가장 긴 연휴 기간인 골든 위크로 현지 호텔 비용이 크게 올라가기 때문에 이 기간에는 여행을 피하는 것이 좋다. 일본 대부분의 지역은 여름 날씨가 우리나라보다 조금 더 덥고 훨씬 많이 습하지만, 딱 한 곳, 일본의 최북단 홋카이도는 20℃ 전후의 기온에 건조하기까지 해 최고의 여름 여행지로 꼽힌다. 흔히 홋카이도 하면 눈축제 때문에 겨울 여행지로 생각하는데, 홋카이도 여행의 피크는 여름이라는 것을 알아 두자.

4》동남아시아, 남태평양

동남아시아와 남태평양 지역은 연중 기온이 25~30℃로, 연교차가 크지 않아 휴양지가 많으며, 날씨는 건기와 우기로 구분할 수 있다. 싱가포르, 코타키나발루는 11월~2월, 방콕은 5월~9월, 괌과 사이판은 7월~10월이 다른 시기보다 비가 많이 내리는 우기이다. 하지만 우기라 하더라도 하루 종일 비가 내리는 경우는 많지 않으며, 대부분 장대비처럼 잠깐 동안 쏟아지는 스콜이기 때문에 여행하는 데 크게 문제되지는 않는다.

이 지역은 우리나라의 겨울 추위를 피해 여행하는 사람이 많아서 가을 이후에 항공권 가격이 올라가기도 한다. 도시에서 조금만 이동하면 그림 속에서나 보았을 법한 매력적인 곳이 많아 여행지를 선택할 때 고심해야 할 수도 있다.

3》중국

우리나라의 설과 추석 연휴 기간에 중국도 같은 연휴를 맞는다. 춘절과 중추절이라 불리는 이 연휴 기간에는 상점들이 짧게는 일주일, 길게는 10일까지 영업을 하지 않기 때문에 주의해야 한다. 단, 식사 장소 등 모든 일정이 미리 정해져 있는 가이드 동반 패키지 여행은 상관이 없다.

상하이와 베이징을 여행하기 가장 좋은 시기는 봄과 가을이지만 보통 3~4월에는 우리나라와 비교할 수 없는 대륙의 황사를 만날 확률이 높기 때문에 가급적 5~6월을 추천한다. 베이징과 상하이의 여름은 고온다습하지만 우리나라와 큰 차이를 느끼지 않으며 여행할 수 있다. 베이징의 겨울은 우리나라보다 훨씬 추운 대륙성 기후이다. 차갑고 건조한 바람 때문에 겨울 여행은 그다지 추천하지 않는다.

5》파리

우리나라처럼 사계절이 있지만 가을이 짧다. 살짝 덥다 싶을 정도의 날씨에 습도가 높다. 여행하기 가장 좋은 때는 포근한 6월과 9~10월이다. 유럽 대부분의 나라가 그렇듯이 8월 여름 휴가 기간에는 상점의 문을 닫고 휴가를 떠나는 파리 시민이 많기 때문에 소소한 재미를 놓칠 수도 있다. 7월 14일은 프랑스 혁명기념일로 다채로운 행사가 진행된다. 파리는 실내에 볼거리가 많기 때문에 날씨에 크게 상관 없이 여행하기 좋지만, 공원이나 에펠탑 앞에서의 여유로움을 즐기고 싶은 사람이라면 칼바람을 피해 따뜻한 시기에 방문하는 것이 좋다. 10~2월은 대부분의 관광지가 단축 운영을 하기 때문에 겨울에는 저녁 시간을 보내기 위한 보너스 계획이 필요하다.

6» 이탈리아

베네치아, 밀라노, 피렌체와 지리적으로 남쪽에 있는 로마는 지리적인 이유로 기온 차가 나기 때문에 여러 도시를 경유해서 다닐 거라면 의상 준비를 잘해야 한다. 이탈리아 북쪽은 파리보다는 따뜻하고 로마보다는 추운 중간 날씨이기 때문에 10월까지는 선선한 날씨를 즐기며 여행할 수 있다. 로마는 1년 내내 돌아다니기에 무리없는 날씨이므로 관광하기에 좋지만, 여름에는 40℃가 넘는 기온을 감당해야 하니, 7~8월에는 여행을 하지 않는 것이 좋다.

8» 스위스

'스위스' 하면 산을 덮고 있는 만년설과 소가 풀을 뜯고 있는 푸른 초원을 상상하게 된다. 만년설은 말 그대로 항상 그 자리에 있으니, 만년설과 꽃이 핀 초원을 함께 보고 싶다면, 겨울을 제외한 다른 계절에 가는 것이 좋다. 하지만 스키가 목적이라면 11~3월경이 적절하다. 여름의 평균 기온은 20℃ 정도를 유지해 여행하기에 좋지만, 아침저녁으로 기온 차도 심하고, 산악지대로 올라갈 경우 기온이 뚝 떨어지므로 바람막이 점퍼나 스카프 등을 항시 준비해야 한다.

7» 그리스

지중해성 기후를 가진 그리스는 겨울에는 전반적으로 따뜻하면서도 비가 내리고, 여름에는 햇볕이 쨍쨍하고 건조한 날씨를 보인다. 겨울에도 기온이 영하로 내려가는 일이 거의 없어 여행하는 데 무리가 없지만, 아테네 도시 여행뿐 아니라 산토리니 섬에서의 휴양도 함께할 계획이라면 6~10월이 최상의 선택이다. 하지만 그리스 여름의 태양은 유난히 뜨겁기 때문에 태양을 피하는 방법을 필히 강구해야 한다. 비성수기인 11~4월까지는 산토리니 대부분의 숙소가 문을 닫으므로 여행 계획을 짤 때 참고하도록 하자.

9» 뉴욕

어떤 시즌이 아니더라도 항상 관광객들로 붐벼 특정 시기가 좋거나 나쁘다고 할 수는 없다. 하지만 11월부터 4월 정도까지 겨울로 추위가 길기 때문에 조금 따뜻해지는 5월부터 여행하는 것이 좋다. 물론 크리스마스 시즌과 새해를 즐기려면 당연히 추운 날씨는 감수해야 한다. 봄과 가을에는 날씨가 맑아 햇볕이 따뜻하게 내리쬐기는 하지만 바람이 강해 추위에 대비해야 한다. 뉴욕의 여름은 태양빛이 강렬하기 때문에 태양에 대한 대비를 충분히 해야 한다.

OVERSEAS TRIP
FOR WORKERS

계획을 세울 때부터 여행이 시작된다
Let's go!

TRAVEL AREA 01

HONG KONG

홍콩

잠들지 않는 도시

화려한 쇼핑센터, 정신 없이 내걸린 간판, 빠른 걸음을 재촉하는 사람, 그리고 야경. 홍콩을 다녀온 사람이라면 가장 먼저 이런 것들을 떠올리겠지만 진짜 홍콩은 천 가지 표정, 만 가지 맛을 구석구석 숨겨 놓은 도시이다. 어릴 적에 보았던 홍콩 누아르 영화의 주인공처럼 좁은 골목을 누비기도 하고, 휴양지에 온 듯한 여유를 만끽할 수 있는 다채로운 홍콩! 어떤 때는 일상인 듯 자연스럽게 젖어들고 어떤 때는 낯설기만 한 홍콩에서 영화 속 주인공이 되어 보자.

언어 중국어(광둥어), 영어
면적 1,104.3㎢
인구 700만 명
시차 1시간
화폐단위 홍콩달러(HKD)
국가번호 852

| 홍콩으로 떠나기 전에 |

1. 어느 계절에 떠날까?

가능하다면 여름은 피하는 것이 좋다. 30°C가 넘는 날씨는 그렇다 치고 비행기에서 내리는 순간 90%를 넘는 엄청난 습도 때문에 쉽게 지칠 수 있다. 여행하기 가장 좋은 시기는 3~5월, 10~12월이며 만약 휴가 때문에 한여름에 가야 한다면 시원한 에어컨과 함께하는 쇼핑몰 중심의 여행을 추천한다.

2. 항공권, 어떻게 살까?

저렴하게 예약을 하는 방법은 진에어, 제주항공 등의 저렴한 항공사를 이용하는 것이지만, 저가 항공은 취항 편수가 적고 시간대가 다양하지 않아 출국일 또는 귀국일에 아무것도 하지 못하는 경우가 있다. 캐세이패시픽항공, 대한항공, 아시아나항공의 경우는 저가 항공에 비해 가격이 높지만 출국편, 귀국편 모두 이른 아침부터 늦은 저녁까지 다양한 시간대에서 선택을 할 수 있어 보다 알찬 여행이 될 수 있다. 주말 여행을 계획한다면 적어도 1~2개월 전, 여름, 겨울 성수기의 주말 여행이라면 3개월 전에 예약을 하는 것이 좋다.

3. 어디에서 잘까?

홍콩에서는 3만 원대의 저렴한 게스트하우스부터 70만 원이 넘는 특급호텔에 이르기까지 예산이나 취향에 따라 극과 극을 경험할 수 있다. 대부분의 호텔이 여행의 중심지인 센트럴, 침사추이 지역에 밀집해 있기 때문에 위치가 나쁜 숙소를 찾는 것이 오히려 어려울 정도이다. 도깨비 여행이나 스톱오버로 홍콩을 가는 경우에는 공항 근처의 호텔에서 머무는 것도 좋다.

4. 여행 경비는 얼마나 들까?

교통비는 우리나라의 절반 정도인 데다가 대부분 도보로 이동할 수 있어 하루 교통비는 5,000원 미만으로 예상하면 된다. 미식의 천국이라는 홍콩의 식사비는 워낙 선택의 폭이 넓지만 로컬식당, 패스트푸드점에서는 5,000원 정도면 식사를 해결할 수 있다. 홍콩 여행 경비의 관건은 역시 쇼핑! 쇼핑 비용이 식대와 교통비를 침범하지 않도록 조심하자.

AREA.   홍콩. 둘러보기

제주도의 3/5밖에 되지 않아 따로 계획을 세우지 않아도 될 것 같지만 위아래로 이어진 두 개의 섬은 완전히 다른 분위기와 개성을 가지고 있고, 미로처럼 복잡한 도로들 사이사이에 다양한 볼거리들이 숨겨져 있어 계획 없이 갔다가는 짧은 여행 일정을 길에서 모두 허비할 수도 있다. 서울에서 신촌과 강남을 오가듯 지하철을 타고 구룡반도와 홍콩섬을 가볍게 오갈 수 있어 교통은 매우 편리한 편이다.
맛과 멋, 세련됨과 오리엔탈이 공존하는 홍콩. 적어도 어느 지역이 어떤 분위기이고 꼭 느껴야 할 홍콩의 매력은 어떤 것인지 미리미리 체크하고 똑똑하게 여행하자!

1» 구룡반도
홍콩으로 들어서기 위한 관문인 공항이 있는 쪽이 바로 구룡반도다. 중국본토와 붙어 있는 구룡반도는 영화에서 보던 복잡하고 소란스러운 중국 사람들의 일상을 고스란히 엿볼 수 있는 곳이다. 메인 관광지인 침사추이를 중심으로 대형 쇼핑센터, 스타의 거리, 몽콕 시장과 유명 고급 호텔이 위치해 있어 멀리 이동하는 것을 싫어하는 사람이라면 구룡을 집중적으로 여행하는 게 좋다.

2» 홍콩섬
개항 초기부터 외국인들이 정착하기 시작한 홍콩섬은 센트럴 지역을 중심으로 현대적인 고층 빌딩들이 즐비한 세련된 도시의 모습이다. 구룡에서는 볼 수 없는 트램이 운행되고 있어 번화한 도심 한 가운데서 이국적인 정취를 느낄 수 있는 곳이기도 하다. 빌딩 숲을 헤치고 만나는 좁은 골목길들, 음악에 몸을 싣고 즐기는 클럽들, 홍콩의 경치를 한 눈에 볼 수 있는 전망과 만나고 싶다면 홍콩섬으로!

3» 홍콩섬 남부해안
홍콩이라고 해서 빌딩 숲으로만 이루어진 것은 아니다. 홍콩 남부 바닷가는 고급 빌라와 리조트가 들어서며 점점 럭셔리한 해변가의 모습으로 탈바꿈하고 있다. 햇살이 너무 따갑지 않은 날, 습기 찬 시내를 벗어나 한가로운 해변가에서 선탠을 즐기는 것도 나쁘지 않은 선택이 될 것이다.

홍콩 >> 핵심 여행

홍콩
핵심 여행

홍콩 하면 떠오르는 몇 가지 키워드가 있다. '마천루', '야경', '쇼핑'. '홍콩에서 명품 하나 장만해 갈까' 하는 사람들을 위한 쇼핑몰부터 빌딩들의 실루엣을 감상할 수 있는 야경, 아기자기한 재미를 느낄 수 있는 소호와 야시장까지 추천하는 기본 코스만 가도 홍콩의 알짜 지역을 두루 살펴볼 수 있다. 홍콩 사람들의 일상까지 느껴 볼 수 있는 다음 일정은 짧은 시간에 홍콩을 찾는 여행객이 알찬 여행을 할 수 있도록 제안한 기본 코스이다.

ENJOY 01

가장 화려한 홍콩의 밤!
심포니 오브 라이트 즐기기

매일 밤 8시에 펼쳐지는 심포니 오브 라이트를 감상하기에 빅토리아 파크만한 곳도 없다. 빅토리아 항구를 중심으로 33개의 대형 건물이 환상적인 레이저를 뿜어내는 장면을 놓치지 말자. 꼭 빅토리아 파크가 아니더라도 바다 근처라면 어디서든 화려한 조명을 즐길 수 있다.

ENJOY 02

홍콩에는 명품만 있는 게 아니다!
재래시장 구경하기

구석구석 볼거리가 많은 재래 시장. 촌스럽긴 해도 진정한 빈티지를 느낄 수 있는 홍콩의 재래시장에는 없는 것이 없다. 홍콩 일반 시민들의 일상도 들여다볼 겸 활기찬 재래시장으로 가 보자.

ENJOY 03

홍콩의 감성을 느껴 봐
영화 속 흔적 찾기

〈도둑들〉, 〈중경삼림〉, 〈첨밀밀〉, 〈화양연화〉 등 영화 배경지로 가득한 홍콩! 미드레벨 에스컬레이터를 타고 〈중경삼림〉의 한 장면 속으로 들어가 보거나 임청하와 금성무가 만났던 홍콩의 뒷골목을 거닐며 가슴 시린 로맨스를 떠올려 보자.

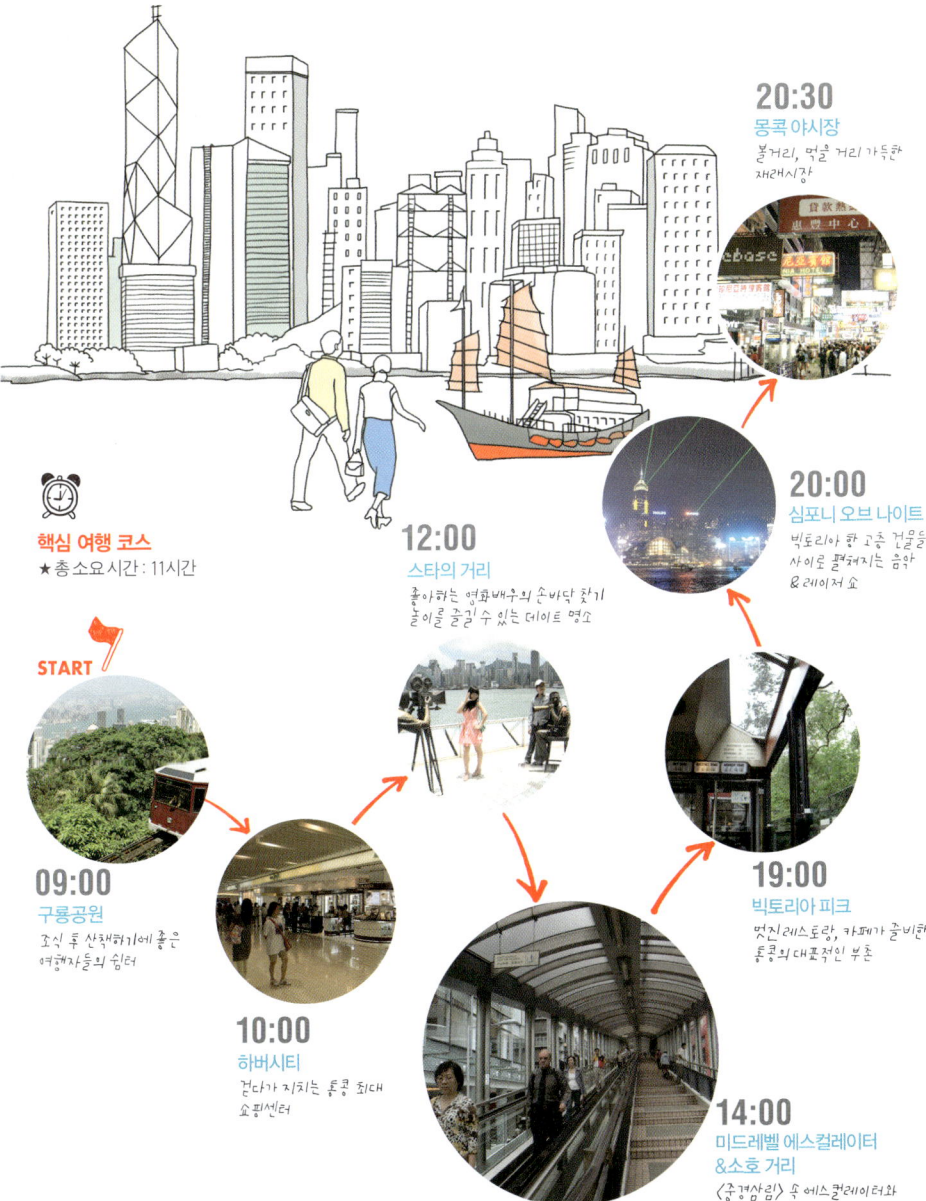

HOT SPOT

가장 홍콩다운
홍콩 핫 스폿

홍콩 최대 쇼핑센터 Harbour City
하버시티

add.	3 - 27 Canton Road, Tsim Sha Tsui, Kowloon
access	침사추이 역 A1 출구 도보 10분
time	10:00~22:00
tel.	2118-8666
URL	www.harbourcity.com.hk

♣ 명품 매장을 비롯해 700여 개의 브랜드가 입점해 있는 홍콩 최대 규모의 쇼핑센터. 영업 시간이 존재한다는 것이 안타깝고 둘러봐도 둘러봐도 시간이 턱없이 부족할 정도로 수많은 브랜드 매장이 쇼핑객들을 유혹하는 곳이다. 쇼핑을 목적으로 한다면 더없이 만족스러운 장소가 될 것이다. 총 4개의 건물로 이루어져 있으니 원하는 브랜드를 미리 점찍어 놓고 이동해야 시간을 허비하지 않을 수 있다. 의류 매장만 있는 것이 아니라 아이들을 위한 유아·아동복 매장, 장난감 전문 매장인 토이저러스, 뷰티, 전자기기, 주방용품 매장 등 다양하게 있어 남녀노소 할 것 없이 모두를 만족시킬 수 있는 쇼핑몰이니만큼 누구와 함께하더라도 알찬 시간을 보낼 수 있다.

홍콩 영화를 기념하는 명소 Avenue of Stars 星光大道
스타의 거리

access	침사추이 E 출구에서 도보 10분, 침사추이 페리터미널 주변
tel.	2639-5284
URL	www.avenueofstars.com.hk

♣ 구룡반도의 끝자락인 스타의 거리는 연인들이 데이트코스로 즐겨 찾는 곳이자 홍콩의 야경 사진을 찍는 곳이다. 거리 곳곳에 다양한 영화를 소재로 한 숍이 있어 눈이 즐겁고 거리마다 새겨진 유명 배우들의 핸드프린팅을 찾아보는 재미가 쏠쏠하다. 영화를 소재로 한 거리답게 늘어서 있는 노점상들의 모양도 TV, 영화와 관련된 모양으로 만들어져 있어, 괜히 뭐 하나라도 사 먹고 싶은 마음이 든다. 스타의 거리는 보통 심포니 오브 라이트를 보기 위해 저녁에 많이 찾지만, 영화배우의 핸드프린팅을 찾아보려면 해가 떨어지기 전에 가는 게 좋다.

영화 〈중경삼림〉의 그곳 Mid-levels Escalator
미드레벨 에스컬레이터

access 지하철 센트럴 역에서 도보 10분

♣ 영화 〈중경삼림〉에서 여주인공 왕정문이 양조위의 집을 몰래 훔쳐보던 에스컬레이터로 유명히디. 세계에서 최고로 긴 에스컬레이터로 처음부터 끝까지 가는 데 걸리는 시간이 장장 20여 분이나 된다. 출근 시간에는 주민들을 위해 내려가기만 하고, 그 이후에는 관광객을 위해 올라가기만 하는 일방 통행 에스컬레이터이다. 올라가는 중간중간 내려서 곳곳에 숨어 있는 세계 각국의 음식을 선보이는 레스토랑과 예쁜 카페를 돌아봐도 좋다. 미드레벨 에스컬레이터 주변에 있는 소호의 갤러리나 보세 상점까지 둘러보려면 오후에 방문하는 것이 좋다.

매력적인 작은 상점들의 집합소 SOHO
소호

add. Shelley, Staunton and Elgin St.
access 미드레벨 에스컬레이터를 따라 올라가면서 중간중간 내리는 골목
time 10:00~22:00
URL www.ilovesoho.hk

♣ 한국에 삼청동, 홍대가 있다면 홍콩에는 소호거리가 있다. 미드레벨 에스컬레이터 양쪽으로 자리잡은 소호 거리는 여자들에게 가장 인기 있는 관광지이다. 전봇대 위에 어수선하게 얽힌 전선들과 묘하게 어울리고 있는 주택들, 그리고 그 사이를 비집고 곳곳에 자리 잡은 노천카페와 작은 상점들로 가득해 여유로움을 즐기기에도 좋다. 특히 소호거리는 주거 지역과도 밀집해 있어 이국적인 홍콩의 대표적인 관광지의 모습과 홍콩 사람들의 일상 모습을 동시에 볼 수 있는 묘미가 있다. 세상에 하나뿐인 아티스트의 핸드 메이드 액세서리와 내 방의 분위기를 바꿔 줄 이색 소품, 백화점에서는 찾아볼 수 없는 개성 넘치는 보세 의류들을 장만하고, 오가닉 카페에서 유기농 주스 한잔까지 마신다면 소호 여행은 아름답게 마무리될 것이다.

유럽의 향기 가득한 그곳 Victoria Peak
빅토리아 피크

add. 1 Hing Fat Street, Causeway Bay
access 지하철 코즈웨이 베이 역 E 출구에서 직진하여 도보 5분
URL www.thepeak.com.hk

♣ 홍콩섬을 내려다보는 언덕에 있는 빅토리아 피크. 오래전에 유럽인들이 더위를 피해 별장을 짓고 살던 곳으로 지금도 홍콩의 대표적인 부촌이며 여행객에게는 인기 관광지이다. 일반 버스를 이용해 찾아갈 수도 있지만 급경사를 오르는 열차인 피크트램을 타고 오르면 재미있게 갈 수 있다. 단, 주말에 피크트램을 타기 위해서는 1시간 이상 기다리는 경우도 있다. 빅토리아 피크에는 밀랍인형을 전시하고 있는 마담투소 전시관을 비롯해 멋진 풍경을 바라보며 식사를 즐길 수 있는 레스토랑, 카페가 있다.

화려한 조명과 클래식의 향연 A Symphony of Lights
심포니 오브 라이트

access 빅토리 항구 양쪽 해안(침사추이, 완차이, 센트럴 등)의 주요 건물
time 매일 밤 20:00부터 약 13분(태풍 경보 및 폭우 등으로 인해 취소될 수 있다.)
tel. 2810-2555

♣ 한마디로 표현하자면 '조명쇼'이다. 스타의 거리에서 매일 저녁 8시에 울려 퍼지는 웅장한 클래식 음악에 맞춰 현란하게 움직이는 화려한 조명들은 그 명성도 자자한 홍콩의 야경을 완성시킨다. 심포니 오브 라이트를 관람하기 위해 사람들이 초저녁부터 몰려들어 자리를 잡을 만큼 인기 있는 프로그램이다. 7시부터 사람들이 몰려들기 시작하니 좋은 자리를 맡기 위해서는 일찍 가야 한다. 편안하고 아늑하게 감상하고 싶다면 스타의 거리와 인접해 있는 인터콘티넨탈 호텔의 레스토랑을 이용해도 좋다.

활기 넘치는 재래시장과 쇼핑몰 Mongkok
몽콕

access   지하철 몽콕 역 D1 출구

♣ 몽콕은 우리나라의 남대문 시장과 느낌이 비슷하다. 오후 늦게 슬슬 문을 열기 때문에 저녁에 가야 활기 넘치는 시장의 모습을 제대로 느낄 수 있다. 몽콕은 여자들이 좋아할 만한 액세서리를 많이 파는 레이디스 마켓, 전자제품, 스포츠 용품 전문 골목, 꽃·금붕어·새를 파는 골목, 중고서점 골목 등 골목마다 전문적으로 파는 종류가 달라 늦은 시간까지 구경해도 지루하지 않다. 지하철 몽콕 역 입구만 기억한다면 가이드북이 없어도 관광하는 데 아무 문제가 없다. 시장 곳곳엔 재래시장에서 맛볼 수 있는 다양한 현지 음식뿐 아니라 맥도날드(24시간), KFC 등 패스트푸드 점도 있으니 일단 먹고 시작하자!

TIP.
옥토퍼스 카드

홍콩 여행을 할 때 신용카드만큼이나 중요한 카드가 있다. 바로 충전식 교통카드인 옥토퍼스 카드! 홍콩의 거의 모든 대중교통을 이용할 수 있으며, 편의점, 패스트푸드점과 일부 백화점, 박물관 등에서도 사용이 가능하다. 구입 시 보증금 50HK달러(약 7,000원)가 필요하지만, 여행 후 카드 잔액과 함께 환불받을 수 있다. 홍콩국제공항 입국장의 AEL 창구나 시내 지하철 역에서 구매할 수 있으며, 충전은 지하철 역이나 세븐일레븐 편의점에서 하면 된다. 50HK달러, 100HK달러 단위로 충전할 수 있다.

TIP.
몽콕 쇼핑 추천 리스트

★스포츠 용품

골목을 지날 때마다 나이키 매장을 볼 수 있는 곳이 바로 몽콕이다. 나이키뿐 아니라 다양한 스포츠 용품과 등산 용품을 저렴하게 구입할 수 있

다. 부모님께 선물할 등산 용품, 남자친구에게 선물할 커플 운동화 등을 사고 싶다면 몽콕을 꼭 한번 들러 보길 바란다.

★향수

홍콩시내 어디서든 봉주르와 SASA 화장품 매장을 볼 수 있지만, 몽콕은 매장이 많은 데다가 넓어서 제품 비교에도 좋다. 주변 지인들 선물을

구매하고 싶다면 SASA를 추천한다. 국내와는 비교도 안 되는 가격으로 정품 향수를 구매할 수 있고, 다양한 브랜드의 매니큐어와 미니어처 향수도 묶음으로 판매하기 때문에 직장 여자 동료들이나 친구들의 선물을 마련하기에 최적의 장소라고 할 수 있다.

★기념품

남대문에 가면 전통한복과 관련된 열쇠고리부터 부채까지 구입할 수 있는 것처럼 몽콕에 가면 홍콩스러움이 묻어나는 작은 소품들을 구입할 수 있다. 장식품, 열쇠고리, 핸드폰 케이스 등 가벼운 선물이나, 홍콩의 추억을 담을 기념품을 구입하려면 레이디스 마켓으로 가자.

홍콩 >> 테마 여행 01

쇼퍼홀릭을 위한 쇼핑 투어

ENJOY 01
최고급 호텔에서
홍차 한잔과 함께하는 오후

숙박을 하기에는 비싼 특급 호텔에서 오후에 즐기는 홍차는 홍콩에서 누릴 수 있는 이색적인 즐거움 중 하나이다. 여유롭게 차 한잔하며 쇼핑하느라 쌓인 피로를 풀어 보자.

ENJOY 02
캣스트리트에서
이야기 깃든 골동품 구경하기

비싼 명품이 최고는 아니다! 보는 재미도 쏠쏠한 골동품 시장인 캣스트리트에 가 보자. 중국영화의 한 장면에서 보던 오래된 거리를 탐방하다 보면 시간 가는 줄 모를 것이다.

ENJOY 03
저렴해서 더 좋은
홍콩의 와인 마셔 보기

국적불명의 사람들과 함께 즐기는 너츠포드 테라스에서의 와인 한잔! 기분 좋을 정도로 가볍게 마시는 와인은 숙면에도 좋다.

'쇼핑천국'이라 불리는 홍콩. 그 이유는 다름 아닌 면세 지역이기 때문이다. 화장품이 떨어졌을 때, 명품가방이 사고 싶을 때 간절히 생각나는 면, 세, 점, 해외 나가는 친구에게 공항 면세점에서 사다 달라고 애처롭게 부탁하지 말고, 내가 원하는 모든 것을 면세 지역 홍콩에서 마음껏 쇼핑해 보자!

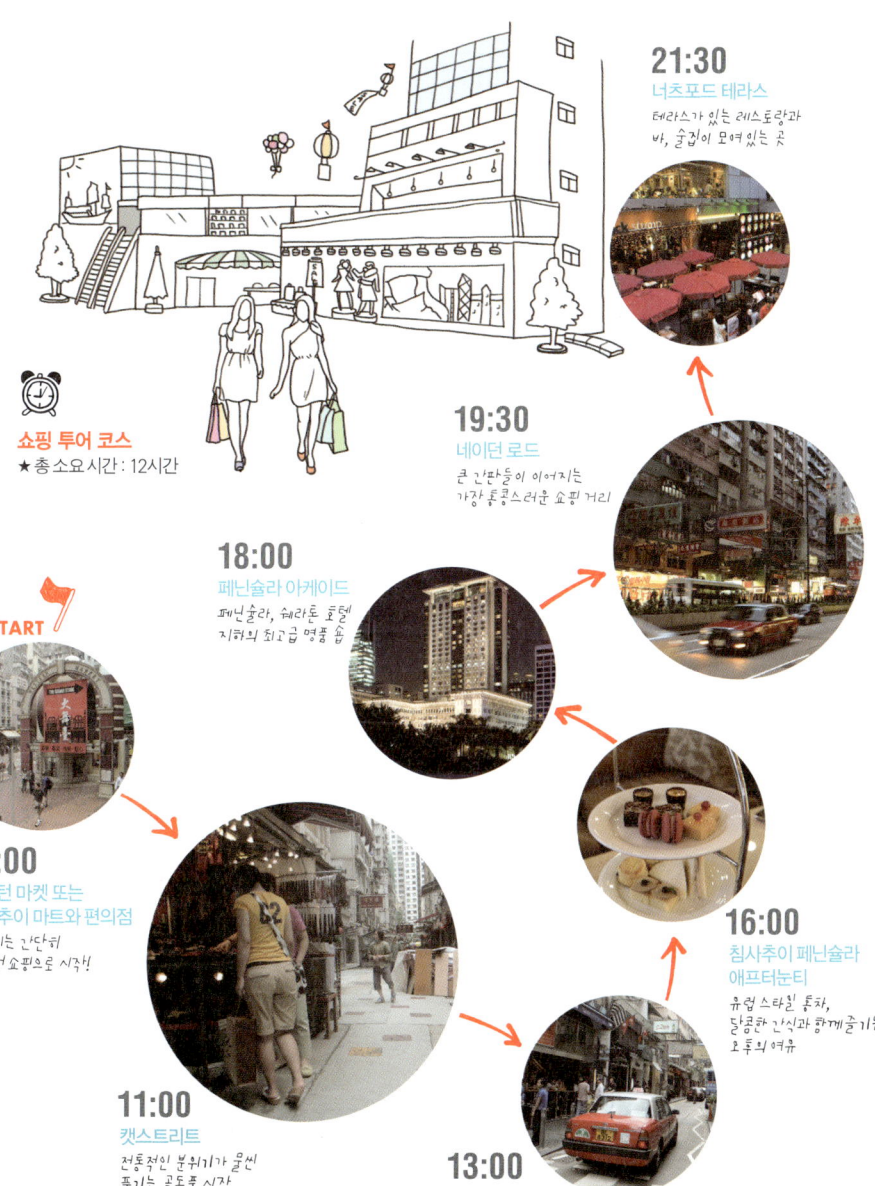

HOT SPOT

쇼핑 마니아라면 여기로!
홍콩 핫 스폿

홍콩의 과거를 엿볼 수 있는 곳 Western Market
웨스턴 마켓

add.	323 Des Voeux Road Central, Central, Hong Kong
access.	지하철 성완 역 C 출구에서 왼쪽으로 도보 2분, 홍콩섬 트램의 종점
tel.	6029-2675
URL	www.westernmarket.com.hk

♣ 복고풍의 붉은 벽돌로 이루어진 웨스턴 마켓은 이 지역 최초의 마켓이다. 옛날엔 식료품을 주로 팔았지만 지금은 액세서리, 기념품, 베이커리 등 다양한 숍으로 이루어져 있다. 홍콩의 대표 아이콘인 2층 버스와 트램 등의 미니어처를 살 수 있는 80미터 버스 모델 숍(80m Bus Model Shop)도 입점해 있다. 트램 종점과 접해 있어 앤티크한 트램의 사진을 찍는 데는 제격인 곳! 1층만 둘러보면 되기 때문에 시간이 많지 않을 때 들르면 좋다.

전통적인 분위기의 잡화점 거리 Cat Street
캣스트리트

access 지하철 성완 역 A2 출구에서 도보 10분

♣ 소호에 가기 전, 캣스트리트에 잠시 들러 보자. 골동품 시장인 캣스트리트는 중국 사극드라마나 영화에 나올 법한 분위기로 전통적인 느낌이 물씬 살아 있는 곳이다. 작은 소품부터 오래된 골동품까지 여행자들의 시선을 사로잡을 만한 아이템들이 많아 정신 없이 널려 있는 거리 곳곳을 누비는 재미와 걸어서 얻는 다이어트 효과까지 동시에 누릴 수 있다.

명품 숍과 백화점이 가득한 쇼핑 천국
호텔 지하 아케이드

add. Salisbury Road, Tsim Sha Tsui
access 지하철 침사추이 역 L3 출구

♣ 구룡반도의 지하 세계에는 또 다른 시내 쇼핑천국이 자리해 있다. 바로 페닌슐라 호텔과 쉐라톤 호텔 지하 아케이드이다. 지상 위엔 최고급 럭셔리 호텔이, 지하에는 최고급 명품 숍들과 백화점이 있어 호텔도 구경하고 쇼핑도 즐길 수 있다. 헤리티지 1881, 소고 백화점까지 함께 볼 수 있는 이 아케이드에는 명품 브랜드뿐 아니라 지오다노 같은 중저가 브랜드와 몽콕의 스포츠 매장만큼 다양하고 저렴하게 스포츠 용품을 판매하는 스포츠 하우스가 있어 심포니 오브 라이프를 보러 가기 전에 저녁 식사를 하고 시간을 보내기에 좋다.

TIP.
홍콩 쇼핑 즐기기

★ 편의점, 슈퍼마켓 쇼핑

대부분의 쇼핑몰은 매장마다 영업 시간이 다르며 패션 브랜드, 음식점의 경우는 10시, 11시에 오픈을 하는 경우가 많다. 아침 일찍부터 여행을 시작한다면 조금 더 일찍 영업을 시작하는 슈퍼마켓부터 공략을 해 보자. K11, 아이스퀘어(iSquare), 더원(The One) 등 침사추이의 쇼핑몰마다 조금씩 다른 느낌의 슈퍼마켓들이 있다. 혹은 호텔 주변 마켓에서도 소소한 재미를 찾을 수 있다.

★ 홍콩 쇼핑의 묘미! 가격 흥정하기

야시장, 상하이 스트리트, 템플 스트리트 등에서 물건을 구입할 때는 흥정이 필수이다. 흥정 노하우는 1단계, 그냥 돈이 없다고 한 후 2단계, 옆 가게의 비슷한 물건에 눈길을 돌린다. 특히 최종 금액을 지불하기 전에 추가적으로 몇 개를 더 구입한다면 흥정하면서 가격이 많이 내려가는 것을 실감할 수 있을 것이다.
가격을 점점 내리면서 몇 개 더 주겠다고 하는 상술에 넘어가지 말자. 싼 값에 필요 이상의 수량이 손에 쥐어져 있을지 모르니 정해진 예산과 구매 항목을 항상 기억하자!

영국, 홍콩의 전통적인 티 타임 Afternoon Tea
애프터눈티

인터콘티넨탈 호텔
add. 18 Salisbury Road, Kowloon
tel. 2721-1211
URL www.hongkong-ic.intercontinental.com

샹그릴라 호텔
add. 64 Mody Road, Tsimshatsui East, Kowloon
tel. 2721-2111
URL www.shangri-la.com

페닌슐라 호텔
add. Salisbury Road, Kowloon
tel. 2920-2888
URL www.peninsula.com

♣ 꽃무늬 찻잔에 홍차 한 잔 따라 놓고, 달콤한 간식과 함께 오후의 여유를 만끽했던 유럽 사람들의 문화가 홍콩에도 있다. 점심시간 이후에 즐기는 애프터눈티는 홍콩의 유명 호텔 어디에서든 주문할 수 있는 메뉴이다. 그중 최고의 애프터눈 티 명소는 페닌슐라 호텔로 오후 2시부터 7시까지만 주문이 가능하기 때문에 성수기에는 관광객들이 호텔 입구부터 줄을 서서 기다리는 진풍경을 볼 수 있기도 하다. 인터콘티넨탈 호텔이나 구룡 샹그릴라 호텔도 페닌슐라 호텔에 못지않게 인기가 있으며, 그중 구룡 샹그릴라 호텔은 주말 애프터눈 뷔페가 있어 달콤한 디저트를 좋아하는 사람에게는 놓쳐서는 안 될 코스가 될 것이다.

밤쇼핑을 즐길 수 있는 쇼핑 거리 Nathan Road
네이던 로드

access 지하철 Jordan 역 C1 출구에서 침사추이 역 F 출구까지

♣ 네이던 로드는 침사추이의 메인 도로로 도로의 양쪽에 호텔과 쇼핑몰들이 즐비하게 늘어서 있다. 다른 쇼핑몰이 저녁 8시 정도에 문을 닫아 아쉬웠다면 침사추이 안쪽에 있는 K11로 가자. 이곳은 밤 10시까지 운영하기도 하고, 푸드 코트도 종류별로 즐길 수 있어 낮 동안 미처 하지 못한 쇼핑을 즐기기에 적합하다. 쇼핑몰 내부가 갤러리처럼 꾸며져 있어 굳이 쇼핑이 아니더라도 가볍게 둘러보며 시간을 보내기에 더 없이 좋은 장소가 될 것이다.

시원한 저녁 바람 맞으며 즐기는 맥주 한잔 Knutsford Terrace
너츠포드 테라스

access 침사추이 역 B2 출구에서 도보 7분

♣ 침사추이 네이던 로드의 미라마(Mirama) 백화점이 있는 킴벌리 로드에 가면 한국어 간판이 드문드문 보인다. 그 간판들 사이를 걷다 살짝 왼쪽으로 고개를 돌려 올려다 보면 평범해 보이는 계단 사이로 숨겨진 유럽풍의 거리가 있다. 바로 홍콩 관광의 하루를 마감하고 호텔로 돌아가는 길에 시원한 저녁 바람을 맞으며 가볍게 맥주 한 잔하기 좋은 너츠포드 테라스이다. 홍콩의 더위를 잊게 해주는 시원한 맥주를 마시거나 촛불을 마주하고 와인을 마시며 담소를 나누는 세계 여러 나라 사람들의 모습이 눈에 띈다. 너츠포드 테라스의 레스토랑은 밤 늦은 시간까지도 안전하게 즐길 수 있고, 레스토랑의 음식 맛도 좋아 매일 밤 찾아가고 싶은 곳이다.

TIP.
동선에 따라 골라 가는 쇼핑센터

쇼퍼홀릭의 천국답게 홍콩에는 수십 개의 쇼핑몰이 있다. 저마다 다른 개성을 갖고 있지만 쇼핑 관련 업계에서 일하고 있어 디스플레이, 매장 인테리어까지 볼 계획이 아니라면 모든 쇼핑몰을 가 볼 필요는 없다. 이것저것 사다 보면 이미 한 짐이기 때문에 양손을 무겁게 하고 홍콩 시내를 활보할 게 아니라면 숙소에서 가장 가까운 쇼핑센터를 공략하자!

	침사추이	홍콩섬
가장 큰 쇼핑센터	하버시티	타임스퀘어
개성 넘치는 기념품 사기에 좋은 곳	상하이 스트리트	캣스트리트
과거의 모습을 간직한 재래시장	몽콕	파윤 스트리트, 타이윤 시장(완차이), 자딘스 크레센트 (코즈웨이 베이)

홍콩 최대 쇼핑몰 하버 시티의 크리스마스 시즌 풍경

홍콩 >> 테마 여행 02

로맨틱한 홍콩을 만끽하는 커플 여행

ENJOY 01
로맨틱 전망대 센트럴 프라자에서
추억 만들기

무료로 이용할 수 있는 전망대는 연인들의 필수 코스이다. 홍콩섬 전체를 조망할 수 있는 센트럴 프라자에서 둘만의 특별한 추억을 만들어 보자.

ENJOY 02
알콩달콩 소소한 일상의 재미
이케아 탐험

젊고 세련된 감각의 디자인 가구로 세계인을 사로잡고 있는 이케아. 인테리어에 관심이 없더라도 부담없이 구경하기에 좋은 곳이다. 쇼파에 침대까지 있어서 잠시 쉬기도 좋다.

ENJOY 03
뜨거운 청춘의 밤은
란콰이퐁에서

매력적인 나이트라이프 스폿 란콰이퐁! 오픈된 바와 클럽에서 술잔을 들고 홍콩의 밤을 마음껏 즐겨 보자.

감동적인 야경, 매력적인 나이트 스폿 등 로맨틱한 즐길거리가 가득한 홍콩은 커플 여행지로 그만이다. 남녀 모두 만족시킬 수 있는 볼거리도 많은데, 쇼핑에 관심이 많은 여자들을 위해서는 침사추이를, 쇼핑보다는 무언가 탈 거리, 볼거리, 역사적인 장소 등을 좋아하는 남자들을 위해서는 홍콩섬 쪽을 선택하자.

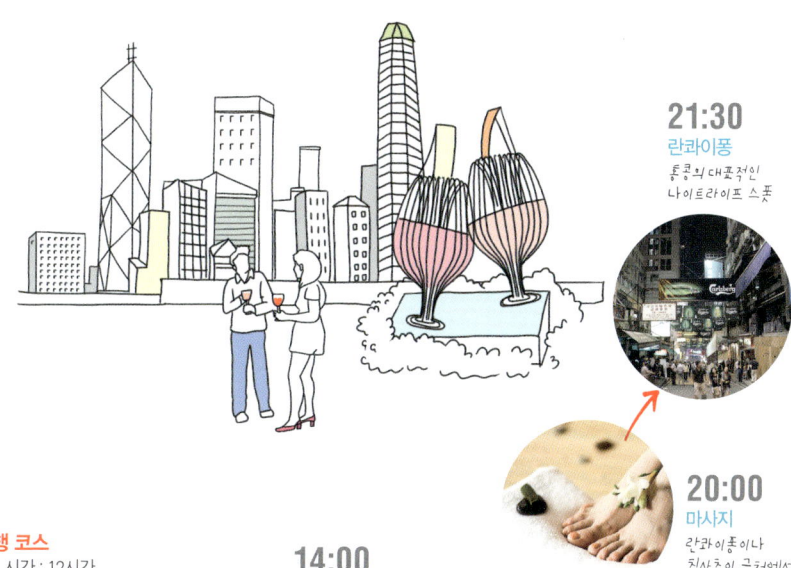

TRAVEL SPOT 01 　홍콩 HONG KONG 　ASIA

21:30 란콰이퐁
홍콩의 대표적인 나이트라이프 스폿

20:00 마사지
란콰이퐁이나 침사추이 근처에서 즐기는 편안한 마사지

커플 여행 코스
★ 총 소요시간 : 12시간

START

10:00 코즈웨이베이
사람들이 넘쳐나는 홍콩의 명동

12:00 눈 데이 건
낮 12시마다 대포 소리 울리는 역사의 향기 가득한 곳

14:00 센트럴 플라자 전망대
홍콩에서 두 번째로 높은 빌딩

17:00 미드레벨 에스컬레이터, 소호
홍콩여행을 하는 여자들에게 가장 인기있는 명소

15:00 만모사원 & 할리우드 로드
홍콩에서 가장 오래된 도교 사원과 테마 거리

HOT SPOT

로맨틱한 추억거리 가득
홍콩 핫 스폿

홍콩의 명동 Causeway Bay
코즈웨이베이

access 지하철 코즈웨이베이 역

이케아
add.   Park Lane Hotel Basement, 310 Gloucester Road
access MRT Causeway Bay E번 출구
time   10:30~22:30
tel.   3125-0888
URL   www.ikea.com

♣ 우리나라의 명동처럼 다양한 쇼핑몰이 모여 있는 코즈웨이베이는 하루 종일 시간을 보내기에 좋은 곳이다. 커플끼리 여행을 한다면 남자들이 두려워하는 명품 쇼핑 대신 서로의 취향을 알 수 있는 인테리어나 소품 숍을 둘러보자. 많은 숍 중 아파트 몇 채를 그대로 담아 놓은 듯한 이케아는 진열되어 있는 침대나 소파에서 마음껏 쉴 수 있어 쉬면서 구경할 수 있다. 푸드코트의 음식도 저렴하고 맛있으니, 이곳에서 식사를 해결해도 좋다. 모던한 서재, 깜찍한 아이들방, 로맨틱한 침실 등 미래의 신혼집을 함께 구상해 보자.

낮 12시마다 울리는 대포 소리 Noon Day Gun
눈 데이 건

access 지하철 코즈웨이베이 역 D1 출구에서 도보 약 10분

♣ 밤 12시에는 신데렐라의 자명종이 울리지만, 홍콩의 낮 12시에는 대포가 울린다. 1800년 중반에 '자딘 매드슨'이라는 기업이 자신들의 배를 환영하기 위해 쏜 21발의 축포가 이어져 내려와 전통이 되었는데, 지금은 매일 정오에 1발만 발사된다.

홍콩 시내 360°로 감상하기 Central Plaza
센트럴 플라자

add.   2 Harbour Road, Wan Chai
access 지하철 완차이 역에서 도보 5분
time   09:00~13:00, 14:15~18:00(월~금요일), 09:00~13:00(토요일)
tel.   2586-8111
URL   www.centralplaza.com.hk

♣ 코즈웨이베이에서 성완 쪽으로 이동하는 길에 잠시 들러 보면 좋은 곳이다. 홍콩에서 가장 높은 건물인 IFC건물에 이어 센트럴 플라자는 홍콩에서 두 번째로 높은 건물이다. 46층의 스카이 로비의 전망대는 무료로 이용할 수 있어, 홍콩섬을 한눈에 볼 수 있다. 단, 일요일, 공휴일은 이용할 수 없으니 일정을 잘 맞춰야 할 것!

이색적인 보물들이 가득 Hollywood Road
할리우드 로드

access 지하철 성완 역 A2 출구, 미드레벨 에스컬레이터 이용

♣ 할리우드 로드에는 가죽 제품만 파는 편집 숍부터 귀여운 인테리어 소품가게, 고가의 브랜드 숍까지 숨겨진 보물 숍이 많다. 할리우드 로드를 메인으로 잡고, 올라갔다 내려갔다 하며 불 켜진 창문을 유심히 보기 바란다. 성완 근처로 이동하면 골동품 거리도 나오니 모던과 앤티크의 경계를 오갈 수 있을 것이다.

홍콩에서 가장 오래된 도교 사원 Man Mo Temple 文武廟
만모 사원

add. 126 Hollywood Road, Sheung Wan
access 지하철 Sheung Wan 역 A2 출구에서 도보 15분
time 08:00~18:00
tel. 2540-0350

♣ 할리우드 로드를 조금만 벗어나면 향 냄새 가득한 골목을 만날 수 있는데, 바로 거기에 만모 사원이 있다. 만모 사원은 언제 가도 복을 비는 홍콩 사람들과 관광객들로 진풍경을 이룬다. 우리나라 절에 연꽃 등이 매달려 있는 것처럼, 만모 사원에는 사람들의 이름이 써진 종이를 단 삿갓 모양의 전등이 천장을 가득 메우고 있다.

매력적인 나이트라이프 스폿 Lan Kwai Fong 蘭桂芳
란콰이퐁

add. D'aguilar Street, Central
access 지하철 Central 역 D2 출구에서 도보 5분

♣ 소호에서 윈햄스트리트를 따라 걷다 보면 나오는 란콰이퐁은 홍콩의 대표적인 나이트라이프 스폿이다. 오픈된 바와 클럽에 술잔을 들고 담소를 나누는 모습은 우리나라에서는 쉽게 볼 수 없는 풍경이다. 대부분의 펍이 실내에서는 흡연을 금하고 있기 때문에 쾌적하고, 펍 밖으로 술잔을 들고 나가서 흡연을 하며 마시는 것이 자연스럽다. 가무를 즐기는 커플이라면 가볍게 몸을 흔들 수 있는 클럽으로, 둘만의 오붓한 시간을 원한다면 조용한 바에서 칵테일 한잔을 하며 로맨틱한 분위기를 즐겨 보자.

TIP.
홍콩에서 즐기는 마사지

마사지 숍은 란콰이퐁 주변과 침사추이 근처에 몰려 있다. 오픈된 공간에서 받는 게 싫다면 가격이 비싸긴 하지만 호텔에 있는 스파를 이용해도 좋다. 미드레벨 에스컬레이터의 양쪽엔 네일과 마사지를 같이 하는 곳이 많다.

홍콩 >> 테마 여행 03

아이들과 함께하는 가족 여행

홍콩은 따뜻한 날씨 덕분에 아이들과 함께 여행하기에 더없이 좋은 도시이다. 큼직큼직한 테마파크와 박물관 등 신나는 놀거리와 볼거리가 다 갖춰져 있다. 아이들과 복잡한 시내를 오가는 게 부담스럽다면 교외의 테마파크를 찾는 여행을 준비해 보자.

ENJOY 01
지성, 감성, 인성 깨우기
침사추이 박물관 탐험

교과서 밖에서 배우는 문화 체험이야 말로 살아 있는 공부일 것이다. 아이들의 이해를 돕기 위한 사전 공부는 필수!

ENJOY 02
동화 속으로 떠나는 색다른 여행
환상의 마을 디즈니랜드

아이들의 상상력을 극대화시켜 줄 수 있는 디즈니랜드에서는 어른들도 동심의 세계로 돌아가고 만다.

ENJOY 03
아이들을 위한 쇼핑 천국
토이저러스

아이들이 가장 신나게 쇼핑할 수 있는 곳, 토이저러스! 아이들을 위한 선물을 고르다 보면 어느새 어릴 적 추억 속에 빠져 있을 것이다.

HOT SPOT

박물관에서 상상력 쑥쑥!
침사추이 박물관 지역

지식과 감성이 자라는 곳
홍콩 우주 박물관
홍콩 예술 박물관
홍콩 문화 센터

add.　　10 Salisbury Road, Tsim Sha Tsui
access　지하철 침사추이 역 E 출구 도보 5~10분

홍콩 우주 박물관(Hong Kong Space Museum)
time　　13:00~21:00(월~금요일), 10:00~21:00(주말, 공휴일), 화요일 휴관
URL　　www.hk.space.museum

홍콩 예술 박물관(Hong Kong Museum of Art)
time　　10:00~18:00(월~금요일), 10:00~19:00(주말, 공휴일), 목요일 휴관
tel.　　2721-0116
URL　　www.hk.art.museum

홍콩 문화 센터(Hong Kong Cultural Centre)
time　　09:00~23:00
tel.　　2734-2009
URL　　www.hkculturalcentre.gov.hk

♣　　침사추이의 스타페리 선착장 바로 옆에 있어 찾기 쉬운 문화·예술 시설. 하얀색의 거대한 원형 모양이라 쉽게 찾아갈 수 있는 우주 박물관은 호기심을 자극하는 천체에 관한 전시물로 가득하고 직접 체험해 볼 수 있는 프로그램이 있어 아이들에게 인기가 좋다. 하얀색 원형의 지붕은 360° 파노라마 영화관으로 평일에 40분짜리 〈스카이쇼〉가 상영된다. 해변에 인접한 예술 박물관에는 1만 점이 넘는 전시물과 미술 작품들이 있고, 빅토리아 하버가 내려다보이는 넓은 유리창이 있는 로비에서 휴식을 취하기 좋다. 콘서트, 오페라 등 다양한 이벤트를 개최하고 있는 홍콩 문화 센터에서는 수준 높은 전시도 자주 진행하기 때문에 아이들의 감성을 키워 줄 수 있다.

역사와 과학을 직접 체험하다
홍콩 역사 박물관, 홍콩 과학 박물관

홍콩 역사 박물관(Hong Kong Museum of History)
add.　　Chatham Road South, Kowloon
access　지하철 Hung Hom 역 D3 출구 도보 10분
time　　10:00~18:00(월~금요일), 10:00~19:00(주말, 공휴일), 회요일 휴관
tel.　　2724-9042
URL　　hk.history.museum

홍콩 과학 박물관(Hong Kong Science Museum)
add.　　2 Science Museum Road
access　지하철 Hung Hom 역 D3 출구 도보 15분
time　　10:00~19:00(월~금요일), 10:00~21:00(주말, 공휴일), 목요일 휴관
tel.　　2732-3232
URL　　hk.science.museum

♣　　그 나라의 역사를 알고 여행을 하다 보면 건물, 골목길, 사람들의 생활을 조금 더 깊게 들여다보게 된다. 홍콩 역사 박물관은 선사 시대부터 영국 식민지를 거쳐 지금에 이르기까지의 홍콩과 중국 역사를 고스란히 담아 놓았다. 짧은 영상들과 테마별로 꾸며진 전시장을 돌다 보면 재미있게 역사 공부를 할 수 있고, 사진도 마음껏 찍을 수 있으니 어른들에게도 뜻깊은 장소가 될 것이다. 역사 박물관의 바로 옆에는 다양한 체험을 통해 쉽게 과학 분야를 체험할 수 있는 홍콩 과학 박물관이 있다.

동화 속 세상 같은
홍콩 테마파크

동화 속 그곳 Disney Land
디즈니랜드

TIP.
디즈니랜드 호텔

아이들과 여행한다면 디즈니랜드 호텔에서의 1박을 추천한다. 디즈니랜드는 공항과 가깝기 때문에 오후에 홍콩으로 도착해 하루를 묵고, 그 다음 날 디즈니랜드를 둘러보면 이동 시간을 줄일 수 있다. 반대로, 놀다 지친 아이들을 데리고 지하철을 타고 시내로 돌아오는 게 버거울 수 있다는 생각이 들면 디즈니랜드 방문한 날에 디즈니랜드 호텔에서 자는 방법도 있다. 호텔 비용이 저렴하지는 않지만, 호텔 이용객 디즈니랜드 무료 이용, 디즈니랜드 기간권 등 비용 절감의 방법도 있으니 인원수에 맞춰 비용 계산을 꼼꼼히 해 볼 필요가 있다. 디즈니랜드에서 구룡 시내까지 택시비는 5만 원 정도이다.

온몸이 짜릿해지는 물놀이 Ocean Park
오션파크

add.	Hong Kong Disneyland, Lantau Island
access	지하철 퉁총(Tung Chung) 라인의 써니 베이(Sunny Bay) 역에서 디즈니 열차 탑승(25분 소요)
tel.	1830-830
URL	park.hongkongdisneyland.com

♣ 홍콩 자체가 작기 때문에 미국이나 일본의 디즈니랜드만큼 '우와~' 할 정도는 아니지만, 친숙한 캐릭터들과 디즈니 작품들을 소재로 한 어트랙션으로 가득해 아이들의 마음을 훔치기에 전혀 부족하지 않다. 투모로랜드, 어드벤처랜드, 판타지랜드, 메인스트리트로 나누어져 있는 홍콩 디즈니랜드는 놀이기구, 공원, 기념품 가게, 식당 등 어디를 가나 아이들에게 친숙한 아기곰 푸, 신데렐라, 라이온 킹, 미키마우스를 비롯한 만화 속 주인공들을 만날 수 있다. 디즈니랜드는 아이들에게 동화책 속에 들어온 듯한 꿈 같은 추억을 만들어 줄 것이다.

add.	180 Wong Chuk Hang Road, Hong Kong
access	지하철 애드머럴티(Admiralty) 역 B 출구에서 629번 버스 (옥토퍼스 카드로 가능)
tel.	3923-2323
URL	kr.oceanpark.com.hk

♣ 놀이기구와 동물원, 아쿠아리움, 케이블카까지 함께 즐길 수 있는 아시아 최대 규모의 1석 4조 테마파크이다. 속도감 있는 짜릿한 놀이기구가 있고 1,500여 마리의 새들이 살고 있는 어드벤처랜드, 판다와 온실 속의 나비, 수백 마리의 금붕어를 볼 수 있는 로랜드, 아쿠아리움, 전망대 등 다채로운 볼거리가 가득하다. 산 정상이라 더욱 아찔한 놀이기구가 모여 있는 헤드랜드는 즐길 거리가 많아 구석구석 보려면 하루가 걸릴 정도이다. 산을 넘어 로랜드와 헤드랜드를 연결하는 케이블카는 바다를 한눈에 감상할 수 있는 멋진 뷰 포인트니 놓치지 말자!

아이들이 두근두근
키즈 쇼핑 플레이스

대형 장난감 전문점 Toysrus
토이저러스

URL	www.toysrus.com.hk

침사추이 점
access Shop OTG24, G/F, 하버시티,
  지하철 침사추이 역 L6 출구
time 10:00~22:00
tel. 2730-9462

코즈웨이베이 점
access 윈저하우스 7층, 지하철 코즈웨이베이 역 E 출구
time 11:00~22:00
tel. 2881-1728

♣ 국내에도 이미 입점해 있지만 아이들과 시간을 보내기에 이만한 곳도 없다. 디즈니랜드 미니어처라고 해도 좋을 만큼 캐릭터 상품들이 넘쳐나 어른들에게는 동심을 불러일으키는 곳이며 아이들에게는 천국이나 다름없는 곳이다. 구룡반도의 하버시티와 홍콩섬 코즈웨이베이의 글로세터로드에 위치해 있어 숙소가 어느 쪽에 있더라도 쉽게 이용할 수 있다.

온가족 모두 쇼핑을 즐길 수 있는 곳 Lee Gardens
리가든스

add. 28 - 33 Hysan Avenue, Causeway Bay
access 지하철 코즈웨이베이 역 F 출구
time 10:00~22:00(일~목요일), 10:00~23:00(금~토요일)
tel. 2907-5227
URL www.leegardens.com.hk

♣ 코즈웨이베이의 타임스 스퀘어 건너편에 있는 리가든스는 성인 명품 브랜드 매장들이 있는 건물과 유아용품을 전문으로 하는 건물 두 개로 이루어져 있다. 리가든스의 장점은 아이를 위한 쇼핑뿐 아니라 부모를 위한 쇼핑까지 동시에 즐길 수 있다는 것! 리가든스의 유아용품 빌딩은 키즈월드라고도 하며, 아이 용품 또한 성인 명품 매장들이 있는 건물 못지않게 많은 고급 브랜드가 입점해 있어 아이가 있는 주변 사람들의 선물을 구매하기에 좋다.

홍콩에서 꼭 먹어 볼 것

완탕면

어묵, 새우, 고기 등 동글동글한 완탕들이 계란면과 함께 뜨끈한 국물에 빠져 있는 가장 대중적인 중국 음식 중의 하나이다. 면 없이 완탕만 들어 있기도 하고, 비슷한 종류의 죽도 있다. 가격까지 저렴하니 원하는 취향대로 마음껏 즐겨 보길 바란다.

딤섬

딤섬 식당에서 먹을 수 있는 딤섬의 종류는 수십 가지가 넘는다. 딤섬 전문점에 가면 딤섬의 종류만 나열해 있는 주문서가 따로 있다. 메뉴 하나당 3~4개 조각이 나오니 일행이 많다면 식당에 있는 딤섬을 다 먹어 볼 수도 있을 것이다. 물론 식당에 따라 가격은 천차 만별이니 가격을 꼭 확인하자.

망고주스, 밀크티

우리나라에서는 이제 거의 찾아볼 수 없는 버블티가 홍콩에서는 아직 인기다. 두유나 밀크티에 쫄깃한 찹쌀뭉치가 들어간 음료는 낯선 곳을 종일 돌아다녀 목마른 여행자에게 큰 위안을 준다. 열대과일이 많은 지역이기 때문에 망고주스 또한 인기! 쌉싸름하지만 깔끔한 밀크티를 마실 것인가, 상큼한 망고주스를 마실 것인가. 그것이 문제로다.

맥주/와인

홍콩 면세 항목에는 맥주와 와인도 포함되어 있다. 세금이 없어지면서 가격은 착해지고, 가짓수는 늘어나 이제 홍콩은 쇼퍼홀릭뿐 아니라 애주가에게도 인기 만점의 도시가 됐다. 요즘은 우리나라에서도 세계 맥주를 쉽게 접할 수 있지만 홍콩 맥주는 홍콩에서 아니면 찾아보기 힘들다. 펍에서만이 아니라 대형 슈퍼마켓에서도 구매할 수 있으니 미성년자가 아니라면 꼭 시음해 보자.

망고우유

우리나라에서는 맛볼 수 없는 색다른 맛! 독특한 향이 첨가된 망고우유를 먹어 보자. 최근엔 망고를 주원료로 한 카페가 국내에서 인기를 얻고 있어 망고 음료가 익숙하긴 하지만, 그래도 우리나라에서 흔한 과일은 아니기 때문에 홍콩을 방문하는 여행객들에게는 인기 있는 음료 중 하나이다. 호기심이 많다면 망고우유 외에도 파파야우유, 생강우유에도 도전해 보자.

알아 두면 좋은 여행 노하우 ✈

비행기 좌석, 취향에 따라 골라 앉기

공항에서 티켓 수속을 할 때 항공사 직원이 늘 물어보는 질문. "좌석은 어느 쪽으로 해 드릴까요(where would you like to sit)?" 딱히 고집하는 자리가 있지 않은 사람일 경우 이 질문을 마주할 때마다 순간 고민되기 마련이다. 이유는 창가석이든 복도석이든 장단점이 있기 때문! 선뜻 결정하지 못하겠다면 5시간 이내 비행에서는 창가 자리를, 5시간 이상이라면 복도 자리를 선택할 것을 추천한다. 어차피 비행기에서는 자는 시간이 반 이상이기 때문에 최대한 불편함 없이 가는 게 최고일 것이다.

창가석 Window Seat

창밖으로 보이는 저 멀리 땅과 구름 구경이 큰 재미를 주긴 하지만 비행이 길어질수록 찌뿌둥한 몸을 풀기에는 썩 좋은 자리가 아니다. 옆에서 곤히 자고 있는 사람을 깨우거나, 옆 사람의 테이블을 열고 닫고 해야 하기 때문이다. 그러니 한 번 자리에서 일어났다면 화장실은 물론 스트레칭까지 꼭 하고 오도록 하자.

복도석 Aisle Seat

복도석은 이동이 자유로워 장거리 비행일 경우에 좋다. 특히 화장실을 자주 가야 하는 사람에게 적극 추천한다. 복도석에서는 볼 수 없는 창밖이 궁금하다면 비상문에 달려 있는 창문으로 밖을 내다봐도 된다. 문 쪽에 서 있는 게 겁이 나거나, 왠지 문 가까이에 가면 승무원의 제지를 받을 것 같은 생각이 들 수도 있겠지만, 안전벨트가 꺼진 상태라면 걱정 말고 창밖 구경을 해 보자.

비상구 앞 자리

비행기를 타 본 사람만이 안다는 자리이다. 비상구 앞 자리는 앞이 비어 있어 다리를 마음껏 펼 수 있고 조금 더 트인 기분을 느낄 수 있어 인기가 많다. 하지만 보통 화장실이나 갤리가 있어 왔다 갔다 하는 사람이 많고 화장실의 물 내리는 소리와 불빛 등이 거슬릴 수도 있다. 비상구 앞 자리는 일반적으로 인터넷을 통해 사전에 좌석을 지정할 수 없다. 간혹 항공사에 따라서 미리 지정할 수 있는 곳도 있고 보다 넓은 좌석인 만큼 추가 요금을 지불해야 하는 경우도 있다. 이러한 경우에도 15세 이상의 신체 건강한 성인이 아닌 경우는 공항 체크인 데스크에서 좌석을 변경할 수도 있으니 참고하자.

TRAVEL AREA 02

MACAU
마카오

아시아의 작은 유럽

여행하는 동안 한없이 새로운 모습을 만날 수 있는 곳 마카오. 마카오를 거닐다 보면 중세 유럽에 와 있는 듯하기도 하고 중국의 조용한 마을에 와 있는 듯하기도 하다. 탁 트인 해안가에서 한가로움을 느끼며 걷다 보면 지난 역사의 한가운데에 와 있고, 또 다른 골목으로 들어서면 현대식 쇼핑몰과 마주하게 되는 신비로운 도시이다. 셔터만 누르면 연예인 못지 않은 화보를 남길 수 있어 촬영지로도 그만인 마카오로 떠나 보자.

언어 중국어(광둥어)
면적 26.8km²
인구 55만 명
시차 1시간
화폐 파타카(PATACA)
국가번호 853

| 마카오로 떠나기 전에 |

1. 어느 계절에 떠날까?

홍콩에서 옆 마을처럼 다녀올 수 있을 만큼 가깝기 때문에 날씨도 홍콩과 비슷하다. 마카오도 여름에는 더위와 눅눅한 습기 때문에 여행하기가 힘들 수도 있다. 봄 또는 늦가을 즈음이 마카오를 여행하기에는 최적의 시기이다. 봄에는 우리나라 초여름 날씨 같고, 늦가을에는 우리나라의 늦여름이나 초가을 날씨와 비슷하다. 단, 매년 11월 셋째 주에는 자동차 경주인 마카오 그랑프리가 개최되어 이 기간에는 호텔 비용이 다소 올라가며, 예약 마감도 빠르니 가급적 피하는 게 상책이다.

2. 항공권, 어떻게 살까?

1석 2조란 말은 이럴 때 사용하는 것! 홍콩에서 국제선 페리를 이용하면 간편하게 마카오로 갈 수 있어서 쉽게 두 나라를 한 번에 여행할 수 있다. 뿐만 아니라 마카오까지 가는 직항편도 있기 때문에 마카오로 가서 홍콩으로 이동하는 일정도 가능하다. 단, 마카오행 항공편은 매일 취항하지 않기 때문에 주의해야 한다. 이 두 곳을 오갈 때는 반드시 여권을 소지해야 한다는 것을 잊지 말자.

3. 어디에서 잘까?

럭셔리의 진수를 경험할 수 있는 마카오! 우리에게는 너무나도 잘 알려진 드라마 〈꽃보다 남자〉에서도 마카오의 럭셔리 리조트가 등장해 그 호화스러움을 자랑한 적이 있다. 특히 2015년까지 '코타이 스트립 프로젝트'의 일환으로 아시아 최고의 리조트 단지가 들어설 계획이기 때문에 마카오의 화려함은 시간이 갈수록 더해질 것이다. 이들의 주 수입원은 카지노이기 때문에 호텔은 생각보다 저렴하다. 물론 저렴한 게스트하우스, 호텔도 찾을 수 있다.

4. 여행 경비는 얼마나 들까?

마카오는 리무진을 타고 다녀야 할 것 같은 분위기와는 다르게 한적한 도보 여행을 즐기기 좋다. 이동 거리를 짧게 잡는다면 교통비는 하루 3,000원 이내에 해결할 수 있다. 고급 리조트와 호텔은 공항, 페리터미널까지 무료 셔틀버스를 운행하기도 하니 예약 시 미리 확인하자. 식사도 가볍게는 5,000원 이내에서 즐길 수 있다. 하지만 마카오의 메인은 카지노인 만큼 재미로 즐길 수 있는 정도의 비용은 챙겨 가는 게 좋다.

AREA. 마카오. 둘러보기

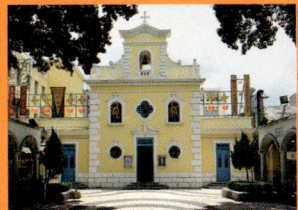  

생각보다 소박한 사이즈의 마카오는 중국 본토와 이어져 있는 마카오 반도와 이제는 더 이상 섬이라고 하기엔 조금은 아쉬운 마카오 섬으로 이루어져 있다. 포르투갈 식민지였던 시절의 유럽 모습을 그대로 안고 있는 마카오는 제2의 라스베이거스라 불릴 만큼 화려한 모습도 매력적이지만, 역사책의 한 페이지를 펼쳐 놓은 듯한 소박함과 앤티크함으로 관광객들의 발길을 더욱 사로잡는 곳이다.

1 »   **마카오 반도**
'죽기 전에 가 봐야 할 유네스코 세계문화유산 100곳'의 리스트를 아시아 중심으로 만든다면, 마카오, 그중에서도 마카오 반도 지역에 있는 수십여 곳의 세계문화유산들이 그 리스트의 대부분을 차지할 것이다. 시간의 흔적을 고스란히 간직한 마카오 반도 구역은 '마카오 역사 지구'로 불리며 현 시대의 사람들에게 과거로 이동할 수 있는 타임머신의 문이 되어 주고 있다.

2 »   **마카오 섬**
작은 포르투갈인 타이파섬, 라스베이거스 저리 가라 하는 코타이스트립과 마카오 최남단의 아름다운 파라다이스 콜로안 섬 사이의 바다를 메워 하나로 만든 것이 바로 마카오 섬이다. 마카오를 배경으로 한 많은 국내 드라마의 촬영지를 직접 찾아가 보는 재미가 있는 마카오 섬은 조용한 휴양지와 화려한 리조트를 모두 찾아볼 수 있어 한적한 여유를 즐기고 싶은 사람과 다이내믹한 일정을 소화하고 싶은 사람 모두를 만족시킬 수 있다.

마카오 >> 핵심 여행

마카오 핵심 여행

ENJOY 01
세나도 광장에서 이국적 분위기 만끽하기

광장을 둘러싼 유럽풍 건물과 물결 무늬의 타일 바닥이 이국적인 아름다움을 연출한다. 분수대에서 시원한 물줄기를 즐기다가 작은 상점과 기념품점에서 아기자기한 아이템들을 구경하다 보면 시간은 눈 깜빡할 새에 지나간다.

ENJOY 02
도시 한가운데서 익스트림 스포츠 즐기기

마카오에서는 도심에서 익스트림 스포츠를 마음껏 즐길 수 있다. 233m의 마카오 타워에서 뛰어내리는 번지점프! 250m 상공을 걸어 볼 수 있는 스카이 워크 X! 또한 마카오 그랑프리 대회에서 세계에서 가장 독특한 레이싱 경기를 지켜보는 것도 짜릿하고 익사이팅한 경험이 될 것이다.

ENJOY 03
베네시안 호텔에서 곤돌라 타기

유유자적 곤돌라를 타고 베네시안 호텔을 둘러보자. 현대적인 공간에서 베네시안의 정취를 만끽할 수 있는 색다른 경험을 할 수 있을 것이다.

마카오를 둘러보기만 한다면 하루면 충분하다. 검은 타일들이 파도를 이루는 물결무늬의 세나도 광장에서 시작해 주변 세계문화유산을 둘러보고, 〈꽃보다 남자〉의 그곳 베네시안 리조트에서 공연을 관람하거나 일생을 바꿔줄 지도 모르는 카지노 게임을 즐긴다면 마카오에서의 짧은 하루 일정이 눈 깜짝할 새에 지나갈 것이다. 쇼핑에 집중하고 싶다면 베네시안 리조트를, 이국적인 도시 여행을 원한다면 콜로안 마을을 포함해 일정을 잡으면 좋다.

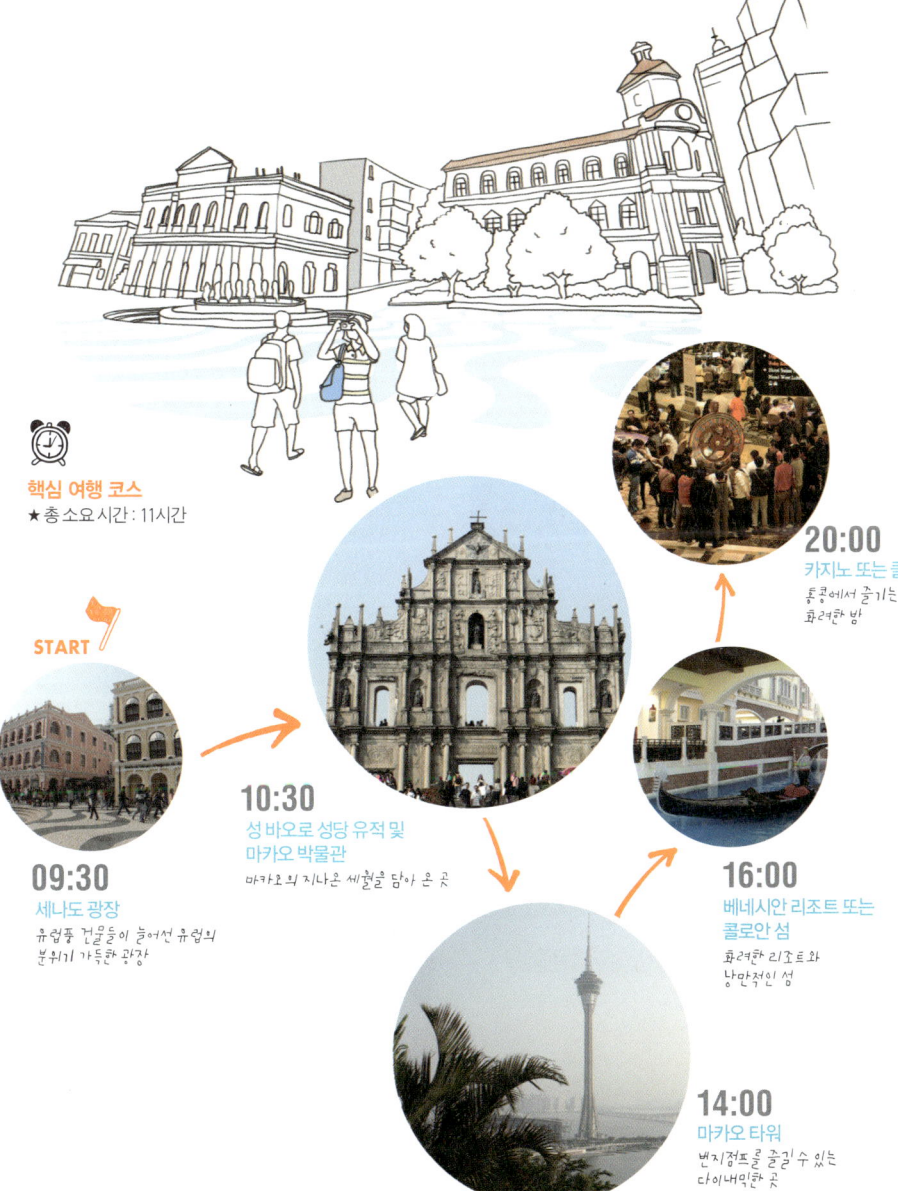

핵심 여행 코스
★ 총 소요시간 : 11시간

START

09:30 세나도 광장
유럽풍 건물들이 늘어선 유럽의 분위기 가득한 광장

10:30 성 바오로 성당 유적 및 마카오 박물관
마카오의 지나온 세월을 담아 온 곳

14:00 마카오 타워
번지점프를 즐길 수 있는 다이내믹한 곳

16:00 베네시안 리조트 또는 콜로안 섬
화려한 리조트와 낭만적인 섬

20:00 카지노 또는 클럽
홍콩에서 즐기는 화려한 밤

HOT SPOT

유럽의 향기 가득한
마카오 핫 스팟

바닥 때문에 포르투갈의 리스본을 그대로 갖다 놓은 듯하다. 주변 관광지의 중심에 자리 잡고 있어 마카오에서의 하루 일정을 시작하기에 더 없이 적합한 곳이다. 광장을 둘러싼 유럽풍의 건물들은 이곳이 중국인지, 유럽인지 헷갈리게 만들 만큼 유럽의 분위기를 물씬 풍긴다. 예쁜 파스텔톤의 건물 카페 테라스에 앉아 광장을 오가는 여행객들의 기대감 가득한 표정을 보며 시간을 보내는 것도 마카오에서 여유로운 한때를 보내는 한 가지 방법이다.

여유, 사람, 휴식이 있는 쉼터 Senado Square
세나도 광장

마카오의 대표 유적지 Ruins of St. Paul's
성 바오로 성당의 유적

access 마카오 페리터미널에서 3, 3A, 10, 10A 버스로 약 15분, 버스 정류장 신마로(新馬路)에서 하차

add. Rua de Sao Paulo
access 세나도 광장에서 도보 약 10분

♣ '광장'이라는 단어는 여유, 사람, 휴식 등 편안한 이미지를 전해 준다. 이러한 느낌이 딱 들어맞는 곳이 바로 마카오의 세나도 광장이다. 만남의 기준이 되는 장소이자 보기만 해도 편안하고 아름다운 곳이라 늘 사람들로 북적인다. 세나도 광장은 모자이크 타일이 물결을 이루는

♣ 마카오 역시 중국이기 때문에 당연히 사원으로 가야 할 것 같지만, 마카오에는 사원보다 유명한 성당이나 교회가 많다. 그중 가장 유명한 것은 유적만 남아 있는 성 바오로 성당이다. 성당 건물의 전체가 아닌 한쪽 벽

만 남아 있는데도 사람들의 발길이 끊임없이 이어진다. 꽤 큰 규모의 성당이었지만, 잦은 화재로 지금의 모습이 되었다. 어찌 보면 폐허 같기도 하지만 서양과 동양의 종교를 동시에 담고 있는 역사적인 장소이다. 제법 높은 곳에 위치하기 때문에 위에서 광장 앞 전경을 바라보기에 좋고, 야간에는 빛이 들어와 또 다른 분위기를 연출한다. 세나도 광장과 인접해 있어 찾아가기 편하다.

마카오의 시작부터 종교, 생활, 문화에 이르기까지 옛날의 실제 모습을 재현해 놓거나, 미니어처로 모형을 만들어 놓아 과거의 한순간에 있는 듯한 재미를 준다. 박물관을 거닐며 마카오의 걸리버가 되어 보기도 하고, 포르투갈의 장군이 되어 보는 것도 여행의 또 다른 재미가 될 것이다.

마카오의 지나온 역사를 엿볼 수 있는 곳 Macau Museum
마카오 박물관

add.	No. 112 Praceta do Museu de Macau
access	세나도 광장에서 도보 10분, 성 바오로 성당의 유적 오른쪽
time	10:00~18:00(월요일 휴관)
tel.	2835-7911
URL	www.macaumuseum.gov.mo

♣ 마카오의 모든 것을 알고 싶다면 마카오 박물관을 추천한다. 마카오의 시작부터 지금에 이르기까지의 풀 스토리를 다양한 방법으로 보여 주고 있어, 마치 한 사람의 전기를 보는 듯 생생하게 400년의 역사를 알 수 있다.

코타이, 타이파 섬까지 한눈에! Macau Tower
마카오 타워

add.	Largo da Torre de Macau
access	세나도 광장에서 18, 21번 버스로 약 15분(택시를 타는 것이 편리, 택시 요금은 약 MOP50)
time	11:00~19:30(주말 10:00~21:00) 전망대 10:00~21:00(평일), 09:00~21:00(주말)
tel.	2893-3339
URL	www.macautower.com.mo

♣ 고소공포증이 있는 사람에게는 기피해야 할 장소이지만 짜릿함을 즐기는 사람이라면 천길 아래를 내려다보는 색다른 재미를 느낄 수 있는 곳이다. 60층에는 바닥이 360°로 회전하는 레스토랑이 있으며, 61층에는 탁 트인 야외 전망대가 위치해 있다. 마카오 타워의 묘미는

뭐니 뭐니 해도 공중에서 놀기! 300m 아래로 내 몸을 던지는 짜릿한 번지점프, 타워의 바깥을 안전벨트 하나에 의지해 걸어 다니는 스카이 워크 X, 타워 외관을 사다리 계단으로 올라가는 메트 클라임 등 강한 도전 정신을 필요로 하는 프로그램이 많으니 용기 있는 사람이라면 마카오 타워로 돌진하자!

베네시안 리조트
베네치아를 재현한 럭셔리 리조트 The Venetian

란 하늘로 덮여 있고, 리조트 안으로는 곤돌라가 떠다니는 이 환상적인 리조트는 객실 3천 개 모두가 스위트룸이다. 코타이 스트립에 위치한 이 초호화 호텔은 이탈리아 베네치아를 모티브로 만든 곳으로 실제 베네시아에 있는 산 미르코 광장의 탑, 두칼레궁, 리알토 다리 그리고 탄식의 대로까지 그대로 재현해 놓았다.

황금으로 빛나는 로비를 거닐어 보고, 잔잔한 수면 위를 가르는 곤돌라에서 오로지 나를 위해 불러 주는 세레나데를 감상하기도 하며 마카오에서 특별한 추억을 만들어 보자. 세계 최대 규모의 리조트의 쇼핑몰답게 그랜드 캐널 숍스에는 350개의 매장이 들어서 있다.

add. Estrada da Baía de N. Senhora da Esperça, s/n, Taipa
tel. 2882-8888
URL www.venetianmacao.com

 드라마 〈꽃보다 남자〉에서 구준표가 소유했던 화려한 호텔이 바로 이 호텔이다. 천장은 구름을 담은 파

마카오 제대로 즐기기 ✈

코타이 스트립이란?

타이파 섬과 콜로안 섬 사이를 매립해 건설한 관광도시가 바로 코타이 스트립(Cotai Strip)이다. 마카오 정부가 제 2의 라스베이거스를 꿈꾸며 계획하여 건립한 도시로 베네시안 리조트와 시티 오브 드림즈가 들어서 있으며, 앞으로 더 많은 카지노 호텔들이 들어설 예정이다.

코타이 스트립이 생기기 전의 마카오 관광은 세계문화유산을 둘러보고, 카지노 게임을 하는 게 전부였지만 현재는 자체만으로도 관광 명소가 되는 호텔, 세계 규모의 카지노 시설, 수백 개의 상점이 모여 있는 종합 쇼핑몰, 세계 어디에 내놓아도 손색 없는 문화 공연까지 갖춘 복합 문화 공간으로 거듭나 세계 관광객들의 발길을 향하게 하고 있다.

마카오에서 카지노/ 클럽 즐기기

마카오에서는 어느 호텔을 가든 카지노를 즐길 수 있다. 코타이 스트립에 있는 최고급 리조트에서 즐기는 것도 좋지만, 조금 더 편한 분위기를 원한다면 마카오 반도의 분수쇼가 화려한 윈 호텔, 불꽃 모양의 그랜드 리스보아 호텔 또는 MGM 호텔을 이용하는 것이 좋다.

화려한 밤을 즐기고 싶은 사람이라면 마카오 반도 끝의 란콰이펑에 가 보자. 음악과 함께 한낮의 여행 피로를 풀며 가볍게 몸을 흔들면 아드레날린이 몸에 가득 채워질 것이다. 이동이 번거롭다면 호텔 안의 클럽이나 바도 좋다.

홍콩과 마카오 함께 여행하기

마카오는 보통 홍콩 여행 중 당일치기로 들르는 경우가 가장 많다. 마카오가 작은 곳이기는 하지만 당일치기로는 마카오의 본모습을 보기 어려운 데다, 마음만 급해져 이도 저도 아닌 여행이 되어 버릴 수 있다. 홍콩과 마카오를 함께 보는 가장 좋은 방법은 홍콩 도착 후 공항에서 페리를 이용해서 마카오로 가는 것이나, 홍콩 여행 일정 중간에 마카오를 끼워 넣으면 숙소를 여러 번 옮겨야 하는 불편함이 있다. 마카오로 가는 페리터미널로 갈 때는 여권을 잊지 말고 챙겨 가자. 같은 중국이 맞기는 하지만 각각 특별자치구로 되어 있어 별도의 출입국 심사를 하기 때문에, 여권이 없으면 오갈 수 없다.

마카오 >> 테마 여행 01

마카오 세계문화유산 탐험

서울보다 훨씬 작은 마카오에는 유네스코 세계문화유산으로 지정된 건물, 광장이 30여 개에 이른다. 관세없는 쇼핑도, 가볍게 즐기는 카지노도 좋지만 이왕 마카오에 왔다면 역사의 흔적들을 찾아보며 뜻깊은 추억을 만들어 보자. 이 유산들은 대부분 세나도 광장 주변에 있지만 기아 요새는 조금 멀리 이동해야 한다. 기아 요새로 갈 때는 택시를 타고 따로 이동하는 게 좋다. 최근에는 많은 관광객이 마카오 세계문화유산 탐험 도보 여행을 즐긴다. 시간적 여유가 된다면 두 발로 걸으며 보물 찾기를 해보는 건 어떨까.

ENJOY 01
고개만 돌리면 보이는 세계문화유산 감상하기

마카오는 30여 개의 세계문화유산을 가진 역사의 나라이다. 골목골목마다 숨어 있는 세계문화유산 유적지들을 걷고 또 걸으며 찾아보는 재미도 마카오에서 누릴 수 있는 큰 즐거움 중 하나이다.

ENJOY 02
마카오 유일의 테마파크 피셔맨즈 워프

중국 당나라 시대의 재현, 콜로세움 같은 서양 건축물 그리고 유럽의 거리, 이 세 가지 테마로 이루어진 피셔맨즈 워프에서 과거와 현재의 건축, 그리고 동·서양의 건축을 비교해 보자.

ENJOY 03
춤추는 분수쇼를 보며 더위 식히기

윈 호텔 앞에서는 화려한 분수쇼가 펼쳐진다. 조명을 받으며 음악에 맞춰 춤추는 물줄기가 여행자들의 마음을 설레게 한다.

TRAVEL SPOT 02 마카오 MACAU ASIA

18:00
피셔맨즈 워프
중국 당나라 시대부터
유럽 거리까지
각가지 테마로 이루어진
복합 문화 공간

세계문화유산 코스
★ 총 소요 시간 : 11시간

START

09:00
기아요새
마카오에서 가장 높은 곳

10:00
세나도 광장의
세계문화유산들
유럽에 온 듯한 착각에
빠지게 하는 광장과
주변의 문화유산들

11:00
성 바오로 성당 유적
마카오의 상징이자
대표 여행지

14:00
성 아우구스틴 광장의
세계문화유산들
세월을 간직한 아름다운
성당과 광장

16:30
아마 사원 인근의
세계문화유산들
바다의 신을 모신
신비로운 사원과
문화유산들

057

HOT SPOT

세계문화유산 가득한
마카오 핫 스폿

유럽풍의 예배당과 등대 Guia Fortress
기아 요새

포루투갈의 광장을 보는 듯 Largo do Senado
세나도 광장

add.	Estrada do Engenheiro Trigo
access.	세나도 광장에서 2, 18A번 버스, 마카오 페리터미널에서 32번 버스
time	공원 06:00~20:00, 요새 09:00~17:30, 예배당 10:00~17:00
tel.	2859-5481

♣ 네덜란드의 침공 후, 방어 목적으로 세워진 기아 요새는 마카오에서 가장 높은 곳에 위치해 있다. 케이블카를 타고 정상까지 올라가면, 기아 시립 공원 안에 있는 유럽풍의 기아 예배당과 등대의 모습이 관광객의 시선을 끈다. 벗겨진 페인트에서 시간의 흔적을 엿볼 수 있는 이 요새는 전쟁의 섬뜩함보다는 예배당과 등대에서 전해지는 안정감과 든든함 때문에 편안한 마음이 들게 한다. 중국에 최초로 세워진 이곳 등대의 빛은 밤이 되면 마카오 어디에서든 확인할 수 있다.

access   기아 요새에서 버스로 약 20분

♣ 세나도 광장을 둘러싸고 있는 세계문화유산들은 하나하나 찾아다니면서 보지 않아도 거리를 오가며 쉽게 만날 수 있다. 세나도 광장에서 성 바오로 성당까지 이어지는 길을 걷다 보면 릴 세나도 빌딩, 콴 타이 사원, 자비의 성채, 대성당, 로우카우 멘션, 성 도미니크 성당을 만나게 된다. 유럽의 바로크 양식과 중국의 건축 양식이 합쳐진 성 도미니크 성당은 크림색으로 칠해진 벽 때문에 멀리서도 쉽게 찾을 수 있다. 마카오 최초의 교회로 300여 점이 넘는 포르투갈 예술작품들도 전시되어 있다. 성 바오로 성당의 바로 옆에 자리한 몬테 요새는 17세기 네덜란드 함대의 공격으로부터 마카오를 지켜 낸 영웅적인 장소기도 하지만 무엇보다 전망이 좋아 많은 관광객이 찾아오는 곳이다.

세월을 간직한 아름다운 광장 St. Augustine's Square
성 아우구스틴 광장

지나 릴라우 광장이 나온다. 릴라우 광장 한쪽의 작은 골목길로 들어가면 만다린 하우스가 나오는데, 이곳은 마카오의 세계문화유산 중 가장 큰 규모의 중국식 건물이다.

바다를 지키는 신들의 자취 Templo de A-Ma
아마 사원 인근

access 세나도 광장 서쪽 언덕길을 따라 도보 10분

♣ 세나도 광장에서 벗어나 릴 세나도 빌딩 뒤쪽의 언덕길을 따라 5분 정도 오르면 성 아우구스틴 광장이 나온다. 이 광장을 중심으로 성 아우구스틴 성당, 로버트 호 퉁경의 도서관, 돔 페드로 5세 극장, 성 요셉 신학교 및 성당이 있다.

성 아우구스틴 광장 주변은 세나도 광장보다는 한적해 조금 더 평온하게 주변을 둘러볼 수 있다. 로버트 호 퉁 경의 여름 별장이었다가 사후 마카오에 기증된 도서관은 관광객도 들어가 볼 수는 있지만 아쉽게도 한국어로 된 책을 찾아보기 힘들다. 350석 규모의 작은 극장이지만 화려한 샹젤리제와 붉은 벨벳으로 장식된 돔 페드로 5세 극장은 과거에는 유럽 오페라 극단의 주 무대였지만, 지금은 마카오의 음악 축제 또는 다양한 공연이 진행된다.

성 아우구스틴 광장에서 조금 더 가면 성 로렌스 성당을

access 성 아우구스틴 광장에서 도보 15분

♣ 보물 찾기 도보 여행의 마지막에는 아마 사원이 있다. 릴라우 광장을 따라 무어리쉬 배럭(Moorish Barracks)을 지나면 붉은색 사원이 모습을 드러낸다. 중국이지만 유럽의 모습을 많이 갖고 있는 마카오이기 때문에 중국풍의 이 사원이 오히려 낯설게 느껴진다. 4개 층으로 된 아마 사원의 3개 층은 바다를 지켜 주는 여신 틴하우를 위한 공간이며, 한 개 층에는 관음을 모시고 있다. 아마 사원은 현지어로 '아마가우'라고 하는데 포르투갈 선원이 처음 이곳에 상륙해서 여기가 어디냐고 어부들에게 물으니 이 사원의 이름을 물어보는 줄 알고 '아마가우'라고 대답한 데서 '마카오'라는 지명이 생겼다고

한다.

사원을 가기 전에 만날 수 있는 무어리쉬 배럭은 현재 마카오 해상 행정국의 본부로 사용되고 있어 관광객의 입장이 제한되니 과감히 지나쳐도 된다. 아마 사원 앞에는 바다에 대한 정보를 알 수 있는 해양 박물관이 있으니 사원만 보기 아쉬운 사람은 들러도 좋다.

다양한 문화를 테마로 한 복합 문화공간 Fisherman's Wharf
피셔맨즈 워프

화산 모양 등 다양한 볼거리를 갖춘 이곳이 가장 빛나는 시간은 바로 어둠이 내린 밤이다. 테마파크에 조명이 켜지면 낮에는 허하게 보였던 건물들도 아름답게 보이며 독특한 분위기를 자아낸다. 천천히 걸어다니며 구경해도 좋지만 규모가 꽤 넓기 때문에 투어 셔틀을 이용해 둘러보는 것도 좋다. 피셔맨즈 워프를 나와 저녁식사할 곳을 찾는다면 아프리카나에서 BBQ 뷔페 만찬을 즐겨 보자. 후회하지 않는 선택이 될 것이다.

add.	Avenida da Amizade e Avenida Dr. Sun Yat-Sen
access	세나도 광장에서 3, 3A, 10, 10A 버스로 약 15분
tel.	8299-3300
URL	www.fishermanswharf.com.mo

♣ 마카오의 세계문화유산을 둘러본 김에 조금 더 색다른 문화 탐험을 해 보면 어떨까. 마카오 유일의 야외 테마파크인 피셔맨즈 워프는 중국 당나라 시대의 재현, 콜로세움 같은 서양 건축물 그리고 유럽 거리의 세 가지 테마로 이루어진 복합 문화 공간이다. 콜로세움 모형과 인공

마카오 제대로 즐기기 ✈

오후 6시에는 윈 호텔에서 만나요!

저녁 식사 전에 잠시 오후 관광의 피로를 풀 겸 윈 호텔로 이동해 보자. 윈 호텔에서 펼쳐지는 '춤추는 분수쇼'는 매시간 다른 모습으로 펼쳐진다. 특히 오후 6시의 분수쇼가 가장 화려하니, 윈 호텔에 들른다면 오후 6시를 노려 보자. 분수쇼를 볼 때 분수에 너무 가까이 다가가면 물벼락을 맞을 수 있으니 카메라와 소지품을 잘 챙길 것!

보고 싶은 세계문화유산은 미리 선택할 것!

마카오에 있는 세계문화유산은 다 둘러보기도 힘들 정도로 많기 때문에 모두 다 보겠다는 욕심은 일찌감치 접어두는 게 좋다. 홈페이지에 소개되어 있는 리스트만 해도 31가지나 되고, 일부는 지나가면서 보는 것만으로도 충분하니, 마카오 지역 전문가가 될 것이 아니라면 걸어서 차근차근 만날 수 있는 대표 세계문화유산만 둘러보아도 충분하다.

마카오 세계문화유산 홈페이지 www.macauheritage.net

★ 함께 보면 좋은 기타 세계문화유산
- 무어리쉬 배럭(Moorish Barracks)
- 릴라우 광장(Lilau Square)
- 만다린 하우스(Mandarin's House)
- 성 로렌스 성당(St. Lawrence's Church)
- 삼카이뷰쿤(Sam Kai Vui Kun, 콴 타이 사원)
- 자비의 성채(Holy House of Mercy)
- 대성당(Cathedral)
- 로우 카우 맨션(Lou Kau Mansion)
- 나차 사원(Na Tcha Temple)

자비의 성채(Holy House of Mercy)

나차 사원(Na Tcha Temple)

성 로렌스 성당(St. Lawrence's Church)

마카오 >> 테마 여행 02

드라마틱한
감성 충전
마카오 여행

여인들의 마음을 사로잡는 꽃미남, 매력적인 여주인공 그리고 이들의 사랑이 펼쳐지는 이국적인 배경. 이 3가지를 모두 담아낸 대표적인 드라마 〈궁〉, 〈꽃보다 남자〉, 〈도망자〉에서 로맨틱한 배경지로 등장하는 마카오는 사랑을 속삭이고 싶은 도시이다. 드라마보다 로맨틱한 감성을 느껴 보고 싶다면 마카오로 가자. 이국적인 풍경과 마음속 벅찬 감동을 불러일으키는 다양한 공연이 색다른 추억을 만들어 줄 것이다.

ENJOY 01
사랑스러운 어촌 마을
콜로안 거닐기

이곳저곳 모두 베스트 포토 스폿인 콜로안 마을은 중국의 가정집과 포르투갈식 건물, 전통 사원과 고급 레스토랑이 어우러져 독특한 분위기를 자아낸다.

ENJOY 02
바닷속 환상의 세계로 풍당
시티 오브 드림즈에서 화려한 쇼 즐기기

어른도 아이도 모두 반할 매력적인 쇼의 세계가 펼쳐진다. 도시형 통합 엔터테인먼트 리조트인 시티 오브 드림즈의 전용 극장에서 펼쳐지는 쇼에 푹 빠져 보자.

ENJOY 03
리틀 란콰이퐁에서
라이브 음악 감상하기

감성 충전의 마지막 코스로는 라이브 연주를 들을 수 있는 리틀 란콰이퐁을 추천한다. 마카오의 밤을 느끼며 생생한 재즈 선율을 느껴 보자.

TRAVEL SPOT 02 마카오 MACAU

ASIA

감성 충전 여행 코스
★ 총 소요시간 : 11시간

10:30
카모에스 정원,
신교도 묘지
호젓한 정원과
조용하고 호젓한 신교도 묘지

20:00
리틀 란콰이퐁
음악과 함께 마카오의 밤 즐기기

START

09:00
세나도 광장,
성 바오로 성당 유적,
릴 세나도 빌딩
마카오의 과거를 볼 수
있는 곳들

16:30
시티 오브 드림즈
멋진 버블쇼를 관람할 수
있는 리조트

14:00
콜로안 마을 산책,
성 자비에르 성당
예쁘고 사랑스러운
어촌 마을과 성당

063

HOT SPOT

영화보다 매력적인
마카오 핫 스폿

조용히 산책즐기기 Leal Senado Building & Camoes Garden
릴 세나도 빌딩 & 카모에스 정원

걷기 좋은 어촌 마을 Coloane
콜로안 마을

access 세나도 광장에서 21A, 26A 버스로 약 30분, 마카오 반도에서 택시로 약 25분(약 MOP100)

♣ 높은 빌딩이 없는 콜로안 마을은 드라마 〈궁〉과 〈에덴의 동쪽〉 촬영지로 유명세를 탄 곳이다. 조용하고 소박한 어촌 마을이지만 고급 빌라가 모여 있어 사진 모델놀이를 하기에 적격이다. 골목골목을 다니며 콜로안 사람들의 생활도 들여다보고, 해변가를 따라 산책도 해 보자. 비비드한 색감의 건물들은 조용한 마을에 생동감을 더해 주고, 마을 사람들의 따뜻한 인상은 여행자의 마음을 포근하게 감싸 준다. 콜로안 마을은 두어 시간 천천히 둘러보기에 딱 좋다.

릴세나도 빌딩
add. 163 Ave. De Almeida Ribeiro
access 세나도 광장 건너편
time 07:00~19:00

♣ 성 바오로 성당 유적지 근처에 있는 릴 세나도 빌딩은 평범한 외관 때문에 많은 사람이 그냥 지나치는 시의회 건물이지만 뜻밖의 매력을 뽐내는 진주 같은 명소이다. 포르투갈 스타일의 고풍스러운 타일벽 장식, 아늑한 정원, 문화적 감성까지 채워 주는 갤러리가 있어 마카오 현지인도 많이 찾는다. 카모에스 정원은 '정원'이란 이름보다는 공원이라는 표현이 더 어울릴 만큼 꽤 넓게 자리하고 있다. 여행 중 잠깐의 휴식을 갖기에 좋은 곳으로 푸르른 나무들 속에서 깊은 숨을 들이쉬면 평온함을 느낄 수 있다. 더욱이 이곳에는 우리나라 최초의 선교사였던 김대건 신부님의 동상도 있어 한국 사람도 많이 찾는다. 정원과 가까운 곳에 신교도 묘지가 있는데 유럽 스타일로 되어 있어 아늑한 분위기를 느낄 수 있고 조용히 산책하기에도 좋다.

콜로안 마을의 맛집

★ 로드 스토우 Lord Stow's

마카오의 유명한 에그타르트는 바로 이곳의 것을 두고 하는 말이다. 마카오 전역에 세 곳의 지점을 두고 있는 로드 스토. 콜로안 마을을 산책하며 먹으면 더욱 달콤하다.

add. 1 Rua Do Tassara
access 콜로안 버스정류장에서 바다 방향으로 도보 3분

time	07:00~22:00
tel.	2888-2534
URL	www.lordstow.com

★리스보아 Espaco Lisboa

전통 포르투갈 음식을 맛볼 수 있는 곳으로, 주방장이 드라마 〈궁〉에 직접 출연하기도 했다. 2층으로 되어 있지만 테이블 수가 많지 않아 주말에는 기다려야 들어갈 수 있다. 점심과 저녁 사이 브레이크 타임이 있으니 시간을 잘 맞춰 찾아가자.

add.	8 Rua dos Gaivotas
access	콜로안 버스정류장에서 바다를 보며 오른쪽으로 도보 약 1분
time	12:00~15:00, 18:30~22:00
tel.	2888-2226

add.	Largo Eduardo Marques Sao Francisco Xavier
access	콜로안 버스정류장에서 바다 방향으로 내려가 왼쪽으로 도보 5분
time	09:00~17:00

♣ 드라마 〈궁〉의 주인공이 결혼식을 올리고, 영화 〈도둑들〉에서 전지현과 김혜수가 목걸이를 찾아온 곳이 바로 이 성당이다. 성 자비에르 성당의 전체적인 외관은 노란색이고 곳곳에 보이는 파란색의 포인트가 내부로 이어진다. 이러한 원색이 성당과는 어울릴 것 같지 않지만 실제로 보면 오히려 성당의 깊이를 더해 주는 것 같다. 이 성당은 콜로안 마을이 섬으로 떨어져 있을 시절, 배를 타고 나가 미사를 봐야 했던 마을 사람들을 위해 지어졌다. 전체적으로 소박하지만 유럽풍의 화려한 장식들이 구석구석 꾸며져 있어 단아하면서도 화려한 분위기를 풍긴다.

고즈넉함과 유럽풍의 멋을 간직 St. Francis Xavier Church
성 자비에르 성당

최고의 호텔이 모여 있는 복합 리조트 City of Dreams
시티 오브 드림즈

add.	Estrada do Istmo, Cotai
access	마카오 페리터미널에서 무료 셔틀버스 이용 10분
URL	www.cityofdreamsmacau.com/ko

♣ 베네시안 리조트의 라이벌이라고 할 수 있는 시티 오브 드림즈는 그랜드 하얏트, 크라운 타워 호텔, 하드락 호텔이 모여 있는 복합 리조트이다. 이곳에서는 물을 사용한 다양한 공연이 진행되는데, 수중 공연인 〈하우스 오브 댄싱 워터(House of Danicng Water)〉는 전용 극장인 이곳에서만 볼 수 있으니 공연을 즐기는 사람이라면 꼭

관람해 보자. 시티 오브 드림즈에서는 〈하우스 오브 댄싱 워터〉 외에도 15분짜리 버블쇼인 〈드래곤의 보물〉이 오후 6시 이진에는 30분 간격으로, 7시 이후에는 1시간 긴 격으로 공연하는데 인기가 너무 많다 보니 과거에는 무료였는데 이젠 유료로(MOP 30) 전환되었다. 단, 시티 오브 드림즈 투숙객은 무료이다. 가히 최고라고 말할 수 있을 만큼 멋들어진 인테리어와 쇼핑의 욕구를 충족시켜 줄 400여 개의 상점까지 시티 오브 드림즈에는 볼거리가 가득하니 여유롭게 시간을 잡아 방문해 보자.

마카오의 밤을 즐기는 방법 Little Lan Kwai Fong
리틀 란콰이퐁

access 관음상 맞은 편, MGM 호텔에서 도보 5분

♣ 홍콩의 란콰이퐁에서 거리 이름을 따왔지만, 홍콩과 같은 분위기를 상상하고 갔다면 조금 실망할 수도 있다. 필리핀 밴드가 라이브 연주를 하는 작은 클럽들이 모여 있는 거리로, 화려한 밤거리를 느끼기에는 살짝 소박한 규모이다.
세련되거나 시끌벅적하지는 않지만 유럽 분위기를 느낄 수 있으며, 저렴한 가격으로 세계맥주를 맛볼 수 있으니 한가한 저녁을 보내기에 적합하다. 이곳의 대표 클럽으로는 Moon Walker와 Casablanca가 있다.

TIP.
마카오 시내 교통

하루나 이틀 정도 여행을 하기 위해 복잡한 버스 노선을 외울 필요는 없다. 버스 요금은 한 번 타는 데 500원 정도이며, 택시비는 세나도 광장에서 마카오 반도의 주요 지역까지 3,000원 정도이다. 콜로안 섬을 가는 데도 7,000~8,000원 정도면 갈 수 있으니 두세 명이 함께 여행한다면 택시로 이동해도 크게 부담스럽지 않다. 콜로안으로 가는 버스 정류장을 찾기 어렵다면 갈 때는 택시를 이용하고, 올 때는 버스를 이용하는 것도 좋은 방법이다.
콜로안 섬의 베네시안 리조트, 갤럭시 리조트 등 대형 리조트에서 숙박을 한다면 무료 셔틀버스를 이용해 교통비를 들이지 않고 여행할 수 있다. 공항과 페리 선착장에서 리조트, 세나도 광장과 같은 주요 여행지까지 운행하니 참고하자. 이러한 무료 셔틀버스는 숙박객이 아니어도 자유롭게 이용할 수 있다.

마카오에서 꼭 먹어 볼 것

에그 타르트

이제는 국내에서도 많이 볼 수 있는 에그 타르트지만, 어떤 음식이든 오리지널을 먹어 보는 경험은 특별하다. 홍콩의 에그 타르트가 부드러움을 담고 있다면, 마카오의 에그 타르트는 바삭한 느낌이 살아 있다. 마카오의 에그 타르트의 오리지널을 맛볼 수 있는 콜로안 마을로 가자!

매카니즈 요리

450년이나 포르투갈의 지배를 받았으니, 그 영향이 음식에까지 미친 것은 당연한 일이다. 포르투갈 요리와 중국 스타일의 음식이 결합된 퓨전 요리를 매카니즈 요리라고 하는데, 이건 마카오에서만 맛 볼 수 있는 음식이니 놓치지 말자. 두 나라 모두 바다를 끼고 있기 때문에 대부분은 해산물 요리가 주를 이루며, 한국 사람들도 좋아할 만한 매콤한 음식이 많다. 기름진 중국음식이 부담스럽다면 매카니즈 요리를 즐겨 보자!

아몬드 쿠키

어울리는 조합은 아니지만 마카오에서는 곳곳에서 육포와 아몬드 쿠키를 함께 팔고 있는 모습을 볼 수 있다. 마카오 특산품인 아몬드 쿠키는 한 번 먹으면 멈추기 어려울 정도의 기막힌 맛을 지니고 있어 선물용으로 특히 인기 있다. 마카오 어디에서나 구입할 수 있으며 대부분의 가게에서 시식용 쿠키를 준비해 놓고 있으니, 입맛에 맞는 곳에서 구입하자. 커피나 음료, 차와 함께하면 좋고 갓 구운 쿠키라면 따뜻할 때 먹어야 더욱 깊은 맛을 느낄 수 있다.

TRAVEL AREA **03**

TOKYO
도쿄

HOT, IT, TREND, STYLE

다채로운 음식과 디저트를 비롯하여 온천, 열차, 애니메이션, 쇼핑에 이르기까지 수많은 테마가 있는 도쿄. 모던하고 활기에 찬 이 세계적인 도시는 겉으로는 서울과 다를 바 없어 보이지만 머물수록 이색적인 곳이다. 도쿄의 숨어 있는 독특함을 찾아낸다면 당신의 도쿄 여행은 매력 넘치는 낭만 여행이 될 것이다.

언어 일본어
면적 2,187km²
인구 1,300만 명
화폐 엔(JPY)
시차 없음
국가번호 81

| 도쿄로 떠나기 전에 |

1. 어느 계절에 떠날까?

도쿄를 여행하는 데 시기는 크게 중요하지 않다. 우리나라보다 조금 더 덥고 습한 여름에 도쿄를 찾으면 밤을 화려하게 수놓는 불꽃놀이를 감상할 수 있고, 해가 짧아 여행할 수 있는 시간이 조금은 줄어드는 겨울에 가면 우리나라보다 조금 따뜻하고 화려한 일루미네이션이 도쿄 시내 전체에서 반짝인다.

2. 항공권, 어떻게 살까?

우리나라에서 가장 많은 항공편이 취항하고 있는 곳이 도쿄이다. 대한항공의 최신예 항공기인 A380이 처음으로 취항한 도시이며, 한편 저가항공인 이스타항공으로 실속 있게 갈 수 있는 곳이기도 하다. 서울 출발편은 김포공항(GMP)에서 출발하면 하네다공항(HND)으로, 인천공항(ICN)에서 출발하면 나리타공항(NRT)으로 도착한다. 인천-나리타 구간에 비해 김포-하네다 구간의 항공요금이 조금 비싼 편이지만 시내에서 가깝기 때문에 현지에서의 교통비와 시간을 감안하면 큰 차이라고 보기 어렵다. 항공좌석 상황에 따라 인천-나리타 항공편으로 출국하고 하네다-김포 구간 항공편으로 귀국할 수도 있다. 심야 전세기는 예외적으로 인천-하네다 구간을 운행하기도 한다. 항공편이 많긴 하지만 안정적으로 항공좌석을 확보하기 위해서는 1~2개월 전에 예약을 하는 것이 좋다.

3. 어디에서 잘까?

정식 숙박업소로 등록되어 있는 한국인 민박, 혼자 여행을 해도 부담없는 가격의 비즈니스급 호텔 등 높지 않은 예산으로 숙박을 할 수 있는 곳들부터 만다린 오리엔탈, 페닌슐라 호텔 등 세계적 명성의 최고급 호텔에 이르기까지 다양한 등급의 호텔이 있다. 온천여행지로 인기 있는 하코네, 닛코에서는 일본의 전통 숙박시설인 료칸(旅館)을 체험할 수도 있다. 하코네의 료칸 중 고라 카단은 일본 왕이 숙박을 하기도 한 곳으로 1박에 150만 원이 넘는, 일본에서도 최고급 료칸에 속한다.

4. 여행 경비는 얼마나 들까?

일본의 교통비는 상상을 초월하기 때문에 여행 코스를 미리 점검하고 가는 것이 좋다. 도쿄 여행에 유용한 교통패스로는 주요 관광지를 운행하는 JR 열차를 무제한 이용할 수 있는 JR 도쿠나이 패스(730엔), 도쿄 시내에서 하코네를 갈 때 유용한 하코네 프리패스(5,000엔) 등이 있다. 도쿄는 물가가 비싼 편이기 때문에 여행 경비의 부담을 줄이려면 편의점이나 패스트푸드를 이용해 식사를 해결하는 게 좋다.

AREA. 도쿄. 둘러보기

일본의 강남 '신주쿠, 시부야, 하라주쿠', 서울역 같은 '도쿄 역', 용산 전자상가 같은 '아키하바라', 인사동 분위기의 '아사쿠사' 등 지하철을 타고 누비면 어디서나 색다른 모습을 만날 수 있는 도쿄. 그중에서도 가장 인기 여행지는 바다를 매립해 만든 오다이바이다.

이러한 유명한 곳을 찾는 것도 좋지만 가장 중요한 것은 자신의 관심 분야와 여행 스타일에 맞는 곳을 먼저 정복하는 것이다. 그 다음에 근교 여행지로 눈을 돌려 돌아보면 알찬 도쿄 여행이 될 것이다.

1»

도쿄 시내 서쪽

우리나라 쇼핑족들의 필수 코스인 신주쿠, 하라주쿠, 시부야. 이 세 곳은 JR 열차로 한두 정거장 차이로 이어져 있어, 한 번에 둘러볼 수 있다. 말하자면 홍대-신촌-이대 같은 코스랄까. 이중 가장 중심이 되는 곳인 신주쿠에는 도쿄 도청사의 무료 전망대와 최대 유흥가인 가부키초(歌舞伎町) 등이 있다. 신주쿠에서 JR 열차로 두 정거장 아래에 있는 하라주쿠에는 패셔니스타들에게 어울리는 개성 넘치는 의류, 액세서리 숍이 많으며, 하라주쿠 역에서 걸어서 갈 수 있는 아오야마에는 화려한 명품 브랜드의 매장이 가득하다. 클러버들이 즐겨 찾는 젊음의 거리 시부야는 하라주쿠에서 JR 열차로 한 정거장 아래에 있다.

2》
도쿄 시내 동쪽
도쿄 시내 동쪽은 일본 전역으로 출발하는 열차의 출발역인 도쿄 역이 자리잡고 있다. 서울 역과 같은 건축가가 설계해 비슷한 느낌의 도쿄 역 주변은 고층빌딩과 옛 건물들이 조화를 이루고 있고 조금 걸어가면 일본의 고급스러운 쇼핑 천국 긴자 거리가 시작된다. 신바시 역은 오다이바로 가는 모노레일이 출발하는 곳이며, 여행객들에게도 인기 있는 수산시장인 츠키시 시장이 있다. 도쿄 역에서 두 정거장 위에는 애니메이션, 오타쿠의 천국인 아키하바라가 있다. 이 밖에 도쿄 시내의 동쪽에는 박물관, 미술관, 동물원이 있는 우에노와 도쿄의 인사동이라 할 수 있는 아사쿠사 등 끝없는 볼거리가 있다.

3》
오다이바
도쿄 시내에서 다리 하나 건너 만날 수 있는 오다이바는 특별한 테마가 없어도 즐길 거리가 다양하다. 여성전용 쇼핑몰이라고 불리는 유럽 스타일의 비너스 포트, 환상적인 야경을 만들어 주는 레인보 브리지, 그 야경을 한눈에 감상할 수 있는 대관람차, 시원하게 하루를 마무리할 수 있는 온천까지 모든 게 갖춰져 있어, 한곳에서 많은 것을 해결하고픈 사람에게 제격인 곳이다.

4》 **근교여행지(시내에서 약 2시간 거리)**
도쿄의 근교 여행지로 대표적인 곳은 하코네와 닛코이다. 우리나라에서 볼 수 없는 화산지대인 하코네는 후지산을 배경으로 한 그림 같은 풍경, 뛰어난 수질을 자랑하는 온천으로 유명하다. 또 하나 빼 놓을 수 없는 인기 여행 코스가 도쿄에서 하코네까지 가는 열차 로망스카이다. 닛코는 하코네에 비해 조금 인지도가 떨어지지만, 일본의 역사와 문화에 관심이 있는 사람에게는 즐거운 여행지가 될 수 있다.

5》 **테마파크**
신주쿠 역에서 30분 거리에 있는 미타카에는 일본 애니메이션의 거장 미야자키 하야오의 지브리 미술관, 도쿄 역에서 20분 거리에는 아시아 최대 규모의 테마파크인 디즈니 리조트가 있어 어린이와 함께하는 여행객들에게 추천하는 곳이다. 짜릿한 어트랙션이 많고, 어린이들이 좋아하는 토마스랜드가 있는 후지큐 하이랜드도 도쿄의 인기 테마파크이다.

도쿄 >> 핵심 여행

1일 패스를 이용한 도쿄 핵심 여행

복잡하기 그지 없는 도쿄 지하철 노선도를 보고 절대 두려워 말라! 이 중 서울의 지하철 2호선과 같이 동그랗게 순환하는 JR 야마노테선(山手線)만 기억할 것. 한자가 쉬워 기억하기 좋은 것도 고맙지만, 정말 고마운 것은 이 노선이 도쿄 시내의 주요 여행지를 대부분 커버하고 있다는 것이다.
처음 도쿄 여행을 간다면, 이 열차 노선의 이름만 외우면 된다. 한 번쯤 들어 봤을 도쿄의 신주쿠(新宿), 시부야(渋谷), 하라주쿠(原宿), 에비스(恵比寿), 우에노(上野), 아키하바라(秋葉原), 동경(東京)을 갈 수 있으니, JR 야마노테선을 이용하면 가뿐하게 도쿄 여행의 기본 코스를 둘러볼 수 있다.

ENJOY 01
쓰키지 시장에서 회전 초밥 맛보기

쓰키지 시장은 신선한 초밥으로 유명한 곳이다. 이곳에서 한 번 먹으면 자꾸만 생각나는 회전 초밥을 맛보자.

ENJOY 02
오타쿠의 필수 여행 코스 아키하바라 방문하기

오타쿠의 천국이자 만화의 메카인 아키하바라에는 애니메이션을 구입하려는 사람들로 붐비지만 메이드 카페나 건담을 테마로 하고 있는 카페 등 이색 카페도 큰 인기이다.

ENJOY 03
일본 왕이 먹는 주전부리 고쿄 전통 과자 사기

긴자 바로 옆에 위치한 고쿄는 일본 왕이 살고 있는 왕궁이다. 고쿄 주변에는 오래전부터 왕실에서 즐겨 먹던 일본의 전통 과자를 만드는 곳들이 아직 성업 중이니 진상품의 맛을 느껴 보자.

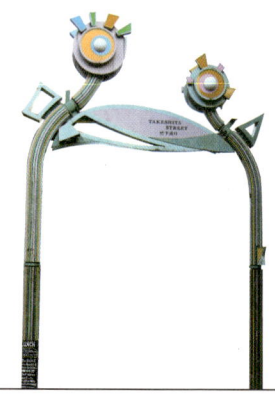

TRAVEL SPOT 03

도쿄 TOKYO

ASIA

20:00
도쿄 도청사 전망대,
꼬치거리, 가부키초
(신주쿠 역)
다양한 즐거움이 있는 번화가

핵심 여행 코스
★ 총 소요 시간 : 14시간

18:00
하라주쿠 다케시타
도오리, 아오야마
명품거리(하라주쿠 역)
예쁜 가게와 멋진 건물이 많은 거리

11:00
아키하바라 전자상가
(아키하바라 역)
전자제품과 애니메이션 상품의 천국

START

06:30
쓰키지 시장(신바시 역)
일본 최대 수산시장

15:30
시부야 센터가이,
백화점 등 쇼핑
(시부야 역)
레스토랑, 레코드 가게,
게임 센터가 가득한 거리

08:30
우에노 아메요코 재래시장
& 우에노 공원(우에노 역)
고가 철교를 따라 500여개의 상점이 늘어선 곳

12:30
긴자 및 고쿄 산책
(유라쿠초 역)
럭셔리 브랜드 쇼핑을 마음껏 즐길 수 있는 거리

075

HOT SPOT

1일 패스로 알뜰하게 둘러보는
도쿄 핫 스폿

일본 최대의 수산 시장 築地水産市場
쓰키지 시장

add.	東京都中央区築地 4丁目 10-16
access	지하철 도에이오에도선 쓰키지 시장 역에서 도보 2분, JR 신바시 역에서 도보 약 10분
time	05:00~15:00
tel.	03-3541-2640

♣ 수산시장이 관광상품이 될 수 있다는 것을 보여주는 일본 최대의 수산시장이다. 도쿄의 인기 관광지인 이곳은 《미스터 초밥왕》에서도 자주 등장해 더욱 유명세를 띄게 되었다. 이른 아침에 잡아 올린 거대한 참치를 경매하는 모습과 초밥을 먹기 위해 새벽부터 줄을 서 있는 사람 등 이색적인 모습을 볼 수 있다. 수산물뿐 아니라 농산물도 다양하며 요리책, 칼, 그릇 등을 파는 상점도 있다. 쓰키지 시장의 한편에는 식당이 자리 잡고 있으며 인기 있는 초밥집의 경우는 1시간 이상은 기다려야 할 만큼 줄이 늘어서 있다. 이곳에서 먹는 초밥은 천국의 맛이니 꼭 경험해 보길! 미각이 탁월한 사람이 아니라면 줄이 없는 식당을 찾아도 실망하지 않고 초밥을 먹을 수 있다.

산책도 하고 미술관도 둘러보고 上野
우에노

우에노 공원
access JR 우에노 역 코엔 출구, JR 우에노 역 시노비즈 출구에서 우회전 후 게이세이센 우에노 역 바로 옆 계단

국립 서양 박물관
add. 東京都台東区上野公園 7番 7号
access JR 우에노 역에서 도보 약 5분, 우에노 공원 내부
time 09:30~17:30(화~일요일), 09:30~20:00(금요일), 월요일 휴관
tel. 03-5777-8600
fee 성인 430엔

아메요코 시장
access JR 우에노 역 시노비즈 출구에서 길 건너 도보 3분

♣ 우에노 지역의 대표적인 볼거리는 우에노 공원과 아메요코 시장이다. 우에노 공원은 도쿄의 대표적인 벚꽃놀이 장소로 봄에 가면 사람들로 인산인해를 이룬다. 공원 안에는 120년 전에 지어진 일본 최대 박물관인 도쿄 국립 박물관과 로댕, 모네 등 서양 예술가들의 작품을 소장하고 있는 국립 서양 미술관도 있다. 아메요코 시장은 제2차 세계대전 이후 미군 부대에서 빼돌린 것들을 팔던 암시장에서 시작해 현재는 없는 것 없는 재래시장으로 변모했다. 현지 서민들의 모습도 볼 수 있어 정겹다.

전자제품과 애니메이션 상품의 천국 秋葉原
아키하바라

럭셔리 브랜드 쇼핑을 마음껏! 銀座, 皇居
긴자, 고쿄

access   JR 아키하바라 역, 지하철 히비야 선 아키하바라 역 하차

♣ 일본의 대표적인 전자상가로 알려진 곳으로 카메라, 음향기기 등을 구입하기 위해 찾는 현지 사람들이 많다. 최근에는 시내 곳곳에 정찰제를 시행하고 있는 전자 상가가 많아져, 전자제품보다는 애니메이션 관련 상품을 구입하려는 사람들의 발길이 더욱 많아졌다. 흔히 오타쿠라 불리는 사람들의 성지로 메이드 카페도 성업 중이고, 2009년 오픈한 건담을 테마로 하고 있는 카페도 큰 인기이다. 영화와 드라마로 큰 인기를 얻은 〈전차남〉의 주요 무대이기도 하다.

메이드 카페에서 맛본 오므라이스

긴자 access   메트로 긴자센, 히비야센, 마루노우치센 긴자 역 하차, 도쿄메트로 유라쿠초센 긴자잇초메 역 하차, 도에이 아사쿠사센 히가시긴자 역 하차, JR 야마노테센 유라쿠초 역 하차

고쿄 access   JR 도쿄 역 마루노우치 중앙 출구에서 도보 10분, JR 유라쿠초 역 히비야 출구 또는 중앙 서쪽 출구에서 도보 10분

♣ 긴자는 은화를 만드는 거리라는 뜻을 가지고 있다. 에도 시대에 긴자에 있던 은화 주조소로 이곳을 긴자라 부르게 되었다고 한다. 긴자에는 일본의 유명 백화점들과 전세계 럭셔리 브랜드 매장이 모여 있다. 일본 왕인 덴

노가 거주하고 있는 고쿄와 가까운 거리에 있으며 오랜 전통을 갖고 있는 맛집도 많아 맛있는 음식을 즐기며 역사의 흔적을 살펴볼 수 있다. 이곳은 또한 일본 왕실에서 즐겨 찾는다는 디저트 전문점으로도 유명하다.

긴자 디저트 전문점 베스트 3

★기무라야소 혼텐 木村屋総本店

서양식 빵과 중국식 호빵에서 힌트를 얻어 만든 앙팡(단팥빵)이 처음 만들어진 곳이다. 1874년 앙팡을 주 메뉴로 창업한 이후 줄곧 현재의 자리를 지키고 있는 곳으로 일본의 왕이 즐겨 찾는 곳이기도 하다.

add. 東京都中央区銀座4-5-7
access 지하철 긴자선 긴자 역 또는 JR 야마노테선 유라쿠초 역에서 도보 약5분
time 10:00~21:00
tel. 03-3561-0091

★마네켄 Manneken

우리나라 여행객들에게도 많이 알려진 와플 전문점으로 긴자의 상징인 와코 백화점 건너편에 있어 찾아가기 쉽다. 벨기에산 펄슈가를 사용하는 기본 와플 외에 초코, 아몬드, 메이플, 시나본 등의 메뉴와 계절에 따라 한정적으로 판매하는 메뉴가 있다.

add. 東京都中央区銀座 5-7-19
access 지하철 긴자선 긴자 역 B3 출구에서 도보 2분, 와코 백화점 건너편
time 11:00~22:00
tel. 03-3289-0141

★피에르 마르코리니 긴자 Pierre Marcolini 銀座

벨기에에 본점을 둔 세계적인 초콜릿 명가. 초콜릿 가게답지 않은 고급스러운 분위기 때문에 들어서기가 망설여질 수도 있다. 안으로 들어가면 초콜릿과 마카롱, 아이스크림 등 달콤하면서도 깊은 맛을 갖고 있는 매력적인 디저트들이 기다리고 있다.

add. 中央区銀座 5-5-8
access 지하철 긴자선 긴자 역 B3 출구에서 도보 1분
time 11:00~22:00, 11:00~19:00(일요일)
tel. 03-5537-0015

개성 만점의 패션 거리 渋谷
시부야

access JR 야마노테센 시부야 역 하치코 출구, 도쿄 메트로 긴자센, 한조몬센 시부야 역 하치코 출구

♣ 젊음의 열정이 넘치는 곳! 하라주쿠와 함께 도쿄의 대표적인 거리로 젊은 층을 타깃으로 하는 쇼핑몰과 중저가 패션 브랜드, 맛집들이 줄지어 있다. 시부야 역 앞의 스크램블 교차로는 언제나 많은 사람으로 붐비는 곳이다. 만남의 장소로 유명한 충견 하치코 동상도 시부야 역 근처에 있다. '일본' 하면 떠오르는 약간은 난해한 패션을 소화하는 개성 만점의 사람들을 만날 수 있다. 늦은 새벽까지도 클럽을 찾는 사람들이 이어져, 24시간 언제 찾아도 즐거운 구경을 할 수 있다.

★시부야 스타벅스

어디를 가도 비슷비슷한 프렌차이즈 커피가게에서도 낭만을 찾고 싶다면 시부야 스타벅스로 가자. 시부야 역 건너편에 위치한 스타벅스는 사람 구경하기에 최고인 그야말로 명당자리이다. 물론 창가

자리를 탐하는 사람이 한둘이 아니니, 운이 좋아야 구경하기 좋은 자리를 차지할 수 있다.

차 한 잔 놓고, 교차로를 오고 가는 사람들을 보고 있으면, 나 혼자만 시간이 정지된 곳에 갇혀 있는 듯한 색다른 기분을 느낄 수 있을 것이다.

보세와 명품 쇼핑을 동시에! 原宿
하라주쿠

일본 최대의 번화가 新宿
신주쿠

access   JR 야마노테센, 소부센, 주오센 신주쿠 역 하차, 도쿄 메트로 마루노우치센, 도에이 신주쿠센, 도에이 오에도센 신주쿠 역 하차

♣   도쿄에서도 유동 인구가 가장 많은 지역으로 신주쿠 역을 중심으로 오다큐, 세이부 등의 대형 백화점, 쇼핑몰이 모여 있으며, 동쪽 출구에는 일본 최대 규모의 환락가인 가부키초가 있다. 여행객들에게 인기 있는 곳은 동쪽 출구에 있는 도쿄 도청으로 무료 전망대가 있어 맑은 날에는 후지산까지 볼 수 있는 행운을 얻을 수도 있다. 일반인에게도 개방된 도청 직원 식당은 저렴한 비용으로 알찬 식사를 할 수 있는 곳이다. 역 바로 앞의 꼬치구이 골목은 예스러운 모습이 남아 있는 곳으로 가벼운 식사에도 좋고, 분위기에 취해 술 한잔하기에도 그만인 곳이다.

access   JR 야마노테센 하라주쿠 역 하차, 다케시타 출구, 도쿄 메트로 지요다센 메이지진구마에 역 하차

♣   하라주쿠는 소박함과 럭셔리함이라는 어울릴 것 같지 않은 두 가지가 공존하는 곳이다. 다케시타 도오리의 좁은 골목길 안에는 소녀들의 감성을 충족시켜 주는 보세 상점들이 자리하고 있고, 그 건너편 하라주쿠 메인 도로인 오모테산도에는 긴자 못지않은 럭셔리 명품점들이 쇼핑 욕구를 충족시켜 준다. 이곳 상점들은 저녁 8~9시 전후로 문을 닫기 때문에 늦은 시간에는 그다지 볼거리가 없다는 것에 주의하자. 하라주쿠 역 뒤편에는 메이지 진구가 넓게 공원처럼 있으니, 잔잔한 아침 산책을 즐긴 후 상점들이 영업을 시작하는 시간에 맞춰 여행 일정을 시작할 수 있다.

도쿄 >> 테마 여행 01

달콤한 도쿄 카페 여행

ENJOY 01
여행 시작 전
카페에서 브런치 먹기

도시를 여행할 때 가장 애매한 시간은 대부분의 상점이 오픈하기 전인 오전 시간이다. 이럴 때는 카페에서 브런치 타임을 가져 보자. 여행자의 뱃속을 든든하게 해 줄 것이다.

ENJOY 02
지브리 미술관에서
미야자키의 작품 세계 만나기

토토로의 숲을 걷는 듯한 이노카시라 공원을 지나면 지브리 미술관이 나온다. 이곳에서 누구에게나 사랑받는 미야자키 하야오의 애니메이션 속으로 들어가 보자.

ENJOY 03
맛도 좋고, 선물용으로도 좋은
카렐차펙 홍차 구입하기

카렐차펙 홍차는 소중한 사람에게 선물하기도 좋고, 맛있게 음미한 뒤 케이스를 소품으로도 활용하기에도 좋다. 홍차 관련 소품도 판매하므로 차를 좋아한다면 한 번 들러 보자.

《스위트 도쿄: 달콤하고 행복한 케이크 여행》,《남남 도쿄》와 같이 도쿄의 카페와 디저트 전문점만 소개하는 책이 출간될 정도로 도쿄에는 매력적인 카페가 많다. 서울의 가로수길, 서래마을처럼 주요 번화가에서 조금 떨어진 곳에 카페거리가 있듯이 도쿄에도 다이칸야마, 지유가오카, 기치조지처럼 부유층의 거주지로 알려진 곳에 조용하면서도 나름의 매력을 지닌 인기 카페가 많다. 커피 향과 촉촉한 케이크를 찾아 도쿄의 작고 예쁜 거리를 찾아가 보자.

카페 여행 코스
★ 총 소요시간 : 11시간

START

10:30
기치조지 상점가
(기치조지 역)
개성 넘치는
젊은이들의 거리

12:00
카렐차펙 티룸
식사도 할 수 있는
아기자기한 카페

13:00
이노카시라 공원
산책하기 좋은 호젓한 공원

14:00
지브리 미술관(미타카 역)
미야자키 하야오의 애니메이션을
테마로 한 미술관

16:30
지유가오카 거리
(지유가오카 역)
쇼핑 및 카페들이를 즐길 수 있는
고급스러운 분위기의 거리

19:30
롯본기(롯본기 역)
미술관, 전망대 관람을
즐길 수 있는 도쿄의
이태원

HOT SPOT

달콤하고 아기자기한
도쿄 핫 스폿

귀엽고 깜찍한 소품이 끝없이 펼쳐진 곳 吉祥寺
기치조지

access　JR 기치조지 역에서 바로 연결

♣　기치조지는 반나절 동안 돌아다니기에 적당한 아담한 동네이다. 물론 쇼핑을 어떻게 하느냐에 따라 시간은 충분히 달라질 수 있다. 소품이나 옷가게, 100엔짜리 주방용품 숍, 자라, 갭 등 브랜드 숍은 기치조지 역의 북쪽에, 히피 스타일이나 구제 옷가게들은 남쪽 지역에 더 많이 있다. 귀엽고, 깜찍한 소품을 좋아하는 사람이라면 하루 종일 머물러도 지루할 틈이 없는 곳으로, 영화 <구구는 고양이다>의 촬영지이기도 하다. 상점을 돌아다니느라 눈이 피곤해졌다면 잠시 이노카시라 공원을 산책하며 지름신을 잠재워 보는 것도 좋다. 잔잔한 호수와 나무들이 마음의 평화를 찾아 줄 것이다. 일행이 있다면 추억이 방울방울 솟아나는 오리보트를 타 보는 것은 어떨까? 식사 전이라면 이노카시라 공원 앞의 꼬꼬구이를 애피타이저로 먹어 보기를 권한다.

기치조지는 일본 사람들이 살고 싶은 동네 베스트 1위에 빛나는 곳이기 때문에, 주택가를 둘러보는 것도 좋은 여행 코스가 될 것이다.

TIP.
카렐차펙(Karel Capek)

먹는 걸 우선으로 한다면 카렐차펙 스위츠로, 쇼핑이 목적이라면 카렐차펙 홍차점으로 가면 된다.(물론 둘 다 가는 것도 상관없다) 카렐차펙 홍차를 판매하는 곳은 도쿄에 몇 군데 있지만, 직접 먹을 수 있는 카페는 기치조지 한 곳뿐이다. 숍에서는 보기에도 아까운 패키지로 포장된 수십 종의 홍차와 홍차를 더욱 맛있게 음미할 수 있는 관련 소품들을 판매한다. 카페에서는 카렐차펙의 홍차와 쿠키, 스콘, 케이크 등을 판매하고 있다. 카페는 공간이 넓지 않아 자리 잡기가 힘들 수 있으니 사람이 많이 붐비는 시간은 피하는 게 좋다.

★카렐차펙 홍차점
add.　　東京都武蔵野市吉祥寺本町2-14-7
access　JR 기치조지 역에서 도보 10분
time　　11:00~20:00
tel.　　　0422-23-0488

★카렐차펙 스위츠(카페)
add.　　東京都武蔵野市吉祥寺本町2-15-18
access　JR 기치조지 역에서 카렐차펙 지나서 도보 13분
time　　12:00~19:00
tel.　　　0422-20-1088

미야자키 하야오의 애니 속으로 ジブリ美術館
지브리 미술관

add.	東京都三鷹市下連雀1-1-83
access	JR 미타카 역에서 셔틀버스(유료) 10분, 도쿄 시내에서 JR 미카타 역까지 20~30분
time	10:00~18:00(화요일 휴관)
tel.	0422-40-2211
fee	성인 1,000엔
URL	www.ghibli-museum.jp

♣ 미타카 역과 기치조지 역 사이에 있는 지브리 미술관은 미야자키 하야오의 작품으로 꾸며진 곳이다. 역에서 걸어서 20~30분 정도 걸리기 때문에 이왕이면 기지죠지를 구경하고, 이노카시라 공원을 가로질러 가는 방법을 추천한다. 입구에서 반갑게 맞아 주는 토토로를 지나 미술관으로 들어가면 다양한 작품들을 만날 수 있다. 특히 미술관에서는 상영하는 짧은 단편 애니매이션과 미야자키 하야오의 실제 작업실 공간은 챙겨 봐야 할 볼거리이다.

지브리 미술관 예약
지브리 미술관은 하루 4번 입장시간이 정해져 있어, 무조건 예약을 해야 입장할 수 있다. 국내에서는 대한여행사에서, 일본에서는 로손 편의점에서 티켓을 구매할 수 있다.

분위기 좋은 거리 自由が丘
지유가오카

access 도쿄 메트로 도큐도요코센 지유가오카 역에서 하차

♣ 기치조지와 비슷한 분위기의 상점이 많지만 살짝 더 고급스러운 분위기를 풍기는 동네이다. 햇볕 좋고, 바람 좋은 날 산책하기에 좋을 만큼 여유로운 곳이다. 하지만, 레스토랑이나 소품 가게들에서 파는 상품의 가격이 약간 부담스러울 수도 있다. 이 가게 저 가게 들여다보다 보면 어느새 여행 경비가 바닥을 드러낼 수도 있으니, 함부로 문을 열지 않는 게 좋을 것이다. 그래도 뭔가 아쉽다면 디저트로 유명한 카페를 찾아 입이라도 호강시켜 보길!

지유가오카 카페 베스트 4

★주노 플라워 스튜디오 Juno Flower Studio
플라워 숍에서 운영하는 독특한 카페로 수많은 화분과 꽃에 둘러싸여 차와 와플, 케이크 등을 맛볼 수 있다. 강의 공간과 꽃을 전시, 판매하는 공간이 중심에 있어 테이블이 몇 개 없기 때문에 조용함을 느낄 수 있는 것도 이곳의 매력이다.

- add. 東京都目黒区自由が丘2-17-6
- access 지유가오카 역에서 도보 10분
- time 10:30~22:00(월~금요일), 10:30~17:00(주말, 공휴일)
- tel. 03-5726-3358

★와타시노 헤야 私の部屋

지유가오카의 소품점 중 가장 많이 알려진 곳이며, 전통 있고 오래된 상점을 뜻하는 시니세라 불리는 곳이다. 전통적인 느낌에 현대적인 느낌이 더해진 모던한 소품들이 인기이며, 중저가 상품에서 고가 상품까지 다양한 제품을 판매하고 있다.

- add. 東京都目黒区自由が丘2-9-4
- access 지유가오카 역에서 도보 7분
- time 11:00~20:00(평일), 11:00~19:30(주말, 공휴일)
- tel. 03-3724-8021

★로라 에슐리 홈 Laura Ashley

직접 만든 오리지널 직물을 이용해 제작한 영국풍 인테리어, 패션 소품, 주방 소품 전문점이다. 포트메리온 같은 플라워 패턴의 소품들로 가득한 이곳은 주방용품뿐 아니라 가방, 머리끈 등의 다양  한 액세서리를 구입할 수 있다. 2층의 홈퍼니싱에서는 고급 가구를 판매하고 있다.

- add. 東京都目黒区自由が丘1-26-18
- access 지유가오카 역에서 도보 5분
- time 11:00~20:00
- tel. 03-3724-0051

도쿄의 이태원 六本木
롯본기

- access 도쿄 메트로 히비야센폰기 역 하차, 도에이 오에도센 롯본기 역 하차

♣ 우리나라의 이태원처럼 미군부대가 있던 곳으로 과거의 흔적을 지닌 곳이었지만, 롯본기 힐즈와 미드

타운 두 고층 빌딩의 등장으로 시대를 앞서가는 도시로 변화되었다. 롯본기 힐즈와 미드타운에는 우리나라 리움 미술관에 있는 것과 같은 거대한 거미 조각이 입구에 자리 잡고 있다. 이곳에는 고급 브랜드 숍들이 자리 잡고 있으며, 모리 아트센터와 산토리 미술관 등 문화를 즐길 수 있는 시설도 마련되어 있다.

롯본기 힐즈의 메인 빌딩인 모리 빌딩 정상의 전망대에서는 도쿄 타워를 바로 앞에서 볼 수 있어 데이트 코스로 인기이다. 특히 야외 전망대인 스카이데크(Sky Deck)에서는 시원한 바람이 불어, 마치 하늘에 있는 듯한 기분을 느낄 수 있다. 현대 미술 작품을 주로 전시하는 모리 아트센터와 달리 미드타운의 산토리 미술관은 일본 전통 미술, 예술 작품을 주로 전시하고 있어 취향에 따라 선택하거나 두 곳을 모두 보고 서로 다른 감상을 느껴 보는 것도 좋을 것이다.

아시아 최대 규모의 미술관이다. 다양한 테마가 살아 숨 쉬는 기획 전시가 열려 아트, 패션 등 다양한 장르의 예술품을 감상할 수 있다. 규모는 물론 전시 작품의 수준까지 훌륭하다.

access 모리타워 앞의 뮤지엄 콘으로 들어가 3층 티켓 카운터에서 엘리베이터 이용(52층) 후 모리타워 전망대에서 에스컬레이터 이용
time 10:00~22:00(화요일 10:00~17:00, 경우에 따라 휴관 및 시간 변경)

★모리타워 전망대(六本木ヒルズ 森タワー)

도쿄 전망이 아름답게 펼쳐지는 모리타워 전망대에는 관광객뿐 아니라 모리미술관 관람객까지 몰려 늘 사람들로 붐빈다.

access 모리타워 앞의 뮤지엄 콘으로 들어가 3층 티켓카운터에서 엘리베이터 이용(52층)
time 10:00~23:00(일~목요일), 10:00~01:00(금~토요일, 공휴일 전날)

롯본기의 가 볼 만한 곳

★모리 아트센터

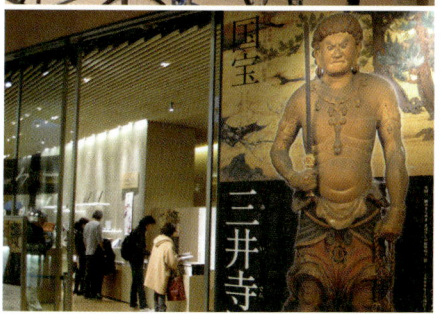

도쿄 >> 테마 여행 02

피로를 싹 푸는 하코네 온천 여행

ENJOY 01
수명을 7년 연장해 주는
까만 계란 맛보기

화산 지역 오와쿠다니에 가면 유황온천에 익힌 까만 계란을 먹을 수 있는데 한 개를 먹으면 수명이 7년씩 연장된다는 전설이 있다. 까만 계란을 먹고 무병장수의 꿈을 이뤄 보자.

ENJOY 02
후지산을 품고 있는
아시 호수에서 사진 찍기

푸르고 투명한 칼데라 호수인 아시에서 아름다운 자연 풍광을 보고 체력이 허락한다면 보트 놀이도 즐겨 보자.

ENJOY 03
도쿄에서 하코네까지
프리패스 이용하기

하코네 프리패스 하나면 도쿄에서 하코네까지 한 번에 갈 수 있다. 열차, 유람선, 등산버스 등 나냥하게 활용할 수 있는 프리패스로 하코네 여행을 시도해 보자.

도쿄에 갔는데 날씨가 맑다면 무조건 하코네로 가야 한다. 우리나라에는 없는 화산 지대와 함께 훼손되지 않은 아름다운 자연 그대로를 감상할 수 있어 도쿄 근교 여행지 중 가장 인기 있는 곳이다. 아시호수와 후지산이 만들어 내는 아름다운 자연 풍경, 어린 왕자 미술관, 조각의 숲 미술관, 전국적으로 손꼽히는 온천 리조트 등 하루만 투자하기에 아까울 정도로 돌아볼 곳이 많다.

하코네 온천 여행 코스
★ 총 소요시간 : 11시간

START

11:00
고라 지역(고라 역)
공원과 조각의 숲 미술관 등이
있는 아늑한 곳

14:30
오와쿠다니(오와쿠다니 역)
하코네에 있는 분화구

15:30
아시 호수(도겐다이 역)
후지산을 관망할 수 있는
아름다운 풍경의 호수

16:00
모토 하코네
하코네 신사, 삼나무 숲길,
하코네 세키쇼(모토 하코네항)

20:00
가부키초 관광(신주쿠 역)
화려한 도쿄의 밤을
누릴 수 있는 유흥가

TRAVEL SPOT 03 도쿄 TOKYO

ASIA

HOT SPOT

피로를 싹 풀어 주는
도쿄 핫 스폿

아름다운 고라 공원이 있는 등산 열차의 종착역 強羅
고라 역

계곡을 따라 늘어선 노천온천과 테마 온천 ユネッサン
유넷상

add.　神奈川県足柄下郡箱根町二ノ平1297
access　하코네유모토, 모토하코네, 하코네마치에서 등산버스 이용 코와키엔 하차, 정면
time　09:00~19:00(3~10월), 09:00~18:00(11~2월)
fee　2,900엔(중학생 미만 1,600엔), 모리노유 1,900엔(중학생 미만 1,200엔), 패스포트(유넷상+모리노유) 4,100엔(중학생 미만 2,100엔)

♣ 고라 역에서 버스를 타고 이동해야 갈 수 있는 유넷상은 커피, 녹차 등 다양한 탕이 있고, 수영복을 입고 들어가기 때문에 가족 단위의 관광객들이 가기 좋다. 유넷상 옆에는 숲속의 온천이라는 뜻의 모리노유라는 곳도 있어 산림욕 하듯 온천을 즐길 수 있다. 단, 모리노유는 수영복을 입을 수 없기 때문에 남탕과 여탕이 구분되어 있다.

고라 공원
add.　神奈川県足柄下郡箱根町強羅1300
access　케이블카 고엔시모 역에서 도보 1분
time　09:00~17:00
tel.　0460-82-2825
fee　500엔
URL　www.hakone-tozan.co.jp/gorapark

♣ 일본 최초의 프랑스식 공원인 고라 공원(羅公園)이 있는 고라 역은 하코네에서 출발하는 등산 열차의 종착역이자 온천으로 유명한 유넷상으로 이동하는 버스를 탑승할 수 있는 곳이다. 하코네 프리패스로 입장할 수 있는 고라 공원 내에는 앵무새 정글과 열대 조류관 등 우리나라에서는 볼 수 없는 볼거리가 있으며, 일본 유형 문화재로 지정된 하쿠운도 다원이 있어 쉬어 가기에 좋다. 시원한 분수대와 정리된 식물들로 우아한 분위기를 자아내는 고라 공원은 벚꽃이 피는 시즌에는 일본 사람들의 방문이 잦다.

TIP.
하코네 프리패스(箱根フリーパス)

하코네 프리패스는 도쿄부터 하코네까지의 교통편과 하코네에서의 등산열차, 로프웨이, 유람선, 등산버스 등을 모두 이용할 수 있는 티켓으로 위의 추천 일정을 기준으로 본다면 약 2,000엔의 교통비가 절감된다. 교통편뿐만 아니라 하코네에 있는 미술관, 박물관, 온천 시설의 할인 쿠폰도 함께 제공되기 때문에 실제 절약할 수 있는 경비는 그 이상이다. 패스의 유효 기간은 2일권, 3일권이 있어 하코네에서 숙박을 하는 경우에도 이용할 수 있다. 패스 구입은 신주쿠의 오다큐 서비스 센터에서 가능하며 한글 브로슈어가 있다.

access　신주쿠 역 서쪽 출구쪽 오다큐 백화점 건물의 1층 오다큐 신주쿠 역
time　08:00~18:00(연중 무휴)
fee　2일권 성인 5,140엔(어린이 1,500엔), 3일권 성인 5,640엔(어린이 1,750엔)

흰 연기와 유황가스 냄새 가득한 화산 지역 大涌谷
오와쿠다니

add. 神奈川県足柄下郡箱根町
access 오와쿠다니 역에서 도보 약 5분

♣ 화산 지역은 특유의 냄새와 열기 때문에 방문을 꺼리는 경우가 많다. 그러나 오래 살고 싶은 사람이라면 오와쿠다니를 한 번쯤 방문해 보는 것이 좋다. 이곳의 명물은 유황온천에서 익힌 까만 계란! 온천물에 담그면 순식간에 익는 이 계란은 계란 하나에 수명을 7년씩 연장시켜 준다는 전설 때문에 기념품으로도 인기가 많다. 계란을 먹기 위해 올라가는 길의 경사가 심하지는 않지만, 냄새와 연기로 힘들 수도 있으니 기관지가 약한 사람이라면 굳이 올라가지 않는 게 낫다.

푸르고 투명한 칼데라 호수 芦ノ湖
아시 호수

add. 神奈川県足柄下郡箱根 蘆ノ湖
access 도겐다이에서 도보 4분

♣ 화산이 폭발해 생긴 분지에 물이 차면서 생긴 아시 호수는 후지산의 절경이 찍힌 사진에서 함께 볼 수 있

는 곳이기도 하다. 언제 화산 폭발이 있었느냐는 듯 조용한 호수 뒤로 만년설을 품은 후지산을 볼 수 있는 기회는 하늘이 돕지 않으면 쉽게 일어나지 않는 일이다. 만약 운이 좋아 구름 한 점 없는 맑은 날 이곳에 간다면 해적선을 꼭 타 보자. 바다에 떠 있는 듯한 착각이 들 정도로 거대한 호수에 비친 후지산을 볼 수 있을 것이다. 고즈넉한 호수와는 조금 어울리지 않는 유럽식 해적선은 오와쿠다니에서 모토 하코네로 갈 때 이용하면 된다.

한적하고 유서 깊은 마을 元箱根
모토 하코네

add. 神奈川県足柄下郡箱根町箱根561
access 온시하코네 공원 정문에서 도보 1분

♣ 모토 하코네는 굳이 무언가를 보겠다는 것보다 한적함을 즐기는 정도의 장소로 생각하면 좋다. 모토 하코네에 있는 하코네 신사는 교통안전을 기원하는 신사로 오래된 고목이 많아, 도심 속에 있는 신사에 비해 한층 편안함을 느낄 수 있다. 하코네 신사 주변에 있는 검문소인 하코네 세키쇼 또한 교통과 관련된 곳인데 140년 만에 복원되어 일반인에게 공개되고 있다. 모토 하코네 주변의 삼나무들은 350년 이상 된 것들로 가장 긴 나무는 그 길이가 30m, 둘레가 4m 이상이나 된다고 한다.

어린왕자 미술관

흥미로운 테마의 전시관들
하코네의 미술관, 박물관

아시노코 나루카와 미술관

포라 미술관

호수와 나무로 둘러싸여 있다고 해서 자연을 둘러보는 관광 코스만 생각하면 큰 오산이다. 하코네에는 크고 작은 미술관이 있어 온천이나, 신사를 방문하는 것 외에도 색다른 재미를 찾을 수 있다. 그중 남녀노소 가리지 않고 모두가 흥미를 느낄 수 있는 곳이 바로 생텍쥐페리의 《어린왕자》를 테마로 한 박물관이다. 어린왕자가 살던 별, 사막여우, 보아뱀을 먹은 코끼리 등 소설 속 장면들을 현실에서 만날 수 있어 《어린왕자》를 손에 쥐고 있던 어린 시절을 떠오르게 한다. 생텍쥐페리가 살았던 파리의 마을을 재현해 놓고, 유럽식으로 정원도 꾸며 놓아 이국적인 분위기가 물씬 풍긴다. 그 밖에도 잔디밭 위에 전시된 조각상을 관람할 수 있는 '조각의 숲 미술관', 모네, 고흐, 피카소 등 프랑스 인상파들의 작품을 중심으로 하고 있는 '포라 미술관' 등도 방문하기에 좋은 곳이다.

★ 아시노코 나루카와 미술관 芦ノ湖成川美術館
add.   神奈川県足柄下郡箱根町元箱根570番
access 하코네 등산버스, 하코네 해적선 모토하코네항(元箱根港)에서 도보 5분
time   09:00~17:00
tel.   0460-83-6828
fee   1,200엔
URL   www.narukawamuseum.co.jp

★ 포라 미술관 ポーラ美術館
access 등산전차 고라 역에서 싯세이카엔(箱根湿生花園)행 버스로 약 15분, 290엔
time   09:00~17:00(연중무휴, 전시회 변경으로 인한 일부 휴실 있음)
tel.   0460-84-2111
fee   1,800엔
URL   www.polamuseum.or.jp

★ 어린왕자 미술관 星の王子さまミュージアム
add.   등산전차 토겐다이행을 타고 호시노 지사마뮤지아무 정거장에서 하차, 도보 1분
time   09:00~18:00
fee   당일 구매 1,600엔, 예매 1,400엔
URL   www.tbs.co.jp/l-prince

도쿄에서 꼭 먹어 볼 것 🍴

히요코(병아리빵)

일본인들도 도쿄에 들르면 선물용으로 장만하는 병아리빵. 토실토실한 병아리 모양의 빵 안에는 맛있는 밤 앙금이 가득 들어 있다. 병아리 모양이 보기에도 너무 귀여워 먹기가 미안할 정도이다. 깔끔한 녹차와 같이 먹으면 더욱 좋다.

도쿄 바나나

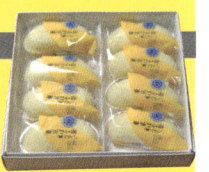

최근엔 히요코보다 많이 찾는 인기 상승세의 빵이다. 살짝 만지기만 해도 폭신폭신한 부드러운 빵 속엔 바나나 슈크림이 들어 있다. 신제품 초코맛 도쿄 바나나도 인기! 검은색을 띠는 초코 맛 빵 안에는 역시나 노란 크림이 쏘옥 들어가 있다. 도쿄에 다녀갔다면 선물은 무조건 도쿄 바나나!

쓰키지 시장 스시

만화 《미스터 초밥의 왕》의 무대인 쓰키지 시장. 이곳의 스시를 먹지 않고서는 도쿄에서 스시를 먹었다고 할 수 없다. 츠키시 시장에서는 아침 6시에도 줄을 서야 스시를 먹을 수 있다. 스시다이와 다이와스시는 이 시장에서 양대산맥을 이루는 스시 집이다.

TIP.
이자카야 정복하기

하루 일정을 마치고 호텔로 들어가기 전, 간단히 술 한잔이 생각나 이자카야를 찾아보려 해도 일본어 때문에 쉽게 포기하는 경우가 많다. 우리나라에도 많이 있지만, 일본 여행 중에는 어쩐지 찾아가기 어려운 이자카야. 겁먹지 말고 들어가 보자.

★1단계 체인점 찾기

'와타미'와 '우오타미'를 찾아보자. 빨간색 간판에 하얀색 붓글씨로 '和民'라고 쓰여져 있는 와타미는 일본의 대표적인 이자카야 체인점으로 어디에서나 쉽게 찾아볼 수 있다. 와타미의 경쟁업체는 이름도 비슷한 우오타미(魚民)로 하얀 간판에 검은색 붓글씨로 쓰여져 있다. 이 두 간판만 알아 본다면 일본 시내 어디에서나 10분 이내에 이자카야에 입성할 수 있다.

★2단계 주문하기

체인점이라면 당연히 영어 메뉴쯤은 갖추고 있으니 겁먹지 말자. 기본 영어만 알면 주문하는 데는 아무 문제 없다. 영어 실력이 정말 바닥이라도 걱정 말고 메뉴판에 있는 사진을 보자. 친절하게도 영어 메뉴판에는 대부분 사진이 있으니 손가락으로 콕콕 가리키기만 하면 간단하게 주문할 수 있다.

★3단계 자리 찾기

기분 좋은 술자리를 흡연, 금연으로 망칠 수는 없는 법! 흡연석은 '키츠엔세키(喫煙席)', 금연석은 '킨엔세키(禁煙席)'이다. 담배에 민감한 사람이라면 이 두 단어를 꼭 외워 두자. 물론 영어로 스모킹과 논스모킹이라 말해도 된다.

★4단계 계산하기

대부분의 이자카야에는 자릿세가 있다. 200~400엔 정도 추가되어 나오니 주문한 적 없는 내용이 영수증에 있더라도 놀라지 말고, 따지지도 말자! 계산은 우리나라처럼 나가는 길에 카운터에서 직접 하면 된다.

도쿄 >> Travel Plus

금요일 밤에 떠나는
도쿄 주말 여행

'도깨비 여행'의 시초가 된 도쿄 야간 비행 코스! 한 주의 업무를 끝내고 주말의 시작인 토요일 새벽에 인천에서 출발해 월요일 오전에 귀국하는 전세기 여행상품이다. 주5일이 생활화되면서 여전히 인기를 누리고 있는 베스트 상품으로 토요일, 일요일 이틀을 알차게 사용할 수 있어 따로 휴가를 내지 않아도 되지만, 체력이 약한 사람이라면 섣불리 도전하지 말아야 한다. 도쿄 밤도깨비 코스는 항공 스케줄 변경이 불가능하니, 아래 일정표를 보며 각 날짜별 주의 사항을 꼼꼼히 체크해 봐야 한다.

첫째 날 (토요일)	02:00 인천공항 출발 04:30 도쿄 하네다 공항 도착 07:00 도쿄 시내 여행 시작
둘째 날 (일요일)	전일 자유여행 후 22:00 하네다 공항으로 출발 23:00 하네다 공항 도착
셋째 날 (월요일)	03:00 출국 수속 시작 05:00 도쿄 하네다 공항 출발 07:10 인천공항 도착

1) 첫째 날(토요일)

우리나라에서 출발하기 전

>> 공항까지 데려다 주는 기사도 없고, 사는 곳이 인천공항 주변이 아니라면 금요일 밤에 공항으로 이동해야 한다. 그렇기 때문에 공항철도, 공항리무진의 막차 시간 체크는 별 다섯 개짜리 필수 항목!

>> 새벽에 면세점에서 쇼핑하려는 생각은 꿈도 꾸지 마라! 새벽시간에 면세점은 담배, 기념품 매장 정도만 영업을 한다. 면세 쇼핑을 할 예정이라면 시내나

인터넷 면세점에서 미리 구입 신청을 하고 인도장에서 받아야 한다. 물론 심야에도 인도장은 영업을 한다.

>> 금요일 밤에 공항에 도착하면 새벽 비행기 탑승 전까지의 시간은 길고 길다. 이때 여행 기분에 들떠서 신나게 놀다 보면 여행 가서 놀 체력은 금세 바닥날 것이다. 다크서클이 진한 여행사진을 원하는 게 아니라면 공항 벤치에 살짝 누워서 쪽잠이라도 자두는 것이 좋다.

2) 첫째 날(토요일)

도쿄 도착 후

>> 새벽에 도착해서 바로 여행을 할 수 있을까? 당연히 할 수 있다. 앞 페이지의 "핵심코스" 또는 "후지산이 보이는 온천 여행지, 하코네 당일치기"를 참고하자. 시내 일정보다는 열차에서 약 2시간 편안하게 잠을 잘 수 있는 하코네 당일치기로 다녀오는 것을 추천한다.

>> 쇼핑을 하기 위해 도쿄에 가는 것이라면 위의 두 일정이 맞지 않을 것이다. 쇼핑이 가능한 상가들의 오픈 시간은 대개 오전 10시부터이다. 도쿄 도착 7시부터 10시 사이의 3시간을 가장 잘 활용하는 방법은 공항에서 쉬는 것이다. 괜히 짐 들고 시내로 가지 말고 공항의 벤치에 잠시 몸을 맡겨 보자.
공항을 대신할 좋은 휴식 장소로는 특급호텔의 로비와 우리나라 2호선과 같이 순환하는 JR 야마노테선을 타고 빙글빙글 도는 것이다. 일본의 지하철에는 전화하는 사람도 없고 매우 조용해서 잠자기 좋다.

3) 둘째 날(일요일)

>> 호텔 체크 아웃 후 프런트에 짐을 맡겨 두고 여행을 시작하자.

>> 대중교통을 이용해 공항으로 갈 예정이라면 10시경에는 출발을 해야 한다. 참고로 도쿄 시내에서 하네다 공항까지의 택시비는 7,000~10,000엔 정도이니 웬만하면 도쿄의 밤은 적당히 포기하는 게 나을 것이다.

>> 야간 전세기 상품 이용객을 위해 운영되는 패키지 일정이 있다. 오다이바의 오에도 온천 야간 입욕(18시 이후 입장)과 공항까지의 전세버스를 이용(01:50 출발)하는 것이다. 공항에 가서 기다리는 것과 달리 온천과 우리나라 찜질방 같은 휴게실에서 푹 쉬다가 갈 수 있다는 것이 장점이다. 여행 출발 전에 미리 여행사에 예약을 해야 한다.

4) 셋째 날(월요일)

>> 공항에서 바로 회사에 가야 하는 상황인데, 여행용 가방을 들고 회사에 출근하기 민망하

다면, 한진택배를 이용해 보자. 여행 짐을 미리 공항으로 보낼 수 있고, 반대로 공항에서 집으로 택배를 보낼 수도 있다.

TRAVEL AREA 04

OSAKA
오사카

쇼핑과 먹거리의 천국

먹거리의 도시 오사카, 고즈넉한 골목길과 천년 산사가 있는 교토, 탁 트인 바다가 감싸안아 짭짤하면서도 달콤한 도시 고베. 이 세 도시는 가까이에 있지만 각기 매우 다른 분위기를 갖고 있어 일본의 여러 가지 매력을 함축적으로 담고 있다. 그래서 오사카를 중심으로 교토, 고베까지 여행하면 일본의 고유한 맛과 멋을 충분히 즐길 수 있다. 여행 초보자도, 여행 고수도 한 번 오면 헤어날 수 없게 만드는 마력이 있으니, 집에 돌아오는 비행기 티켓을 잘 보이는 곳에 보관하길!

언어 일본어
면적 222.3km²
인구 245만 명
시차 0시간
화폐 엔(JPY)
국가번호 81

| 오사카로 떠나기 전에 |

1. 어느 계절에 떠날까?

거리의 다채로운 네온사인에 눈길이 먼저 가는 오사카지만 핑크빛 꽃나무로 물드는 벚꽃 시즌과 단풍이 절정을 이루는 가을 시즌에는 자연 경관으로 외국인뿐 아니라 일본인들의 마음도 사로잡아 버린다. 꽃이 피었다 지는 시기는 워낙 짧아서 시기를 딱 맞추기 어렵지만, 단풍은 일반적으로 10월 말부터 12월 초까지로 이 기간에 간다면 그림 같은 풍경을 만날 수 있다. 쇼핑과 먹거리에 집중하는 여행객이라면 언제 떠나도 좋다.

2. 항공권, 어떻게 살까?

오사카는 인천, 김포, 부산, 제주공항 중 어디에서든 떠날 수 있다. 대한항공, 아시아나, 일본항공, 전일본공수는 물론 저가 항공인 제주항공까지도 인천, 김포 출발편이 있어 다양한 스케줄로 여행을 할 수 있다. 특히 제주항공의 경우는 출발, 도착 도시를 다르게 할 경우 오전에 일찍 출국하고 오후 늦게 돌아올 수 있는 이점이 있다. 부산에서 출발하는 경우 팬스타 크루즈를 이용할 수 있는데, 비용에 따라 놀아오는 편을 크루즈나 항공편 중에서 선택할 수 있다. 크루즈로 이동할 경우에는 갈 때와 올 때 모두 선박에서 1박을 해야 하기 때문에 일정이 길어질 수 있다.

3. 어디에서 잘까?

정식 숙박업소로 등록되어 있는 한국인 민박, 작지만 저렴한 비즈니스 호텔 등 합리적인 비용으로 숙박을 할 수 있는 곳들이 있으며 도쿄에 이어 일본 제2의 도시인 만큼 최고급 호텔도 많이 있다. 저렴한 호텔이 많이 모여 있는 지역은 도톤보리, 난바 역 인근으로 접근성이 좋아 여행객이 가장 많이 가는 지역이기도 하다.

4. 여행 경비는 얼마나 들까?

일본에서는 지하철이나 버스를 이용하는 것이 좋으며 여행 가기 전에 계획을 꼼꼼히 세워 일정에 맞는 패스를 구입해야 교통비와 관광지 입장료를 절약할 수 있다. 오사카 여행에 유용한 패스는 오사카, 교토, 고베 등 간사이 지역 대부분의 교통편을 이용할 수 있는 간사이 스룻토 패스(3일권 5,000엔)와 오사카 시내 교통비와 일부 유명 관광지 입장료가 포함된 주유 패스(1일권 2,000엔)가 있다. 오사카 여행에서 빼놓을 수 없는 것은 바로 맛 탐험! 길거리 음식부터 전통 음식까지 섭렵하려면 식비를 넉넉히 챙기는 것이 좋다.

AREA.   오사카. 둘러보기

오사카는 여행자를 행복하게 만들어 주는 곳이다. 넘쳐 나는 음식, 다채로운 풍경 등 즐길 거리가 다양해 매 순간 여행자를 만족시킨다. 오사카 여행은 '오사카'라는 지역에 한정되지 않는다. 오사카 시내 중심가에서 전철로 1시간 이내에 가볍게 다녀올 수 있는 교외 관광지가 적지 않다. 교외 지역까지 함께 여행하는 것도 좋지만, 오사카에 머물며 여유롭게, 천천히 둘러보고 그 매력에 빠져드는 것도 좋다.

1 »

오사카 시내 남쪽
난바를 중심으로 하는 이 지역은 공항과 연결되어 있으며, 다른 지역으로의 이동이 편리해 관광객 대상의 숙소가 몰려 있다. 오사카 최대의 유흥가이자 맛집 거리인 도톤보리, 오사카의 가로수길인 호리에뿐 아니라 대형 쇼핑몰과 개성 넘치는 매장들로 가득한 쇼핑 지역들도 있어 알찬 하루를 보내기에 전혀 부족함이 없다. 오사카의 대표 명물인 글리코 간판을 비롯한 화려하고 독특한 간판을 배경으로 재미있는 기념 사진을 찍어 보자.

2 »

오사카 시내 북쪽
오사카 시내 북쪽의 메인 포인트는 우메다 역이다. 우리나라로 치자면 서울역이라 할 수 있는 곳인데, 한 번 길을 잃으면 제자리를 찾기 어려우니 유의해야 한다. 우메다 역을 중심으로 몇 개의 백화점과 고급 호텔들이 모여 있으며, 큰 규모의 지하상가도 있다. 고층 빌딩 사이로 대관람차 헵파이브와 멋진 전망을 감상할 수 있는 스카이 빌딩이 있어 도심 속에서 낭만을 만끽하기에도 손색이 없다. 우메다 역은 밖으로 나가는 출구뿐 아니라 다른 지역으로 가는 전철로 이어지는 통로도 많으니 노선도를 잘 확인해야 한다.

3 »

오사카의 기타 지역
바다에 접해 있는 오사카 서쪽에는 오사카 항이 있는데 아시아 최대 규모의 수족관인 해유관이 있고 페리를 타면 유니버설 스튜디오에 갈 수 있어 아이들과 함께 여행하기에 좋다. 시내 중심의 약간 동쪽에는 오사카 성이 있다. 간사이 지역의 대표적인 일본 성으로는 히메지 성과 오사카 성을 꼽을 수 있는데 히메지 성은 2015년까지 보수 공사를 하기 때문에 히메지 성보다는 오사카 성을 찾는 것이 좋다.

4 »

교토
오사카 시내에서 열차를 타고 동쪽으로 40분 정도 가면 교토에 닿을 수 있다. 제2차 세계 대전 중 미군에서도 교토만은 폭격을 하지 말라고 지시했을 만큼 교토는 일본 고유의 역

사와 전통이 남아 있는 곳이다. 천년간 일본의 수도였던 교토는 아직까지 목조로 된 주택이 많이 남아 있고, 일본 화류계의 상징인 게이샤를 거리에서 어렵지 않게 볼 수 있다. 우리나라 관광객들은 대개 오사카에서 당일치기로 들지만, 교토의 숨겨진 진짜 매력을 제대로 보려면 몇 날 며칠을 봐도 부족할 정도이다.

5 »

고베
오사카 시내에서 교토의 반대 방향으로 열차 40분 거리에 있는 고베는 항구의 아름다운 야경으로 인기 있는 곳이다. 고베의 이진칸 지역은 100여 년 전에 유럽 사람들이 들어와 모여 살던 곳으로 이국적인 건물이 많다. 그 유럽풍 건물들이 지금은 박물관이나 레스토랑으로 바뀌어 또 다른 볼거리를 제공한다. 야경 즐기기와 함께 맛기행도 인기 있는 고베 여행 테마인데, 일본 최고로 꼽히는 고베규(고베소) 스테이크와 UCC 커피를 비롯한 전통 있는 커피 전문점이 고베에 본점을 두고 있다. 부모님과 함께 오사카 여행을 간다면 고베에서 버스 또는 열차로 갈 수 있는 아리마 온천을 찾는 것도 좋다. 아리마 온천은 일본의 3대 고온천으로 꼽히는 곳으로, 많은 사람이 찾는 온천 여행지이다.

오사카 >> 핵심 여행

오사카
핵심 여행

짧은 일정이라면 오사카 시내에 집중해 보자. 하루에 교토나 고베까지 보려고 욕심을 부리면 이동하는 데 귀한 시간을 다 써버릴 뿐이다. 오사카 시내만 둘러보기에도 하루는 짧으니 튼튼한 두 발로 무장하고, 두 손이 무거워질 것을 고려해 짐은 최소한으로 챙겨 출발하자. 부지런히 여러 곳을 돌아다니는 스타일이라면 핵심 코스를 소화할 수 있겠지만 너무 바쁘게 다니기보다는 취향에 따라 선택해 천천히 둘러보길 바란다. 귀국하는 날 공항에 가기 전 반나절 코스로 즐겨도 좋다.

ENJOY 01
오사카의 상징
초대형 간판 앞에서 사진 찍기

오사카 여행의 또 다른 재미는 거리 곳곳에서 만나는 다양한 간판들이다. 초대형 간판, 움직이는 간판, 건물 전체를 차지하는 간판 앞에서 재미있는 사진을 찍어 보자.

ENJOY 02
나가호리바시 역 주변에서
늦은 밤 술 한잔하기

도톤보리 하면 오사카 최대의 유흥가라고 알려졌지만 밤 11시가 되면 한산해진다. 늦은 시간까지 여행 기분을 내고 싶다면 나가호리바시 역 방향으로 가 보자. 깊은 밤에도 기분 좋게 술 한잔을 즐길 수 있다.

ENJOY 03
우메다 스카이빌딩에서
잊을 수 없는 야경 즐기기

멋진 야경이 일품인 우메다 스카이 빌딩은 오사카 여행의 필수 코스이다. 하지만 연인들의 성지라 불리는 곳이라 솔로들은 피해야 할 곳이다.

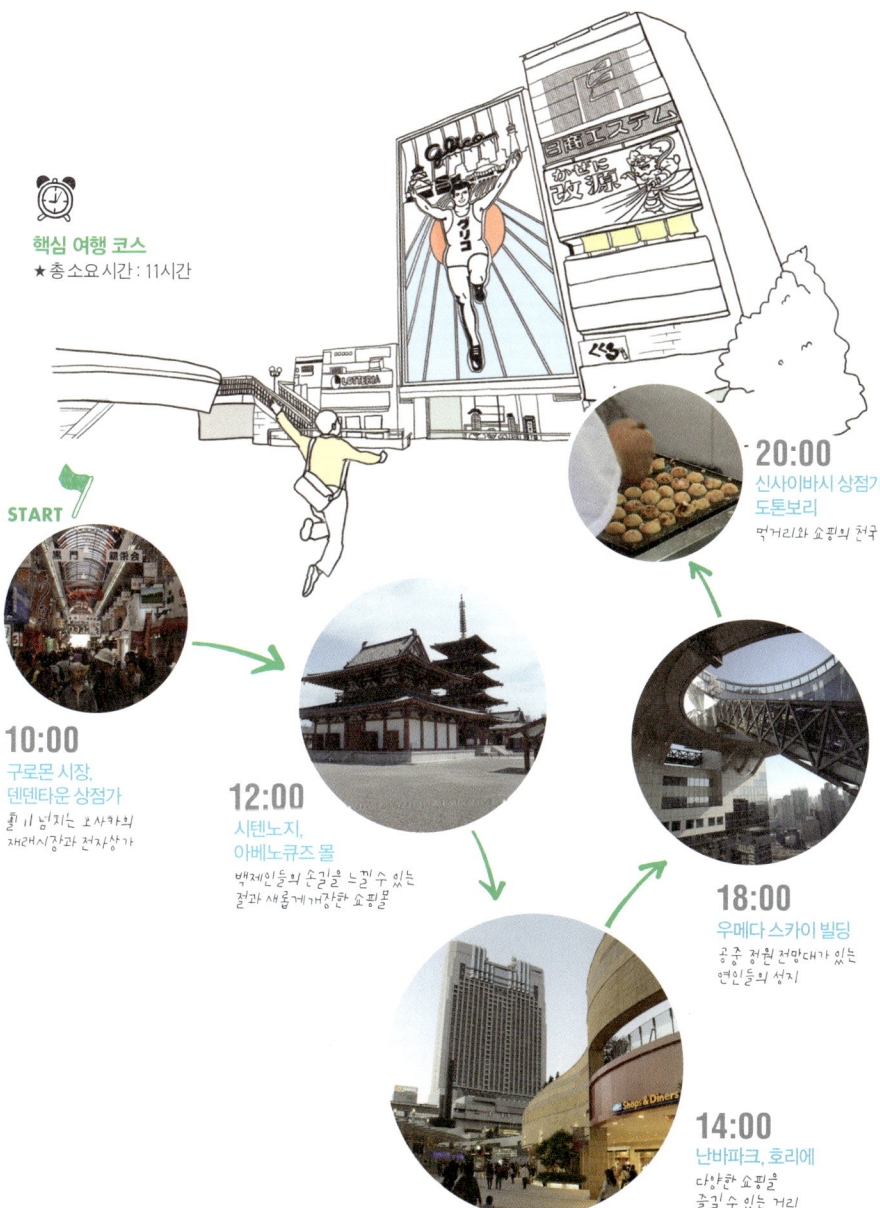

TRAVEL SPOT 04 오사카 OSAKA ASIA

핵심 여행 코스
★ 총 소요시간 : 11시간

START

10:00 구로몬 시장, 덴덴타운 상점가
활기 넘치는 오사카의 재래시장과 전자상가

12:00 시텐노지, 아베노큐즈 몰
백제인들의 손길을 느낄 수 있는 절과 새롭게 개장한 쇼핑몰

14:00 난바파크, 호리에
다양한 쇼핑을 즐길 수 있는 거리

18:00 우메다 스카이 빌딩
공중 정원 전망대가 있는 연인들의 성지

20:00 신사이바시 상점가, 도톤보리
먹거리와 쇼핑의 천국

HOT SPOT

오감이 짜릿해지는
오사카 핫 스폿

람들의 활기찬 생활도 엿볼 수 있다. 구로몬 시장의 끝에서 연결되는 덴덴타운은 우리나라의 용산 전자상가와 같은 전자제품 거리이다. 그러나 일본 현지에서 구입한 카메라의 경우 우리나라에서 A/S를 받기 어렵고, 환율에 따라 가격이 달라 손해를 볼 수도 있다. 그럼에도 이곳이 관광 코스인 이유는 애니메이션, 프라모델, 철도 모형을 판매하는 상점이 많아 희귀 아이템을 구할 수 있기 때문이다.

활기 넘치는 오사카의 시장 黒門市場 & でんでんタウン
구로몬시장 & 덴덴타운

백제인들의 손길을 느낄 수 있는 절 四天王寺 & あべのQ's Mall
시텐노지 & 아베노큐즈 몰

add. 大阪府大阪市中央 日本橋2丁目4-1
access 지하철 센니치마에 닛폰바시 10번 출구
tel. 06-6631-0207

♣ '오사카의 부엌'이라는 애칭으로 불리기도 하는 구로몬 시장은 오사카의 대표 재래시장이다. 지붕이 있어 비가 오는 날에도 돌아보기 좋으며, 이른 아침부터 늦은 밤까지 영업하는 곳이 많아 아침 시간을 활용하기에 좋다. 저렴한 도시락, 간식거리를 구입하기에 좋고 현지 사

시텐노지
add. 大阪府大阪市天王寺 四天王寺1丁目11-18
access 지하철 타니마치 선 시텐노지마에유우히가오카 역에서 남쪽으로 도보 5분
tel. 06-6771-0066

아베노큐즈 몰
add. 大阪市阿倍野 阿倍野筋一丁目6番1号
access 지하철 텐노지 역에서 바로 연결
time 10:00~21:00
tel. 06-6556-7000

♣ 시텐노지(四天王寺)는 1,400여 년 전 백제의

기술자가 지은 절이다. 백제인 유중광을 비롯해 일본으로 건너간 백제 목공들이 이 사찰을 세우고 훗날 곤고구미라는 일본 최장수 기업도 세웠다고 한다. 동물원앞(도부츠엔마에) 역 지역에 있어 이곳에 왔다가 동물원에 들르는 사람들도 간혹 있지만 그리 큰 규모가 아니기 때문에 굳이 동물원을 갈 필요는 없다.

시텐노지 인근의 덴노지 역에는 2011년 새롭게 오픈한 쇼핑몰 아베노큐즈 몰이 있다. 오사카에서 가장 최근에 생긴 쇼핑몰로 유아 용품부터 최신 패션 브랜드, 주방잡화 등 다양한 쇼핑을 즐길 수 있으며, 식당과 카페도 많이 있어 둘러보기에 좋다.

난바시티
add. 大阪市中央区難波5-1-60
access 지하철 난카이 선 난바 역에서 바로 연결
time 10:00~21:00(식당가 10:00~22:00)
tel. 06-6644-2960

난바 파크스
add. 大阪府大阪市浪速区難波中2丁目10-70
access 지하철 난카이 선 난바 역에서 바로 연결
time 10:00~21:00(식당가 11:00~23:00)
tel. 06-6644-7100

♣ 난바는 오사카 시내의 남쪽 중심에 있다. 난바 역 위에는 난바 파크스라는 거대한 쇼핑몰이 있는데 하늘에서 내려다보면 숲으로 뒤덮인 듯하다. 쇼핑, 먹거리도 많지만 곳곳에 휴식을 취할 수 있는 곳이 많이 있어 여유 있게 둘러볼 수 있다. 특히 나무로 둘러싸인 옥상 정원은 연인들의 데이트 코스로 좋다.

난바 역에서 나와 작은 강을 따라 왼쪽(도톤보리 반대 방향)으로 가면 호리에 지역이 나온다. 서울의 가로수길과 비슷한 곳으로, 예쁜 카페와 디자이너 숍들이 모여 있어 최근 들어 여성들의 사랑을 받는 곳이다. 단, 호리에 지역의 상점은 저녁 7~8시 전후로 영업이 끝나기 때문에 가능한 일찍 방문하는 게 좋다.

대형 쇼핑몰부터 개성 넘치는 숍까지 難波
난바

즐거운 쇼핑 후 공중정원에서 야경을 梅田
우메다

철, 사철 노선이 만나는 곳이다. 지하 쇼핑몰이 그물처럼 얽혀 있는데 지상으로 연결되는 출구만 50여 개나 된다. 한큐 백화점, 하비츠와 같은 백화점과 고급 쇼핑몰이 있으며, 헵파이브(HEP FIVE) 쇼핑몰에는 건물을 관통하는 독특한 대관람차가 설치되어 있어 색다른 재미를 준다.

오사카 연인들의 단골 데이트 코스인 우메다 스카이 빌딩의 공중정원은 173m 높이에 있어 오사카 시내를 360°로 전망할 수 있다. 이왕이면 오후 시간에 찾아 야경까지 감상하는 것이 좋다. 우메다 역에서 조금 복잡한 길을 걸어야 해서 길을 잃을 수도 있으니 지도만 믿기보다는 미리 위치를 확인하고 이동하자.

access 지하철, 한큐 선, 한신 선 우메다 역, JR 오사카 역, 난바에서 지하철 이용 약 10분

우메다 공중정원 전망대
add.   大阪府大阪市北区大淀中1丁目1番88
access 우메다 역, JR 오사카 역에서 도보 10분
time   10:00~22:30
tel.   06-6440-3855
fee   성인 700엔

♣ 오사카 시내의 북쪽 중심인 우메다 지역은 고베, 교토로 향하는 한큐선 열차를 비롯해 여러 개의 지하

먹거리와 쇼핑의 천국 どうとんぼり&しんさいばし
도톤보리 & 신사이바시

access 난바 역에서 한 정거장, 도보 10분

♣ 먹다 망하는 도시라는 별명을 가진 오사카. 그 먹다 망하는 곳 중에서도 대표적인 곳이 도톤보리이다. 오

코노미야키(일본식 부침개), 다코야키(문어 구이)와 같이 오사카 대표 먹거리 가게가 끝없이 이어져 있고, 손님을 끌기 위한 재미있는 간판들이 많이 모여 있는 곳으로도 유명하다. 맛집이 많아 오사카에서 유명한 음식들을 다양하게 이것저것 맛보려면 부지런히 걸어 빠르게 소화시켜야 할 것이다.

도톤보리와 이어진 신사이바시 쇼핑 거리는 구매의 유혹을 견디 내기 힘들 만큼 온갖 종류의 상점들로 가득 차 있다. 저렴하고 맛있는 음식점은 기본이요, 일본 특유의 개성이 돋보이는 문구 매장, 다양한 캐릭터 매장, 의류·액세서리 매장, 서점 등 없는 게 없는 이곳은 어느 누구와 가도 만족도가 높다. 신사이바시 상점가는 8시 전후, 도톤보리 번화가는 10~11시 정도면 한가해지니 신사이바시를 먼저 보고, 도톤보리 쪽으로 이동하면 인파에 시달리는 일을 조금이나마 줄일 수 있을 것이다.

TIP
오사카 & 근교 여행

1. 오사카 시내에서 교토나 고베까지 1시간이 안 걸리지만 여행 첫날 가기에는 무리가 있다. 여행 첫날은 오사카 시내를 보는 것이 좋다.
2. 최근 USJ(유니버셜 스튜디오 재팬)에서 오후 입장권을 판매하기 시작했다. 공항에서 USJ까지 바로 가는 교통편이 있으니 여행 첫째 날 USJ를 가는 것도 좋다. 단, 짐은 코인로커에 보관해야 해서 추가적인 경비가 발생한다.
3. 오사카의 인기 근교 여행지인 고베와 교토로 가는 교통편은 우메다 역에서 출발한다. 교토와 고베 여행을 마치고 돌아오면서 밤에 우메다의 인기 여행지인 공중정원 전망대를 방문하면 왜 연인들의 성지라 불리는지 실감할 수 있을 것이다.
4. 여행 마지막 날의 인기 코스는 오사카 성과 공항 바로 옆에 있는 아웃렛 매장인 린쿠타운 프리미엄 아웃렛이다.
5. 마지막 날 이른 아침에 일어난다면 오사카 성 대신 나라를 다녀오는 것도 가능하다.

일정	첫째 날	둘째 날	셋째 날	넷째 날
2박 3일	공항 →USJ →도톤보리	교토 +우메다	오사카 성 →공항	
2박 3일	공항→난바, 도톤보리	고베 +우메다	아웃렛 →공항	
3박 4일	공항→난바, 도토모리리	교토 +우메다	오사카 시내 (주유 패스 사용)	아웃렛 →공항
3박 4일	공항→난바, 도토모리리	USJ	교토 +우메다	오사카 성 →공항

오사카 >> 테마 여행 01

주유 패스를 이용한 오사카 알뜰 여행

ENJOY 01
100% 본전 뽑을 수 있는
오사카 주유 패스 이용하기

시내 교통을 무제한으로 이용할 수 있는 오사카 주유 패스를 이용해 보자. 관광지까지 무료로 입장할 수 있어 세 군데 정도만 다녀도 본전을 뽑을 수 있다.

ENJOY 02
오사카 대표 관광지
오사카 성 공원 방문하기

오사카를 여행할 때 빼놓을 수 없는 오사카 성 공원은 시간에 구애받지 않고 언제든 찾을 수 있는 곳이다. 성 내부는 오후 4시면 마감하지만 공원은 언제든지 열려 있다.

ENJOY 03
배 위에서 감상하는 오사카!
산타마리아 유람선 타기

오사카 패스로 이용할 수 있는 것 중 본전 뽑기에 가장 좋은 것은 바로 산타마리아 유람선이다. 빠듯한 여행 일정으로 휴식이 필요하다면 유람선에서 천천히 쉬어 가기를 권한다.

일본처럼 교통비가 비싼 지역에서는 일정만 잘 조정하면 교통패스 하나로 저렴하고 알찬 여행을 할 수 있다. 그중 최고라 할 수 있는 것은 오사카 주유 패스! 2,000엔으로 오사카 시내의 모든 지하철을 이용할 수 있고 웬만한 관광지의 입장료가 모두 포함되어 몇 군데 안 다녀도 충분히 본전을 뽑을 수 있다. 오사카 시내 주요 명소 27곳을 무료로 입장할 수 있는데 입장료가 가장 비싼 산타마리아호(1,600엔)와 우메다 공중정원 전망대(700엔)만 이용한다고 해도 저절로 남는 장사가 되니, 주유 패스는 꼭 구매하자.

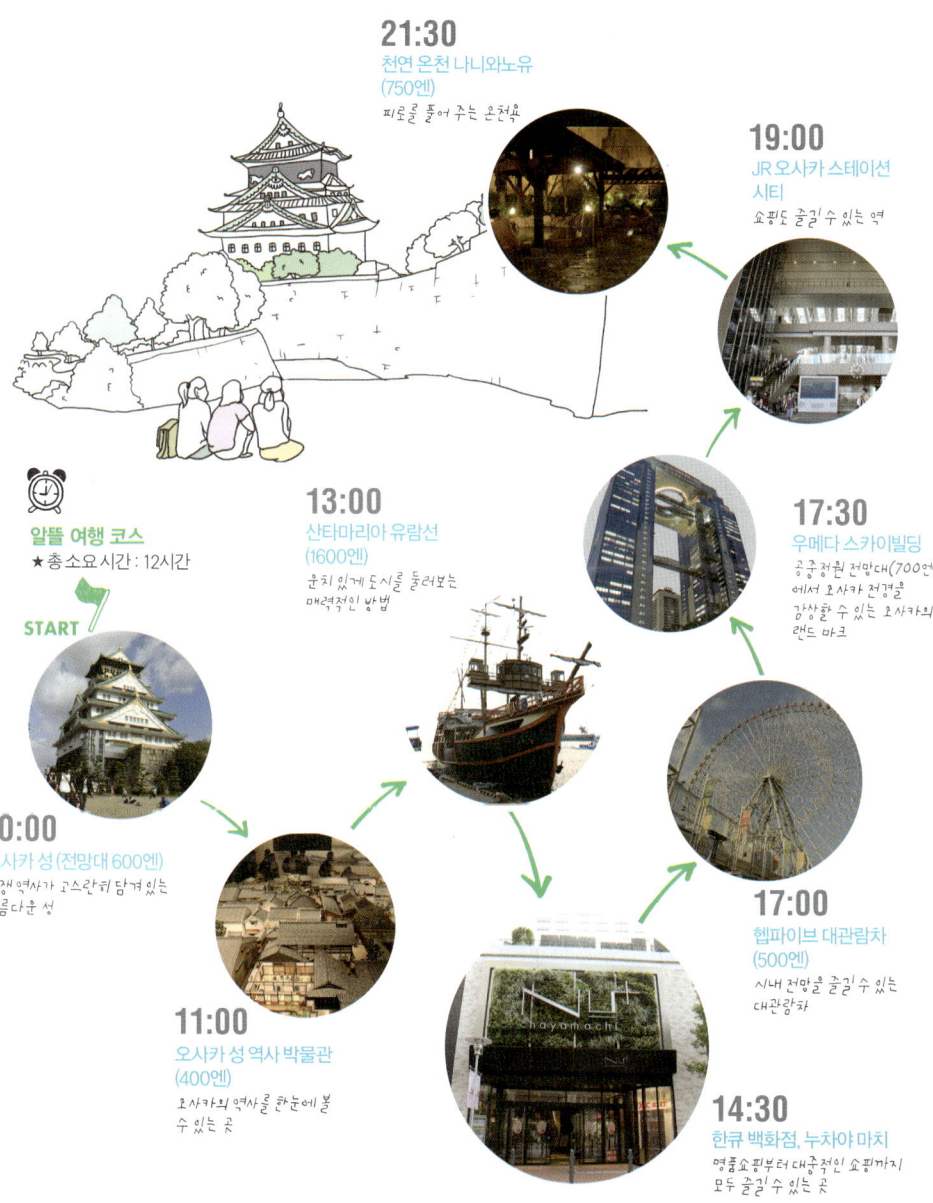

21:30 천연 온천 나니와노유 (750엔)
피로를 풀어 주는 온천욕

19:00 JR 오사카 스테이션 시티
쇼핑도 즐길 수 있는 역

17:30 우메다 스카이빌딩
공중정원 전망대(700엔)에서 오사카 전경을 감상할 수 있는 오사카의 랜드 마크

17:00 헵파이브 대관람차 (500엔)
시내 전망을 즐길 수 있는 대관람차

14:30 한큐 백화점, 누차야 마치
명품쇼핑부터 대중적인 쇼핑까지 모두 즐길 수 있는 곳

13:00 산타마리아 유람선 (1600엔)
운치 있게 도시를 둘러보는 매력적인 방법

11:00 오사카 성 역사 박물관 (400엔)
오사카의 역사를 한눈에 볼 수 있는 곳

10:00 오사카 성 (전망대 600엔)
전쟁 역사가 고스란히 담겨있는 아름다운 성

START

알뜰 여행 코스
★ 총 소요시간 : 12시간

● 위에 표시된 입장료와 교통비를 모두 합하면 5,340엔이지만 2,000엔짜리 주유 패스로 모두 이용할 수 있다.
홈페이지 : www.pia-kansai.ne.jp/osp/kr

HOT SPOT

access	지하철 텐만바시, 모리노미야, 오사카 비즈니스파크 역에서 각각 도보 약 5분, JR 오사카죠코엔 역에서 도보 1분
time	9:00~16:30

오사카 성 천수각

add.	大阪府大阪市中央区大阪城1-1
access	오사카 성 공원 내
time	09:00~17:00
tel.	06-6941-3044
fee	600엔

주유 패스로 알뜰하게 즐기는
오사카 핫 스폿

♣ 오사카 관광 상품의 대표 이미지를 장식하고 있는 것이 바로 오사카 성 천수각(텐슈카쿠)이다. 천수각이란 성의 가장 중심이 되는 곳을 말한다. 오사카 성 천수각이 있는 오사카 성 공원은 언제나 입장이 가능하지만, 천수각은 정해진 시간에 맞추어 입장해야 한다. 오사카 공원, 천수각 건물을 구경한 후에는 천수각 꼭대기에서 오사카 시내 경관을 둘러보자. 여러 가지를 즐길 수 있는 최고의 조건을 갖춘 명소이니 홀로 떨어진 관광지라고 하더라도 꼭 찾아가길 바란다. 오사카 성 주변에서 다른 관광지를 찾는다면 역사 박물관을 꼽을 수 있다. 박물관의 넓은 창문에서도 오사카 성을 볼 수 있는데 그 또한 장관이니 오사카 성을 전체적으로 조망하고 싶다면 박물관으로 방향을 잡는 것도 좋다.

토요토미 히데요시의 인생과 전쟁 역사의 흔적 大阪城
오사카 성

쇼핑도 하고 유람선도 타고 おおさかこ
오사카 항

access   지하철 츄오선 오사카코 역 1번 출구에서 도보 5분

♣   반나절 정도의 시간을 알차게 보내기에 딱 좋은 곳이 바로 오사카 항이다. 덴포잔 마켓 플레이스에서 이것저것 살펴보며 쇼핑도 하고, 오사카 주유 패스의 가장 큰 혜택인 산타마리아 유람선을 타며 유유히 바닷바람을 만끽해 보고, 정말 예쁜 배경이 되는 대관람차에서 사진도 찍다 보면 시간이 훌쩍 지나가 있을 것이다. 주유 패스로는 이용할 수 없지만 아시아 최대 규모의 아쿠아리움인 해유관도 들어가 볼 만하다.

add.   大阪府大阪市北区長柄西1-7-31
access   지하철 덴진바시로쿠쵸메 역 5번 출구에서 도보 10분
time   10:00~01:00
tel.   06-6882-4126
fee   800엔(수건 150엔 별도)
URL   www.naniwanoyu.com/kr

♣   오사카 시내를 종일 돌아다녔다면 온몸에 피곤이 그득 쌓여 있을 터이다. 오사카 시내에서 온천욕을 할 수 있는 곳이 몇 군데 있는데 나니와노유의 천연 온천은 교통이 편리해 당일치기로 다녀오기 좋다. 이곳은 노천온천까지 갖추고 있어서 가격 대비 만족도가 높다. 가장 중요한 사실은 주유 패스가 있으면 무료로 이용할 수 있다는 점!

여행의 피로를 싹 씻어 주는 천연 온천 なにわの湯
나니와노유

TIP.
오사카 주유 패스 구입하기

오사카 주유 패스는 우리나라 여행사를 통해서 미리 구입할 수 있고, 오사카 간사이 공항 및 시내 주요 역과 호텔 등에서 구입할 수도 있다. 우리나라에서는 주로 1일권만 판매하고 있지만, 오사카 현지에서는 2일권과 나라, 고베, 간사이 공항까지 이동할 수 있는 확장판도 판매하고 있으니 계획한 일정에 따라서 오사카 현지에서 구입하는 것이 좋을 수도 있다. 오사카에서 구입할 예정이라면, 간사이 공항에서 구입하는 것이 가장 편리하다. 오사카 주유 패스는 개찰구를 통과하는 시간에 관계없이 0시가 되면 사용이 종료되므로 이른 아침부터 패스를 사용하는 것이 이득이다.

fee 1일권 2,300엔, 2일권 3,000엔

오사카 >> 테마 여행 02

천년 고도 교토 산책

ENJOY 01
인력거를 타고
교토 골목 탐방하기

과거에 게이샤들이 즐겨 이용했던 인력거를 타고 교토 골목의 구석구석을 탐방해 보자. 교토에 들렀다면 한 번쯤 시도해 볼 만하다.

ENJOY 02
아이스크림부터 카스테라까지
녹차 음식 즐기기

교토 곳곳에는 녹차로 만든 음식을 파는 곳이 유독 많다. 녹차 파르페, 녹차 팥빙수, 녹차 찹쌀떡까지 녹차를 이용한 다양한 음식을 질리도록 먹어 보자.

ENJOY 03
절벽 위의 청수사에서
약수 마시기

절벽 위에 아슬아슬하게 세워진 그림 같은 청수사에는 약수가 나온다. 이곳의 약수를 마시면 오래 산다고 하니, 장수 욕심이 있다면 시음해 보자.

오사카 여행을 다녀온 사람들에게 가장 좋았던 곳을 물으면 의외로 오사카가 아닌 교토라고 대답하는 사람이 많다. 오사카에서 1시간 거리에 있는 교토는 우리나라의 경주처럼 약 천 년 동안 일본의 수도였던 곳으로 일본인들의 오랜 삶의 흔적이 고스란히 전해지는 곳이다. 나무로 지어진 집들 사이사이로 이어진 좁은 골목길에서 일본의 소박함과 화려함을 동시에 느껴보자.

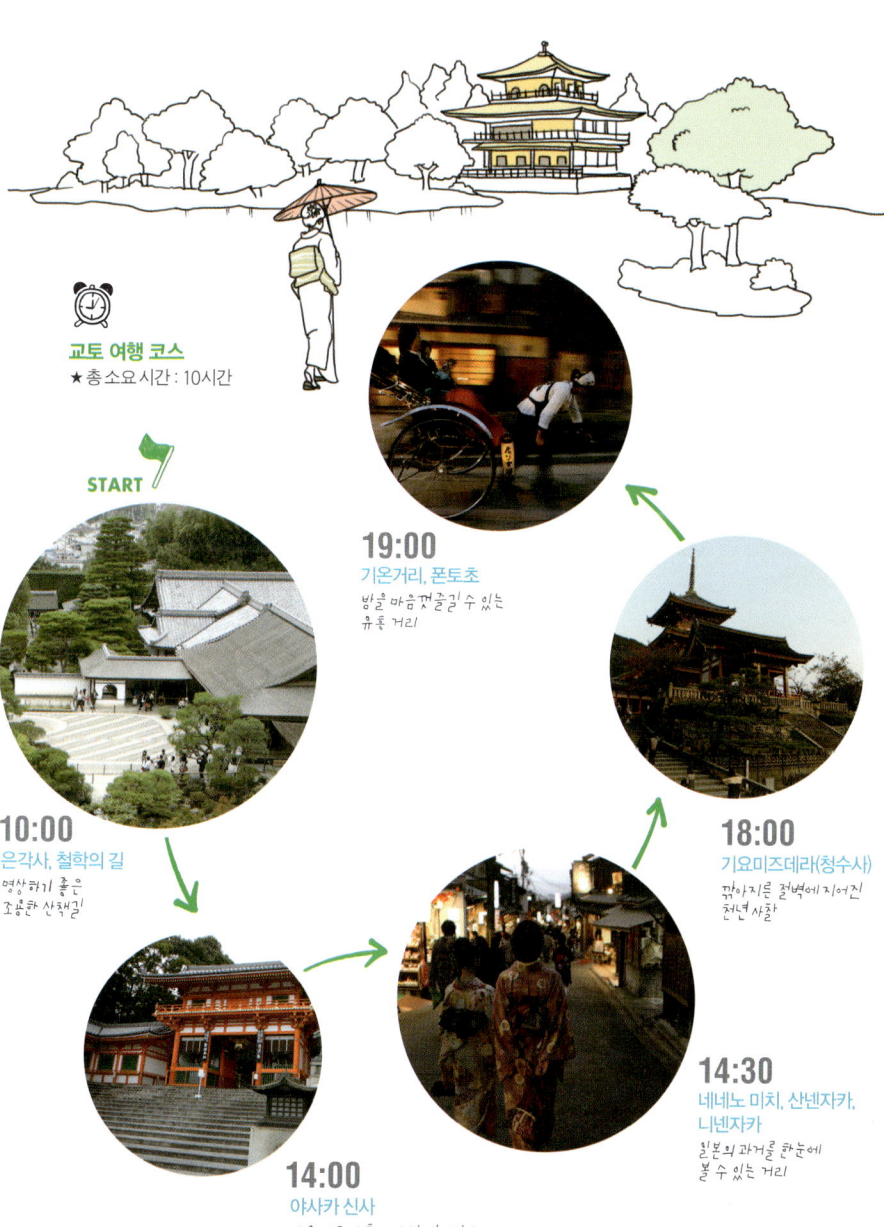

HOT SPOT

천년 고도의 향기 가득
교토 핫 스폿

아름다운 정원과 철학의 길 銀閣寺
은각사

add.	京都市左京区銀閣寺町2
access	교토시 버스 5, 17, 100번 이용, 긴카쿠지미치 정류장에서 하차
time	08:30~17:00(3월 1일~11월 30일), 09:00~16:30(12월 1일~2월말)
tel.	075-771-5725
fee	500엔(초등·중학생 300엔)

♣ 은각사(긴카쿠지)는 금각사(긴카쿠지), 청수사(기요미즈데라)와 함께 여행객들에게 가장 잘 알려져 있는 절이다. 20kg이 넘는 금박으로 입힌 금각사와 달리 소박하지만 아름다운 일본식 정원을 갖추고 있고, 절 앞의 참배로에는 기념품, 간식 등을 파는 상점들이 길게 이어져 있어 또 다른 재미를 더해 준다. 은각사 참배로 옆으로 흐르는 작은 개천을 따라 조성된 오솔길은 100여 년 전 일본의 대표적인 철학가 니시다 기타로가 매일 걸으며 사색을 했다고 해서 '철학의 길'이라 불리며, 교토의 대표적인 걷기 좋은 길로 꼽힌다. 분위기 좋은 카페와 아기자기한 소품을 파는 작은 가게가 많아 철학자가 되어 보기는 조금 어려울 수도 있다.

기온 마츠리 축제가 열리는 곳 八坂神社
야사카 신사

add.	京都市東山区祇園町北側625番地
access	교토시 버스 31, 46, 100, 201, 202, 203, 206, 207번을 타고 기온에서 하차하여 도보 1분, 게이한본 선 기온시조 역 6번 출구로 나와 정면으로 도보 8분
time	24시간
tel.	075-561-6155
fee	무료

♣ 은각사에서 100번 버스를 타면 야사카 신사 앞에서 내릴 수 있다. 일본의 3대 축제 중 하나인 교토 기온 마츠리가 시작되는 곳으로, 가와라마치 역에서 야사카 신사까지 이어지는 교토의 대표적인 번화가인 기온(祇園)이 야사카 신사를 중심으로 성장한 것은 두말할 필요가 없다. 특히 여성들에게 인기 있는 곳은 미(美)의 신을 모시고 있는 우츠쿠시고덴샤(美御前社)로, 예뻐지고 싶다면 꼭 한 번 들러 보길 바란다.

> **TIP.**
> **오사카에서 교토 가기**
>
> 오사카 우메다 역에서 한큐 교토 본선 열차를 이용해서 종점 가와라마치 역에서 하차하면 된다. 가와라마치 역은 교토에서 가장 번화한 거리인 기온에 있으며 수많은 버스 노선이 운행되기 때문에 교토 어느 지역이든 이동이 편리하다. 단, 오사카 우메다 역은 매우 붐비는 역이기 때문에 한큐선으로 환승할 때 표지판을 잘 확인해야 한다.

게이샤들의 골목길 ねねの道&産寧坂&二年坂
네네노미치&산넨자카&니넨자카

add.	京都府京都市東山区清水1丁目294
access	기요미즈미치 버스 정류장에서 도보 20분, 버스 100, 202, 206, 207번
time	09:00~18:00(야간 특별전 시간은 홈페이지 참조)
tel.	075-551-1234
fee	고등학생 이상 300엔, 중학생 이하 200엔
URL	www.kiyomizudera.or.jp

♣ 깎아지른 절벽에 놓인 기요미즈데라는 긴 나무 기둥이 사찰을 받치고 있어 그 풍경이 매우 아름답다. 더 놀라운 점은 못을 하나도 사용하지 않고 지어졌다는 것! 야간에는 조명이 밝게 비춰 밝게 빛나는 사원의 아름다운 야경을 볼 수 있다.

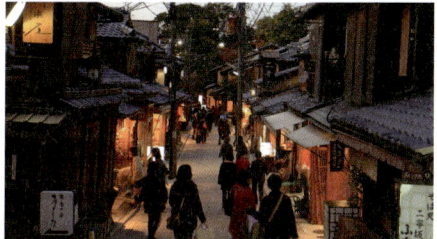

네네노미치
access : JR 교토 역에서 교토시 버스 206번 탑승, 히가시야마야스이 정류장에서 하차, 도보 10분

산넨자카 & 니넨자카
access : JR 교토 역에서 교토시 버스 100번, 206번 이용, 약 15분 후 고조자카 정류장에서 하차, 도보 10분

♣ 야사카 신사 남쪽 문에서 기요미즈데라까지의 약 800m의 골목에는 네네노미치, 산넨자카, 니넨자카라는 이름의 거리들이 이어진다. 목조 건물들 사이로 보이는 이 좁은 돌바닥 길들은 교토에서도 가장 교토스러운 분위기의 골목으로, 오랜 전통을 갖고 있는 상점과 음식점들이 자리 잡고 있다. 또한 일본 화류계의 꽃인 게이샤들이 많이 다녀 직접 볼 수도 있고, 게이샤처럼 진한 화장에 기모노를 입고 거리를 걷는 체험을 할 수도 있다.

교토의 대표적 유흥가 祇園
기온 거리

access	기온 버스정류장에서 도보 1분, 버스 5, 12, 46, 201, 202, 203, 206번
URL	www.gion.or.jp

♣ 청수사에서 100번 버스를 타면 번화가인 기온으로 나올 수 있다. 백화점과 기념품 숍, 녹차 전문 음식점이 늘어선 기온 거리는 교토에서 가장 도시적인 느낌이 나는 곳이다. 기온 거리에서 예스러운 분위기를 느낄 수 있는 곳이 있는데 바로 폰토초(先斗町)이다. 종로의 피맛골처럼 좁은 골목길이 이어지는 이 거리는 한때 대표적인 교토 환락가였다. 교토 시내를 남북으로 흐르는 가모가와 강을 끼고 있는데, 강변에는 강을 바라보고 식사를 할 수 있는 식당과 카페들이 모여 있다.

백제인이 세운 천년 사찰 清水寺
기요미즈데라

오사카 >> 테마 여행 03

유럽의 향기 가득한 고베 카페 여행

ENJOY 01
이국적인 분위기를 풍기는
외국인 거리 산책하기

이국적인 분위기가 넘치는 기타노이진칸을 거닐며 유럽인들의 생활상을 엿보자. 외국인들이 거주하던 건물들은 박물관, 미술관으로도 이용되고 있어 관람하기에 좋다.

ENJOY 02
유형 문화재 건물을 자랑하는
카페에서 차 마시기

고베는 스타벅스, 카페 후로인도리브 등 국가문화재로 지정된 건물을 이용하고 있는 카페가 많다. 고풍스러운 문화재 건물에서 호사로운 시간을 만끽해 보자.

ENJOY 03
일본 3대 야경 중의 하나인
고베 야경 감상하기

고베의 야경은 나가사키, 하코다테의 야경과 함께 일본의 3대 야경으로 꼽힌다. 고베에서 바다와 어우러져 더욱 빛나는 야경을 감상해 보자.

우리나라 여행객에게 야경으로 잘 알려져 있는 고베는 150여 년 전 일본에 유럽 문물이 들어오던 시기에 유럽인, 중국인들이 모여서 살던 곳이었다. 실리를 따지는 중국인들은 항구 가까운 곳에 거주했고, 삶의 여유를 중시하던 유럽인들은 풍경이 좋은 언덕 지대에 자리를 잡았다. 이 언덕 지대에는 유럽식 건물들이 모여 있어 다른 지역과는 전혀 다른 느낌의 거리가 조성되어 있다. 기타노이진칸(北の異人館)이라 불리는 이곳에는 국가문화재로 지정된 건물을 이용하고 있는 스타벅스를 비롯해 분위기 좋은 카페가 많이 모여 있다.

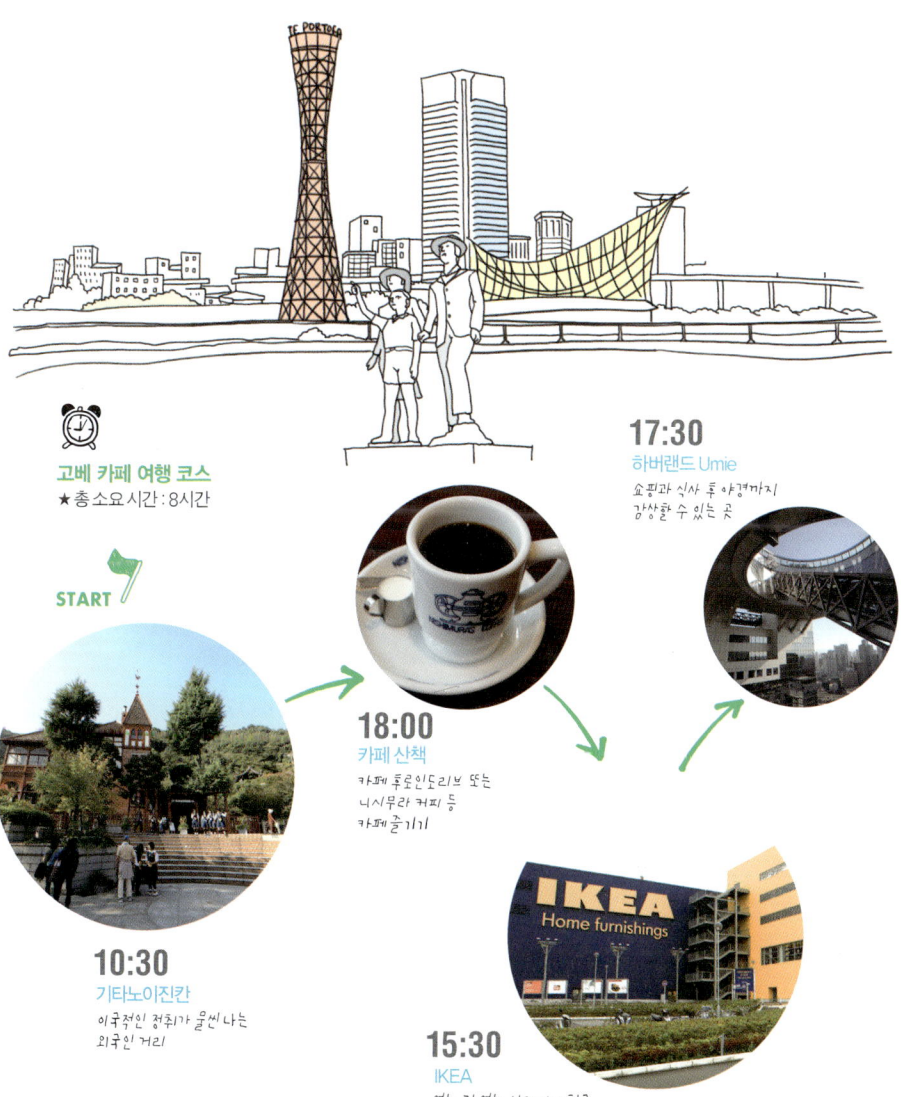

고베 카페 여행 코스
★ 총 소요시간 : 8시간

START

10:30 기타노이진칸
이국적인 정취가 물씬 나는 외국인 거리

18:00 카페 산책
카페 홍인도리브 또는 니시무라 커피 등 카페즐기기

15:30 IKEA
없는 것 없는 인테리어 천국

17:30 하버랜드 Umie
쇼핑과 식사 후 야경까지 감상할 수 있는 곳

● **오사카에서 교토로 갈 때 주의할 점**
오사카에서 교토로 갈 때에 교토 역이 아닌 가와라마치 역으로 가는 것처럼 오사카 지역에서는 지역의 이름과 열차역의 이름이 다른 경우가 많다. 고베도 고베 역으로 가는 것이 아니라 산노미야 역으로 간다. JR 열차를 이용하면 교토 역이나 고베 역으로 갈 수있지만 JR 열차는 요금이 비싸고 여행객들이 많이 이용하는 스룻토 간사이 패스로 이용할 수 없다.

HOT SPOT

낭만의 항구 도시
고베 핫 스폿

고베에서 만나는 옛 서양인들의 삶 北野異人館
기타노이진칸

add.	神戸市中央 北野町~中山手通~山本通り
access	JR 신고베 역에서 서쪽으로 도보 7분, JR 산노미야 역에서 북쪽으로 나와 기타노자카를 따라 도보 15분
URL	www.ijinkan.net

♣ 외국인들이 거주했던 곳으로 이국적인 분위기를 만끽할 수 있는 곳이다. 외국인들이 거주하던 클래식한 건물들은 박물관, 미술관으로도 이용되고 있으니 한두 곳 정도 관람해 보자. 산노미야 역에서 도보로 15분 정도 되는 거리에 있는 기타노이진칸은 언덕길로 되어 있어 편안한 신발을 신고 가는 게 좋다. 무더운 여름에는 택시를 타고 이동하는 것이 좋은데, 산노미야 역에서 기타노이진칸까지 택시로 약 5분이 걸리고 요금은 800엔 정도 나온다.

고풍스런 카페에서 달콤한 디저트를 Cafe FREUNDLIEB
카페 후로인도리브

add.	兵庫県神戸市中央区生田町4-6-15
access	JR 선·한큐 선·한신 선·지하철 산노미야 역에서 북동쪽으로 20분
time	10:00-19:00
tel.	078-231-6051

♣ 외관만 보고는 이곳이 카페일 것이라는 생각을 하기 어렵다. 1928년에 건축되어 유형문화재로 지정된 이 건물은 본래 고베 유니온 교회로 지어진 것이지만, 현재 1층은 독일식 빵집, 2층은 카페로 이용되고 있다. 브런치, 디저트로 유명하기 때문에 30분 정도는 기다려야 자리를 잡을 수 있다. 교회 건물답게 높은 천장과 아름다운 창문 등이 눈에 띈다.

훌륭한 맛과 향의 최고급 커피 전문점 にしむら珈琲
니시무라 커피

♣ 1948년 개업한 니시무라 커피는 최상급 커피 원두를 엄선해 직접 로스팅하는 곳이다. 훌륭한 향과 맛으로 고베의 대표적인 커피점으로 자리 잡았으며 독일풍의 5층 건물을 이용하고 있는 나카야마테 본점 외에도 빨간 벽돌 건물을 이용하고 있는 기타노점이 있다. 기타노점은 1974년 회원제 커피점으로 시작한 곳으로 고급스러운 분위기를 느낄 수 있다. 현재는 회원제가 폐지되었다.

어디서도 볼 수 없는 특별한 콘셉트 스토어 Star bucks
스타벅스

add. 兵庫県神戸市中央区北野町3-1-31 北野物語館
access 지하철 산노미야 역 8번 출구에서 도보 11분
time 08:00~22:00
tel. 078-230-6302

본점
add. 神戸市中央区中山手通1丁目26-3
access JR 선·한큐 선·한신 선·지하철 산노미야 역에서 북쪽으로 도보 8분
time 08:30~23:00
tel. 078-221-1872

기타노점
add. 神戸市中央区山本通2丁目1-20
access JR 선·한큐 선·한신 선·지하철 산노미야 역에서 키타노자카 언덕길을 따라 도보 12분
time 10:00~22:00
tel. 078-242-2467

♣ 일본 스타벅스는 일반 매장과는 다른 분위기의 콘셉트 스토어를 몇 군데 운영하고 있다. 도쿄의 긴자, 가마쿠라, 교토 등에도 스토어가 있지만 가장 독특한 느낌의 매장은 단연 고베 기타노이진칸이다. 유형 문화재로 지정된 이곳은 벽난로가 있는 거실과 고급스러운 가구가 있어 마치 귀족들의 저택을 방문한 듯한 기분이 든다.

실속 있는 내 집 꾸미기의 천국 IKEA
이케아

add.	兵庫県神戸市中央区港島中町8丁目7-1
access	산노미야 역에서 포트라이너 이용, 미나미코엔 역 하차 후 도보 2분
time	10:00~21:00(평일), 09:00~21:00(주말, 공휴일)
tel.	0570-01-3900

♣ 우리나라 여자들이 손꼽아 기다리는 스웨덴 대표 브랜드인 이케아! 생활과 관련된 거의 모든 살림살이를 장만할 수 있는 DIY 숍이다. 워낙 완소 아이템이 많아 한 번 들어가면 쉽게 빠져나올 수 없다. 모던 스타일, 앤티크 스타일, 심플 스타일 등 다양한 스타일로 실제 집처럼 꾸며 놓아 이것저것 구경하는 재미가 쏠쏠하다. 조만간 국내에도 들어온다고 하니 이케아 마니아들에게는 희소식이 아닐 수 없다.

여행객에게 IKEA가 인기 있는 또 다른 이유는 이케아 비스트로와 이케아 레스토랑 때문이다. 쇼핑을 위해 이케아에 방문하는 사람들의 편의를 위해 운영하고 있는 이 음식점들은 맛이 좋을 뿐 아니라 저렴하기까지 하다. 인기 메뉴는 스웨디시 미트볼과 999엔짜리 스테이크 런치 세트이다.

고베 야경을 즐기며 쇼핑을! Kobe Harborland Umie
하버랜드 Umie

add.	兵庫県神戸市中央区東川崎町1丁目6-1
access	고베 시영 지하철 미나토모토마치 역에서 도보 20분, JR 고베 역에서 도보 10분
time	10:00~20:00, 11:00~22:00(식당가)
tel.	078-382-7100
fee	대관람차 800엔
URL	http://umie.jp

♣ 고베의 야경은 나가사키, 하코다테의 야경과 함께 일본의 3대 야경으로 꼽힌다. 실제 3대 야경으로 꼽히는 곳은 고베 시내 뒷편에 있는 롯코산에서 내려다보는 항구의 풍경이지만 찾아가는 데 드는 시간과 교통비를 생각하면 짧은 일정의 여행객에게는 적당하지 않은 선택이다. 차선책이라 할 수 있는 쇼핑몰 하버랜드 Umie에서 바라보는 야경도 아름다우니 그리 섭섭해할 필요는 없다. 항구에 자리 잡은 하버랜드 Umie에는 식사하기 좋은 곳도 있어 야경과 함께 쇼핑과 식사를 즐길 수 있다.

오사카에서 꼭 먹어 볼 것

다코야키, 오코노미야키

난바 시내의 도톤보리에 가면 원조 다코야키와 오코노미야키가 한 골목에 마주하고 있다. 우리나라 사람들도 간식으로 즐겨 먹는 다코야키는 입에 씹히는 통통한 문어의 맛을 그대로 느낄 수 있는 매력적인 간식이다. 오코노미야키는 취향에 따라 토핑을 달리할 수 있으며 그 자리에서 따뜻하게 먹는 것도 좋지만, 포장한 뒤 호텔에서 시원한 캔맥주와 먹는 것도 별미다.

후시카츠

후시카츠는 쉽게 말하면 꼬치다. 다양한 재료를 꼬치에 꽂아 바로 먹을 수 있게 요리해 주는데, 집집마다 내놓는 소스가 달라 같은 꼬치라도 다른 맛을 경험할 수 있다. 후시카츠는 오사카에서 꼭 먹어 봐야 하는 음식 중 하나로 꼬치 하나하나를 먹을 때마다 감탄과 탄식이 함께 나올 것이다.

교토 가이세키 요리(쿄요리)

우리나라에 한정식이 있다면 일본에는 가이세키 요리가 있다. 연회 때 손님에게 대접하던 음식인 가이세키 요리는

손님의 취향에 따라, 계절에 따라 사용되는 음식 재료가 다르다. 음식의 맛뿐 아니라 담아 내는 그릇까지 세심하게 배려하는 일본 사람들의 정성이 가득 담긴 식사로, 식당에서 먹는 것보다 료칸에 머물 때 먹어 보면 좋다.

고베규

일본의 대표 쇠고기인 고베규! 최고급 품질의 고기로 만드는 고베규의 가격은 만만치 않으나 런치 세트 등을 이용하면 저렴하고 알차게 먹어 볼 수 있다. 주방에서 고기가 구워지는 소리만 들어도 부드럽게 녹아 내리는 와규의 맛이 전해질 것이다. 맛은 두말 할 것도 없으니 꼭 먹어 보자.

TRAVEL AREA 05

HOKKAIDO
홋카이도

꽃과 눈이 아름다운 자연의 땅

눈부시게 반짝이는 보석으로 장식된 티아라보다, 순백색 웨딩드레스를 입고 단아하게 멋을 낸 새 신부보다 '아름답다'는 표현이 더 어울리는 홋카이도. 여름에는 한없이 꽃밭이 펼쳐지고, 찬 바람이 불 때면 하얀 눈이 온 세상을 삼켜 버리는 이 자연의 땅은 맑은 물과 공기의 조화로움이 만들어 낸 신의 선물이다.

HOKKAIDO
★

Japan

언어 일본어
면적 83,456km²
인구 554만 명
시차 0시간
화폐 엔(JPY)
국가번호 81

| 홋카이도로 떠나기 전에 |

1. 어느 계절에 떠날까?

홋카이도는 습하고 더운 일본의 다른 도시와 달리 북쪽에 위치해 시원한 여름을 보낼 수 있기 때문에 여름에 가면 좋다. 유명한 눈축제 덕분에 겨울 여행지라는 인식이 강하지만 겨울에는 오후 4시면 해가 지고, 동부 지역의 경우는 폭설로 열차와 버스의 운행이 중단되기도 해 일정을 잘 잡아야 한다. 하얀 눈에 덮인 풍경이 예쁘기는 하지만 축복받은 여름 날씨 속에서 화사하고 웅장한 풍경을 보는 것만 못하다. 3월 중순부터 5월 중순까지, 10월부터 11월까지는 피하는 것이 좋다. 홋카이도의 상징인 꽃도 없고 눈도 없어 황량하기 때문이다.

2. 항공권, 어떻게 살까?

항공 스케줄상 마지막 날에는 호텔 체크아웃을 하고 공항에 가는 일정만 가능하기 때문에 홋카이도 여행은 적어도 3박 4일 이상을 계획하는 것이 좋다. 대한항공은 삿포로와 하코다테 정규편이 있으며, 아시아나항공이 아사히카와, 저가항공인 진에어가 삿포로에 취항하고 있다. 여름과 겨울에는 전세기가 더해져 보다 많은 항공편이 운항되며, 구시로 습원 여행 상품을 위해 구시로 공항까지 임시편을 취항하기도 한다. 삿포로 공항으로 가는 대한항공과 진에어에 비해 아사히카와 공항으로 가는 아시아나항공이 보다 저렴하다. JR 홋카이도 레일 패스를 이용하면 교통비의 부담을 덜 수 있다. 전일본공수와 일본항공을 이용하면 홋카이도와 오사카 또는 도쿄, 오키나와를 연계하여 여행할 수 있다.

3. 어디에서 잘까?

홋카이도 여행을 가는 여행객의 대부분이 삿포로 시내에서 숙박을 한다. 일본의 다른 도시보다 성수기와 비수기의 호텔 요금 차이가 큰 편이다. 7월 말부터 8월 초의 휴가 기간, 2월 눈축제 기간, 5월 골든위크의 숙박 요금은 평소의 1.5~2배 정도로 오르기도 하지만, 대부분의 시기에는 다른 지역의 20~30% 정도로 저렴하다.

삿포로 시내를 둘러보는 것에 중점을 둔다면 삿포로 시내의 스스키노 지역의 호텔을, 오타루·노보리베츠·후라노 등 홋카이도의 다른 지역을 중심으로 여행할 예정이라면 JR 삿포로 역 주변의 호텔로 예약하는 것이 좋다. 홋카이도 온천 여행지로 가장 유명한 노보리베츠와 도야 호수에는 대규모 온천 호텔들이 모여 있다. 흔히 생각하는 소규모의 료칸은 오타루 인근의 아사리카와 온천에 있는데 비싼 편이며, 예약도 힘들다.

4. 여행 경비는 얼마나 들까?

일본의 다른 지역보다 호텔 요금은 저렴한 편이지만 항공 요금이 비싸기 때문에 같은 일정의 에어텔 요금과 비교해 보면 일본에서 가장 여행비가 많이 드는 곳이라는 것을 알 수 있다. 개별 여행이라면 항공권만 60만 원 이상 드는데, 이 정도 금액이면 일반적으로 후쿠오카 항공권과 비즈니스급 호텔을 예약하고, 열차 패스까지 구입할 수 있다.

가장 인기 있는 삿포로와 오타루, 노보리베츠 정도만 다녀올 예정이라면 열차패스를 구입할 필요가 없지만, 후라노·하코다테가 일정에 들어간다면 JR 홋카이도 레일 패스(3일권 15,000엔)를 구매하는 것이 좋다. 삿포로-하코다테 왕복 요금(16,160엔)보다 패스를 이용하는 것이 저렴하다. 후라노에서는 렌트카를 이용하면 편리하며 패스 소지자는 렌트 비용을 할인받을 수 있다.

AREA. 홋카이도. 둘러보기

그 옛날 콜럼버스가 신대륙을 발견했을 때의 기분을 느끼고 싶다면 홋카이도로 가자. 일본 최북단에 위치해 아직도 문명의 발길이 닿지 않은 곳이 많아 아름다운 자연 그대로의 모습을 여전히 간직하고 있기 때문이다. 1800년대 후반에서야 일본에 편입된 이곳의 가장 큰 관광지는 눈의 도시라 불리는 삿포로이다. 삿포로 외에도 열차나 고속버스로 이동하면 이국적인 모습의 하코다테와 오타루, 온천 여행지인 노보리베츠와 도야호수, 아름다운 라벤더의 도시 후라노 등을 다녀올 수 있다.

1 »

삿포로

일본에서 다섯 번째로 큰 도시이자 홋카이도의 경제, 문화, 교통, 여행의 중심지인 삿포로는 세계 3대 축제 중 하나인 '삿포로 눈축제'로 명성이 자자한 곳이다. 홋카이도의 다른 지역은 자연을 벗삼아 여행하는 지역이라 시기적인 제약이 있는 반면, 삿포로는 예상외로 도시적인 성격이 강해 언제 방문해도 좋다. JR 삿포로 역을 중심으로 백화점과 쇼핑몰이 있고, 구도청사와 시계탑 등 역사적 볼거리까지 있다. 2월 눈축제와 7월 말 맥주축제가 열리는 오도리이 공원 아래로는 삿포로 라멘의 본고장인 스스키노 지역이 있다. 지하철, 버스도 잘 갖추어져 있지만 마음만 먹으면 충분히 걸어 다니면서 시내 전체를 둘러볼 수 있다.

2 »
오타루
90년대 우리나라에서 일본 영화 붐을 일으킨 대표작 중 하나인 〈러브레터〉의 명대사 '오 겡끼 데스까~'를 기억하는 사람이라면 영화 속 배경지인 오타루의 아름다운 모습을 떠올릴 것이다. 삿포로에서 JR를 타면 40분밖에 걸리지 않아 삿포로 여행에서 빼놓을 수 없는 곳이기도 하다. 운하가 흐르는 아름다운 풍경을 애피타이저 삼아 신선한 해산물을 즐기고, 먹기에 아까운 예쁜 디저트로 마무리하는 알찬 오타루 여행을 즐겨 보자.

3 »
노보리베츠
땅속에서 온천 수증기가 솟아나는 음산한 분위기의 지옥 계곡이 있는 노보리베츠 온천 주변으로는 '지옥 계곡'이라는 이름에 걸맞게 도깨비와 염라대왕이 온천 거리 곳곳에 서 있다. 삿포로 시내에서 JR 열차나 고속버스를 이용하면 1시간 30분 정도 걸리며 뛰어난 온천 효능 때문에 언제나 많은 사람이 찾는다. 개별 자유 여행자들이 방문하기에는 조금 번거롭지만 민속촌인 지다이 다테
무라, 곰 목장 등의 볼거리도 있어, 일단 가면 후회하지 않는다. 삿포로에서 당일치기도 가능하며, 삿포로에서 하코다테로 가는 길에 있어 삿포로, 하코다테를 여행하는 중간에 잠시 들러도 좋다.

4 »
하코다테
도쿄, 오사카 등이 있는 일본의 본섬 혼슈와 연결해 주는 해저 터널이 있는 홋카이도의 현관이며, 1850년대 홋카이도 개척 당시 가장 먼저 개발된 곳이다. 외국 문물이 가장 먼저 들어온 하코다테에서는 제대로 된 빈티지 스타일을 만날 수 있다. 1910년부터 운행된 노면 전차, 빨간 지붕이 눈에 띄는 앤티크한 교회 등이 만들어 내는 고풍스러운 풍경이 여행자의 발걸음을 과거로 되돌려 줄 것이다. 시내 뒤쪽으로 자리한 전망대에서 보는 하코다테의 야경은 일본 3대 야경으로 꼽히기도 한다.

5 »
후라노, 비에이
형형색색의 꽃들이 들판을 가득 메운 꽃밭으로 떠나 보자. 여름에 떠나는 홋카이도 여행이라면 후라노와 비에이를 절대 빼놓아서는 안 된다. 홋카이도의 중앙에 위치한 후라노와 비에이는 날씨가 조금 선선한 봄, 가을보다는 조금 덥더라도 6월 하순부터 9월 초에 가는 것이 좋다. 공기 위로 두둥실 떠오르는 짙은 라벤더 향기와 강렬한 태양을 닮은 해바라기 밭, 여름보다 더 강렬
한 빨간 사루비아의 매력 등 꽃의 향연이 펼쳐지는 드넓은 땅을 바라보고 있으면 세상 천지의 아름다움을 다 본 듯할 것이다.

삿포로 핵심 여행

ENJOY 01
맛도 향도 매력적인
삿포로 라멘

찬바람 불 때 생각나는 따뜻한 라멘 국물! 매월 라멘 왕이 선발되는 라멘 공화국에서 그달의 1등집을 찾아가 보자.

ENJOY 02
시원하게 몸과 마음의 갈증을 덜어 주는
삿포로 맥주

간단히 시음만 하고 쇼핑에 집중하려면 삿포로 팩토리로, 본격적인 식사와 맥주에 대한 배경 지식을 알고 싶다면 삿포로 가든 파크로 떠나 보자!

ENJOY 03
눈 밭의 낭만을 제대로 즐기기 위한 필수품
손난로 준비하기

눈이 내리면 허리까지 쌓이는 동네인 만큼 추위 대비는 철저히 한다. 작은 손난로를 챙겨 가면 눈 속에서도 따뜻하다.

홋카이도의 대표 도시 삿포로는 반듯하게 구획 정리가 잘 되어 있어 시내를 동서로 가르는 JR 열차 역과 오도리이 공원의 위치만 기억하면 길을 잃을 걱정 없이 편안하게 둘러볼 수 있다. 상점가가 영업을 시작하기 전인 오전 시간에는 JR 삿포로 역 뒤에 있는 홋카이도 대학을 방문하는 것으로 하루를 시작하자. 낮 시간에는 홋카이도 구 도청사와 시계탑, 오도리이 공원을, 해가 지면 홋카이도의 대표적인 유흥가이며 맛집 거리인 스스키노를 걸어 보자. 매년 2월 첫째 주에 열리는 눈축제, 7월의 맥주축제 기간에 삿포로를 방문했다면 축제의 중심인 오도리이 공원으로 가자.

핵심 여행 코스
★ 총 소요시간 : 9시간

10:00
홋카이도 대학교 또는
시로이코이비토 파크
깔끔한 대학가와 유럽풍의
작은 마을 산책하기

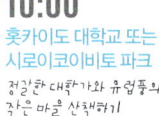

12:00
JR 삿포로 역의 JR 타워
전망대
전망 좋은 곳에서
맛있는 식사와 함께 풍경 감상하기

구 도청사, 시계탑, 삿포로 팩토리
앤티크한 매력이 넘치는 건물 감상하기
14:00

18:00
다누키코지, 스스키노
기념품을 구경하고 삿포로의
밤문화도 즐길 수 있는 곳

16:00
오도리이 공원
언제 가도 축제를 만날 수 있는
도심 속 정원

HOT SPOT

축제의 도시
삿포로 핫 스폿

포플러 나무 가로수길이 펼쳐진 캠퍼스 北海道大學
홋카이도 대학교

유럽의 작은 마을 같은 공원 白い恋人パーク
시로이코이비토 파크

add. 北海道札幌市北区北8条西5丁目
access JR 삿포로 역에서 도보 8분
time 자유 견학, 시설에 따라 휴관일 있음

♣ 도쿄 대학, 와세다 대학, 교토 대학, 규슈 대학과 함께 일본의 명문 대학교로 손꼽히는 곳이다. 특히 낙농업과 농업으로 유명한 홋카이도답게 농학부가 강세를 보이며, 홋카이도 개척에 큰 업적을 남기기도 했다. '소년이여, 야망을 가져라!(Boy's be ambitious!)'라는 명언을 남긴 초대 총장 클라크 박사의 흔적도 찾아볼 수 있다. 대학 종합 박물관 뒤쪽으로는 길게 늘어선 포플러 나무 가로수길이 있다. 큰 키의 나무들이 주는 편안함과 산뜻한 기운을 듬뿍 받으며 산책해 보자. 특히 이른 아침에도 들어갈 수 있기 때문에 상점, 음식점이 영업을 시작하기 전에 방문한다면 짧은 기간의 여행을 알차게 보낼 수 있을 것이다.

add. 北海道札幌市西区宮の沢2条2丁目11-36
access 지하철 토자이 선 미야노사와 2번 출구에서 도보 7분
time 09:00~18:00
fee 성인 600엔(중학생 이하 200엔)
URL www.shiroikoibitopark.jp

♣ 유럽의 작은 마을 같은 시로이코이비토 파크는 우리나라의 쿠크다스와 비슷한 시로이코이비토 과자를 만드는 공장이다. '하얀 연인'이라는 뜻의 이름에서 풍기는 분위기처럼 부드럽고 달콤한 과자뿐 아니라 진한 초콜릿 우유까지 이곳이 아니면 맛볼 수 없는 매력적인 디저트는 여행의 피로를 한순간에 녹여 준다. 고풍스러운 분위기로 꾸며진 실내 카페는 전 세계의 찻잔과 포트를 구경하며 차를 마실 수 있어 더욱 좋고, 분수대와 장미로 꾸며진 로즈 가든은 햇살 좋은 날에 가볍게 산책하면 동심의 세계로 빠져들게 만든다.

쇼핑도 즐기고 전망도 즐기는 신나는 역 JR 札幌驛
JR 삿포로 역

앤티크 코스 北海道庁旧本庁舎 & 札幌時計塔 & 札幌 Factory
구 도청사 & 시계탑 & 삿포로 팩토리

구 도청사
add. 北海道札幌市中央区北3条西
access JR 삿포로 역에서 도보 7분
time 08:45~17:00

시계탑
add. 北海道札幌市中央区北1条西2
access JR 삿포로 역에서 도보 10분
time 09:00~17:00

삿포로 팩토리
add. 北海道札幌市中央区北2条東4丁目
access JR 삿포로 역에서 도보 15분, JR 삿포로 역에서 88번 버스로 약 5분
time 10:00~20:00(쇼핑), 11:00~22:00(레스토랑)

add. 北海道札幌市 札幌驛
access 신치토세 공항에서 열차로 약 40분

에스타 라멘 공화국
add. 札幌市中央区北5条西2丁目1番地ESTA(札幌エスタ)10階

♣ 종합관광센터라고 할 수 있는 JR 삿포로 역은 백화점, 전망대, 식당가, 쇼핑가 등 쉬지 않고 움직여도 볼거리가 끊이지 않아 멀리 가지 않아도 편하게 여러 가지를 즐길 수 있다. 특히 삿포로 시내를 한눈에 전망할 수 있는 지상 160m에 위치한 JR 타워 전망실 T38은 화장실도 전면 유리로 되어 있어 색다른 재미를 준다. 출출해지거나 지치면 삿포로 에스타(ESTA) 건물 10층 라멘 공화국으로 가 보자. 1960년대 일본 거리를 그대로 옮겨 놓은 듯한 라멘 공화국에는 홋카이도에서 맛이라면 뒤지지 않을 최고의 라멘집들이 모여 있어 어느 곳을 가도 실망하지 않을 것이다.

♣ 구 도청사, 시계탑, 삿포로 팩토리는 삿포로에서 만날 수 있는 앤티크 3총사이다. 1888년부터 80년 동안 홋카이도의 도청으로 사용되었던 구 도청사는 빨간 벽돌의 외관이 인상적이다. 정원을 산책하는 것도 좋지만 내부를 둘러보며 홋카이도의 역사를 되새겨 보는 것도 뜻 깊을 것이다. 새하얀 비주얼이 빛나는 또 하나의 명물은 바로 시계탑이다. 매시 정각마다 종이 울리는데 삿포로 전역에 종소리가 울리던 옛날과 달리 지금은 빌딩숲 때문에 소리가 멀리 퍼지지 못한다. 마지막 코스는 일본 최초의 맥주 공장이었던 삿포로 팩토리이다. 현재는 쇼핑몰, 미술관, 영화관 등이 있는 복합 상업시설로 태어났지만 여전히 삿포로 맥주의 주조 과정 견학과 시음이 가능하다.

축제가 끊이지 않는 곳 大通公園
오도리이 공원

add.   北海道札幌市中央区大通西 1~12丁目
access JR 삿포로 역에서 도보 10분, 지하철 오도리 역

♣ 삿포로는 축제의 도시라고 해도 과언이 아니다. 5월 라일락축제, 7월 꽃축제, 여름축제, 맥주축제, 겨울철 눈축제와 일루미네이션 등 일년 12달 축제가 끊이지 않는데 그 중심에 오도리이 공원이 있다. 남북으로 65m, 동서로 110m인 오도리이 공원에는 휴식을 취할 수 있는 공간과 허기진 배를 채워 줄 레스토랑, 눈요기하기에도 좋은 먹거리가 여행자들의 선택을 기다리고 있다. 공원의 가장 동쪽에는 에펠탑의 모습과 흡사한 147m 높이의 '테레비탑'이 설치되어 있다. 테레비탑의 전망대에 오르거나, 오도리이 공원에서 출발해 삿포로 시내를 순환하는 마차를 타 보는 것도 좋다.

TIP.
삿포로 유키마츠리(札幌雪祭り)

삿포로 눈축제는 매년 2월 첫째 주에 삿포로 시내에서 펼쳐진다. 세계 3대 축제로 꼽히는 이 축제를 보기 위해 전 세계에서 수만 명의 여행객이 이곳을 찾는다. 홋카이도 겨울 여행의 꽃이라 할 수 있지만 여행을 가기는 그리 쉽지 않다. 평소보다 2~3배 비싼 경비는 기본이며, 비싼 요금에도 불구하고 객실 예약은 2~3개월 전에 마감되기 일쑤이다.
삿포로 눈축제를 가장 저렴하게 보는 방법은 바로 축제 전 1주일 전에 가는 것이다. 엄청난 크기의 눈 조각들이 하루아침에 만들어지지는 않으니 이 기간에도 조각들과 함께 축제의 기분을 느낄 수 있다. 축제가 끝나면 바로 다음 날 모든 눈 조각이 철거되기 때문에 축제가 끝나고 가면 아무것도 볼 수 없다.

200개의 상점이 자리한 너구리 골목 狸小路&すすきの
다누키코지 & 스스키노

다누키코지
add. 北海道札幌市中央区
access 오도리 공원에서 도보 8분
time 09:00~22:00(상점마다 다름)

스스키노
access 스스키노 역 부근

♣ 홋카이도에서 가장 오래되고 번화한 상점가인 다누키코지에는 900m나 되는 긴 아케이드에 200개의 상점이 자리 잡고 있다. 옛날에 이 동네에 너구리가 많아서 지어진 이름인지는 몰라도, '너구리 골목'이라는 뜻의 이름 때문에 상가 곳곳에서 너구리 캐릭터를 활용한 포토존이나 기념품을 발견할 수 있다.

일본의 3대 환락가로 꼽히는 스스키노는 저녁 9시면 한가해지는 다누키코지와 달리 새벽까지 불빛이 꺼지지 않는다. 4,000여 개의 식당, 주점, 상점이 밀집해 있어 여행의 마지막 밤에 남은 에너지를 다 쏟아 내기에 최적의 장소이다.

TIP.
아침형 여행자 되기

우리나라와 일본은 시차가 없지만 홋카이도는 동쪽으로 멀리 떨어져 있어 우리나라에 비해 해가 훨씬 일찍 뜨고, 일찍 진다. 겨울에는 오후 4시면 해가 지기 시작하고, 여름에는 새벽 5시부터 동이 트기 시작해 늦잠을 자기란 불가능하다. 홋카이도를 여행할 때는 우리나라보다 1시간 정도 일정을 앞당겨 움직이는 게 좋으니 조금 힘들더라도 아침형 여행자가 되어 보자.

이른 아침에 일어나 상점이 문을 여는 10시, 11시가 되기 전까지는 JR 삿포로 역 북쪽 출구의 홋카이도 대학교의 포플러 나무 숲을 산책하거나, 유럽의 분위기를 느낄 수 있는 시로이코이비토 파크(白い恋人 Chocolate Factory)에서 시간을 보내자.

홋카이도, 싱가포르 갈 때는 마일리지로!

항공 마일리지를 이용해 보너스 항공권을 구입할 때는 도시에 상관없이 지역·국가별로 공제하는 마일리지가 동일하다. 즉 기왕이면 가장 항공 요금이 비싼 곳을 마

일리지로 이용하는 것이 좋다. 일본에서는 홋카이도가 가장 비싸며(후쿠오카의 2~3배), 아시아 지역에서는 싱가포르가 가장 비싸다(홍콩의 1.5~2배). 참고로 일본항공은 우리나라에서 홋카이도로 가는 직항편이 없지만 도쿄나 오사카를 경유해 홋카이도로 가는 항공권을 마일리지로 제공한다. 물론 도쿄나 오사카를 다녀오는 것과 동일한 마일리지가 공제된다.

홋카이도 >> 테마 여행 01

꽃 향기 가득한 비에이 여행

흔히 홋카이도 여행이 가장 즐거울 때는 겨울 눈축제 때라고 생각하지만 실제 홋카이도 여행의 만족도가 가장 높을 때는 여름이다. 습하고 더운 여름이 아닌 20℃ 전후의 온도를 유지하고, 살짝 건조해 언제나 시원한 바람이 부는 여름이야말로 홋카이도 여행 최고의 시기이다. 6월 말부터 9월 말 사이에 홋카이도를 방문하면 광활한 홋카이도에 코를 간지럽히는 라벤더 향기가 가득하다.

ENJOY 01
자유롭게 어디든지 간다!
렌트카 타고 비에이 여행하기

버스 시간에 얽매이지 말고 자유롭게 여행할 수 있는 렌트카 여행을 떠나 보자. 혼자라면 부담스럽지만 두 명 이상이라면 무조건 도전해 보자.

ENJOY 02
찾기는 어렵지만 기분은 최고인
초원에서 식사하기

관광지이니 주변에 식당이 많을 것이라는 생각으로 다니면 굶기 십상이다. 드넓은 초원이 펼쳐진 비에이, 후라노의 카페나 식당 위치를 미리 체크해 두자.

ENJOY 03
뜨거운 햇볕 아래서 꽃 구경할 때는
선크림으로 무장하기

화사한 꽃은 바라만 봐도 좋지만 무섭게 내리쬐는 태양은 두려운 존재이다. 소중한 내 피부를 위해 선크림, 선글라스, 모자 등으로 자외선을 완벽히 차단하자.

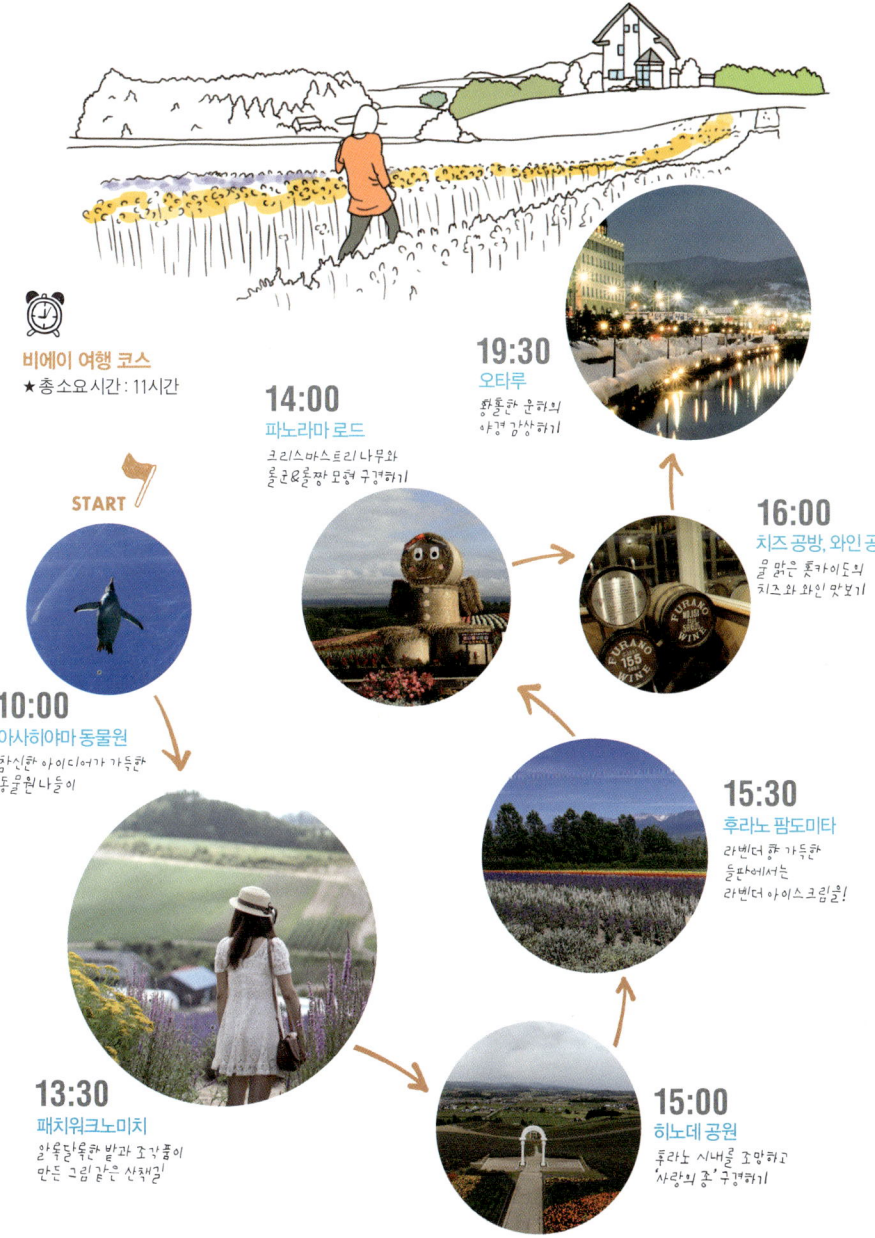

비에이 여행 코스
★ 총 소요시간 : 11시간

10:00 아사히야마 동물원
참신한 아이디어가 가득한 동물원 나들이

13:30 패치워크노미치
알록달록한 밭과 조각품이 만든 그림같은 산책길

14:00 파노라마 로드
크리스마스트리 나무와 롤군&롤짱 모형 구경하기

15:00 히노데 공원
후라노 시내를 조망하고 '사랑의 종' 구경하기

15:30 후라노 팜도미타
라벤더 향 가득한 들판에서는 라벤더 아이스크림을!

16:00 치즈 공방, 와인 공장
물 맑은 홋카이도의 치즈와 와인 맛보기

19:30 오타루
환상적인 운하의 야경 감상하기

HOT SPOT

라벤더 향 가득한
비에이 핫 스폿

일본 최고의 동물원 旭山動物園
아사히야마 동물원

add.	北海道旭川市東旭川町倉沼
access	아사히카와 역에서 41, 42, 47번 버스로 약 40분
time	09:30~17:15(4월 말~10월 중순), 09:30~16:30(10월 중순~11월 초), 10:30~15:30(11월 초~4월 초)
fee	성인 820엔(중학생 이하 무료)
URL	www5.city.asahikawa.hokkaido.jp/asahiyamazoo

♣ 일본의 꼴찌 동물원이라는 불명예를 벗어나고자 전 직원이 협력해 새로운 아이디어로 일등 동물원으로 탈바꿈시킨 드라마틱한 스토리를 지니고 있는 곳이다. 《펭귄을 날게 하라》라는 책으로도 유명한데, 참신한 아이디어로 동물들을 가까이 볼 수 있게 만들고 관람객을 배려한 덕분에 일본 최고의 동물원으로 재탄생했다. 동물들이 사는 곳의 중간에 유리관을 설치해 놓아 동물들이 생활하는 모습을 자세히 볼 수 있다. 같은 맥락으로 만들어진 수중터널에서는 실제로 날고 있는 펭귄의 모습을 확인할 수 있으니 그 감동적인 장관을 놓치지 말자.

마음의 평온을 안겨 주는 그림 같은 풍경 パッチワークの路
패치워크노미치

add.	北海道上川郡美瑛町北瑛
access	JR 비에이 역 서쪽 일대

♣ 이곳은 네모난 천을 이어 놓은 퀼트 이불처럼 각각의 다른 재배 농작물들을 네모 반듯하게 붙여 놓았다. 서로 다른 색의 농작물들이 모여 알록달록 예쁜 색을 자랑하는데, 중간중간 유명세를 탄 다양한 이름의 나무들이 있어 그림 같은 풍경을 만들어 낸다. 조각조각 나뉘어진 밭 사이의 언덕을 오르다가 구름 한 점 보면서 잠시 쉬고, 다시 걷다 초록색 풀밭을 배경으로 멋진 사진을 찍다 보면 비에이만의 매력에 흠뻑 빠지게 될 것이다. 이곳은 자연 풍경과 햇살이 좋아 웨딩 스냅 촬영에도 적격이다. 커플 여행이라면 다정한 피크닉 포즈를 연출해 보자. 비에이 북서쪽 시내에 있는 호쿠아이노오카 전망공원에서는 비에이를 둘러싸고 있는 언덕과 나무들의 모습을 한눈에 볼 수 있다. 하지만 사방 어느 곳을 돌아봐도 탁 트여 있어 굳이

전망대에 오르지 않아도 그림 같은 풍경을 볼 수 있으니 시간적인 여유가 없다면 가볍게 패스해도 좋다. 초원과 빨간머리 앤이 살고 있을 것 같은 사계채 언덕에는 10월까지 꽃의 향연이 끊이지 않는다.

파노라마 로드
크리스마스 트리와 갤러리 그리고 자작나무 길 パノラマロード

- add. 北海道上川郡美瑛~美馬牛
- access 비에이 역의 동쪽과 비바우시 역 일대
- fee 무료

♣ 후라노 역으로 향하는 길에 있는 파노라마 로드에 가면 유명세를 타고 있는 '크리스마스 트리' 나무와 건초를 올려 만든 귀여운 롤군과 롤짱 모형을 볼 수 있다. 패치워크노미치와는 또 다른 느낌을 주는 파노라마 로드에는 일본의 유명 사진가 마에다 신조의 갤러리 다쿠신칸(たくしんかん)이 있어 비에이의 또 다른 모습을 사진으로 감상할 수 있다.

파노라마 로드의 하이라이트는 사색하기 좋은 자작나무의 길과 사계채 언덕이다. 길게 뻗은 자작나무 숲 사이로 조용히 사뿐사뿐 걸으면 몸과 마음이 정화되는 듯한 기분을 느낄 수 있다. 자작나무 숲은 흰 눈이 소복이 쌓이는 겨울에 거닐면 또 다른 운치를 느낄 수 있다. 종탑이 있는 비바우시 초등학교, 라벤더와 해바라기를 가득 담은 드넓은

히노데 공원
사랑이 이루어지는 공원 日の出公園

- add. 北海道空知郡上富良野町東2線北27
- access JR카미후라노 역에서 도보 20분
- fee 무료

♣ 비에이에서 후라노 방향으로 향하는 중간에 있는 히노데 공원은 언덕에 사랑을 이뤄 준다는 '사랑의 종'이 있어 연인들에게 인기 만점이다. 언덕 위의 전망대에서 사진을 찍으면 후라노 시내와 공원의 풍경을 아름답게 담을 수 있는데, 특히 꽃이 만발한 시기에는 사랑의 종과 그 주변을 둘러싼 꽃밭이 한 폭의 수채화 같은 절경을 만들어낸다. 만개한 꽃과 상큼한 초록 잔디, 풍성한 나무들이 연출해 내는 아름다운 장면을 카메라에 담고 싶다면 여름에 이곳을 꼭 찾아보자.

라벤더향 가득한 후라노의 대표 여행지 ファーム富田
팜도미타

add.　　北海道空知郡中富良野町字中富良野基線北15号
access　JR 후라노 역에서 자동차로 약 20분, 자전거 40분, JR 나카후 라노에서 도보 30분, 라벤더 하다케 역(여름 성수기 기간 임시 정차역)에서 도보 7분
time　　09:00~16:30(4월~9월 08:30~18:00)

♣　라벤더 하면 후라노를 떠올리게 되는 이유는 후라노의 대표 여행지 팜도미타(Farm Tomita, 도미타농장) 때문이다. 도착 기념으로 라벤더 아이스크림을 먼저 한입 베어 물고, 산보하듯 가볍게 농장을 걸어 다니면 코 끝에 가볍게 스며드는 짙은 허브향과 꽃 향기를 만날 수 있다. 보랏빛 라벤더, 노란 해바라기, 코스모스, 양귀비 등 색색의 꽃과 어울리는 화이트 미니 드레스까지 갖춰 입고 사진을 찍는다면 저절로 화보가 될 것이다. 여름 성수기에는 노롯코 열차(ノロッコ号)의 정차역인 라벤더 하다케 역이 임시로 개설되어 보다 쉽게 갈 수 있다. 노롯코 열차를 타고 후라노 전경을 감상하는 것도 특별한 추억이 될 것이다.

와인 애호가들의 로망 富良野チーズ工房&ワイン工場
후라노 치즈 공방&와인 공장

후라노 치즈 공방
add.　　北海道富良野市字中5区
access　JR 후라노 역에서 자동차로 10분, 자전거 30분, 택시 약 1,000엔, 여름 성수기 기간 미니관광버스 운행
time　　09:00~17:00(4~10월), 09:00~16:00(11~3월), 12월 31일~1월 3일 휴가
tel.　　016-723-1156
URL　　www.furano-cheese.jp

와인 공장
add.　　北海道富良野市清水山
access　후라노 치즈 공방과 동일
time　　09:00~16:30(6~8월 09:00~18:00), 연중무휴
tel.　　016-722-3242
URL　　www.furanowine.jp

♣　꽃밭만 보는 것이 지겹다면, 후라노의 특산물인 치즈와 와인 공장을 방문해 보자. 홋카이도는 공기가 좋고, 물이 맑아 유제품이 신선하다. 치즈 공방에서는 치즈를 만드는 공정을 구경하고, 체험도 할 수 있어 아이들과 방문하면 재미있는 시간을 보낼 수 있다. 라벤더와 유제품만큼이나 후라노에서 유명한 특산물이 포도이다. 후라노 와인 공장에서는 레드, 화이트, 로제 3가지 와인을 직접 시음할 수 있다. 깨끗하고 맑은 후라노 한정 와인을 판매하기도 하니 숙소로 돌아가는 길이라면 한 병씩 구매해 보자.
치즈와 와인 공장은 4~9월 정도의 성수기를 제외하고는 영업이 일찍 종료되니, 방문을 원한다면 운영 시간을 꼭 체크해야 한다.

황홀한 운하의 야경 小樽運河

오타루

add.	北海道小樽市港町色内1-3丁目
access	JR 삿포로 역에서 열차로 약 30분

♣ 영화 〈러브레터〉의 촬영지인 오타루에 가면 황홀한 운하를 바라보며 하루를 마감할 수 있다. 홋카이도 3대 야경으로 꼽히는 이 운하의 야경을 감상하기 위해 많은 사람이 찾는다. 한때 초밥 붐을 일으키기도 했던 만화《미스터 초밥왕》에서 주인공 쇼타의 고향으로 등장해 더욱 유명해졌다. 따라서 오타루의 스시를 맛보는 것도 운하를 보는 것만큼이나 중요하다. 인력거에 몸을 싣고 오타루를 한 바퀴 둘러봤다면 맛있는 스시로 하루 여정을 마무리해 보자. 신선한 회가 입안에서 사르르 녹으면 오타루가 더욱 매력적으로 느껴질 것이다.

오타루를 하루 일정으로 잡아 소박한 시내와 1970년대로 돌아간 듯한 오래된 골목길을 거닐어 보는 것도 좋다. 15,000종 이상의 오르골을 전시, 판매하고 있는 오르골당, 아기자기한 유리 공예품이 가득한 유리공방 등 흥미로운 곳들로 가득한 오타루에서 보물찾기를 해 보자.

오타루 디저트 전문점 베스트 3

★롯카테이 六花亭

홋카이도의 오비히로(帯広)에 본점을 두고 있는 과자, 디저트 전문점이다. '시로이코이비토'와 함께 홋카이도의 인기 과자인 '마르세이 버터샌드(マルセイバターサンド)' 등의 인기 메뉴가 있다. 그룹 전체의 1년 매출이 200억 엔에 달하는 어마어마한 규모를 자랑한다. 회사의 이름인 롯카테이는 육각의 꽃, 즉 눈꽃을 상징한다.

add.	北海道小樽市堺町 7-22
time	09:00~18:00
tel.	0120-012-666

★기타카로 北菓楼

롯카테이 바로 옆에 있는 기타카로는 슈크림빵, 케이크 등의 디저트 전문점이다. 오타루 본점의 한정 제품인 밤쿠헨(バームクーヘン)은 독일어로 나뭇결 모양이라는 뜻으로 도너츠와 카스테라를 합친 듯한 느낌의 케이크이다. 밤쿠헨과 음료가 포함된 밤쿠헨 세트(500엔)가 인기이다.

add.	北海道小樽市堺町 7-22
time	09:00~18:30 (동계 폐점 시간 18:00, 마지막 주문 17:00)
tel.	0134-31-3464

★루타오 LeTao

1998년 오픈 후 오타루 지역에서 가장 큰 인기를 얻고 있는 디저트 전문점 중 하나이다. 피라미드 모양의 루 쇼콜라(ルショコラ)와 치즈 케이크가 인기 메뉴이다.

add.	北海道小樽市堺町 7-22
time	09:00~18:30 (동계 폐점 시간 18:00, 마지막 주문 17:00)
tel.	0134-31-3464

TIP.
비에이, 후라노 자전거 여행

비에이나 후라노를 자전거로 여행하는 것도 좋은 방법이지만 언덕이 많아 일반 자전거로는 지치기 십상이다. 자전거를 이용할 경우에는 꼭 전동 자전거를 빌리자.
패치워크노미치와 파노라마 로드는 꽤 넓은 지역으로, 자전거로 두 곳을 하루에 다 돌아보기는 힘들다. 자전거 여행이라면 두 곳 중 한 곳만 선택하는 것이 낫고, 둘 다 욕심이 난다면 렌트카나 택시를 이용하는 것이 좋다. JR 열차 회사에서 운영하는 렌트카를 이용할 경우 비에이에서 빌려 후라노에서 반납하거나 아사히카와에서 빌려 후라노에서 반납할 수 있어 아주 편리하다.

홋카이도 >> 테마 여행 02

애주가를 위한 하코다테 맥주 여행

ENJOY 01
하코다테만의 특별한 교통수단
노면전차 이용하기

1920년대에 다니던 노면전차가 다시 태어나 2000년대에 운행되고 있다. 5월부터 10월까지 하루 4~6번만 운행하는 전차를 타는 행운의 주인공이 되어 보자.

ENJOY 02
하코다테 비어홀에서
사장님도 자주 마시는 맥주 마시기

하코다테 비어홀에는 맥주를 직접 제조해 국제 대회에서 금상을 차지한 사장님도 자주 마시는 맥주가 있다. 이 맥주의 라벨에는 '첫 잔은 사장밖에 마실 수 없습니다.'라고 써 있어 꼭 마셔 보고 싶은 생각이 들게 한다.

ENJOY 03
이른 아침 해산물 시장에서
맛있는 회 먹기

하쿠다테 역 바로 앞에 있는 해산물 시장은 아침에 가야 제맛이다. 시장의 활기와 따뜻한 정을 느끼며, 해산물 덮밥, 회, 초밥을 맛보자.

홋카이도의 맥주 하면 삿포로이지만 삿포로 맥주는 우리나라에도 수입되기 때문에 쉽게 만날 수 있으니 일단 제쳐 두자. 물이 맑은 홋카이도에는 작은 맥주 공장에서 생산되는 개성 있는 맥주들이 많다. 홋카이도에서 가장 먼저 서양과의 교류를 시작해 아직까지 이국적인 정서가 남아 있는 하코다테에서 맥주 여행을 해 보자. 낮부터 맥주를 마시는 것도 여행지에서만큼은 마음껏 할 수 있는 일이니 말이다. 낮술을 기본으로 하는 일정이 될 테니 우선 아침식사를 든든히 하고 출발하자.

하코다테 여행 코스
★ 총 소요 시간 : 9시간

START

10:30 오누마 공원 산책
3개의 호수 주위를 느긋하게 산책하기

11:30 오누마 맥주 마시기
오누마비어 공장과 브로드하우스 오누마에서 신선한 맥주 마시기

13:00 베이에리어
오래된 창고 공장의 색다른 변신, 느긋하게 쇼핑 즐기기

15:00 모토마치 지역 관광
하치만자카 언덕에서 하코다테항 바라보기

17:00 하코다테 비어홀
이곳을 대표하는 지역맥주 맛보기

HOT SPOT

신선한 맥주를 만끽하는
하코다테 핫 스폿

하얀 백조들이 노니는 곳 大沼公園&大沼ビール
오누마 공원 & 오누마 맥주

오누마 공원
add. 北海道亀田郡七飯町大沼町208番地
access JR 하코다테 역에서 보통열차로 약 45분, 특급열차로 22분
URL www.onuma-guide.com

브로이하우스 오누마
time 09:00~16:00(연말연시 휴무)
tel. 0120-162-142
URL www.onumabeer.co.jp

♣ 하코다테 메인 관광지를 돌아보기 전에 하코다테 역에서 노면전차로 30분 거리에 있는 오누마 공원을 들러 보자. 이곳은 잔잔한 호수와 햇살, 126개의 작은 섬, 하얀 백조가 만들어 내는 오묘한 조화가 아름다운 곳이다. 공원 산책을 마쳤다면 오누마 맥주를 경험해 보자. 오누마 역 근처에는 신선한 맥주를 마실 수 있는 오누마 비어 공장이 있다. 물론 캔맥주로 구입해도 되지만, 직접 제조된 따끈따끈한 맛을 즐기고 싶다면 브로이하우스 오누마를 찾아보자. 세계 대회에서도 수상한 검증된 맛이다. 알코올 해독 작용이 뛰어난 사람이라면 브로이하우스 오누마의 3가지 종류의 맥주를 모두 마셔 보자.

1년 내내 크리스마스같이 즐거운 쇼핑거리
Bay Area, ベイエリア
베이 에리어 (가네모리 창고, 하코다테 팩토리)

하코다테 팩토리
add. 北海道函館市末広町24-6西波止場通り
access JR 하코다테 역에서 도보 약 20분, JR 하코다테 역에서 노면전차 이용, 주지가이 역 하차 후 도보 5분
time 10:00~22:00(상점마다 다름)
tel. 0138-24-8108
URL www.hakodate-factory.com/wharf

♣ 하코다테 역에서 이어지는 베이 에리어는 오래된 창고 건물을 그대로 보존해 만든 상가들로 이루어져 있다. 그중 눈에 띄는 빨간 벽돌 건물이 가네모리 창고(金森倉庫郡)이다. 하코다테 최초의 영업용 창고로, 지금은 일부분을 제외하고는 쇼핑몰로 이용되고 있다. 1년 내내 크리스마스 상품을 팔고 있는 크리스마스 숍이 있는 가네모리 요모노칸, 가네모리 창고의 역사를 보여 주는 하코다테 히스토리 프라자(函館ヒストリープラザ), 2개의 창고 사이에 운하가 있어 짧은 크루즈를 즐길 수 있는 베이 하코다테 등 각각 개성 넘치는 상가들이 볼거리를 제공한다.

하코다테 팩토리(函館 Factory)는 레스토랑과 비어홀이 있는 하코다테 비루, 담쟁이 넝쿨로 뒤덮인 하코다테 메이자칸, 하코다테의 대표 시장인 가이센이치바, 하코다테 항을 내려다볼 수 있는 목조 건물의 니시하토바로 이루어져 있다. 각각의 건물에서 맥주, 신선한 해산물을 맛볼 수 있고 기념품도 살 수 있다.

베네딕트 15세가 기증했다고 하는데, 일본에서 가장 화려하다는 평가를 받고 있다. 이외에도 외벽에 십자가가 걸려 있는 성스러운 분위기의 성 요하네 교회와 일본에서 현존하는 기독교 교회 중 세 번째로 오래된 하코다테 교회가 있다.

하코다테 항이 한눈에 보이는 언덕 函館元町
모토마치

하코다테의 지역 맥주를 즐길 수 있는 곳 函館ビヤホール
하코다테 비어홀

add.　北海道函館市末広町14-12
access　노면전차 우오이치바 도오리 역에서 도보 3분, JR 하코다테 역에서 도보 15분
time　11:30~22:00
tel.　0138-27-1010

access　JR 하코다테 역에서 도보 25분, JR 하코다테 역에서 노면전차 이용 주지가이 역 하차 후 도보 10분(베이에리어 반대쪽 언덕)

하치만자카
add.　北海道函館市八幡坂

♣　모토마치 지역은 하코다테의 상징이라 할 수 있는데, 이국적인 분위기를 자아내는 언덕 지대를 말한다. 베이 에리어에서 하치만자카 언덕으로 오르면 모토마치 지역에 닿는데, 하치만자카 언덕은 모토마치 지역의 수십 개의 언덕길 중 하코다테 항이 한눈에 내려다보이는 곳이라 가장 인기가 있다.

모토마치 지역에서는 각기 다른 스타일로 지어진 교회를 볼 수 있다. 최초의 러시아 정교회인 하리스토 교회는 아름다운 곡선의 창문, 지붕 위로 솟아 있는 첨탑, 하얀 벽과 초록색 지붕의 조화가 상당히 이국적이다. 빨간 지붕 위의 종루가 인상적인 모토마치 교회의 제단은 교황

♣　JR 하쿠다테 역에서 베이 에리어에 도착하기 전 처음으로 보이는 빨간 벽돌 건물이 바로 하코다테 비어홀이다. 진정한 맥주를 아는 사람이라면 홋카이도의 한정판 맥주뿐 아니라 그 지역에서 생산되는 지역 맥주(치비루)를 맛보는 것도 빼놓아서는 안 된다. 하코다테 비어홀에는 맥주를 직접 제조해 국제 대회에서 금상을 차지한 사장님도 자주 마시는 맥주가 있는데, 이 맥주의 라벨에는 '첫 잔은 사장밖에 마실 수 없습니다.'라는 위트 있는 문구가 적혀 있다. 그만큼 부드럽고 크리미한 첫 잔의 거품은 남 주기 아까울 정도로 기가 막히다고 한다. 주의할 점은 알코올 도수가 일반 맥주보다 높아 쉽게 취할 수 있다는 것이다. 하코다테 비어홀이 인기인 이유는 체인점이 없기 때문이다. 하코다테 지역의 물로 만든 이곳의 맥주는 인터넷으로 판매하지만 먹어 보기 힘드니, 하코다테에 가면 비어홀은 반드시 들러 보자.

하코다테 제대로 즐기기 ✈

하코다테야마(函館山)의 야경

소가 누워 있는 모습을 하고 있는 하코다테야마는 모토마치 뒤편에 자리한 산이다. 이곳에서 바라보는 야경은 홍콩, 나폴리와 함께 세계 3대 야경으로 손꼽힐 만큼 아름답다. 일본 내에서 유명한 것은 두말할 필요도 없다. 반짝이는 조명들이 만들어 내는 눈이 부신 야경을 감상할 때는 하코타테 맥주가 필수이다. 하코다테야마의 전망대로 가는 케이블카를 타기 전, 베이 에리어 관광을 하면서 맥주를 미리 구입해 두어도 좋지만, 아무래도 맥주는 시원해야 제맛이니, 케이블카를 타고 올라가 매점에서 판매하는 '홋카이도 한정 삿포로 클래식'을 마시며 야경을 감상하자. 보리수의 달짝지근한 향과 청정수의 시원함이 여행의 여운을 더욱 깊게 만들어 준다.

- add. 北海道函館市函館山
- access 노면전차 쥬지가이(十字街)에서 도보 10분
- time 10:00~21:00(10월 중순~4월 말), 10:00~22:00(5월 초~10월 중순)
- fee 왕복 성인 1,160엔(어린이 590엔), 편도 성인 640엔(어린이 320엔)

하코다테에서 1박 이상을 할 예정이라면?

★야경과 함께하는 하코다테 1박 2일 여행

삿포로에서 숙박을 하면서 하코다테로 당일치기 여행을 다녀오는 여행객도 많이 있지만, 왕복 6시간 이상의 이동 시간을 생각하면 1박 이상 머무는 것이 좋다. 특히 오후 6시 이전에 하코다테에서 삿포로로 가는 열차 운행이 끝나기 때문에, 세계 3대 야경인 하코다테야마의 야경을 보고 싶다면 하루는 이곳에서 자야 한다.

★열차 이동 시간 줄이기

삿포로에서 하코다테까지 열차를 이용하면 편도만 3시간 이상이 걸린다. 홋카이도의 아름다운 산과 바다의 풍경이 차창 밖에 펼쳐지지만 짧은 여행 중에서 6시간을 열차에서 보내기는 아깝다는 생각이 들 수도 있다. 이동 시간을 줄이고 싶다면, 하코다테 공항으로 들어가 삿포로에서 귀국하는 스케줄 또는 그 반대의 스케줄을 생각해 보자. 저가항공인 진에어는 인천-삿포로 왕복밖에 안 되지만 대한항공을 이용하면 인천-삿포로 / 하코다테-인천의 일정과 그 반대의 일정도 가능하다. 당일치기 여행이 아니라면 삿포로에서 하코다테로 이동하는 중간에 노보리베츠(登別)에 들러 온천을 체험해 보는 것도 좋다.

★경유편 이용하기

서울 또는 부산에서는 일본항공(JLA)의 경유편을 이용해 홋카이도로 갈 수 있다. 대한항공의 직항편보다 시간이 더 많이 소요되지만, 우리나라에서 2시간 빨리 출발하기 때문에 여행 첫날의 일정 시작은 비슷하다. 경유편이 좋은 이유는 마지막 날의 일정이 3~4시간 이상 길어진다는 것이다. 대한항공의 경우 14시에 인천으로 출발하기 때문에 12시까지 공항에 도착해 수속을 해야 하기 때문에 상점들이 영업을 시작하는 11시쯤에는 공항으로 출발해야 한다. 일본항공(JAL)은 16시 또는 17시에 삿포로 또는 하코다테에서 도쿄로 출발해 20시에 도쿄에서 김포로 출발한다. 홋카이도에서는 국내선이기 때문에 비행기 출발 1시간 전까지 도착하면 되니 마지막 날 공항으로 가기 전에 식사, 쇼핑, 시내 관광 등을 할 수 있다. 무엇보다 경유라 저렴하다는 점을 무시할 수 없다.

홋카이도에서 꼭 먹어 볼 것

맥주 & 우유

일본의 작은 라멘집에서도 교자나 라멘을 먹으며 작은 잔에 맥주를 따라 마시는 사람들을 쉽게 볼 수 있다. 홋카이도 맥주는 홉이 자라는 최적의 기후에 맑은 물까지 더해져 최상의 맥주 맛을 자랑한다. '삿포로 클래식'이나 '아사히 장숙(長熟)' 맥주는 홋카이도 한정판이니 놓치지 말자.
공기 좋고, 물 좋은 이곳은 유제품의 맛도 뛰어나니 맥주를 마실 수 없는 자녀들을 위해서 우유나 요거트 음료를 구입해 보자. 물론 우유도 홋카이도 한정판이라고 적혀 있는 것을 선택하자.

수프카레

일본에서 가정식으로 즐겨 먹는 음식 중에 하나가 바로 카레이다. 그중 수프카레는 우리가 먹는 일반적인 카레보다 묽고, 국물의 양이 많은 것이 특징이며 맑은 공기와 물에서 자란 채소 본연의 맛을 지키기 위해 큼직하게 썰어 넣는다. 라멘처럼 돼지, 닭, 양고기 등 고기 육수를 베이스로 하고, 감자, 당근, 버섯, 가지 등의 채소를 듬뿍 넣은 수프카레는 어른, 아이 할 것 없이 누구나 부담 없이 즐길 수 있다.

오타루 디저트

깨끗하고 맑은 자연 환경을 가지고 있는 홋카이도는 우유로 만든 제품이 많기도 하고 맛도 좋다. 그래서 먹어 봐야 하는 디저트의 종류도 다양하다. 버터 샌드, 부드러운 밤 쿠엔, 다양한 맛의 소프트 아이스크림, 달콤한 크림이 한 가득 있는 모나카 등 끝없이 유혹하는 달콤한 디저트를 위해 식사량을 조금만 줄이자.

삿포로 라멘

일본에서는 라멘과 인스턴트 라멘의 구분이 엄격하며 인스턴트 라멘은 우리나라의 라면과 유사하다. 소금으로 맛을 낸 시오라멘, 돼지뼈로 맛을 낸 돈코츠라멘, 된장으로 맛을 낸 미소라멘의 3가지가 일본을 대표하는 라멘이다. 이중 미소라멘은 홋카이도의 삿포로에서 시작되었는데, 삿포로 시내의 라멘요코초에서는 원조 미소라멘을 맛볼 수 있다. 또한 삿포로 역의 라멘공화국에서는 삿포로 라멘 외에 홋카이도의 유명 라멘집들을 만날 수 있다. 해산물이 신선한 홋카이도답게 해산물을 이용한 라멘도 많으며, 닭고기를 이용해 국물을 내는 라멘도 있다.

Tip. 깔끔한 국물의 라멘을 원할 때는 앗사리(あっさり), 진한 국물을 원할 때는 곳테리(こってり)라는 글자를 확인하고 주문하면 된다.

홋카이도 >> Travel Plus

부드러운 눈의 고장
홋카이도 스키 여행

홋카이도 스키 여행의 키워드는 눈들이 뭉쳐지지 않고 가루처럼 부드럽게 흐트러진다는 '스노 파우더'와 스키장과 함께 있는 '온천 시설'이다. 부드러운 눈으로 뒤덮인 슬로프에서는 아무리 넘어져도 많이 아프지 않고, 천연 온천에서 스키를 타고 난 후의 피로를 풀어 줄 수 있다. 홋카이도에만 100여 개의 스키장이 있기 때문에 선택의 폭도 넓고, 많이 붐비지 않는다.

1. 스키 여행 준비하기

홋카이도에서 스키를 즐길 수 있는 기간은 11월 말부터 5월 초까지라고 알려져 있지만, 제대로 스키를 타려면 12월 중순부터 4월 중순 정도로 일정을 잡는 것이 좋다. 국내 여행사를 통해 스키 패키지 상품들을 이용하는 방법과 현지에서 스키장만 따로 예약을 해서 다녀오는 방법이 있다. 일본어를 하지 못한다면 현지에서 스키장을 예약하는 것이 어려울 수 있기 때문에 스키 패키지 상품을 이용하는 것이 좋다. 패키지 상품의 장점은 공항부터 스키 리조트까지의 왕복 버스, 식사 등이 포함되어 있다는 것이지만, 일정을 변경할 수 없기 때문에 삿포로, 오타루 등 다른 관광지를 함께 여행할 수 없다는 단점도 있다.

최근 개별 여행 전문 여행사에서는 홋카이도 여행의 중심인 삿포로의 호텔과 근교 스키장을 함께 예약해 주는 '시내 호텔+스키' 상품을 판매하고 있다. 삿포로 시내에서 스키장까지의 송영버스도 포함해서 예약할 수 있어, 일반적인 스키패키지 상품의 장점과 개별 자유여행 상품의 장점을 모두 살릴 수 있다.

2. 추천 스키 리조트

1) 루스츠 리조트 (ルスツリゾート)
홋카이도 최대 규모의 스키 리조트이다. 총 활주거리 42km에 이르는 37개의 코스는 초급, 중급, 상급 코스가

적절하게 균형을 이루고 있고, 개썰매, 눈썰매, 스노 래프팅, 테마파크 시설 등을 갖추고 있어 가족 여행지로도 큰 인기를 얻고 있다. 온천, 쇼핑몰, 고급 레스토랑 등의 부대시설을 갖춘 호텔에는 가족 여행객을 위한 복층 구조의 객실도 있다. 삿포로의 신치토세 공항 및 삿포로 시내에서 셔틀버스가 운행되는데, 셔틀버스와 리프트권을 함께 할인판매하고 있어 당일치기 스키 여행도 가능하다.

access 삿포로 시내 또는 신치토세 공항에서 셔틀버스로 90분(편도 2,000엔)
time 11월 말~4월 초
fee 리프트 4시간 4,200엔, 6시간 4,700엔/1일권 5,500엔/삿포로 시내에서 왕복셔틀버스+리프트 6시간 5,400엔
URL www.rusutsu.co.jp/06_071

2) 기로로 리조트(キロロリゾート)

신혼여행으로 선호하는 고급 리조트로 오타루 시내에서 가깝기 때문에 스키와 시내 여행을 함께 즐길 수 있다. 리프트를 타고 올라가면 산만 보이는 것이 아니라 바다와 오타루 시내의 아름다운 풍경이 조화를 이루고 있다. 총 21개의 코스로 이루어졌으며 초급, 중급, 상급자 모두 만족할 수 있는 코스를 갖추고 있다. 삿포로 시내와 오타루 시내에서 당일치기 스키로 다녀올 수도 있으며 왕복 버스와 리프트권을 할인해서 판매하고 있다.

access 오타루 역에서 버스 이용 약 45분(편도 880엔), 삿포로에서 버스 이용 약 90분(편도 1,400엔)
time 11월 말~5월 초
fee 리프트 5시간 3,900엔/1일권 5,000엔/삿포로 시내에서 왕복 셔틀버스+리프트 5시간 5,000엔
URL www.kiroro.co.jp/06_073

3) 데이네 스키장(サッポロテイネ)

삿포로 시내에서 약 40분 거리에 있어 삿포로 시내에서 숙박을 하며 당일치기로 다녀오기에 좋다. 총 15개 코스로 코스는 많지 않지만 최장 활주 거리가 6,000m로, 삿포로 시내 근처의 스키장에서는 최고로 길다. 우리나라 개별 자유여행 전문 여행사를 통해 호텔, 스키장까지의 왕복 송영버스, 리프트권을 싸게 예약할 수 있다.

access 삿포로 시내에서 버스 이용 약 50분
time 11월 말~4월 초
fee 리프트 4시간 3,500엔/1일권 4,800엔
URL www.sapporo-teine.com/06_075

TRAVEL AREA 06

KYUSHU
규슈

자연과 하나 되는 곳

어깨에는 곰 세 마리가 떨어질 줄 모르고, 아침이나 밤이나 끝없는 수면의 세계에서 빠져나올 수 없는 지경에 이르렀다면 가벼운 짐만 꾸려 살포시 규슈로 떠나 보자. 일상을 잠시 잊을 수 있는 작은 포장마차에서 가볍게 즐기는 맥주 한잔, 피로를 싹 풀어 주는 따뜻한 온천, 모니터에 지친 눈을 시원하게 하는 탁 트인 시야. 어린 시절 방학 때마다 찾아갔던 시골 마을의 정겨움이 규슈에 있다.

언어 일본어
면적 42,163km²
인구 1,476만 명
시차 0시간
화폐 엔(JPY)
국가번호 81

| 규슈로 떠나기 전에 |

1. 어느 계절에 떠날까?

제주도를 가는 것만큼이나 가벼운 마음으로 떠날 수 있는 곳이 바로 후쿠오카이다. 제주보다 아래에 있어 한겨울에도 눈이 내리는 경우가 별로 없고, 인기 온천 여행지인 유후인은 고산지대에 있어 한여름에도 서늘한 바람이 불기 때문에 겨울이나 여름이나 여행하기에 좋다.

2. 항공권, 어떻게 살까?

서울이나 부산에서 비행기로 1시간 정도밖에 걸리지 않을 정도로 가깝고 후쿠오카 공항에서 시내까지도 10여 분밖에 걸리지 않는 점이 매력적이다. 부산에서 출발하는 고속페리로도 3시간 만에 갈 수 있다. 서울에서 아침 8시에 출발하는 항공편과 저녁 9시에 귀국할 수 있는 항공편이 있어 마음만 먹는다면 당일치기 여행도 가능하다. 가장 많이 이용하는 공항은 후쿠오카 공항이지만, 구마모토, 나가사키, 오이타(벳푸), 미야자키, 가고시마 공항으로도 갈 수 있다. 후쿠오카 공항 외의 다른 공항들은 우리나라에서 주 3~5편 정도만 취항하고 있어 주로 패키지 여행, 골프 여행객들이 이용하지만 후쿠오카행 비행기 티켓이 없다면 이 공항들을 이용하는 것도 좋다. 같은 항공사라면 입국하는 공항과 출국하는 공항이 달라도 요금에 큰 차이가 없다. 예를 들어 대한항공의 '인천→후쿠오카/오이타→인천', '인천→후쿠오카/나가사키→인천', 아시아나항공의 '인천-후쿠오카/구마모토-인천'과 같은 경로를 이용하면 현지에서의 이동 경비도 절약하고, 여행 동선도 효율적으로 짤 수 있다. 저가 항공이 이용하는 기타규슈 공항은 시내까지 이동하는 데 시간이 많이 걸린다.

3. 어디에서 잘까?

규슈는 오사카, 도쿄 지역보다 호텔 요금이 저렴한 편이다. 후쿠오카, 나가사키 등 주요 도시의 호텔들은 대부분 JR 열차 역을 중심으로 모여 있다. 주로 비즈니스급, 4성급 호텔이 많지만 그랜드 하얏트, 힐튼 시호크와 같은 특급 호텔도 있다. 규슈 여행에서 빼놓을 수 없는 것이 온천이다. 벳푸에는 바다를 바라보며 온천욕을 할 수 있는 대형 온천 호텔인 스기노이 호텔이 있고 유후인에는 객실 수 10개 미만의 소규모 전통료칸들이 있다. 후쿠오카 공항에서 가까운 하카타 지역은 교통의 요지로서 교외로 나갈 수 있는 터미널이 있고 시내로의 연결도 편리해 당일치기로 유후인, 나가사키 등 교외 여행을 하려고 한다면 이쪽에 숙소를 잡자.

4. 여행 경비는 얼마나 들까?

규슈의 항공 요금은 도쿄의 절반 수준이며 오사카에 비해서도 10만 원 정도 저렴하다. 대부분 규슈 여행을 할 때는 한 도시에 있기보다는 후쿠오카, 나가사키, 유후인, 벳푸 등 여러 도시를 돌아보는데, 후쿠오카-유후인의 왕복 요금보다 저렴한 JR 북규슈 레일패스(3일권 7,000엔)를 이용해 경비를 많이 절감할 수 있다. 시내에서는 대부분 도보 이동이 가능하며 구마모토와 나가사키에서는 노면전차를 이용하면 좋다.

AREA.　　　규슈.　둘러보기

우리나라와 비슷한 크기의 규슈는 지역별로 다른 특색을 가지고 있어, 한곳에 머무르기보다는 여러 도시를 둘러보면 좋다. 북쪽 끝에 있는 후쿠오카를 중심으로, 서쪽의 나가사키, 동쪽의 벳푸와 유후인이 약 2시간 거리에 있으며, 규슈 신칸센의 개통으로 구마모토까지는 1시간밖에 안 걸리고, 가고시마까지도 2시간이면 갈 수 있어 부지런한 여행자라면 규슈를 단기간에 섭렵할 수 있을 것이다. 짐이 많아 숙소를 매번 이동하는 게 번거롭다면, 후쿠오카에 숙소를 잡고 당일치기로 다른 지역을 둘러보는 것도 나쁘지 않은 선택이다.

1 »

후쿠오카

규슈 정치·경제·문화의 중심지이며 여행자를 위한 교통의 관문 역할을 하고 있다. 서울과 부산에서 하루 10편이 넘는 항공편이 운항되고 있으며 부산에서도 쾌속선을 이용해 3시간이면 갈 수 있다. 우리나라 여행객에게도 잘 알려져 있는 캐널시티 하카타와 덴진의 백화점은 쇼핑을 즐기기에 좋으며 덴진 인근의 이마이즈미

는 최근 들어 예쁜 카페 거리로 젊은 여성들에게 주목받고 있다. 시내에서 열차 또는 페리를 이용해 갈 수 있는 우미노나카시마 공원은 가족 여행객에게 인기 있다. 하카타 역에서 신칸센을 이용하면 오사카, 도쿄 등의 주요 도시로 갈 수 있어 연계하여 여행하면 좋다.

2》 나가사키

나가사키 짬뽕으로 우리에게 익숙한 나가사키는 후쿠오카에서 열차로 2시간 거리에 있다. 일본에 외국의 문물이 들어오던 시기에 무역항으로 성장한 곳이라 유럽과 중국 문화가 함께 어우러져 있다. 교황 요한 바오로 2세가 방문한 천주교 성지가 있어 성지순례차 이곳을 찾아오는 사람도 있다. 일본 3대 야경으로 꼽히는 나가사키 항구의 아름다운 야경은 나가사키에서 꼭 보아야 할 풍경이다. 가난한 중국인 유학생을 위해 고안한 나가사키 짬뽕, 일본 최초의 서양식 빵인 카스테라, 파스타와 볶음밥, 돈가스 등의 메뉴가 함께 나오는 도루코 라이스, 중국풍 음식이 가미된 일본식 코스 요리인 싯포쿠 요리 등 나가사키에서 시작된 다양한 먹거리도 여행객의 발길을 잡는 주요 관광 아이템이다.

3》 벳푸

일본에서 하루 동안 가장 많은 온천수가 솟아나는 지역으로 1800년대부터 온천 여행지로 개발되었고, 온천을 뜻하는 ♨ 마크도 벳푸에서 최초로 고안되었다고 한다. 온천수가 100℃나 될 정도로 뜨거워 온천욕을 할 수 없을 정도인데, 이런 온천수를 이용해 만든 '지옥 순례'는 지역 특성을 살린 벳푸만의 독특한 관광 상품이다. 지옥의 분위기에 따라 피의 지옥, 바다 지옥, 도깨비 지옥, 산 지옥 등이 있다. 규슈 패키지 여행에 꼭 들어가는 온천호텔 스기노이 호텔에는 바다를 보며 온천욕을 즐길 수 있는 멋진 온천이 있다.

4》 유후인

벳푸의 대형 온천호텔과 달리 유후인에 모여 있는 객실 수 10개 남짓의 소규모 료칸은 소박하고 안락한 전통 숙소이다. 료칸의 대표적인 이미지와 가장 가까운 모습을 하고 있는 곳이 바로 유후인의 료칸이며, 가족 단위 또는 여성들에게 특히 인기 있다. '료칸' 하면 떠오르는 일본의 전통적 가정식, 유후인에서 거주하는 예술가들이 운영하는 갤러리와 수공예품점, 상점가의 달콤하고 맛있는 간식거리 등 어느 것 하나 놓쳐서는 안 된다.

5» 아소 & 구로카와

규슈 중앙에 있는 거대한 화산인 아소 산은 멋진 드라이브 코스로 유명해 렌트카 여행에서 빠지지 않는 인기 코스이다. 특히 푸른 언덕 위에 있는 칼데라 화산의 풍광도 장관이기 때문에, 푸른 언덕을 볼 수 없는 겨울철에는 다소 매력이 떨어진다. 또한 날씨가 흐리거나 화산 활동이 심해지는 경우 분화구로의 접근이 제한되므로 일정을 잡을 때 유동적으로 조절하는 것이 중요하다.

구로카와는 유후인과 마찬가지로 소규모 료칸이 많은 곳인데, 조용하고 정적인 여행을 즐기는 사람들에게 추천한다. 깊은 산속에 있는 구로카와까지 가는 대중교통은 버스밖에 없는데 눈이 많이 오는 겨울철에는 운행이 중단된다.

6» 구마모토

후쿠오카에서 규슈 신칸센을 이용해 1시간이면 갈 수 있는 구마모토는 오사카 성, 나고야 성과 함께 일본의 3대 성이자 일본에서도 드문 검은 성인 구마모토 성과 일본의 3대 정원인 스이젠지 공원이 있는 곳이다. 구마모토 열차 역에서 시내 중심까지는 노면전차 또는 버스를 이용해야 하고 성과 정원 외에 볼거리가 없기 때문에 큰 기대를 하고 찾는다면 실망할 수 있다. 구로카와나 아소, 가고시마를 가기 전에 잠시 들렸다 가는 정도로 생각하는 것이 좋다.

7» 가고시마 & 이부스키

후쿠오카에서 가고시마를 가는 것은 서울에서 부산을 가는 것만큼 힘들었지만 2011년에 규슈 신칸센이 완전 개통되면서 2시간이면 갈 수 있어 당일치기 여행도 가능해졌다. 단, 북규슈 레일패스로는 갈 수 없고 그보다 비싼 전규슈 레일패스를 이용해야 하기 때문에 가고시마를 일정에 넣으면 교통비가 늘어날 수밖에 없다. 가고시마는 섬 전체가 화산 분화로 이루어졌다. 여전히 화산 활동을 하고 있는 사쿠라지마와 모래 찜질 온천으로 유명한 이부스키가 둘러볼 만하다.

8» 미야자키

규슈의 남서쪽에 있는 미야자키는 후쿠오카에서 5시간 이상, 가고시마에서 2시간 이상 소요되는 곳이기 때문에 자유 여행을 하는 사람들이 갈 만한 곳이 아니다. 뿐만 아니라 미야자키 시내에는 볼거리가 없고 인기 있는 볼거리는 대중교통으로 가기 어렵다. 미야자키가 여행지로 인기 있는 이유는 한겨울에도 골프를 칠 수 있기 때문이다.

규슈 >> 핵심 여행

후쿠오카 핵심 여행

ENJOY 01
이른 아침에 즐기는
여유로운 오호리 공원 산책

아침에 일찍 일어났다면 넓은 호수가 있는 오호리 공원에서 산책을 즐겨 보자.

ENJOY 02
최고의 라멘집이 자리한
캐널시티 하카타 라멘 스타디움

전국에서 손에 꼽히는 명인들의 라멘 가게가 입점해 있는 캐널시티 라멘 스타디움! 라멘 마니아라면 자신만의 베스트 라멘집을 선정해 보자.

ENJOY 03
후쿠오카 시내의 밤풍경을 만나는
나카스 포장마차

해가 지고 어둠이 깔리면 나카스 포장마차 거리로 가 보자! 인기 메뉴인 돈코츠 라멘, 교자, 다양한 꼬치 요리와 함께 맥주 한잔을 즐겨 보자!

후쿠오카 시내 여행은 낮과 밤이 모두 즐겁다. 낮에는 하카타 역 주변의 상가를 둘러보거나 대표 명소를 방문하고, 저녁에는 덴진 역 지하상가와 나카스 포장마차에서 하루를 마무리하면 된다. 후쿠오카 여행의 주요 테마는 쇼핑과 음식이기 때문에 상점가가 영업을 시작하는 오전 10시, 11시 이후에 일정을 시작하는 것이 좋다. 아침 시간을 활용하고 싶다면 오호리 공원에 가 보자. 우리나라에서 오전 일찍 출발하는 항공편을 이용하는 경우 점심 시간 전에 후쿠오카에 도착하는데, 무거운 짐을 계속 들고 다니지 말고, 호텔에 미리 짐을 맡긴 후 가볍게 여행을 시작하자.

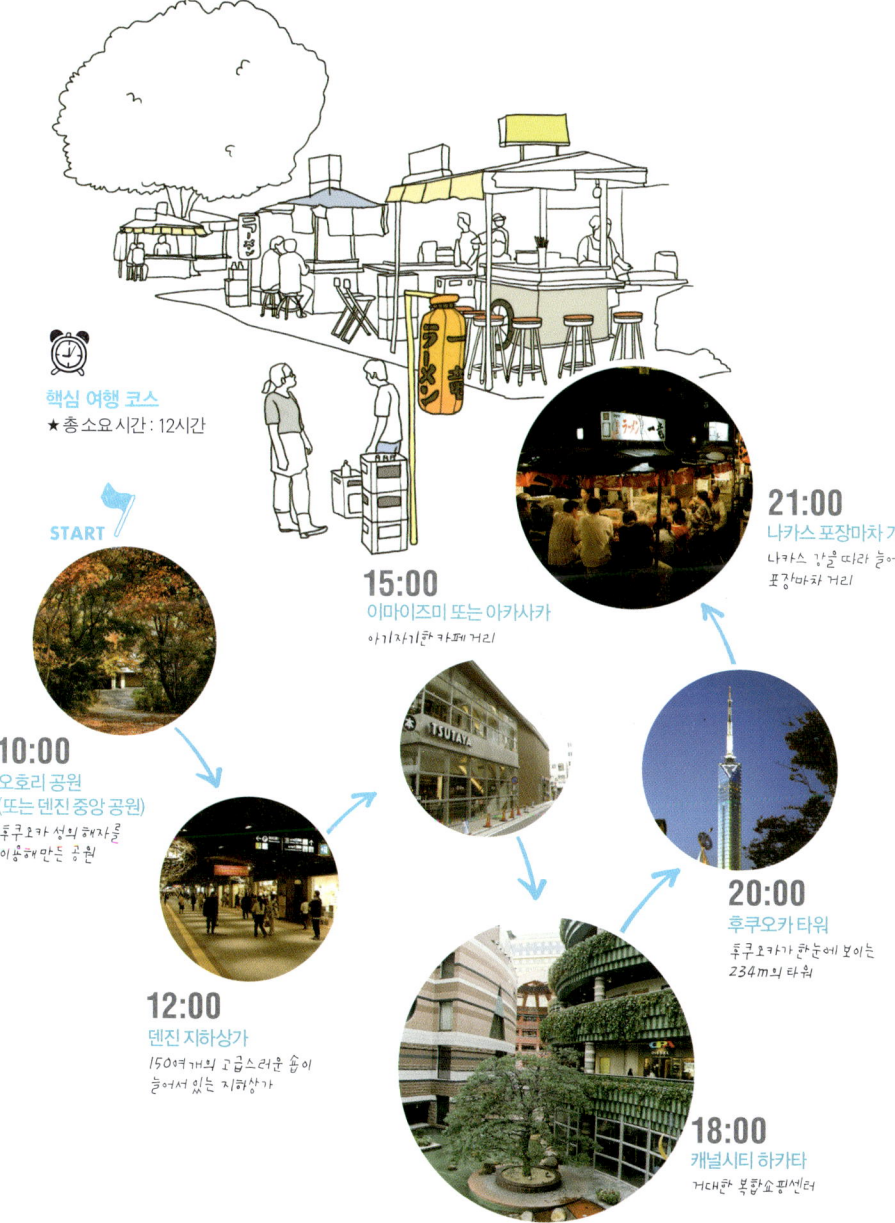

TRAVEL SPOT 06 규슈 KYUSHU

ASIA

핵심 여행 코스
★ 총 소요 시간 : 12시간

START

10:00
오호리 공원
(또는 덴진 중앙 공원)
후쿠오카 성의 해자를
이용해만든 공원

12:00
덴진 지하상가
150여개의 고급스러운 숍이
늘어서 있는 지하상가

15:00
이마이즈미 또는 아카사카
아기자기한 카페거리

18:00
캐널시티 하카타
거대한 복합쇼핑센터

20:00
후쿠오카 타워
후쿠오카가 한눈에 보이는
234m의 타워

21:00
나카스 포장마차 거리
나카스 강을 따라 늘어선
포장마차 거리

HOT SPOT

낮과 밤이 모두 즐거운
후쿠오카 핫 스폿

호리 공원(大濠公園)이 그 대표 주자이다. 오호리 공원과 이어지는 길에는 후쿠오카시 미술관이 있어 자연 속을 산책하는 동시에 문화생활까지 즐길 수 있다. 미술관에서 설명이 필요 없을 정도로 유명한 야요이 쿠사마의 호박 조형물을 꼭 찾아보자. 맑은 하늘, 나무와 함께 있다 보면 '이것이 진정한 휴식이구나.'라고 느끼게 될 것이다. 산책 후 시간적 여유가 조금 더 있다면 스타벅스 오호리점 테라스에서 광합성을 하며 티타임을 가져 보자.

여유와 평온함이 있는 곳
후쿠오카의 공원

쇼핑의 모든 것 天津!
덴진

오호리 공원
add.   福岡県福岡市中央区大濠公園
access 지하철 쿠코 선 오호리코우엔 역에서 도보 7분
time   24시간 개방
tel.   092-741-2004
fee   무료

덴진 중앙공원
add.   福岡県福岡市中央区天神中央公園
access 지하철 쿠코 선 덴진 역에서 도보 5분
time   24시간 개방
fee   무료

add.   福岡県福岡市中央区天神
access 지하철 쿠코선 덴진 역 일대
time   10:00~20:00

♣ 도심 속의 '여유'를 제대로 만끽할 수 있는 곳이 바로 후쿠오카의 공원이다. 덴진 지역의 상가들이 문을 열기 전에 가벼운 산책을 하기에 좋은 덴진 중앙공원(天神中央公園)과 널찍한 호수가 있어 마음의 평온을 주는 오

♣ 유명 백화점뿐만 아니라 애플 스토어, 전자제품점, 쓰타야 서점(蔦屋書店)까지 모두 모여 있는 쇼핑 천국이다. 무엇보다 덴진에서는 새로운 지하 세계를 경험할 수

있다. 천장이 590m에 달하는 덴진 지하상가는 대리석 바닥과 은은한 조명으로 고급스러운 분위기를 자아내 지하상가가 아니라 백화점 같은 인상을 준다. 긴 상가를 따라 패션, 잡화 등 150개 이상의 상점이 입점해 있으며, 유명한 디저트 가게들도 많이 자리하고 있다.

덴진 역 근처에 위치한 임스 빌딩(IMS, イムズ, 이무즈)의 지하 2~3층에는 브랜드 쇼핑몰, 4~11층에는 회의실, 여행사 등이 있으며, 12~14층에는 식당가가 들어서 있어 시간을 보내기에 좋다. 4층에는 남자들의 로망인 도요타, 닛산, 미츠비시 등의 자동차 전시장이 있다.

덴진 지하상가에서 가 볼 만한 상점

★내추럴 키친(Natural Kitchen)

마음에 쏙 드는 저렴한 아이템을 만날 수 있는 상점이다. 아기자기한 주방용품을 전문으로 하지만 인테리어 소품, 입욕제 등 생활과 관련된 상품들도 찾아볼 수 있다. 중요한 사실은 이곳의 상품 대부분이 105엔이라는 것이다.

add.	福岡県福岡市中央区天神2-地下3号 天神地下街1-街北広場前
access	지하철 쿠코 선 덴진 역에서 도보 5분
time	10:00~20:00
tel.	092-712-4005
URL	www.natural-kitchen.jp

★살뤼(Salut)

내추럴 키친이 100엔 숍이라면, 이곳은 앙증맞은 소품들로 가득한 1,000엔 숍이다. 내추럴 키친 바로 앞에 있어 양쪽을 오가며 구경하기에 좋다. 1,000엔 이하의 예쁜 상품들이 많지만, 가방이 무거워져 버거울 수 있으니 너무 욕심 내지는 말자.

add.	福岡県福岡市中央区天神2丁目地下3号 天神地下街320号
access	덴진 지하상가 북쪽 광장 앞, 내추럴 키친 맞은편
time	10:00~20:00
tel.	092-732-3107
URL	www.salut-web.jp

여행자의 달콤한 카페놀이 수록

이마이즈미

add. 福岡県福岡市中央区今泉
access 지하철 덴진 역 남쪽 출구

♣ 대형 쇼핑센터와 살짝 떨어진 곳에 위치한 이마이즈미는 동네 사람처럼 여유롭게 산책하듯 돌아보며 편안함과 정겨움을 만끽할 수 있는 곳이다. 주택가 사이사이로 커피를 즐길 수 있는 작은 카페와 배가 불러도 자꾸만 군것질을 하게 만드는 향긋한 베이커리, 달콤한 타르트 전문점 등이 자리하고 있다. 이 골목 저 골목을 탐험하며 만나는 작은 가게는 보기만 해도 미소가 지어질 만큼 예쁘다. 덴진 역에서 도보로 이동이 가능하니 커다란 쇼핑센터와 취향이 맞지 않는다면 이마이즈미로 발길을 돌려 보자.

★니시도오리 푸딩가게 西通りプリン

다양한 디저트 중에 가장 소프트한 디저트는 단연 푸딩이 아닐까. 만인이 인정하는 천연 수제 푸딩가게인 니시도오리는 계절마다 시기에 맞는 재료로 푸딩을 만들어 1년 내내 가도 질리지 않고 새로운 푸딩을 맛볼 수 있다. 밀크푸딩, 쇼콜라, 말차, 에스프레소 등 다양한 종류의 푸딩이 있으니 입맛대로 골라 보자.

add. 福岡県福岡市中央区大名2-1-59
access 니시테츠 덴진 역에서 도보 4분 (연말연시 휴무)
time 11:00~21:00(일~목요일), 11:00~22:00(금~토요일, 휴일 전날)

이마이즈미 카페 베스트 3

★로스터스 커피 Roster's coffee

직접 볶는 커피에서 한 단계 더 업그레이드된 커피 맛을 볼 수 있는 곳이다. 1986년에 창업하여 긴 역사를 두고 검증된 곳이며 커피 생산국과 직접 거래를 해 믿을 만한 원두를 공급받고 있다. 원하는 종류의 커피를 원하는 만큼 예쁘게 포장해 올 수 있으니 커피 애호가라면 원두도 구매해 보자.

add. 福岡県福岡市中央区薬院2-10-11
access 덴진에서 아카사카 방면으로 12분
time 10:00~20:00(일요일 휴무)
tel. 092-751-0066

★헨리&코웰 Henry&Cowell

퓨전 프랑스 요리로 유명한 파로마 그릴의 바로 아래에 위치한 헨리&코웰은 매일 직접 구운 빵과 쿠키로 사람들을 유혹하는 베이커리이다. 시즌별로 다양한 테마 쿠키와 케이크를 선보이기도 하는데, 한 가지 아쉬운 점이라면 실내에는 자리가 없기 때문에 테이크아웃만 가능하다는 것이다. 매일 300개만 한정으로 만든다는 슈크림은 부지런한 사람만이 맛볼 수 있다.

add. 福岡県福岡市中央区今泉1-3-11
access 덴진미나미 역에서 도보 5분 (이마이즈미, 今泉)
time 11:00~21:00
tel. 092-741-7888

분수쇼가 펼쳐지는 쇼핑몰 キャナルシティ博多
캐널시티 하카타

add. 福岡県福岡市博多区住吉1丁目2番他
access JR 하카타 역에서 도보 10분, 지하철 구코 선 기온 역에서 도보 5분
time 10:00~21:00
tel. 092-282-2525
URL www.canalcity.co.jp

♣ 지하철과 바로 연결되지 않아 불편한데도 많은 관광객과 현지인이 찾는 쇼핑몰이다. 무엇보다 매 시간마다 흥겨운 음악과 함께하는 시원한 분수쇼가 펼쳐져 쇼핑하다 잠시 쉴 때도 즐거움을 만끽할 수 있다.

이곳의 또 다른 특색이라면 '라멘 스타디움'이 있다는 것이다. 맛없는 라멘집은 퇴출당하고 1년에 한 번씩 각 매장의 위치가 바뀌는 진정한 라멘 마니아들을 위한 성지라고 할 수 있다. 일본 전 지역의 유명 라멘집 8곳이 모여 있어 어느 한 곳을 선택해도 후회하지 않을 것이다. 최근에는 캐널시티 하카타 신관도 오픈해 볼거리가 더욱 풍성하다.

♣ 후쿠오카 시내는 공항과 가깝기 때문에 고도 제한이 있어, 시내에서 조금 떨어진 이곳에 후쿠오카 타워가 들어섰다. 360°로 전망대를 돌며 바라보는 모모치 해변과 활기 넘치는 시내의 모습은 순간의 감동을 선사한다. 7월에는 은하수를 테마로, 12월에는 크리스마스를 테마로 한 조명이 반짝반짝 빛나 이 시기에 여행한다면 더욱 화려한 타워의 모습을 담아 올 수 있다.

후쿠오카 시내에서 가장 높은 곳 福岡タワー
후쿠오카 타워

add. 福岡県福岡市早良区百道浜2丁目3番26号
access 지하철 하카타 역에서 306, 312번 버스로 약 25분, 덴진 역에서 302, 305, 307번 버스로 약 20분
time 09:30~22:00(4월~9월), 09:30~21:00(10월~3월)
tel. 092-823-0234
fee 성인 800엔(초중고생 500엔, 유아 200엔)

흥에 겨워 즐기는 강변에서의 술 한잔 中州屋台
나카스 포장마차 거리

add. 福岡県福岡市博多区中洲
access 덴진과 캐널시티 하카타 중간지점, 각각 도보 약 10분

♣ 한강을 따라 포장마차가 줄지어 있다면 어떤 분위기일까? 해가 지면 강변을 따라 가지각색의 분위기를 풍기는 포장마차가 하나둘 조명을 켜기 시작하는 곳이 나카스이다. 어스름이 깔려 오면 발길 가는 곳에 들어가 조용히 맥주 한잔을 하거나, 뜨끈한 국물의 라멘으로 야참을 즐겨도 좋다. 벚꽃이 흩날리는 강을 마주할 수 있다면 더 할 나위 없이 행복한 저녁을 맞을 것이다. 워낙 소식(小食) 문화에 익숙한 곳이기 때문에 조금씩 시켜서 다양한 것을 맛봐도 좋다. 어느 곳을 들어가야 할지 고민된다면 가장 줄이 긴 곳을 찾아보자. 나카스 포장마차(中州屋台, 나카스 야타이)에서는 편안하고 정겹게 후쿠오카의 밤을 즐길 수 있다.

규슈 >> 테마 여행 01

가족과 함께 가는 후쿠오카 여행

ENJOY 01
일본 대표 햄버거
모스버거 맛보기

아이들은 물론 어른들도 좋아하는 모스버거. 주문받은 후 바로 만들기 시작하므로 따뜻한 버거 맛을 즐길 수 있다.

ENJOY 02
엄마들을 위한
일본 유아용품 알뜰 쇼핑

일본은 유럽, 미국에서 수입한 제품이 우리나라보다 저렴하다. 아이를 위해 이것저것 구비할 게 많다면 일본에서 저렴하게 구입해 보자.

ENJOY 03
학문의 신이 머무는
다자이후에서 황소 머리 만지기

학문의 신을 모시는 다자이후! 수험생, 취업 준비생과으로 언제나 분주한 이곳에는 머리를 만지면 총명해진다는 황소 동상이 있으니 한 번 방문해 보자.

여행의 큰 변수 중 하나가 바로 날씨이다. 더욱이 아이들과 함께하는 여행에서 날씨가 흐리면 야외 활동을 할 수 없기 때문에 아이들에게 실망감을 줄 수도 있다. 하지만 규슈에서는 이런 걱정을 잠시 접어 두자. 날씨에 따라 선택할 수 있는 실내와 야외 활동의 폭이 넓다. 또한 아이들과 어른 모두에게 큰 만족을 줄 수 있는 일정이 가능하다. 햇볕이 쨍쨍하다면 해변에서 물놀이를 하거나 우미노 공원에서 신나게 뛰어놀면 된다. 날이 흐리면 박물관이나 후쿠오카 타워, 방송국 등 실내에서 안락하고 즐거운 시간을 보내자.

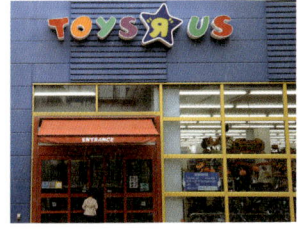

TRAVEL SPOT 06 규슈 KYUSHU

ASIA

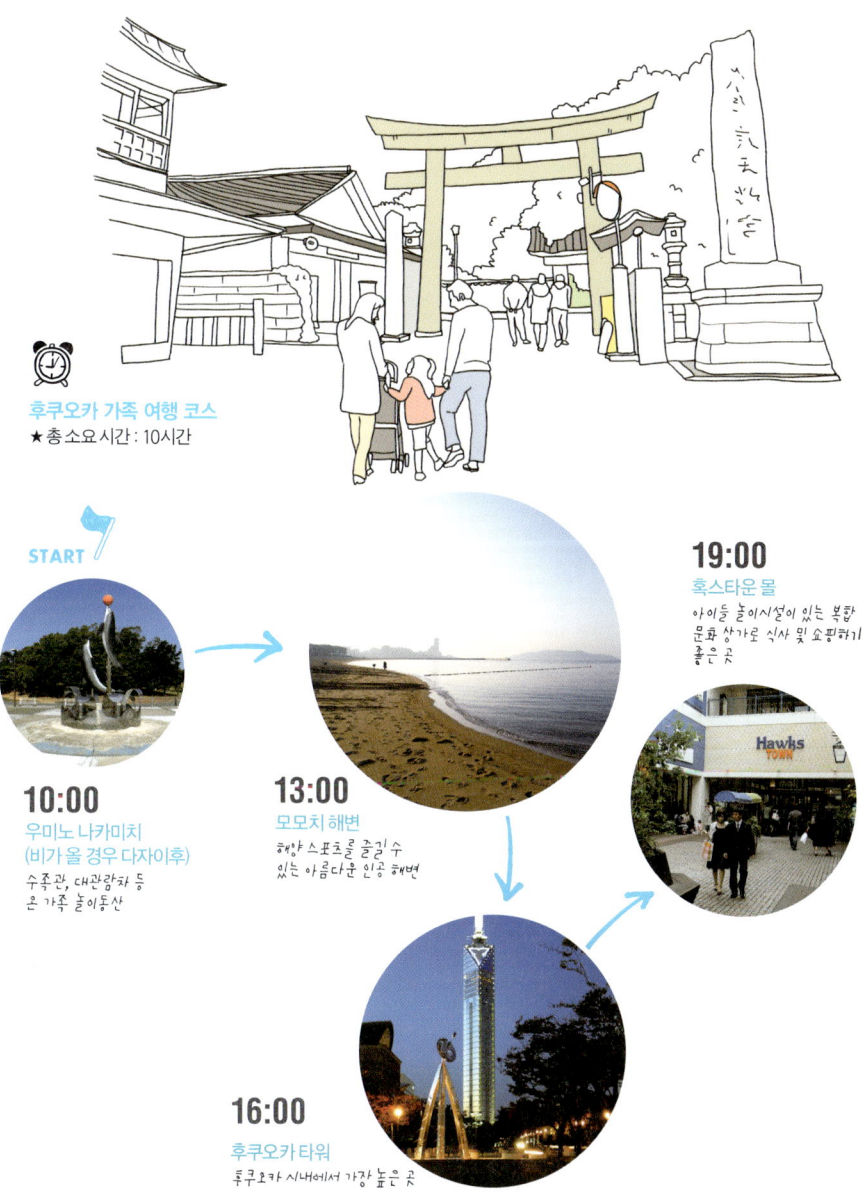

후쿠오카 가족 여행 코스
★ 총 소요시간 : 10시간

START

10:00
우미노 나카미치
(비가 올 경우 다자이후)
수족관, 대관람차 등
온 가족 놀이동산

13:00
모모치 해변
해양 스포츠를 즐길 수
있는 아름다운 인공 해변

16:00
후쿠오카 타워
후쿠오카 시내에서 가장 높은 곳

19:00
혹스타운 몰
아이들 놀이시설이 있는 복합
문화 상가로 식사 및 쇼핑하기
좋은 곳

HOT SPOT

온 가족이 즐길 수 있는
후쿠오카 핫 스폿

휴식과 즐거움을 만끽 海の中道 海浜公園
우미노나카미치 공원

add. 福岡県福岡市東区西戸崎18-25
access 모모치 해변 페리 선착장에서 페리로 15분, 덴진에서 버스로 25분, 하카타 역에서 JR 열차로 40분
time 09:30~17:30(3월~10월), 09:30~17:00(11월~2월)
fee 성인 410엔
tel. 092-603-1111
URL www.uminaka.go.jp

♣ 올림픽 공원 넓이의 3배나 되는 우미노나카미치 공원은 걸어서 구경하기에는 버거울 수도 있으니 자전거를 이용해 보자. 자전거 렌탈 숍이 있어 쉽게 자전거를 빌릴 수 있다. 돌고래쇼를 볼 수 있는 마린월드 수족관과 대관람차를 비롯한 놀이기구가 있는 소박한 놀이공원, 그리고 아이들의 흥미를 끄는 동물원이 있어 가족들과 즐거운 한때를 보낼 수 있다. 아름답게 펼쳐진 모래사장과 푸른 바다 또한 함께 즐길 수 있어 더욱 좋다. 넓게 펼쳐진 정원과 잔디밭을 바라보며 휴식도 취해 보자. 우미노나카미치 공원에 갈 때는 열차를 이용하는 게 좋다.

학문의 신을 만나다 太宰府天満宮
다자이후 덴만궁

add. 福岡県太宰府市宰府4丁目7-1
access 덴진의 니시테츠 후쿠오카 역에서 약 25분(390엔)
time 06:30~20:00(6월~8월), 06:30~19:00(9월~5월), 12월 31일~1월 4일 휴관
tel. 092-922-8225
URL www.dazaifutenmangu.or.jp

♣ 부모와 손을 잡고 오는 아이들이 유독 많이 보이는 다자이후 덴만궁은 학문의 신인 스기와라노 미치자네를 기리는 곳이다. 이곳에서 기도를 하면 학문의 뜻을 이루고 부와 행운이 따른다고 전해져 자녀들의 밝은 미래를 위해 이곳을 찾는 학부모의 발길이 끊이지 않는다. 이곳에 학문의 신을 모시게 된 유래는 헤이안 시대에 스기와라노 미치자네라는 학자가 좌천을 당해 이곳에 머물다가 생을 마감했는데, 그의 시신을 옮기던 우차(牛車)가 이곳에서 움직이지 않아 그의 시신을 이곳에 모셨다고 한다. 그를 기리기 위한 황소 동상이 있는데, 황소의 머리를 만지면 총명해진다고 전해진다. 많은 사람의 손길에 의해 황소의 머리가 빤질빤질해졌다.

모모치 해변
주변에 볼 것 많은 예쁜 인공 해변 ももち海岸

add.	福岡県福岡市早良区海浜
access	하카타 역에서 306, 312번 버스로 약 25분(240엔), 덴진 역에서 302, 305, 307번 버스로 약 20분(210엔), 우미노나카미치 페리 선착장에서 페리로 15분(1,000엔)

♣ 후쿠오카 시내 중심에서 버스로 20분 거리에 있는 모모치 해변은 주변에 관광할 곳도 많고 해수욕도 즐길 수 있어 어린이를 동반한 가족이나 연인들에게 인기 있는 곳이다. 2.5km에 이르는 해변 공원이 조성되어 있는데 해변 가까이에 후쿠오카 야후 재팬 돔도 있어 야구 시즌과 여름철에는 현지인들도 애정을 갖고 이곳을 찾는다. 보기만 해도 마음이 탁 트이는 이 해변의 비밀은 다른 곳에서 모래를 실어 와 만든 인공 해변이라는 것이다. 자전거 도로가 있어 해안을 따라 자전거 타기에 좋고, 이따금 보이는 이국적인 건물들을 배경으로 사진 찍기에도 그만이다.

혹스타운 몰
아이들 놀이시설이 있는 복합 문화 상가 ホクスタウンモール

add.	福岡県福岡市中央区地行浜2-2-1
access	모모치 해변에서 도보 10분
time	10:00-21:00(상점에 따라 다름)
tel.	092-847-1429
URL	www.hawkstown.com/mall

♣ 혹스타운 몰은 2005년에 본관 옆에 새로운 몰을 증축해 2개 건물로 이루어진 복합 문화 상가이다. 새로 오픈한 몰에는 아이들이 즐길 수 있는 규슈 최초의 실내 풋살장(미니 축구)과 대형 오락실인 남코 원더파크가 있다. 특히 이곳이 시내에서 조금 벗어나 있어도 어른과 아이들에게 사랑받는 이유는 바로 '토이저러스(Toys R Us)'가 입점해 있기 때문이다. 바쁜 일상 때문에 아이들과 시간을 보내지 못한 부모라면 혹스타운 몰에서 아이들과 게임도 하고, 선물도 사 주며 아이에게 잃었던 점수를 만회할 수 있을 것이다.

규슈 >> 테마 여행 02

맛 따라가는 나가사키 여행

ENJOY 01
얼큰하게 입맛 당기는 짬뽕 맛의 원조,
나가사키 짬뽕 맛보기

차이나타운의 '온조' vs 글로버 정원의 '시카이로'!
원조 짬뽕을 맛보러 어디를 갈까?

ENJOY 02
부드럽고 달콤한 한 조각의 행복
카스테라 시식하기

글로버 정원으로 올라가는 언덕 길에는 카스테라 전문점이 가득하다. 시식만으로도 한 끼 식사는 거뜬하니 주저 없이 들러 보자.

ENJOY 03
나가사키의 야경을 감상하며
데지마 워프에서 식사하기

이나사야마 전망대를 갈 만한 시간과 비용이 넉넉지 않다면, 바닷바람을 맞으며 식사와 주류를 즐길 수 있는 데지마 워프로 떠나 보자!

흔히들 오사카 여행을 '먹다 망하는 여행'이라고 표현하는데, 나가사키에도 오사카 못지않은 먹거리가 차고 넘친다. 우리에게 익숙한 나가사키 짬뽕은 기본이고, 카스테라와 도루코 라이스 등 나가사키에서 탄생한 음식들은 이미 유명세를 타고 있다. 나가사키는 일본에서 가장 먼저 외국 문물이 들어온 곳이라 동양과 서양의 문화가 오묘하게 섞여 있어 다양한 음식 문화가 생겨난 것은 당연지사! 나가사키에서는 다른 무엇보다 음식을 즐겨 보자.

TRAVEL SPOT 06 큐슈 KYUSHU

ASIA

나가사키 여행 코스
★ 총 소요시간 : 8시간

START

11:00
글로버 정원
네일 글로버 형태의 영국식 저택

14:00
신지추카가이
나가사키 짬뽕을 맛볼 수 있는 차이나타운

15:00
간코도오리로
나가사키의 메인 스트리트

19:00
이나사야마 전망대
나가사키의 잊지 못할 야경 즐기기

163

HOT SPOT

이국적인 맛의 도시
나가사키 핫 스폿

add. 長崎県長崎市南山手町8番1号
access 노면전차 오우라텐슈도시타에서 도보 7분
time 08:00~18:00
tel. 095-822-8223
fee 성인 610엔

아름다운 정원에서 나가사키 항 바라보기 グラバー園
글로버 정원

♣ 나가사키에서 무역으로 큰 성공을 거둔 글로버라는 인물에 의해 지어진 집과 정원이다. 글로버 정원 안에 있는 글로버의 예전 주택은 일본 중요 문화재로 지정되어 있을 만큼 역사적 가치가 있다. 정원 전체가 경사져 있지만 오르기에 힘들지는 않으니 가벼운 마음으로 들러 잘 가꿔진 정원과 나가사키 항을 한눈에 조망해 보자. 연인과 함께 갔다면 돌로 포장된 산책로에서 하트 모양의 돌을 찾아보자. 이 돌을 만지면 사랑이 이루어진다고 한다.

나가사키 성지 순례

나가사키는 천주교 신자들이 성지 순례를 위해 찾는 곳이기도 하다. 성지 순례의 목적으로 나가사키를 방문한다면 나가사키 역의 한 정거장 다음인 오우라(大浦) 역에 내려야 한다. 나가사키 평화공원과 오우라 천주당을 본 후 노면전차를 이용해 글로버 정원으로 이동해서 그 앞의 우라카미 천주당을 보자. 오우라 천주당은 원자 폭탄이 터지면서 녹아 내린 성모상이 모셔져 있어 나가사키 성지 순례에서 빼놓을 수 없는 곳이다.

나가사키 짬뽕의 진수를 맛보다 新地中華街
신지추카가이

add. 長崎県長崎市新地町10番13号(나가사키 신치추카가이 상점가 조합)
access 데지마에서 도보 5분, 노면전차 시민뵤인마에에서 도보 3분
time 10:00~22:00(상점마다 다름)
URL www.nagasaki-chinatown.com

♣ 일본의 3대 차이나타운으로 꼽힐 만큼 넓게 조성된 신치추카가이의 차이나타운은 50여 곳이 넘는 식당들이 늘어서 있는 곳이다. 붉은 홍등 사이로 이국적인 정취를 한껏 느낄 수 있다. 나가사키인 만큼 이곳에서도 꼭 짬뽕은 빼놓지 말고 먹어 보자. 남문으로 들어가면 바로 오른편에 있는 쇼슈우린은 나가사키에서 가장 가는 면을 선보이는 곳으로 유명하다. 다른 차이나타운과 크게 차별화되는 점은 없지만 맛있는 짬뽕집이 몰려 있다는 사실만으로도 한 번쯤 들러 볼 만하다.

근처 추천 맛집

★ 시카이로 四海楼

100년의 역사가 고스란히 담겨져 있는 원조 나가사키 짬뽕집. 5층 건물로 된 이 식당의 2층에는 짬뽕 박물관이 있을 정도로 원조의 입지를 확실히 굳히고 있다. 유명세에 맞게 점심 시간에는 줄

을 서야만 맛볼 수 있다. 식당이 5층에 있어 바다를 보며 해산물이 잔뜩 들어 있는 시원한 짬뽕 국물을 마실 수 있다. 단, 원조와는 거리가 먼 한국식 나가사키 짬뽕에 익숙하다면 실망할 수도 있다.

add. 福岡県長崎市松が枝町4-5
time 11:30~15:00 / 17:00~21:00
tel. 095-822-1296

★ 카스테라

카스테라의 본고장답게 나가사키에는 카스테라 판매점이 많다. 특히 글로버 정원으로 오르는 골목은 카스테라를 파는 상점

들로 즐비하다. 녹차, 치즈, 캐러멜, 초콜릿 등 향기만 맡아도 저절로 손이 가는 카스테라를 시식해 볼 수 있는데, 부담 없이 이것 저것 맛보고 구매하면 된다. 대부분 비슷한 가격으로 판매하니 관광을 마치고 돌아가는 길에 사도록 하자.

나가사키의 메인 스트리트 観光通り
간코도리

add. 長崎県長崎市南山手町8番1号
access 신치추카가이에서 도보 5분, 노면전차 간코도리에서 바로
time 10:00~20:00(상점마다 다름)

♣ 간코도리는 백화점과 쇼핑 상가들이 밀집해 있는 곳이다. 나가사키의 명물인 짬뽕집은 물론 도루코 라이스 집도 몰려 있으며, 카스테라 판매점도 많다. 달콤한 디저트 가게와 기념품 상점도 있어 나가사키에서 하카타로 돌아가기 전에 시간을 보내기에 좋다. 아케이드 구조로 되어 있어 비가 오나, 눈이 오나 언제나 쾌적하게 구경할 수 있다.

간코도리 근처 추천 맛집

★ 쓰루짱 ツル茶ん

나가사키 내에서뿐 아니라 규슈 전체에서 가장 오래된 찻집이다. 1925년에 창업하여 그 오랜 세월 동안 그 맛을 한결같이 유지해 오고 있는 것이 이 집의 매력 포인트! 6가지의 각기 다른 도루코라이스와 나가사키풍 밀쉐이크, 직접 제조한 수제 아이스크림은 꼭 맛봐야 할 필수 메뉴이다.

add. 長崎県長崎市油屋町2-47
time 09:00~22:00
tel. 095-824-2679

★ 하마카츠 長崎浜勝

일본에서 꼭 맛봐야 하는 음식 중 하나가 바로 일본식 가이세키(가정식 백반) 요리이다. 하지만 나가사키에서는 중국식으로 살짝 변형된 중국풍 가이세키 요리인 싯포쿠 요리를 맛봐야 한다. 싯포쿠 요리는 개별적으로 나오는 일본식 가이세키와 달리 중국 음식을 먹는 것처럼 큰 그릇에 나오는 음식을 나눠 먹는 코스 요리이다. 나눠 먹는 음식인 만큼 동반인이 있을 때 먹기를 추천한다. 안타깝게도 혼자 가면 팔지 않는 곳도 있다.

add. 長崎県長崎市鍛冶屋町1-14
time 11:00~23:00
tel. 095-827-5783

일본의 3대 야경 중 하나, 나가사키 야경 감상 稲佐山
이나사야마 전망대

add. 長崎県長崎市淵町8-1
access 나가사키 역에서 로프웨이 버스정류장까지 10분, 로프웨이 이용 약 5분
time 09:00~21:00
fee 로프웨이 탑승 성인 왕복 1,230엔
URL www.nagasaki-ropeway.jp/facility/coupon.php

데지마와프
add. 長崎県長崎市出島
access 나가사키 역에서 도보 15분, 노면전차 데지마 역에서 도보 3분

♣ 일본 3대 야경이라고 할 정도이니 안 보고 그냥 가기는 아쉬운 나가사키 야경! 야경을 감상할 수 있는 최적의 포인트는 이나사야마 전망대이다. 전망대까지 가는 로프웨이(長崎ロープウェイ) 비용은 1,200엔이며, 승차장까지는 나가사키 역 앞에서 버스를 이용해 갈 수 있다. 저녁 7시부터 10시에는 JR 나가사키 역에서 로프웨이 승차장까지 무료 셔틀버스가 운행되니 참고하자. 시간의 여유가 없거나, 1,200엔의 로프웨이 비용이 망설여진다면, 넓은 나무데크와 노천카페가 펼쳐져 있는 데지마와프(出島ワーフ)에서 야경을 감상하는 것도 좋다. 바다와 가까운 데지마와프는 떨어지는 해를 보며 감상에 빠지기에 더없이 평화로운 광경을 연출한다.

나가사키 제대로 즐기기 ✈

나가사키로 가는 하얀 열차 가모메

하얗게 쭉 뻗은 가모메 열차는 갈매기라는 뜻을 지니고 있다. 후쿠오카에서 30분마다 나가사키로 운행하는데, 하카타에서 나가사키까지 이동하는 가모메 열차의 편도 요금은 4,580엔으로 왕복 요금이 9,000엔이 넘지만 우리나라 여행객들이 주로 이용하는 북규슈 레일패스 3일권(7,200엔)을 구입하면 3일간 나가사키를 포함해 규슈 북부의 다른 지역, 예를 들어 유후인, 벳푸, 구마모토 등도 다녀올 수 있다. 열차 여행이 재미는 뭐니 뭐니 해도 열차에서 먹는 도시락이다. 출발이 늦어져 점심 시간 즈음에 이동하게 된다면 열차 도시락인 에키벤을 먹어 보는 것도 좋다. 일본에는 에키벤 마니아가 있을 정도로 다양한 메뉴를 갖추고 있으며 맛도 좋다. 가격은 500엔 이상이다.

★ 온마이 킷푸

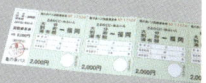

둘이서 규슈 여행을 왔을 때, 근교 여행을 하루만 할 예정이라면 북규슈 레일패스 대신 4장씩 묶음으로 판매하는 온마이 킷푸(4매 10,000엔)를 구입하는 것이 더욱 저렴하다. 4매 티켓은 혼자서 두 번 왕복을 해도 되고, 둘이 한 번 왕복을 해도 된다.

하우스텐보스(ハウステンボス)

나가사키에서 열차로 45분 거리에 있는 하우스텐보스는 네덜란드어로 '숲속의 집'이라는 뜻을 지니고 있다. 유럽을 테마로 한 복합 테마파크 리조트로 네덜란드의 풍차를 비롯해 유럽의 정취를 흠뻑 느낄 수 있게 꾸며져 있어, 굳이 멀리 떠나지 않아도 이국적인 분위기를 그대로 느낄 수 있다. 이른 오전에 출발해서 나가사키를 둘러본 후 점심 식사를 하고 하우스텐보스로 이동하는 코스로 일정을 잡으면 나가사키와 하우스텐보스를 모두 섭렵할 수 있다.

add. 長崎県佐世保市ハウステンボス町1-1
access 나가사키 공항에서 고속선이나 버스로 약 50분, JR 나가사키 역에서 나가사키 본선, 오무라 선, 쾌속 '시사이드 라이너'로 약 1시간 30분 소요, 나가사키 역에서 버스로 약 1시간 5분 소요
time 9:00~20:00 (1·2월 10:00~19:00), 연중 무휴, 요일에 따라 영업 시간 변동
tel. 095-627-0526
fee 토쿠토쿠 입장 세트권 성인 6,100원(1일), 11,300원(2일)
URL korean.huistenbosch.co.jp

규슈 >> 테마 여행 03

유후인
료칸 여행

ENJOY 01
감성 충전의 여행지로 떠나다!
유후인 자연 산책로 걷기

유후인은 상점이 즐비한 듯하지만 알고 보면 조용한 시골 마을이다. 개천을 따라 자연 산책로를 걷는 것도 이곳에서 놓치지 말고 해야 할 일이다.

ENJOY 02
선물 사기 좋은 유후인 거리에서
오르골 인형 구입하기

일본 특유의 아기자기함이 특히 돋보이는 상점이 많다. 여자친구나 조카들을 위해 예쁜 오르골 인형을 선물로 준비해 보자!

ENJOY 03
기차역에서 저렴하게 즐기는
유후인 기차역 족욕

일본에서 세 번째로 온천이 많이 나는 유후인에서 가장 저렴하게 온천을 즐기는 방법이 있다. 유후인 열차역 족욕장에서 단돈 2,000원에 여행의 피로를 풀어 보자.

기차나 버스를 타고 유후인 역에서 조금 더 안으로 걷다 보면 먹거리, 살거리 가득한 상점가가 나타난다. 느긋한 걸음으로 상점들 구경하다 보면 눈에 들어오는 아이템이 꽤 있을 것이다. 그렇게 걷다 보면 어느새 긴린코 호수가 나타난다. 호젓한 긴린코 호수는 안개가 일품이다. 무엇보다 유후인의 백미는 료칸 체험이다. 일본의 전통 문화를 느낄 수 있는 료칸에서 1박을 하는 것이 가장 좋지만, 일정이나 경비에 제한이 있다면 료칸에서 점심을 먹고, 료칸의 당일치기 온천, 히가에리온센(日帰り温泉)을 이용해 보자.

료칸 여행 코스
★ 총 소요 시간 : 12시간

START

11:30
유후인의 료칸에서
점심식사 및 온천욕

일본 전통미가 살아 있는
전통 온천 숙소 료칸
즐기기

14:00
유후인 상점가

아기자기한 소품과 먹거리 가득한
예쁜 상점가

16:00
긴린코 호수

느긋하게 산책하기 좋은
신비로운 호수

20:00
하카타 나이트 라이프

하카타 지역으로 이동하여
나이트 라이프 즐기기

온천욕을 즐길 수 있는 일본 전통 숙박시설 由布院温泉
유후인 료칸

무소엔

바이엔

히노하루

add. 大分県由布市湯布院町
time 유후인 역 하차 후 도보 10분

♣ 당일로 유후인 여행을 하는 사람도 충분이 료칸과 온천욕을 즐길 수 있다. 몇몇 료칸은 체크아웃 시간부터 체크인 시간 전까지인 10~3시를 이용해 당일 손님에게 대실을 해 준다. 또한 점심 식사와 온천욕을 낮시간에만 패키지로 제공하는 료칸도 있다. 저렴하게 료칸도 즐기고 시간도 절약할 수 있으니 당일치기로 유후인을 여행한다면 꼭 이용해 보자. 이 정도로 즐길 여유가 안 된다면 유후인 기차역의 족욕 시설에서 따뜻한 온천물에 발이라도 담가 보자.

유후인 당일치기 온천 베스트 3

★ 무소엔 夢想園
유후인에서 가장 넓은 노천 온천으로 유후인의 상징인 유후다케 산을 보며 온천을 즐길 수 있다. 노천탕은 4개가 있는데 가족탕 1개, 여탕 2개, 남탕 1개가 있고, 실내 온천장도 별도로 마련되어 있다. 객실 안에 있는 작은 욕조에서도 온천욕을 할 수 있다.

add. 大分県由布市湯布院町川南1243
access 유후인 역에서 도보 20분, 택시 700~800엔
tel. 097-784-2171
price 본관 17,430엔~, 별관 16,350~25,000엔, 신관 25,000엔~30,000엔 수준(1인 숙박)
URL www.musouen.co.jp/furo

★ 바이엔 梅園
무소엔 만큼이나 넓은 정원이 있어 봄에 만발하는 꽃부터 가을의 단풍까지 자연의 절정을 만끽하기에 부족함이 없는 곳이다. 유후인의 자연산책로를 따라 사뿐사뿐 걸어가면 만날 수 있다.

add. 大分県由布市湯布院町川上2106-2
access 유후인 역에서 차로 약 5분, 도보로 약 30분
tel. 097-728-8288
price 온천욕 당일 600엔(1인)
URL www.yufuin-baien.com

★ 히노하루 日の春
온천의 바닥이 검은 자갈로 되어 있는 히노하루는 상점가 중간에 위치해 빠르게 찾아갈 수 있다. 하늘을 바라볼 수 있는 작은 노천탕 안에서 바위를 타고 내려오는 물 소리를 들으며 온천욕을 하면 당일 여행의 아쉬움도 잠깐 동안은 잊을 수 있을 것이다. 단, 당일 온천 시간은 1시간이니 너무 여유를 부리는 건 금물이다. 당일치기 온천을 할 때는 미리 수건을 챙겨 가자.

add. 大分県由布市湯布院町湯の坪
access 유후인 역에서 도보로 10분
tel. 097-784-3106
price 온천욕 당일 500엔
URL www.hinoharu.jp

이색적인 볼거리와 먹거리가 가득한
유후인 상점가

add. 大分県由布市湯布院町
access 유후인 역 출구에서 산을 바라보며 도보 5분, 삼거리에 있는 롤케이크 전문점 B-speak에서 왼쪽
time 10:00~22:00(상점마다 다름)

♣ 유후인 역에서 긴린코 호수까지 이어지는 유후인 상점가는 독특한 수공예품과 다양한 먹거리, 캐릭터 상품 등을 판매하는 상가들이 늘어서 있다. 정신없이 보다 보면 혼이 쏙 빠지기 십상인 이 거리의 매력은 소박하지만 아기자기하고, 정겨운 분위기일 것이다. 상점이라고 하기보다 갤러리라고 칭하는 게 어울릴 만큼 마음을 자극하는 물건들로 가득 찬 가게들을 구경하다 보면 긴린코 호수에 닿기도 전에 진이 다 빠져 버릴지도 모른다. 상점가를 구경하며 긴린코 호수까지 갔다가 다시 역까지 같은 길을 되돌아와야 한다는 것을 잊지 말자.

마음이 정화되는 평화로운 호수 金鱗湖
긴린코 호수

add. 大分県由布市湯布院町川上1561 ペンション金鱗湖
access 유후인 역에서 도보 약 15분

♣ 유후인 상점가를 지나면 길 끝에서 조용히 사람들을 반기는 긴린코 호수를 만날 수 있다. 큰 규모는 아니지만 주변 풍경과 어우러져 만들어 내는 그림 같은 모습은 마음에 평안을 준다. 료칸에 머무른다면 새벽녘에 나가 보길 추천한다. 호수의 찬 기운과 주변 온천수의 따뜻한 기운이 만나 만들어 내는 안개가 몽환적인 장면을 연출해 줄 것이다. 조금 더 과감하게 온천을 즐기고 싶다면 긴린코 호수 옆에 있는 온천장인 시탄유를 이용해 보자. 자율적으로 100엔을 내고 이용할 수 있는 곳으로 남녀 혼탕이며 호수 건너편에서 보이기 때문에 남의 눈을 신경 쓰지 않는 사람이어야 이용할 수 있다.

TIP.
유후인 인기 먹거리

★ 비 스피크 롤케이크
역에서 산을 바라보며 걷다 보면 나오는 삼거리에 있는 비 스피크(B-speak)는 유후인 최고급 료칸인 산소 무라타에서 운영하는 롤케이크 전문점이다. 엄격하게 선별된 재료로 만들어지는 이곳의 롤케이크는 유후인을 대표하는 먹거리 중 하나이다. 평일에도 점심시간이 지나면 모두 팔리는 경우가 있고, 주말이나 휴일에는 예약 물량 때문에 일반 판매가 어려울 때도 있으니 예약은 필수이다.

★ 다마노유 니콜스바의 애플파이
다마노유 료칸에서 운영하는 니콜스바의 애플파이는 모두가 극찬할 정도로 맛이나 비주얼에서 단연 최고라고 할 수 있다. 아주 얇게 슬라이스된 사과들이 페스추리 위에 가지런히 누워 있어 한입 베어 물었을 때의 그 맛이란 이루 말할 수 없다. 9시 오픈이지만 10시에 파이를 구워 11시에나 맛볼 수 있으니 시간을 잘 맞춰 가자.

★ 금상 고로케

제1회 일본 고로케 콩쿠르에서 '금상'을 받아 가게 이름도 '금상 고로케'인 이곳은 고소한 냄새만으로도 사람들의 마음을 사로잡기로 유명하다. 물론 맛은 말할 것도 없다. 바삭한 튀김옷 안에 살포시 들어 있는 고구마, 감자 등은 입에 닿기만 해도 사르르 녹는다.

규슈 기차 여행 노하우 ✈

규슈 일주 패스 사용법

규슈에서는 후쿠오카를 제외하고 대부분의 도시를 하루 또는 반나절이면 대부분 둘러볼 수 있다. 물론 여유로운 여행을 즐기는 스타일이라면 더 많은 시간이 필요하겠지만 많은 곳을 보길 원한다면 도시 간 이동 경로를 잘 계획하여 비용과 시간을 최대한 효율적으로 사용하는 것이 중요하다. 따라서 어떤 교통패스를 사용하느냐가 여행의 중요 사안이 될 수 있다.

규슈를 여행할 때 사용할 수 있는 교통패스는 규슈 지역의 버스를 무제한 이용할 수 있는 산큐패스, 열차를 무제한 이용할 수 있는 JR 규슈 레일패스가 있다. 북규슈 지역 3일권 패스의 경우 버스 패스가 1,000엔 더 저렴하지만, 버스는 정류장을 찾아야 하고, 한 대에 40명 정도만 탈 수 있기 때문에 사전에 예약하지 않으면 스케줄대로 움직이지 못할 수도 있다.

최근 JR 북규슈 레일패스 5일권(9,260엔)도 판매하기 시작했지만 항공 이동이 있는 첫째 날과 마지막 날은 JR 열차를 이용할 필요가 없으니 3일권(7,200엔)을 구입하는 게 좋으며, 일주일 이상의 장기 여행일 경우에는 5일권을 구매하는 게 좋다. 전 규슈 레일패스는 3일권(14,400엔), 5일권(17,490엔)이 있는데 2배 이상 비싸기 때문에 가고시마, 미야자키 쪽에 관심이 없다면 북규슈 레일패스를 이용하는 것이 좋다.

JR 규슈 레일패스를 이용한 규슈 여행의 대표적인 추천 일정은 다음과 같으니, 일주 여행을 계획한다면 다음 일정을 참고해 보자. JR 규슈 레일패스는 관광 목적으로 일본을 방문한 사람만 이용할 수 있으며, 우리나라에서 교환권을 구입한 후 JR 역에서 패스로 교환하거나, 현지에서 바로 구입할 수 있다.

JR 북규슈	3일권	3일권	5일권	5일권
1일차	인천→후쿠오카	인천→후쿠오카→나가사키	인천→후쿠오카	인천→후쿠오카→나가사키
2일차	유후인	나가사키→유후인	나가사키 당일치기	나가사키→사세보→후쿠오카
3일차	유후인→후쿠오카→인천	유후인→후쿠오카→인천	유후인 당일치기	구마모토 또는 모지코 당일치기
4일차			구마모토 또는 모지코 당일치기	후쿠오카→인천
5일차			후쿠오카→유후인	유후인→후쿠오카→인천

특급열차 유후인노모리

유후인으로 갈 때는 하카타역에서 고속버스를 이용하는 게 가장 저렴(편도 2,800엔, 2인 왕복 8,000엔)하지만, 특급열차인 유후인노모리를 타고 가는 색다른 방법도 있다. 열차 대국 일본에서도 손꼽히는 인기 관광열차이다. 유후인노모리의 편도 요금은 4,430엔으로 꽤 비싼 편이다. 그래서 북규슈 레일패스 3일권(7,200엔)을 구입해서 유후인노모리로 유후인을 다녀오고 이후 이틀간 북규슈 지역의 JR 열차를 무제한 이용하면 아주 저렴하게 여행할 수 있다. 만약 둘이 규슈 여행을 가서 딱 하루만 근교 여행을 할 시간밖에 없다면 북규슈 레일패스 대신 4장씩 묶음 티켓으로 파는 온마이 킷푸(4매 10,000엔)를 구입하는 것이 더 저렴하다.

규슈에서 꼭 먹어 볼 것 🍴

돈코츠 라멘(ドンコツラメン)

일본의 라멘은 국물을 어떻게 만드느냐에 따라 종류가 달라진다. 보통 된장을 기본으로 하는 미소라멘, 간장을 기본으로 하는 소유라멘, 돼지고기 뼈  를 푹 삶아 만드는 돈코츠 라멘으로 나뉘는데 일본에서 돈코츠라멘으로 가장 유명한 곳이 바로 후쿠오카이다. 캐널시티의 라멘 스타지움과 나카스 강변의 포장마차 거리, 우리나라와 홍콩, 싱가포르 등에도 지점을 두고 있는 잇푸도(一風堂), 혼자 식사하는 데 최적화된 도서관 느낌의 이치란(一蘭) 등에서 맛있는 돈코츠 라멘을 시식해 보자.

도루코 라이스(トルコライス)

나가사키의 명물 음식 중의 하나인 도루코 라이스는 돈까스와 스파게티, 볶음밥을 한 접시에 담아 내놓는 음식이다. '도루코'는 터키를 뜻하는 일본어인데, 서양 음식인 돈가스, 스파게티와 동양 음식인 밥을 한 번에 먹을 수 있다 하여 동서양이 만나는 터키에서 이름을 따 왔다고 전해진다. 우리나라의 경양식 집에서 즐겨 먹던 돈가스에 볶음밥이 놓이고, 그 옆에 스파게티가 더해졌다고 생각하면 된다. 레스토랑에 따라 사이드 메뉴나 소스가 다르다.

온천계란(溫泉卵)

일본 최고의 온천 여행지 벳푸, 유후인, 구로카와 외에도 다양한 온천이 있는 규슈에서 자연스럽게 맛보게 되는 음식 중 하나가 온천계란(온센 다마고)이다. 자고로 찜질방에서 까 먹는 계란이 맛있듯이, 온천계란도 온천에서 먹어야 제맛이다. 온천이 아닌 곳에서도 기념품으로 구입  할 수 있고, 온천이 유명한 도시의 거리에서도 쉽게 맛볼 수 있다.

라무네(ラムネ) & 유후인 사이다

더운 여름 일본인들이 즐겨 마시는 라무네는 일본식 레모네이드라고 생각하면 된다. 병 곁에 있는 그림 설명서를 보고 따라 하면서 음료를 따면, 병 속으로 구슬이 '뽕' 하고 들어간다. 마시다 보면 자연스럽게 구슬이 구멍을 막아 탄산이 새어 나가지 않게 한다. 하지만 갈증이 심할 때는 오히려 목마름을 더 심하게 할 수도 있다.

또 맛봐야 할 음료로는 유후인 지역의 천연수로 만든 유후인 사이다가 있다. 맛은 일반 사이다와 별 다를 게 없지만, 투명한 사이다에 잘 어울리는 예쁜 병 때문에 한 병은 시음용, 한 병은 보관용으로 두 병을 사고 만다.

TRAVEL AREA 07

SINGAPORE
싱가포르

동양의 보물 창고

다채로운 색으로 포장된 싱가포르는 편리함과 안락함, 신선함과 아름다움, 화려함과 단아함을 동시에 지닌 사랑스러운 도시다. 과거 '깨끗한 도시'의 이미지만을 갖고 있었던 싱가포르는 최근 변신에 변신을 거듭해 마리나 베이 샌즈와 유니버설 스튜디오 등 새로운 볼거리로 관광객들을 유혹하고 있다. 도시 여행을 즐기는 여행자라면 홍콩과 일본에 주었던 애정을 싱가포르에 내주어야 할지도 모른다.

언어 말레이어, 중국어, 영어 등
면적 692km²
인구 531만 명
시차 1시간
화폐 싱가포르달러(SGD)
국가번호 65

| 싱가포르로 떠나기 전에 |

1. 어느 계절에 떠날까?

싱가포르는 적도에 가까워 연간 기온의 변화가 적기 때문에 언제나 날씨가 비슷하지만 12월부터 1월은 우기로 비가 내리는 날이 많다. 하지만 우기라 하더라도 하루 종일 비가 오는 경우는 드물며 열대지방의 국지성 소나기인 스콜이기 때문에 비가 퍼붓다가도 금세 해가 뜬다.

2. 항공권, 어떻게 살까?

개별 자유여행으로 갈 때에는 동남아시아 지역 중 항공 요금이 가장 비싸기 때문에 항공사 마일리지가 있다면 싱가포르 여행 때 사용하는 것이 좋다. 공제되는 마일리지가 홍콩과 같지만 실제 항공 요금은 홍콩보다 1.5~2배가량 비싼 편이기 때문이다. 에어텔은 싱가포르 항공사의 공식 에어텔 상품인 '시아홀리데이'가 가장 저렴하다. 싱가포르 여행은 적어도 3박 4일 이상의 일정으로 준비하는 것이 좋다. 싱가포르에서 새벽에 출발하고 우리나라에 아침 일찍 도착하는 3박 5일 상품도 인기이다.

3. 어디에서 살까?

지하철(MRT)의 노스 이스트 라인(보라색)에는 센토사 입구인 하버시티 역부터 차이나타운 역, 클라크 키 역, 리틀 인디아 역 등이 있어 노스 이스트 라인에 있는 숙소를 예약하면 환승 없이 주요 관광지로 갈 수 있다. 교통이 편리하고 물가가 싼 지역인 리틀 인디아에는 배낭 여행자들을 위한 게스트하우스, 한인 민박, 저가 호텔들이 모여 있다. 리틀 인디아를 제외하면 한인 민박은 대개 시내에서 조금 벗어난 곳에 있는데, 대부분 수영장을 갖추고 있는 아파트이다. 최근에는 차이나타운의 오래된 숍 하우스를 리뉴얼해 만든 디자인 호텔들이 젊은 여성들에게 인기를 얻고 있다. 싱가포르 숙소 중 가장 인기 있는 곳은 옥상에 수영장을 조성해놓은 마리나 베이 샌즈인데 이 전망 좋은 수영장은 숙박객만 이용할 수 있다. 비싼 숙박료를 혼자 감당하기 힘들다면 셰어할 사람을 구하는 것도 방법이다.

4. 여행 경비는 얼마나 들까?

공항에서 시내까지 지하철로 30분 정도면 갈 수 있다(요금 3 S$ 이내). 싱가포르 시내는 대부분 걸어다닐 수 있기 때문에 대중교통 이용 시 하루 교통비는 5,000원 정도면 된다. 아시아 대표 미식 도시답게 식사 비용은 만만치 않다. 날씨가 더워 자주 마셔야 하는 음료수 비용까지 감안하면 하루에 기본 50,000원 정도가 필요하다. 분위기 있는 곳에서 식사를 하려면 한 끼에 50,000원 정도를 예상해야 한다.

AREA. 싱가포르. 둘러보기

싱가포르 시내는 하루 동안 걸으면 전체를 둘러볼 수 있을 만큼 작다. 하지만 수많은 쇼핑과 재미있는 볼거리로 가득해 제대로 구경하려면 시내 중심도 2~3일 정도 걸린다. 시내 중심 외에 볼 만한 곳은 유니버설 스튜디오와 초대형 머라이언상이 있는 센토사 섬, 동물원, 주롱 새공원 등이 있으며 이 명소들로 갈 때에는 버스, 지하철 등을 이용한다.

1»

싱가포르 시내 중심

전체 크기가 서울보다 약간 큰 도시국가 싱가포르에서 관광객들이 가장 많은 시간을 보내는 곳은 서울의 한 개 구 정도의 크기밖에 되지 않는 시내 중심이다. 이 작은 지역에 자리한 리틀 인디아, 차이나타운, 올드 시티 등은 서로 다른 모습과 색깔을 갖고 있다. 차이나타운에서 시작해 마리나 베이, 올드 시티, 부기스, 리틀 인디아를 거쳐 오차드 로드까지 걸어서 볼 수 있지만, 만만한 거리는 아니다. 볼거리가 많기 때문에 적어도 이틀에 걸쳐 둘러보는 것이 좋다.

2»

센토사

시내에서 가깝고 하루 종일 시간을 보내도 아깝지 않은 센토사는 34m 높이의 거대한 머라이언 타워와 해변 때문에 시내와는 또 다른 분위기를 느낄 수 있다. 무엇보다 2010년에 유니버설 스튜디오가 오픈하면서 관광객들의 발길이 끊이지 않는다. 또 하나의 매력은 센토사 섬 안에서는 교통비가 공짜라는 점! 일정이 짧다면 반나절 정도, 조금 더 여유가 있다면 하루 종일 센토사에서 신나는 시간을 만들어 보자.

3»

주롱 버드 파크, 싱가포르 동물원, 나이트 사파리

주롱 버드 파크와 싱가포르 동물원, 나이트 사파리는 서로 떨어져 있어 하루에 모두 보기는 조금 힘들다. '나이트 사파리'는 싱가포르 동물원의 야간 개장을 뜻하는 것이 아니고, 싱가포르 동물원에서 3분 거리에 있는 또 다른 동물원이다. 싱가포르 동물원 관람 후 그 앞 또는 나이트 사파리 입구의 레스토랑, 패스트 푸드점에서 식사를 하며 나이트 사파리를 기다리자. 나이트 사파리가 오픈하기 직전부터 입구에서 불꽃쇼가 진행되는데 나이트 사파리 입장과 관계없이 무료로 관람할 수 있다.

싱가포르 → 핵심 여행

싱가포르 시내 핵심 여행

ENJOY 01
로맨틱한 분위기의 강변을 따라
보트키 산책하기

보트키는 싱가포르 강변 앞에 조성된 레스토랑 거리이다. 강변을 따라 숍 하우스들이 늘어서 있고 나무 배들이 떠다니는 로맨틱한 분위기에서 기분 좋은 산책을 즐겨 보자.

ENJOY 02
올드 시티에서
유럽풍 분위기 만끽하기

올드 시티는 영국의 식민지였던 싱가포르의 지난 역사를 엿볼 수 있는 곳이다. 유럽의 어느 곳으로 착각할 만큼 유럽풍의 분위기가 물씬 풍기는 골목 탐방을 해 보자.

ENJOY 03
리버사이드에서
신나는 나이트라이프 즐기기

낮에 번화한 곳이 오차드 로드라면, 밤에는 리버 사이드라고 할 수 있다. 클락키와 보트키 어느 쪽으로 가든 신나는 파티 타임을 즐길 수 있다.

싱가포르 시내 중심은 도보 여행이 가능하지만, 여행이 아닌 고행으로 치닫는 걸 원치 않는다면 지하철(MRT)이나 버스 등 저렴하고 편리한 문명의 혜택을 종종 이용하자. 싱가포르의 상징적인 존재인 래플스 호텔이 있는 시티 홀 역을 중심으로 남북으로 나누어 코스를 잡을 수 있는데 시청을 둘러보고 싱가포르의 상징인 머라이언을 만나는 것으로 시작해 보자.

TRAVEL SPOT 07 싱가포르 SINGAPORE

ASIA

핵심 여행 코스
★ 총소요시간 : 11시간

START

09:30
보타닉 가든
산책과 브런치를 즐길 수 있는 아름다운 정원

12:00
오차드 로드
상 거리, 먹을거리 가득한 싱가포르 최대 쇼핑가

19:00
보트키, 클락키
도시의 밤문화를 즐길 수 있는 싱가포르 최대 나이트 라이프 스폿

18:00
마리나 베이 샌즈
머라이언 동상을 볼 수 있는 싱가포르 최대 휴양지

15:00
올드 시티 지역
과거와 현재가 공존하는 싱가포르의 작은 유럽

179

HOT SPOT

세련된 도시 문화 가득
싱가포르 시내 핫 스폿

새소리 들으며 즐기는 브런치 Botanic Garden
보타닉 가든

싱가포르 최대의 쇼핑가 Orchard Road
오차드 로드

add. 1 Cluny Rd.
access 지하철 오차드 역 B 출구에서 7번 버스로 약 10분(정문), 택시 이용시 6~8S$, 지하철 보타닉 가든 역 출구바로 앞(후문)
time 05:00~24:00
fee 무료
URL www.sbg.org.sg

♣ 보타닉 가든은 140년 역사를 자랑하는 싱가포르 시내에서 가장 큰 규모의 공원이다. 전체를 다 돌아보려면 3시간은 족히 걸릴 정도이다. 봄이면 난향으로 가득하고, 여름이면 장미가 만발하는 데다가 호수도 3개나 있어 운치를 더해 준다. 전체를 보려고 욕심을 내기보다는 보타닉 가든 비지터 센터 쪽으로 방향을 잡고 구경하는 게 좋다. 비지터 센터에는 보타닉 가든 오리지널 기념품도 살 수 있고, 레스토랑이 있어 간단한 식사도 해결할 수 있다. 대중교통을 이용해 보타닉 가든을 갈 경우, 지하철 역과 바로 연결되는 후문으로 가는 것이 편하고, 택시를 이용한다면 정문보다는 비지터 센터로 가는 것이 좋다.

access 지하철 오차드 역, 지하철 서머셋 역 일대

♣ 이름 그대로 오래 전에는 과수원이 있던 곳이지만, 지금은 싱가포르의 가장 번화한 거리로 쇼핑과 식사를 즐기기에 좋다. 위치상 오차드 로드는 시내 서쪽에 있는 탕글린 몰부터 시작하지만, 쇼핑·패션의 중심지로는 지하철 오차드 역부터 지하철 서머셋에 이르는 1km 정도의 거리를 말한다. 걸어서 20분이면 갈 수 있지만 ION 오차드, 탕스, 위스마, 니안시티, 파라곤, 만다린 갤러리, 313@서머셋 등 저마다 다른 개성의 쇼핑몰이 줄지어 있어 하루 종일 시간을 보낼 수 있을 정도이다. 쇼핑에 그다지 흥미가 없더라도 예쁜 건물이 많은 데다가, 푸드코트가 매우 잘 되어 있어 취향에 상관없이 모두가 만족스러운 시간을 보낼 수 있다.

유럽풍 분위기를 만끽하다 Old City
올드 시티

access   지하철 시티홀 역과 지하철부기스 역 일대

♣ 　과거에 영국의 식민지였던 싱가포르에는 유럽의 정취가 아직도 남아 있는데, 그중에서 가장 유럽풍의 분위기를 만끽할 수 있는 곳이 올드 시티 지역이다. 새콤달콤한 칵테일 싱가포르 슬링(Singapore Sling)이 처음 시작된 래플스 호텔, 시청사, 고딕 양식의 성당들, 싱가포르 국립박물관, 싱가포르 대학, 국회의사당 등 돌아볼 곳들이 적지 않다. 현대적인 빌딩과 앤티크한 중세 건물의 이색적인 조화는 지칠 만큼 걸어도 계속 돌아보게 하는 매력이 있다. 돌아다니다 지치면 올드 시티의 핫 플레이스인 래플스 호텔로 가자. 호텔 그 이상의 의미를 지닌 래플스 호텔은 싱가포르에서 손꼽히는 역사적 건물이다. 호텔의 역사를 한눈에 볼 수 있는 박물관과 기념품을 살 수 있는 숍이 있으며, 하이티 세트나 싱가포르 슬링을 맛볼 수 있는 티핀(Tiffin)도 자리한다.

노천카페와 레스토랑 그리고 클럽 Riverside
리버사이드

access   지하철 클락키 역에서 도보 3분, 지하철 에스플러네이드 역에서 도보 5분

♣ 　자고로 밤에는 사람이 더욱 센티멘털해지는 법! 게다가 여행지에서라면 감성은 평소보다 2~3배 이상으로 증폭되기 마련이다. 싱가포르에서 감성 충전을 하고 싶다면 해가 진 후에 리버사이드로 발걸음을 옮겨 보자. 강을 따라 보트키와 클락키가 이어져 있는데, 조명을 비추며 한껏 뽐내고 있는 예쁜 노천카페가 줄지어 늘어서 있다.

싱가포르의 상징을 만날 수 있는 곳 Merlion Park
머라이언 파크

access 지하철 래플스 플레이스 역에서 도보 5분, 리버사이드 지역에서 도보 5분, 지하철 베이프런트 역(마리나 베이 샌즈 지하)에서 해변산책로를 따라 도보 15분

♣ 리버사이드 지역의 흐르는 강을 따라 걷다 보면 바다 너머로 우주선처럼 떠 있는 듯한 마리나 베이 샌즈 호텔이 있고, 바로 앞에는 싱가포르의 상징인 머라이언 동상이 물을 뿜고 있는 모습이 보인다. 인어공주처럼 하반신은 물고기지만 상반신은 사자인 머라이언 동상은 사자(Lion)와 인어(Mermaid)의 합성어로 1960년대부터 이곳에서 힘차게 물을 뿜으며 마리나 베이를 지키고 있다.

물론 한낮에 신선놀음을 하며 카페에서 시간을 보내기에도 최적의 장소이다. 래플스 플레이스 근처의 직장인들도 퇴근 후 자주 이곳을 찾는데, 강에 비친 조명 불빛의 흔들림, 잔잔히 흐르는 강물 그리고 가게에서 흘러나오는 음악은 직장인들의 스트레스뿐 아니라 여행자들의 피로도 말끔히 씻어 준다. 리버사이드에 있는 클럽들은 작지만 세계적으로 유명한 아티스트들이 찾아와 공연을 하기도 하고, 늦은 시간까지 시끌벅적하니 화려한 나이트 라이프를 원한다면 잘 차려입고 클럽에 가 보자.

> **TIP.**
> **푸드코트 NO! 호커센터 OK!**
>
> 싱가포르에서 가장 저렴한 식사를 할 수 있는 곳은 아마도 호커센터일 것이다. 포장마차, 간이 음식점들이 마치 푸드코트처럼 모여 있는 곳을 호커센터라 부르는데, 이곳에서는 다양한 식사를 3,000~5,000원 정도로 해결할 수 있다. 차이나타운의 맥스웰 푸드센터, 리틀 인디아의 테카 호커센터는 규모가 큰 것으로 유명하며, 마리나 베이 샌즈 호텔을 바라보며 최저가로 식사를 할 수 있는 마칸수트라 글루턴 베이 호커센터는 분위기가 좋은 것으로 유명하다.

알아 두면 좋은 여행 노하우 ✈

비싼 항공권! 누릴 수 있는 만큼 누려 보자

밥과 음료수를 제공받는 것 외에도 의외로 비행기에서 이것저것 제공받을 수 있는 것이 많다. 비싼 비행기 티켓 비용 속에 포함되어 있는 이러한 서비스를 놓치지 말자!

무방비 상태로 긴 비행 시간을 힘들게 보내지 말고, 비행 시간을 조금 더 편하고 즐겁게 보낼 수 있도록 항공사에서 제공하는 아이템들을 활용해 보자.

〈비행기에서 받을 수 있는 용품〉 (항공사 별로 상이)

1. 불빛에 예민한 사람들을 위한 안대
2. 식사 후 상쾌하게! 치약, 칫솔
3. 구멍 나거나 터진 옷을 꿰맬 수 있는 바느질 세트
4. 지루함을 달래 주는 포커 카드
5. 우는 아이를 달랠 수 있는 장난감, 색칠 공부
6. 출출한 간식 대용 컵라면

해외여행 시 환전이나 돈 관리는 이렇게!

비행기 티켓도 사고 숙소 예약도 끝내고 일정도 짰다면 마지막으로 남은 건 바로 여행 경비를 예상하고 환전하기! 여행지에서의 씀씀이는 개인마다 천차만별이기 때문에 아무리 책에서 예상 비용에 대해 설명해도 딱히 와 닿지 않은 경우가 대부분이다. 기본적인 여행 비용을 산정할 때 꼭 염두에 두어야 하는 것은 교통비와 식비 그리고 입장료이다. 이 기본적인 경비에 추가할 부분은 개인 쇼핑과 기념품 비용일 것이다. 은근히 기념품 사는 비용이 많이 나가는 경우가 있으니 미리미리 선물 리스트를 작성해 가면 좋다.

소매치기가 많은 유럽이라도 굳이 복대를 착용할 필요는 없다. 백팩이나 지퍼가 없는 가방은 가급적 피하고, 돈은 바지 주머니나 작은 지갑에 넣어 몸에 밀착시켜 가지고 다니면 안전하다. 일행이 있다면 돈을 나눠서 관리하고 큰 액수의 돈은 숙소에 보관하고 그날그날 사용할 금액만 아침에 챙겨 나오면 된다.

〈여행 자금 준비하기〉

1. 현금
대부분 그 나라의 화폐가 있기 때문에 달러, 유로, 엔화 등으로 환전하면 되지만, 동남아의 경우에는 미국 달러로 환전한 후 해당 나라에서 그 나라의 화폐로 환전하는 경우가 나을 때도 있다. 현금은 액수가 큰 돈, 적은 돈으로 골고루 챙겨 가는 게 좋으며 공항세나 공항에서 숙소로 이동하는 첫 교통수단의 경우 잔액을 안 주는 경우도 있으니 최소 단위의 금액은 꼭 준비하도록 한다.

2. 여행자 수표
어느 가이드 북에나 있는 내용이지만 사실 여행자 수표를 사용하는 사람은 많지 않다. 3달 이상의 장기 여행이라 큰 돈이 필요한 경우가 아니라면(이 경우에도 요즘은 ATM을 이용한다.) 은행 영업시간을 지켜야 하는 여행자 수표는 추천하지 않는다.

3. 신용카드
비상용으로 신용카드는 무조건 준비하는 게 좋다. 미리 해당 카드사에 해외 사용 카드인지 확인 후 출국하자. 최근에는 카드 복제 방지를 위해 마그네틱을 그어서 결제하는 것보다 IC칩을 이용한 결제가 더 많이 이루어지고 있다. 본인의 신용카드 앞면에 금색의 작은 정사각형 네모(IC칩)가 있는지 확인한다. 평소에 사용했던 신용카드라도 IC칩이 훼손되었을 경우가 있으니 미리 카드사에 문의해 보자.

싱가포르 >> 테마 여행 01

싱가포르 안 또 다른 나라로의 여행

ENJOY 01
바나나와 코코넛으로 소원 빌기

힌두 사원에는 매일 4번 푸자(Pooja)라는 의식이 있다. 여행 중 언제든지 푸자에 참여할 수 있는데, 바나나나 코코넛을 사제에게 주면 불태운 후 남은 하얀 재를 이마에 찍어 준다.

ENJOY 02
아랍 길거리 카페에서 물담배 체험해 보기

부기스의 술탄 모스크 주변에는 노천 카페가 모여 있다. 아랍인들이 카페 타임에 즐기는 물담배인 시샤를 즐기며 수다를 떨어 보자.

ENJOY 03
차이나타운에서 피로를 풀어 주는 마사지 받기

전세계 어디에서나 볼 수 있는 차이나타운의 마사지 숍! 낯선 여행지에서의 피로를 싹 풀어 보자.

싱가포르는 유럽과 아시아의 문화가 섞여 있어 다양한 문화와 민족들로 이루어진 이국적인 곳이 많다. 진한 향신료만큼이나 강한 인상의 인도, 우리나라에서는 쉽게 만날 수 없는 아랍, 그리고 안 들르면 왠지 섭섭한 차이나타운까지 싱가포르에서 미니 아시아 여행을 즐겨보자.

TRAVEL SPOT 07 | 싱가포르 SINGAPORE

ASIA

여행 코스
★ 총소요시간 : 10시간

START

10:00
리틀 인디아
볼거리, 먹을거리
가득한 싱가포르 속 작은 인도

16:00
차이나타운
다양한 음식을 한 번에
즐길 수 있는 식도락 천국

18:00
마리나 베이 샌즈 호텔
수영장, 클럽, 레이저 쇼까지
즐길 거리가 넘치는 싱가포르
최대 호텔

13:00
부기스
이슬람, 아랍, 말레이시아,
싱가포르 문화를 한 번에!

HOT SPOT

이국적인 문화와 볼거리 가득한
싱가포르 핫 스폿

싱가포르에서 만나는 작은 인도 Little India
리틀인디아

access 지하철 리틀인디아 역 일대

♣ 인도 문화를 경험할 수 있는 지역이다. 인도 정부에서 공인한 인도의 직물이나 기념품을 구입할 수 있고, 저렴한 가격으로 인도 음식도 맛볼 수 있다. 아침 일찍 이곳으로 이동했다면 힌두 사원이나 무스타파 쇼핑몰로 가보자. 인도가 워낙 다양한 신을 믿는 나라라서 리틀 인디아 지역에는 사원이 많은데, 매일 8시, 12시, 18시 30분, 21시에는 푸자 의식이 행해져 이른 아침부터 여행 일정을 시작하는 사람들이 찾기에 좋다.

무스타파 쇼핑몰은 리틀 인디아에서 가장 잘 알려진 복합 쇼핑센터로 현지 주민뿐 아니라 여행객들도 즐겨 찾는 곳이다. 귀금속을 파는 매장들이 주를 이루고 있는 1층의 가장 안쪽에는 전세계 초콜릿을 한곳에 모아 둔 듯한 초콜릿 상점이 있다. 다양한 브랜드 초콜릿도 매력적이지만 가장 인기 있는 아이템은 싱가포르 여행 선물로 안성맞춤인 머라이언 초콜릿이다. 2층에는 욕실 용품을 판매하는 큰 규모의 매장이 있는데 런던, 파리에서 온 최고급 브랜드부터 인도의 저가 브랜드까지 다양한 품목을 갖추고 있다. 무엇보다 24시간 영업을 해 편리하다.

각국의 다채로운 문화를 엿보다 Bugis
부기스

access 지하철 부기스 역에서 북쪽으로 도보 7분, 리틀인디아에서 도보 10분

♣ 이슬람 사원인 술탄 모스크에서 말레이 헤리티지 센터와 아랍 스트리트를 지나, 대형 쇼핑몰과 백화점이 있는 부기스 정션과 재래시장인 부기스 스트리트까지 다소 넓게 퍼져 있는 부기스 지역은 이슬람, 아랍, 말레이시아, 싱가포르 문화가 오묘하게 섞여 있다. 황금빛 돔 모양이 이국적인 술탄 모스크와 형형색색의 건물들, 그리고 아기자기한 가게들이 줄지어 있는 골목을 걷다 보면 이렇게 이국적인 곳이 또 있을까 싶다. 오차드 로드에는 고급 브랜드 매장이 많고 부기스 정션에서는 저렴한 브랜드의 매장이 많다. 재래시장에도 아기자기한 볼거리가 꽤 있다.

차이나타운

감칠맛 나는 중국음식 맛보기 China Town

access 지하철 차이나타운역 A출구에서 중심지로 바로 연결, 지하철 아웃트램역에서 도보 10분, 지하철 탄종파가역에서 도보 10분

♣ 여느 차이나타운보다 훨씬 정갈하고 깔끔한 싱가포르의 차이나타운! 차이나타운이라면 당연히 보여야 할 정신없이 부착한 간판들도, 중국식 건물들도 이곳에서는 가끔씩 보여서 차이나타운이라는 말이 조금은 무색해 보인다. 싱가포르식으로 지어진 단정한 건물들에 중국어로 된 간판만 있을 뿐이다. 그렇다고 너무 아쉬워하지는 말자. 저렴한 기념품들과 중국 음식을 먹을 수 있는 푸드코트, 마사지 숍 그리고 중국문화의 상징인 홍등까지 보통의 차이나타운에서 즐길 수 있는 것들은 모두 있다. 차이나타운을 찾는 이유는 뭐니 뭐니 해도 먹거리 때문일 것이다. 싱가포르 최대의 푸드코트인 맥스웰하우스와 한국 식당들이 이곳에 있으므로 다양한 음식을 즐기고 싶거나, 식성이 까다롭다면 차이나타운을 찾아보자.

마리나 베이 샌즈

카지노, 컨벤션 센터를 포함한 복합 관광 단지 Marinabay Sands

add. 10 Bayfront Avenue
access 지하철 베이프런트 역(마리나 베이 샌즈 지하)에서 연결, 머라이언 파크에서 도보 15분

원더풀 레이저쇼
access 마리나 베이 샌즈 앞 이벤트 플라자
time 20:00(매일), 21:30(매일), 23:00(금~토요일), 공연 시간 약 15분(날씨 및 운영상의 이유로 공연이 취소될 수 있음)
fee 무료

♣ 단순 호텔이라고 하기에는 규모나 시설이 어마어마해 관광명소로 손색이 없는 곳이다. 3개의 타워와 150m 길이의 스카이 파크로 이루어진 이 건물의 시공사는 바로 국내 쌍용건설이다. 싱가포르 시내를 한눈에 내려다볼 수 있는 옥상의 수영장은 숙박객만 이용할 수 있어, 구경만 하는 것도 입장료를 내야 한다. 인피니티 수영장 다음으로 인기 있는 이곳의 핫 스폿은 바로 클럽 쿠데타이다. 수영장 바로 옆에 있어 전망이야 두말할 것도 없다. 삼각대는 가지고 들어갈 수 없으니 참고하자.

해가 지면 레이저쇼를 관람하러 가자. 매일 저녁 마리나 베이 샌즈에서는 〈원더풀(Wonder full)〉이라는 레이저쇼가 진행되는데 루이 암스트롱의 〈what a wonderful world〉에 맞춰 펼쳐지는 빛의 향연은 화려함의 극치를 보여 준다. 코끝이 찡해지는 마지막 비눗방울이 압권! 이토록 아름다운 마리나 베이 샌즈에서의 하루는 비싼 숙박비가 아깝지 않을 정도로 매력적이다.

싱가포르 >> 테마 여행 02

싱가포르 아트 산책

ENJOY 01
레드닷 디자인 뮤지엄에서
아트 소품 사기

작품을 직접 만져 보고, 가까이서 볼 수 있는 레드닷 디자인 뮤지엄의 입구에는 세련되고 창의적인 디자인 소품을 판매하는 공식 매장이 있다. 평생 간직할 만한 독특한 소품을 하나 골라 보자.

ENJOY 02
케이크, 몽블랑, 마카롱과 함께
달콤한 휴식 시간 '누리기

싱가포르에서 빼 놓을 수 없는 것이 바로 달콤한 디저트이다. 아기자기한 카페에서 차와 함께 감성을 자극하는 스위츠에 빠져 보자.

ENJOY 03
나이트 사파리에서
구렁이와 사진 찍기

용감한 사람만이 추억을 남길 수 있다. 나이트 사파리의 하이라이트인 〈크리에이처 오브 더 나이트 쇼(Creatures of the Night Show)〉에서 지원자를 찾으면 무조건 손을 들고 나가 보자. 거대한 구렁이를 목에 두르고 사진을 찍을 수 있는 평생 단 한 번의 기회이다.

싱가포르는 건축물만 봐도 예술적 감각이 돋보이는 도시임을 알 수 있다. 다양한 종교가 뒤섞여 있으며 하나하나의 건물에 건축미가 살아 있다. 거리 곳곳에 있는 퍼블릭 아트마저 그냥 스쳐 지나가기에 아까울 정도로 작품성이 뛰어나다. 반짝이는 빌딩 숲과 정신 없는 쇼핑센터에 지쳤다면 감성을 보듬어 주는 싱가포르 아트 산책을 떠나 보자.

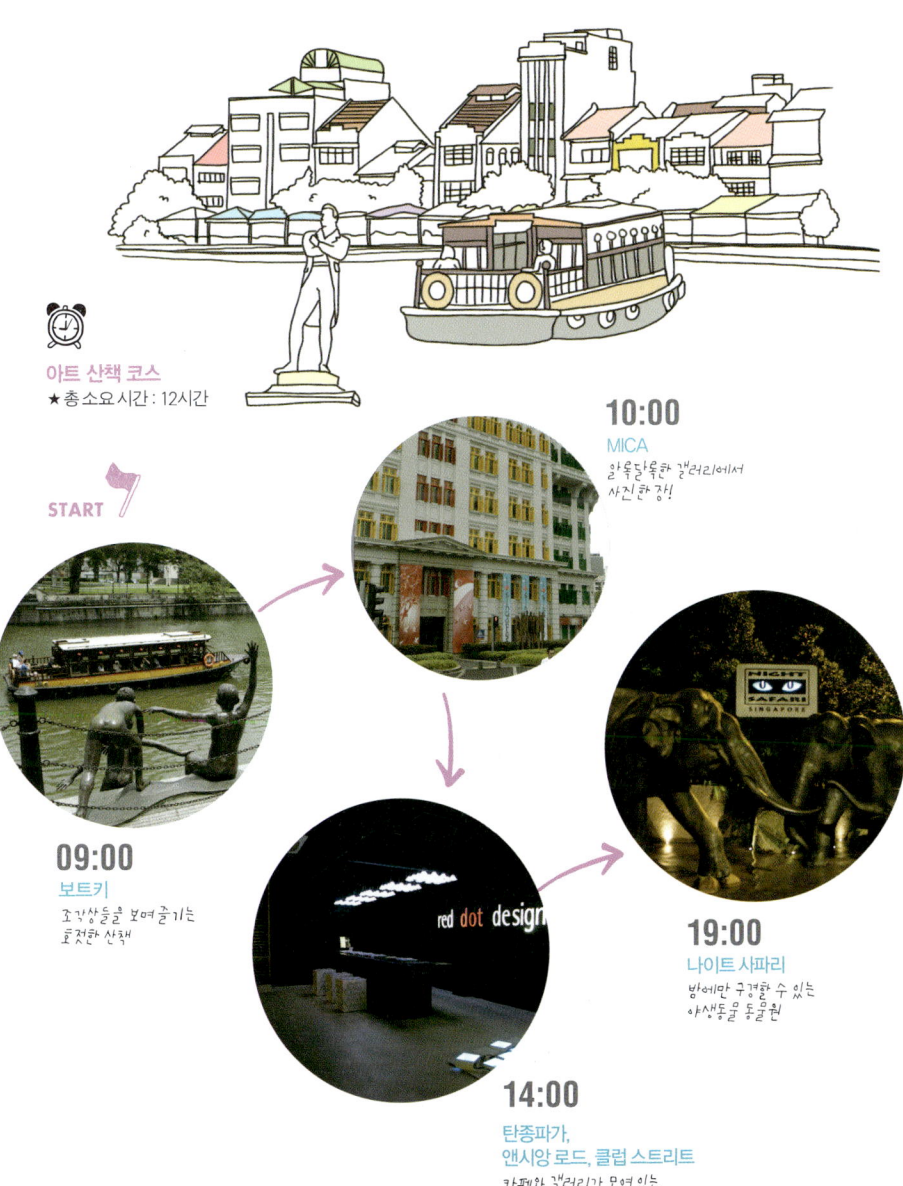

TRAVEL SPOT 07 싱가포르 SINGAPORE

ASIA

아트 산책 코스
★ 총 소요시간 : 12시간

START

09:00
보트키
초상상들을 보며 즐기는
호젓한 산책

10:00
MICA
알록달록한 갤러리에서
사진 한 컷!

14:00
탄종파가,
앤시앙 로드, 클럽 스트리트
카페와 갤러리가 모여 있는
예술의 거리

19:00
나이트 사파리
밤에만 구경할 수 있는
야생동물 동물원

HOT SPOT

예술적 감성을 깨우는
싱가포르 핫 스폿

예술작품과 함께 즐기는 강변 산책 Boat Quay
보트키

access   지하철 클라크키 역, 지하철 래플스 플레이스 역, 지하철 시티홀 역에서 도보 5분

♣   저녁이 되면 관광객으로 가득 차지만 현지인에게는 조깅 코스로 이용될 정도로 편안한 분위기의 길이다. 곳곳에는 강으로 뛰어드는 아이들 모습의 조형물이나 대화하고 있는 중국 사신 조각상 등 다양한 작품을 볼 수 있어 산책하는 재미가 쏠쏠하다. 레스토랑이 모여 있는 곳의 건너편(시티센터 방향)에는 아시아 문명 박물관이 있는데, 꼭 입장하지 않더라도 박물관 앞의 다양한 조각들을 구경하고 사진을 찍으며 즐거운 시간을 보낼 수 있다.

고풍스러운 갤러리로 다시 태어난 유치장 MICA
MICA

access   보트키와 클락키 사이, 지하철 클락키 역에서 도보 2분

♣   오래전에 경찰서와 유치장이던 MICA는 과거가 의심스러울 정도로 빨주노초파남보의 상큼한 색이 돋보이는 건물이다. 사연은 모르지만 지금은 갤러리로 바뀌어 싱가포르의 대표 갤러리가 되었다. 오래된 건물답게 고풍스러운 멋도 있지만, 흰 벽을 다채롭게 물들인 색색의 창문은 24색깔 알파 물감을 그대로 발라 놓은 듯해 이곳을 찾는 사람들의 눈을 즐겁게 한다. 건물들을 천장의 유리돔 덕분에 밝은 빛이 그대로 들어오는 것 또한 매력적이다. 전시 작품 감상도 감상이지만, 이곳은 포토존으로서도 그 역할을 톡톡히 한다.

이색 카페가 즐비한 문화·예술의 거리 Tanjong Pagar
탄종파가

access 지하철 탄종파가 역, 지하철 아우트램 역 일대

♣ 차이나타운 옆에 위치한 탄종파가 지역은 싱가포르에서 비싼 땅값으로 유명하다. 국내 여행객들에게는 아직 그리 많이 알려지지 않은 곳이지만 예술·문화 거리로 최근 주목받고 있는 탄종파가에는 개성 있는 카페와 갤러리가 많이 있다. 탄종파가 로드 뒤쪽의 스톤 로드쪽에는 이색적인 카페들이 즐비해 있고 밤에는 캐주얼한 펍들이 어두운 밤을 밝힌다. 싱가포르 최초의 럭셔리 부티크 호텔인 스칼렛 호텔도 이곳에 자리 잡고 있다. 레드닷 트래픽&디자인 뮤지엄에서 탄종파가 아트 산책 지도를 구해 구석구석 갤러리들을 찾아다녀 보자. 저 깊은 곳에 숨어 있던 감성이 깨어날지도 모른다.

예술 감각을 일깨우는 보물창고 Red Dot Design Museum
레드닷 디자인 뮤지엄

add. 28 maxwell Rd.
access 지하철 탄종파가 역 G 출구에서 도보 2분 또는 맥스웰 푸드 센터에서 도보 1분(정면), 지하철 탄종파가 역 A 출구에서 도보 2분(뒷면)
time 11:00~18:00(평일), 11:00~20:00(토~일요일), 전시 일정에 따라 휴관 및 개관 시간 변동 잦음
tel. 6327-8027
fee 성인 8 S$(학생 및 어린이 4 S$)
URL www.museum.red-dot.sg

♣ 세계에서 가장 유명한 디자인 공모전 중 하나인 레드닷 디자인 어워드의 수상 작품들을 전시하고 있는 공간으로 빨간색으로 칠해진 건물 정면부터 지나가는 사람의 이목을 확 잡아당긴다. 관람객이 직접 다가가 만져 볼 수 있도록 배려하고 있는 전시 방법 또한 독특하다. 입구에는 개성만점의 디자인 제품을 구입할 수 있는 뮤지엄 숍이 있고, 내부에는 뮤지엄과 별도로 운영되는 카페와 바가 있다. 전시 공간이 그리 크지 않아 가볍게 둘러볼 수 있다.

전시 및 견학 일정에 따라 일반 공개를 하지 않는 날도 있으니 이곳을 일정에 넣을 예정이라면 홈페이지에서 스케줄을 미리 확인하자.

수 없었던 예술 감성이 잔뜩 들어간 제품을 판매하는 숍을 발견하는 재미를 느낀 후, 클럽 스트리트의 레스토랑이나 바에서 맛있는 먹거리와 시원한 맥주로 배를 채우면 만족할 만한 시간을 보낼 수 있을 것이다. 꼭 무엇을 사거나 먹지 않더라도 예쁜 숍을 구경하며 산책하는 것만으로도 즐거운 곳이다.

트렌디한 유럽풍 거리 An Siang Road & Club Street
앤 시앙 로드 & 클럽 스트리트

앤 시앙 로드의 보물 상점

★ **르 쇼콜라 카페** Le Chocolat Cafe

개성 있는 바와 호텔들을 운영하고 있는 해리스 호스피탈리티에서 운영하는 부티크 호텔 '더 클럽 호텔'의 1층에 있는 카페 겸 레스토랑으로 하얀색의 화려한 호텔 외관과 담쟁이 덩쿨이 인상적인 벽면이 눈길을 끈다. 안으로 들어서면 매력적인 나무 소재의 의자와 테이블이 놓여 있다. 초콜릿과 타르트, 치즈 등의 디저트가 인기 있으며 피자와 샌드위치 등의 간단한 식사도 할 수 있다. 허브티의 대명사라 불리며 100년 역사를 자랑하는 폼파도르(Pompadour) 제품을 사용하고 있으니 허브티를 한잔 마셔 보는 것도 좋을 것이다.

add. 28 Ann Siang Rd.
access 지하철 차이나타운 역 A 출구에서 도보 10분, 지하철 탄종파가 역 G번 출구에서 도보 5분
time 07:30~23:00
tel. 6808-2184
fee 음료 3.5 S$~, 스위츠 8 S$~

access 지하철 차이나타운 역, 지하철 탄종파가 역에서 도보 5분

♣ 유럽의 어느 거리를 연상시키는 알록달록한 숍 하우스로 가득찬 앤 시앙 로드는 트렌디한 현지인과 외국인들이 많이 찾는 곳이다. 아는 사람들만 안다는 비밀스러운 공간이었지만 그 비밀이 얼마 가지 못하고 많이 알려져 최근에는 여행객들의 발길이 늘어나고 있다. 평소 볼

★ **로모그라피 스토어** Lomography Store

로모 마니아를 위한 상점인 로모그라피 스토어이다. 로모 카메라는 독특한 느낌의 색상과 깊은 채도, 그리고 사진 귀퉁이가 어두워지는 비네트 현상으로 수많은 팬을 갖고 있다. 다양한 에디션의 한정판 로모, 토이 카메라와 전용 필름, 액세서리 등을 판매하고 있다. 아날로그 감성으로 가득 찬 매장의 한쪽 벽면은 로모 사진을 이용해 꾸며져 있다. 입구의 숍 하우스 기둥에 그려진 개성 있는 그래피티도 재미있는 볼거리이다.

add.	295 South Bridge Rd.
access	지하철 차이나타운 역 A 출구로 나와 도보 7분(불아사 건너편), 지하철 탄종파가 역 G 출구로 나와 맥스웰 로드를 따라 도보 5분
time	12:00~21:00
URL	www.lomography.sg

야생의 세계 속으로 Night Safari
나이트 사파리

add.	80 Mandai Lake Rd.
access	지하철 앙모키오(Ang Mo Kio) 역에서 138번 버스 이용, 시내 유명 호텔 및 쇼핑몰에서 셔틀 버스 이용(공식 홈페이지 확인), 지하철 초아추캉(Choa Chu Kang) 역에서 927번 버스 이용
time	19:30~24:00

tel.	6269-3411
fee	성인 32 S$(어린이 21 S$)
URL	www.nightsafari.com.sg

♣ 동물원이라고 다 같은 동물원이 아니다. 이름에 걸맞게 밤에만 문을 여는 나이트 사파리는 어른, 아이 할 것 없이 모두가 좋아할 수 있는 공간이다. 야생의 동물들을 가까이에서 볼 수 있기도 하고, 다양한 쇼로 볼거리를 제공해 잠시 동심으로 돌아가 동물들과 즐거운 시간을 보낼 수 있다. 서울대공원의 코끼리 열차 같은 트램을 타고 한 바퀴 둘러보며 야생의 세계로 들어가 보자. 단, 플래시는 금물이다. 동물원 입구에서 진행하는 불꽃쇼는 무료로 진행되는데, 이왕이면 조금이라도 밝을 때 트램을 타고 동물원 구경을 하고, 나오면서 쇼를 보는 것이 좋다. 트램의 중간 정거장마다 산책길이 나 있어 도보로 다닐 수도 있지만 트램을 탈 것을 추천한다.

TIP.
싱가포르의 퍼블릭 아트를 찾아서

딱히 어느 미술관, 박물관에 들어가지 않아도 싱가포르 거리 곳곳이나 호텔 내부에서 다양한 퍼블릭 아트를 만나 볼 수 있다. 오차드 로드의 대표 쇼핑몰인 이온 오차드는 독특한 건물 외관 자체만으로도 예술적인 느낌을 준다. 쇼핑몰 입구에 서 있는 화려한 색의 〈어반 피플(Urban People)〉은 오차드 로드의 상징적인 존재이다. 쇼핑몰뿐 아니라 호텔에서도 아트 패스(Art Path)라 불리는 일련의 퍼블릭 아트들을 찾아볼 수 있다.
그리고 세계 유명 도시에서 빠질 수 없는 또 하나의 인기 조형물 〈LOVE〉! 싱가포르의 〈LOVE〉는 뉴욕, 도쿄의 〈LOVE〉와 달리 녹색과 파랑으로 이루어져 있다. 세계를 여행하며 〈LOVE〉의 사진을 찍어 보는 건 어떨까.

add.	167 Penang Rd.
access	지하철 서머셋 역에서 도보 3분, LexisNexis 건물 안쪽 광장

아이들과 함께하는 센토사 여행

ENJOY 01
유니버설 스튜디오에서
인기 캐릭터와 함께 온 가족 사진 찍기

유니버설 스튜디오 안에는 슈렉, 트랜스포머, 스누피 등 아이들의 우상이 가득하다. 캐릭터들과 함께 잊지 못할 가족사진을 남겨 보자.

ENJOY 02
실로소 비치의
거친 파도 즐기기

실로소 비치의 한쪽에는 강한 물살을 위로 쏘아 올리는 인공 파도가 있다. 안전하게 파도 타기를 배울 수 있으며 강사의 화려한 기술을 볼 수 있어 즐겁다.

ENJOY 03
센토사에서
무료 멀티미디어 쇼 구경하기

마리나 베이 센즈 호텔의 무료 멀미디미어 쇼 〈원너쑬〉과 함께 빼놓지 말아야 할 센토사의 〈크레인 댄스〉와 〈레이크 오브 드림〉! 이 화려한 쇼들은 센토사 여행을 마무리하는 가장 멋진 방법이 될 것이다.

센토사에도 변화의 바람이 불고 있다. 불과 몇 년 사이에 센토사의 과거의 모습은 사라지고 지금은 색다른 모습으로 세계 여행객들을 끌어모으고 있다. 센토사의 제일 큰 이슈는 2010년 유니버설 스튜디오의 탄생일 것이다. 이외에도 싱가포르의 역사를 재미있게 소개하고 있는 박물관과 아이들의 흥미를 불러일으키는 수족관, 해수욕을 즐길 수 있는 해변 그리고 다양한 공연을 볼 수 있는 리조트와 어트랙션 등 즐길 거리가 곳곳에 넘쳐 난다. 섬 자체가 테마 파크인 센토사에서 멋진 하루를 보내 보자.

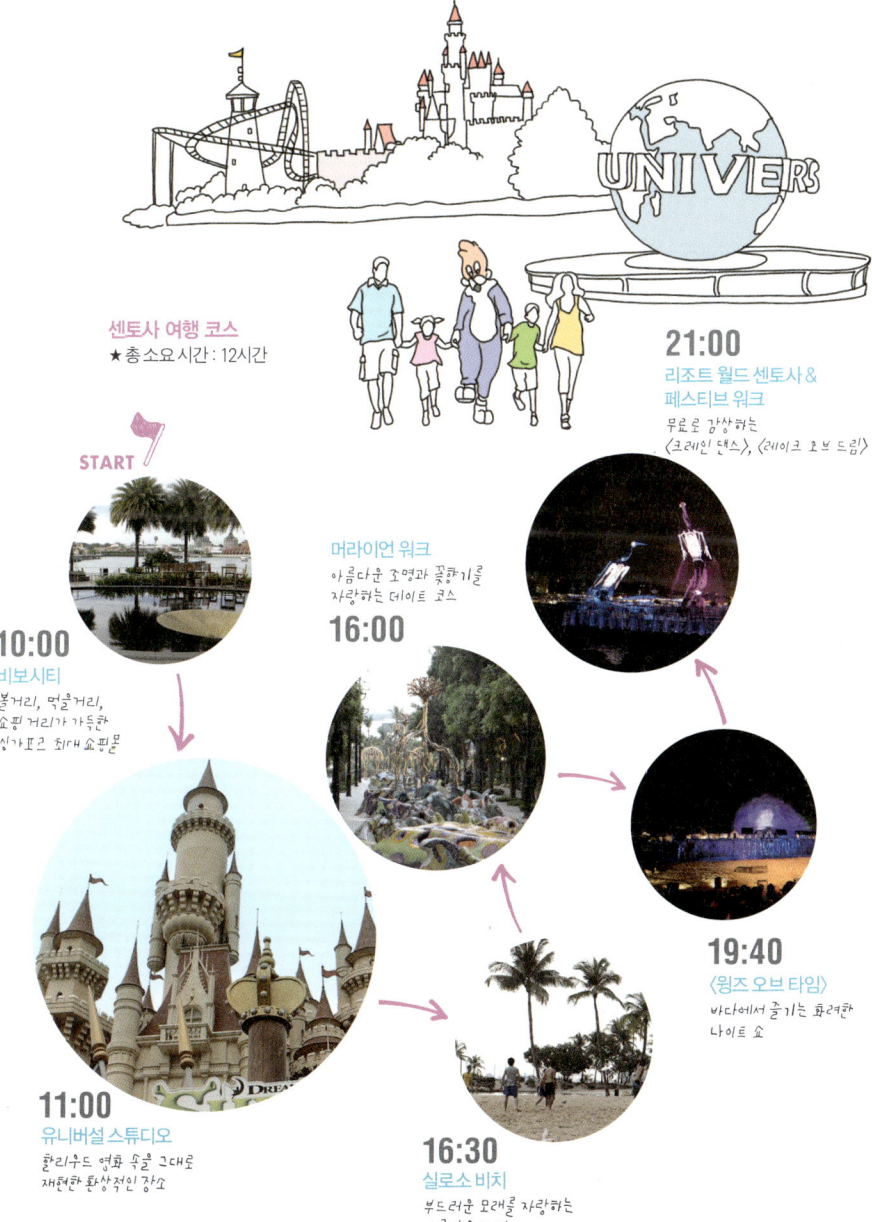

센토사 여행 코스
★ 총 소요시간 : 12시간

10:00 비보시티
볼거리, 먹을거리, 쇼핑거리가 가득한 싱가포르 최대 쇼핑몰

11:00 유니버설 스튜디오
할리우드 영화 속을 그대로 재현한 환상적인 장소

16:00 머라이언 워크
아름다운 조명과 꽃향기를 자랑하는 데이트 코스

16:30 실로소 비치
부드러운 모래를 자랑하는 아름다운 해변

19:40 〈윙즈 오브 타임〉
바다에서 즐기는 화려한 나이트 쇼

21:00 리조트 월드 센토사 & 페스티브 워크
무료로 감상하는 〈크레인 댄스〉, 〈레이크 오브 드림〉

TRAVEL SPOT 07 / 싱가포르 SINGAPORE / ASIA

HOT SPOT

온 가족에게 추억을 선물할
싱가포르 핫 스폿

살 거리, 놀 거리, 먹을거리가 가득 Vivo City
비보시티

add. 1 HarbourFront Walk
access 지하철 하버프론트에서 도보 3분
time 10:00~22:00(매장에 따라 다름)
tel. 6377-6860
URL www.vivocity.com.sg

♣ 센토사 섬으로 들어가려면 대부분 하버시티 역에서 모노레일이나 케이블카를 이용하는데, 하버시티 역과 바로 연결된 쇼핑몰이 바로 비보시티이다. 싱가포르 최대 쇼핑몰인 이곳은 일반 매장과 아웃렛, 대형 슈퍼마켓, 토이저러스 등이 입점해 있어 상점만 둘러봐도 시간이 금방 간다. 놀 거리까지 풍부해 잠깐 들렀다 가기에는 아쉬운 곳이다. 규모가 큰 만큼 푸드코트도 잘 되어 있으니, 조식을 놓쳤거나 센토사 섬에서 간단히 즐길 간식거리가 필요하다면 비보시티를 이용해 보자.

할리우드 영화 속 세상 Universal Studio in Singapore
유니버설 스튜디오

access 리조트 월드 센토사 중심
time 10:00~19:00 (시기에 따라 일정 변동)
fee 13세~59세 74 S$(어린이 54 S$)
URL www.rwsentosa.com

♣ 아주 큰 규모는 아니지만 알짜 어트랙션이 가득한 유니버설 스튜디오는 아이들뿐 아니라 어른들까지도 모험과 신비의 세계로 빠져들게 하는 곳이다. 꼭 타 봐야 할 것은 싱가포르에만 있는 트랜스포머 4D이다. 인기 어트랙션이기 때문에 1시간은 기본으로 기다려야 한다. 쥐라기 공원, 슈렉, 마다가스카는 아이들에게 특히나 인기 있는 코스! 페스티벌이나 다양한 쇼도 많기 때문에 미리 시간을 확인하는 것이 좋다. 기다리는 것이 싫은 사람들은 패스트 패스를 구입하면 된다. 물을 이용한 쇼나 어트랙션이라면 옷이 젖는 것은 당연지사니 우비를 꼭 챙기자.

머라이언 워크

싱가포르의 상징 위에서 센토사 섬을 조망하다 Merlion Walk

access 센토사 섬 남쪽 해변으로 가는 길, 머라이언 타워 위편

♣ 유니버설 스튜디오를 나와 해변가로 가는 길에 있는 머라이언 워크는 싱가포르 정부에서 공식 인정한 5개의 머라이언 중 가장 큰 머라이언이 있는 곳이다. 이 머라이언은 37m의 거대한 크기를 자랑하는데, 꼭대기에 전망대가 있을 정도이다. 날씨가 화창할 때는 전망대에서 멀리 말레이시아까지 보인다. 대형 머라이언 뒤에 자리한 알록달록한 타일로 만들어진 분수대 앞에는 사진을 찍기 위해 포즈를 잡고 있는 사람들로 가득하다. 이 분수대는 흡사 가우디의 작품 같은 환상적인 분위기를 연출한다. 약 200m 정도 길게 뻗은 머라이언 워크는 상큼한 꽃향기와 아름다운 조명 때문에 데이트하기에 더없이 좋아 낮이나 밤이나 애정 행각을 벌이는 커플들의 모습을 쉽게 볼 수 있다. 솔로들은 사진만 찍고 모노레일을 타고 빠르게 지나가길!

실로소 비치 & 팔라완 비치

모래가 부드러운 아름다운 해변 Siloso Beach & Palawan Beach

access 센토사 섬 남쪽 해변(센토사 익스프레스비치스테이션 역에서 무료 버스 약 10분)

♣ 부드러운 모래와 너무나 잘 어울리는 원색의 알파벳 조형물 '내 이름은 실로소입니다'만 보아도 이곳이 독특한 해변이라는 사실을 알 수 있다. 실로소 비치는 세련된 빌딩 숲을 자랑하는 싱가포르의 이미지를 단번에 잊게 해 주는 휴양지 같은 곳이다. 관광객 유치를 위해 만든 인공 해변이라는 사실이 믿기지 않는 이 해변은 긴 모래사장을 갖고 있는데, 한적하여 편안히 휴식을 즐기기에 좋다. 아이들을 동반한 가족이라면 팔라완 비치도 나쁘지 않다. 귀여운 조각들과 옹기종기 모여 놀 수 있는 물놀이 공간이 있고 안전하면서도 재미있게 뛰어놀 수 있어 아이들이 즐기기 좋다.

새로운 공연의 등장 Wings of Time
윙즈 오브 타임

access 센토사 익스프레스 비치 스테이션 역 직진 2분
time 19:40, 20:40, 매일 2회 공연
fee Local $15, Standard $18, Premium $23

♣ 2014년 6월부터 시작된 공연 〈윙즈 오브 타임〉은 기존의 인기 공연이었던 〈송즈 오브 더 시〉에 이어 센토사에서 새롭게 선보이는 분수쇼이다. 화려한 레이저와 분수 그리고 음악과 영상의 조합으로 멋진 무대를 선사하는 〈윙즈 오브 타임〉은 한 단계 더 업그레이드된 무대를 보여주며 관객들의 감탄을 자아낸다. 무엇보다 어둠이 내리는 밤에 보기에 더 없이 좋은 공연이다. 여행사 패키지 등을 이용하면 조금 더 저렴하게 구입할 수 있다.

센토사의 무료 멀티미디어 쇼 Crane Dance & Lake of Dreams
크레인 댄스 & 레이크 오브 드림

access 리조트 월드 센토사 일대
time 21:00(크레인 댄스), 21:30(레이크 오브 드림)
fee 무료

♣ 〈윙즈 오브 타임〉을 7시 40분에 봤다면, 유니버설 스튜디오가 있는 리조트 월드 센토사로 다시 발걸음을 옮겨 또 다른 쇼를 감상하자. 더 좋은 건 이번 공연은 무료라는 점! 크레인으로 학을 표현하고 스크린과 분수, 불꽃으로 화려한 쇼를 만들어 내는 〈크레인 댄스〉는 리조트 월드 센토사의 해변가에서 매일 밤 9시에 펼쳐진다. 연이은 분수 쇼의 감흥이 쉽게 사라지지 않는다면 마지막으로 24시간 엔터테인먼트를 즐길 수 있는 페스티브 워크의 〈레이크 오브 드림(Lake Of Dreams)〉을 감상해 보자. 뜨거운 불꽃과 시원한 분수가 뿜어내는 퍼포먼스가 여행의 피로를 씻어 줄 것이다. 이 공연은 매일 저녁 9시 30분에 시작하기 때문에 이 공연까지 본다면 피곤한 하루가 될 수도 있으니 아이들이 있는 가족들은 지나쳐도 좋다.

싱가포르에서 꼭 먹어 볼 것

싱가포르 슬링

체리 빛으로 붉게 빛나는 싱가포르 슬링은 오래전 래플스 호텔에 있는 롱바에서 여자 손님들을 끌어모으기 위해 만든 칵테일이다. 맛과 빛깔이 뛰어나 하루 2,000잔도 넘게 싱가포르 슬링을 판다고 하는 롱바에서 시원하게 한잔 마셔 보자.

카야 토스트

여행자들의 간식으로도, 현지 사람들의 아침 식사로도 인기인 카야 토스트는 숯불에 구운 식빵에 버터와 코코넛으로 만든 카야 잼을 바른 토스트이다. 그 인기가 날로 높아져 이제 한국에서도 먹어 볼 수 있게 되었다. 싱가포르 카야 토스트의 대표 브랜드는 야쿤 카야 토스트이다. 어느 지점을 가도 맛이 같기 때문에 눈에 보이는 곳에서 먹으면 된다. 카야 토스트만 맛보는 것보다 오전에 판매하는 커피 세트를 시키면 더욱 저렴하게 즐길 수 있다.

칠리 크랩

해산물이 풍부한 싱가포르의 대표 음식으로 꼽히는 칠리 크랩. 싱가포르에서 게를 주재료로 하는 요리는 많고 많지만, 그중에서 한국 사람들이 가장 많이 찾는 음식은 바로

칠리 크랩이다. 칠리 크랩을 맛있게 먹는 방법은 우리나라 사람들이 간장게장 게 딱지에 양념장과 밥을 비벼 먹는 것처럼 볶음밥과 번을 같이 주문해 크랩과 함께 비벼 먹는 것이다. 한국인에게 유명한 '점보' 레스토랑은 사람이 많을 수 있으니 가급적 다른 곳을 가 보길 추천한다. 주문은 보통 2인에 1kg 정도가 적당하며, 게의 무게에 따라 금액이 달라진다. 칠리 크랩에는 국물이 많이 있어 깔끔하게 먹기란 불가능하니, 예쁜 모습만 보이고 싶은 사람과의 식사라면 가급적 이 메뉴는 피하는 게 좋다.

래플스 호텔 하이티 세트

싱가포르의 하이티 세트는 이름만 다를 뿐 홍콩의 애프터눈 티 세트와 크게 차이가 없다. 싱가포르의 상징적인
호텔인 래플스 호텔의 하이티 세트는 3단 트레이에 예쁘게 음식이 담겨 나오고, 한쪽에 마련된 뷔페 테이블의 음식도 마음껏 즐길 수 있다. 워낙 인기가 있어 주말에 갈 예정이라면 반드시 예약을 해야 한다. 래플스 호텔 외에 하이티 세트를 즐길 수 있는 곳은, 100여 종이 넘는 차 중에서 선택할 수 있는 샹그릴라 호텔과 세련된 느낌의 하얏트 호텔이 있다.

add.	1 Beach Rd., Singapore
access	지하철 시티홀 역 도보 5분, 지하철 브라스바사 역 도보 7분, 래플스 호텔 1층 티핀 룸
tel.	6412-1816
time	12:00~14:00(뷔페 런치), 15:30~17:30(하이티), 19:00~22:00(뷔페 디너)

TRAVEL AREA **08**

SHANGHAI
상하이

다채롭고 화려한 맛의 도시

과거와 현대를 뛰어넘는 감각적인 도시 상하이. 2010년 상하이 엑스포 이후에 이곳의 주가는 날이 갈수록 치솟고 있다. 현대 미술, IT, 건축 등 많은 분야에서 시대를 앞서 가고 있는 상하이의 또 다른 매력은 중국의 옛 문화가 구석구석 숨 쉬고 있다는 것이다. 막연히 상상만 하던 상하이의 화려함을 직접 목격한다면 그동안 이곳을 찾지 않았던 것을 후회하게 될 것이다.

국가 중국
언어 중국어(보통화)
면적 6,340km²
인구 1,670만 명
시차 1시간
화폐 위안(CNY)
국가번호 86

| 상하이로 떠나기 전에 |

1. 어느 계절에 떠날까?

기후는 아열대에 속하지만 우리나라처럼 사계절이 분명하다. 우리나라와 비슷하게 입고 가면 무리가 없지만 한국보다 습기가 많아 여름에는 굉장히 무더우며, 겨울에는 바람과 비가 강해 체감온도가 꽤 낮다. 겨울에는 흐린 날이 많으니 우산이나 우비를 꼭 챙겨 가자. 여행하기 가장 좋은 시기는 5월과 10월이다.

2. 항공권, 어떻게 살까?

현재 한국 항공사들은 중국의 30여 개 도시에 취항하고 있다. 중국은 대부분의 도시에 공항을 갖추고 있으며 상하이는 푸둥, 홍차오 공항이 있다. 상하이 인근 지역인 난징, 항저우, 황산으로 취항하는 항공 편수도 많아 다른 도시와 연결해 여행하는 것도 좋다. 항공권은 같은 항공사라 해도 조건에 따라 운임의 변동 폭이 크기 때문에 여행 기간, 예산, 귀국일 변경 가능 여부를 꼼꼼히 확인하고 본인에게 가장 잘 맞는 항공권을 구입하도록 하자.

3. 어디에서 잘까?

성수기에는 한 달 전부터 숙소를 예약해 두는 것이 좋다. 상하이는 교통비와 숙소가 다른 나라보다 아직까지 저렴한 편이므로 4성급 호텔 이상에서 하룻밤 묵는 것도 나쁘지 않다. 황푸 강변을 둘러싼 와이탄과 푸둥의 5성급 호텔도 우리나라의 5성급 호텔과 비슷한 가격이지만 경치가 훨씬 훌륭해 가격 대비 만족도가 높다. 와이탄을 조금 벗어나서 예원이나 난징동루 쪽 호텔은 와이탄까지 도보로 이동할 수 있을 만큼 가깝고 가격은 훨씬 저렴하다.

4. 여행 경비는 얼마나 들까?

가장 보편적인 2박 3일 에어텔의 경우 중국항공 위주로 짜여 있는데 항공 택스 포함 50만 원 이하로 저렴한 편이다. 최저가로 여행하는 방법은 중국항공과 게스트하우스를 이용하는 것이다. 하지만 중국은 4성급 호텔이 쾌적하면서 가격도 합리적이기 때문에 중국항공과 4성급호텔을 포함한 에어텔을 이용해도 부담스럽지 않다. 로컬 식당과 길거리 음식은 한화 2,000원 정도면 먹을 수 있지만, 황푸 강변에 위치한 고급 레스토랑은 우리나라 호텔 레스토랑보다 오히려 더 비싼 편이다. 택시는 우리나라와 기본 요금이 비슷하지만 거리당 요금은 저렴한 편이고, 지하철, 버스는 우리나라보다 훨씬 저렴하다.

AREA. 상하이. 둘러보기

여행자들이 즐겨 찾는 관광지가 몰려 있기 때문에 관광지만 집중적으로 본다면 대중교통을 이용해 4~5일이면 무리 없이 둘러볼 수 있다. 단, 아직까지 영어보다는 중국어 위주의 교통표지, 이정표를 사용하고 있어 초행자들은 헤맬 수 있으니 사전에 여행 계획을 꼼꼼히 짜는 것이 좋다. 와이탄을 중심으로 예원, 난징동루, 난징시루, 황피난루, 인민 광장을 둘러보는 식으로 코스를 짜는 것이 효율적이다.

1 »

와이탄
홍콩의 야경과 견주어도 전혀 뒤지지 않는 야경을 가지고 있는 곳이다. 오히려 홍콩보다 더욱 웅장한 경치를 자랑한다. 시간을 가리지 않고 언제나 사람들이 붐비는 곳으로, 가장 상하이다운 느낌을 받을 수 있다.

2 » 푸동
예전에는 와이탄과 런민 광장이 가장 발달된 곳으로 여겨졌지만 현재는 상하이의 모든 금융 센터가 자리한 푸동이 새롭게 조명받고 있다. 아름다운 마천루는 푸동의 자랑거리이며, 외국인의 입맛에 맞춘 먹거리로 유혹하는 맛집, 카페 등도 늘어서 있다. 푸동은 하루가 다르게 변하고 있는 상하이의 시티라이프를 즐기고 싶은 이들에게 안성맞춤이다.

3 » 런민 광장
난징동루와 난징시루를 이어 주는 곳이자, 지하철 3개가 만나는 접점지이다. 이곳은 그야말로 상하이 인민들의 광장이라 할 수 있다. 많은 상점이나 백화점 사이에 푸른 녹지 공원을 갖추고 있어 바쁜 일상에서도 여유를 느낄 수 있다. 또한 문화유산을 전시하고 있는 박물관과 미술관이 많아 관광객의 발길이 언제나 끊이지 않는다. 와이탄, 푸동, 신천지, 예원과도 가깝고 교통이 편리해 숙소를 잡기에도 좋은 곳이다.

4 » 난징시루
우리나라의 청담동이나 가로수길을 닮은 곳으로, 고급 부티크와 럭셔리한 백화점이 모여 있다. 다른 곳에 비해 인도가 넓고 사람들은 적어 편하게 도보로 여행하기에 좋다. 한국에서는 부담스러워 들어가지 못했던 고급스러운 부티크가 있다면 이곳에서 편하게 감상해 보자. 단, 너무 캐주얼한 옷차림은 피하는 게 좋다.

5 » 난징동루
와이탄에서 인민공원까지 조계 시대 서양식 건물들이 늘어서 있는 큰 도로이다. 19세기 후반부터 100년 이상 상하이 최고의 번화가이자 쇼핑가였다. 우리나라로 치자면 명동과 비교되지만 명동의 경우 모든 상점이 일찍 닫는 반면, 난징동루는 늦은 밤까지 휘황찬란하다.

6》
예원
쑤저우의 4대 정원과 함께 강남 명원으로 손꼽히는 정원이다. 100여 년의 혼란기를 거쳐 훼손된 것을 중국 정부가 복원해 다시 세상에 공개하였다. 재미있는 이야기를 담고 있는 구곡교, 인공산 중 가장 오래된 대가산, 사자성어의 유래가 된 점입가경까지! 시간을 두고 천천히 둘러보자.

7》
프랑스 조계지
중국 상하이의 역사와 문화를 함께 볼 수 있는 지역으로 옛 저택을 개조하여 만든 레스토랑과 펍, 카페들이 밀집되어 있다. 트렌디한 레스토랑과 카페가 많아 상하이에서 일하는 외국 비즈니스맨과 멋쟁이 상하이 시민에게 인기가 많다. 이국적인 분위기와 고풍스러움이 물씬 풍기는 거리에서 브런치 혹은 차와 커피를 즐겨 보자.

8》
신천지
조계지의 영향을 받은 스쿠먼 양식 건물들로 마치 유럽에 온 듯한 느낌을 주는 유흥, 상업 단지이다. 서양 느낌이 물씬 풍기는 곳으로, 다양한 콘셉트의 레스토랑과 독특한 아이템을 판매하고 있는 상점들이 있어 관광객이 많이 찾는다.

9》
쉬자후이
대규모 백화점, 전자제품 상가, 맛집들이 밀집되어 있어 상하이 젊은이들에게 인기 있는 곳이다. 상하이의 현대적인 분위기를 가장 잘 느낄 수 있으며, 상하이 최초의 성당인 쉬자후이 성당도 만날 수 있다. 특히 상하이 체육관은 항저우, 쑤저우 등으로 출발하는 버스들의 기점으로 유동 인구가 많다.

상하이 >> 핵심 여행

상하이
핵심 여행

ENJOY 01
와이탄의 낮과 밤
모두 즐기기

와이탄 1호부터 29호까지 와이탄의 유럽식 건축물들은 건립 당시의 모습을 그대로 간직하고 있지만 현재는 명품관이나 값비싼 레스토랑 혹은 은행이 입점되어 있다. 낮에는 활기로 가득 차 있으며, 밤에는 건축물 외관에 조명을 켜 화려하고 아름다운 와이탄의 밤을 볼 수 있다.

ENJOY 02
와이탄에 뒤지지 않는
예원의 밤 감상하기

중국에서 유명한 정원 혹은 궁이라고 불리는 것들의 대부분은 낮에 보면 거대하고 웅장한 느낌밖에 들지 않는다. 하지만 밤에는 다르다. 예원의 밤은 언제나 찬란한 조명이 반짝여 환상적인 분위기를 느낄 수 있다.

ENJOY 03
푸동의 높은 건물들
꼭대기에 올라가 보기

푸동은 발전에 발전을 거듭하는 세계 금융지인 만큼 건물이 높이도 조금씩 더 높아지고 있다. 높은 건물 꼭대기에서 어깨를 나란히 하는 근처의 건축물을 바라보는 것도 하나의 재미이다.

홍콩의 밤거리보다 더 화려하고 규모 있는 야경을 소유하고 있는 도시 상하이. 특히 황푸 강을 중심으로 푸동과 푸시(와이탄)를 돌아보는 코스는 상하이 여행의 가장 기본적인 코스이자 여행자들에게 가장 각광 받는 코스이다. 문화, 금융, 패션 등 세계의 트렌드를 앞서가는 상하이의 색다른 매력을 감상해 보자.

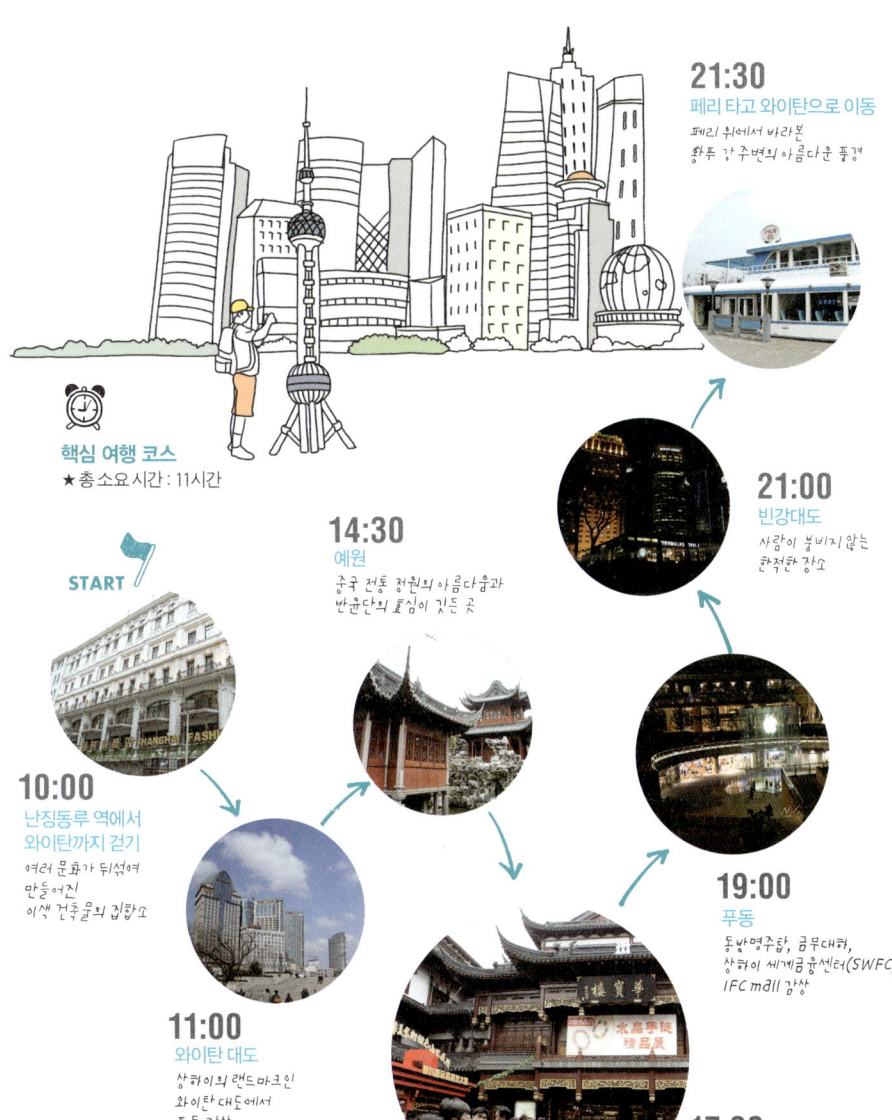

TRAVEL SPOT 08   상하이 SHANGHAI   ASIA

핵심 여행 코스
★ 총 소요 시간 : 11시간

START

10:00 난징동루 역에서 와이탄까지 걷기
여러 문화가 뒤섞여 만들어진 이색 건축물의 집합소

11:00 와이탄 대로
상하이의 랜드마크인 와이탄 대로에서 푸동 감상

14:30 예원
중국 전통 정원의 아름다움과 반윤단의 툴심이 깃든 곳

17:30 예원 골동품 쇼핑거리
중국의 문화를 느낄 수 있는 이색 기념품 쇼핑

19:00 푸동
동방명주탑, 금무대하, 상하이 세계금융센터(SWFC), IFC mall 감상

21:00 빈강대도
사람이 붐비지 않는 한적한 장소

21:30 페리 타고 와이탄으로 이동
페리 위에서 바라본 황푸 강 주변의 아름다운 풍경

HOT SPOT

과거와 미래가 공존하는
상하이 핫 스폿

살아 있는 건축박물관 外滩
와이탄 건축물

add. 上海市黄浦区外滩
access 지하철 2호선 난징동루(南京东路) 역 2, 3, 7번 출구에서 직진, 중산동이루(中山东一路)와 중산동얼루(中山东二路)까지 이어지는 황푸(黄浦) 서쪽 강변

♣ 퍼시픽 보험 빌딩(Pacific Insurance Building)부터 중국광대은행(China Everbright Bank)까지 유럽풍 건축물로 가득한 이곳은 마치 상하이에 자리 잡은 이색 건축박물관 같다. 방문해 볼 만한 곳은 조르지오 아르마니, 휴고 보스 등의 패션 숍, 에비앙 스파, 미술 갤러리, 유명 프렌치 레스토랑 장조지, 상하이 중식의 최고봉이라는 왐포아 클럽, 번드에서 가장 경치가 좋은 곳 중 하나라는 뉴 하이츠가 자리한 스리 온 더 번드(Three on the Bund)와 명품 브랜드 까르띠에가 있으며 프랑스 레스토랑 미스터 & 미스터 번드(Mr & Mrs Bund)가 있는 차타드 뱅크(Chartered Bank)도 만날 수 있다.

과거와 현재를 동시에 볼 수 있는 곳 外滩大道
와이탄 대도

add. 上海市黄浦区外滩大道

♣ '파리' 하면 에펠탑, '런던' 하면 빅벤이듯 상하이의 랜드마크는 동방명주탑이다. 동방명주탑은 푸동에 위치하고 있지만 황푸 강변의 와이탄(푸서)에서 감상할 때가 더 아름답다. 또한 와이탄에서는 푸동 지구의 발전한 모습과 과거 와이탄의 영화롭던 모습을 동시에 볼 수 있다. 현대적인 모습과 고전적인 모습을 동시에 감상할 수 있는 곳은 유럽

에도 많지만 이렇게 동시에 한곳에서 볼 수 있는 곳은 드문데, 그중에서도 가장 매력적인 곳이 바로 이곳 와이탄 대도이다. 와이탄수이다오(外灘隧道)는 와이탄과 푸동을 연결하는 황푸 강 지하의 모노레일로 이동 시간은 5분 이내이다. 모노레일을 이용하면 빠르게 양쪽을 살펴볼 수 있다.

18년 동안 조성한 정원 豫園
예원

add.	上海市黃浦区安仁街218号
access	와이탄 옌안동루(延安東路)에서 도보 10분, 지하철 2호선 난징동루(南京東路) 역 혹은 1호선 황피난루(黃陂南路) 역에서 도보 15분, 지하철 10호선 예원(豫园) 역 1번 출구에서 도보 5분, 버스 64, 801, 930번 상하이(上海) 역에서 승차 후 신베이먼(新北) 하차
time	08:30~17:30(3~10월), 08:30~17:00(11~2월), 마감 30분 전까지 입장 가능
tel.	021-6328-2465
fee	성수기 성인 40위안, 학생 10위안(4~6월, 9~11월) 비수기 성인 30위안(7~8월, 12~3월)
URL	yugarden.huangpuqu.sh.cn/yugarden

♣ 1559년에 조성된 명·청시대의 대표적 강남 정원 중 한 곳이다. 명의 관료였던 반윤단(潘允端)이 부모님의 편안한 노후를 위해 18년의 세월에 걸쳐 만든 개인 정원으로, 당대 유명 건축가 장난양에 의해 조성되었다. 오랜 공사 기간 탓에 반윤단의 부모님은 완공을 보지 못했고 반윤단도 완공 몇 년 뒤에 죽었는데, 예원을 천천히 둘러보면 곳곳에서 부모를 위한 반윤단의 효심이 절로 느껴진다. 반씨 가문의 몰락과 함께 수차례 재난을 겪은 예원은 1956년부터 중국 정부의 대규모 보수 작업 끝에 일부인

TIP.
추천 숙소
★ **하얏트 온 더 번드(Hyatt on the Bund)**
황푸 강변과 와이탄에 인접한 시내 중심의 5성급 디럭스 호텔이다. 홍차오 공항(上海虹桥国际机场)이 18km 거리에 있고 30분 정도 소요된다. 난징루, 상하이 전시장, 박물관 등과 인접해 있으며, 객실 안에서 환상적으로 아름다운 황푸 강과 와이탄의 풍경을 감상할 수 있다.

add.	上海市黃浦路199号
tel.	021-6393-1234
URL	www.shanghai.bund.hyatt.com

추천 맛집
★ **난샹만터우디엔(南翔饅头店, 남상만두점)**

예원 근처에 위치하며 상하이에서 이름을 널리 알리고 있는 음식점이다. 예원에 간다면 꼭 한 번 들러보자.

add.	上海市豫园路85号
access	예원로 구곡교 앞
time	10:00~21:00
tel.	021-6355-4206
price	1층 테이크아웃 만두 12~20위안, 2층 식당의 만두 6개 25위안 정도

와이탄에서 우아한 식사 즐기기
상하이의 랜드마크인 와이탄은 관광객에게 가장 사랑받는 곳이다. 관심에 비례하듯 와이탄에서 한 끼 식사, 칵테일 한 잔을 즐기려면 상하이에서 가장 높은 가격을 지불해야 한다. 허리띠를 졸라매야 하는 예산이 아니라면 한 번 정도는 와이탄 건축물에 위치한 멋진 레스토랑이나 바를 이용해 볼 것을 추천한다. 맛보다는 경치에 무게를 둔 와이탄의 레스토랑은 격식 있는 곳이니만큼 너무 캐주얼한 의상은 피하는 것이 좋다. 와이탄의 고급스러움보다는 상하이 본연의 대중적인 음식을 즐기고 싶다면 난징동루의 번화가를 찾아가 보자. 단, 반짝반짝 빛나는 와이탄이나 난징동루는 여행자와 현지인들로 가장 번잡한 곳이니 소지품 안전에 주의하자.

2만m²만이 복구되었고, 1961년부터 시민에게 개방되어 1982년에 국가 유적으로 지정되었다.

스카이라인이 아름다운 곳 浦東
푸동

add.	上海市浦東
access	지하철 2호선 루자쮜이(陆家嘴) 역, 동창루(东昌路) 역과 2, 4, 6, 9호선 스지다다오(世纪大道) 역 하차, 페리의 경우 와이탄 페리터미널에서 승차(요금 2위안), 택시를 탈 경우 강을 건널 때 추가 요금을 내야 하고 푸동에서 택시가 잘 잡히지 않으므로 지하철이나 페리를 이용하는 것이 좋음

♣ 기대 이상으로 높은 건물이 많은 곳이 푸동이다. 중국 정부는 논밭이었던 이곳을 1990년대에 들어 경제 특구로 지정하였고, 그 결과 현재는 세계의 금융 중심지로 뻗어 나가고 있다. 특히 푸동의 금융무역지구라 불리는 루자쮜이에는 상하이의 랜드마크인 동방명주, 금무대하, SWFC가 자리하고 있고, 최근에는 IFC(International Finance Center)가 생겨 위상을 한층 더 높이고 있다. 백화점과 쇼핑몰도 들어서 있어 쇼핑하기에도 좋다.

푸동의 명소

★동방명주탑 东方明珠塔

푸동 금융구에 있는 방송 수신탑이다. 크고 작은 11개의 둥근 모양은 진주를, 황푸 강은 옥 쟁반을 상징한다. 전체적으로는 크고 작은 진주가 옥 쟁반에 떨어지는 형상을 표현했다. 동방명주탑에는 350m에 위치한 최고 전망대, 263m의 중간 전망대, 90m의 하층 전망대의 총 3개 전망대가 있다. 중간 전망대 위층에는 맛은 평범하지만 경치를 보며 식사하는 회전식 레스토랑이, 1층에는 상하이 역사박물관이 있다.

add.	上海市浦东新区世纪大道1号
access	지하철 2호선 루자쮜이(陆家嘴) 역 1번 출구
time	08:00~21:30
tel.	021-5879-1888
fee	중간 전망대+역사 박물관 120위안, 하층+중간 전망대 160위안, 초고층+중간+하층 전망대+역사박물관 200위안, 회전 스카이라운지 점심 뷔페 288위안, 저녁 뷔페 318위안
URL	www.opg.cn

★금무대하 金茂大厦

'금무'는 중국어로 '많은 돈'을 뜻한다. 건물 외관은 내풍압과 내진에도 버틸 수 있게 복합 철골 구조를 채택해서 변신 로봇을 연상케 한다. 1~52층은 업무 시설, 53~87층은 그랜드 하얏트 호텔이다. 최고 층인 88층에는 동방명주탑을 비롯해 와이탄까지 한눈에 볼 수 있는 전망대와 세계에서 가장 높은 곳에 자리 잡은 우체국이 있다.

add.	上海市浦东新区世纪大道88号
access	지하철 2호선 루자쮜이(陆家嘴) 역 3번 출구에서 도보 5분
time	08:30~21:30
tel.	021-5047-6688
fee	88층 전망대 성인 120위안(학생 90위안)
URL	www.jinmao88.com

★SWFC 상하이 세계금융센터 上海环球金融中心

두바이의 부르즈 할리파, 타이완의 타이베이 국제금융센터에 이어 세계에서 세 번째로 높은 빌딩이다. 하지만 2013년에 541.3m 높이의 뉴욕의 프리덤 타워가 완공될 예정이라 네 번째로 밀려날 듯하다. 지상 101층, 높이 492m로 금융무역지구인 푸동의 가장 중심부에 위치한다. 세계 최고 수준의 국제금융센터, 전 세계 인사들이 모이는 상업 시설 및 컨퍼런스 센터, 최고급 호텔인 파크 하얏트와 멋진 뷰를 자랑하는 전망대까지 갖추고 있다.

add. 上海浦东新区世纪大道100号
access 지하철 2호선 루자쭈이(陆家嘴) 역 3번 출구에서 도보 5분
time 08:00~23:00(22:00까지 입장권 판매)
tel. 021-6877-7878
fee 성인 180위안(100층+97층+94층), 120위안(94층) / 23세 이하 학생 120위안(100층+97+94층), 80위안(94층)
URL www.swfc-shanghai.com

add. 上海市浦东新区滨江大道
access 지하철 2호선 루자쭈이(陆家嘴) 역 1번 출구에서 도보 10분
time 05:00~23:00(10~6월), 05:00~24:00(7~9월)

♣ 와이탄의 아름다운 야경을 감상하려면 맞은편 푸동에서 바라보는 것이 가장 좋다. 동방명주탑이나 금무대하도 좋지만, 와이탄 야경 감상에 빈강대도만 한 곳이 있을까 싶을 정도이다. 이곳에서 와이탄 건축물의 야간 조명을 보면 탄성이 절로 나온다. 전망 자체도 와이탄보다 좋지만 사람들로 붐비지 않아 더욱 좋다.

TIP.
페리 타고 야경 감상하기

페리는 와이탄(푸서)과 푸동을 오가는 가장 저렴하면서도 관광하기 좋은 교통 수단이다. 특히 밤에 와이탄이나 푸동에서 페리를 타고 황푸 강을 건너면서 보는 상하이의 백만불짜리 야경을 놓치지 말자.

와이탄의 아름다운 야경을 볼 수 있는 곳 滨江大道
빈강대도

상하이 >> 테마 여행 01

여성들을 위한 맞춤 쇼핑 여행

ENJOY 01
기념품 상점이나 시장에서 가격 흥정하기

상하이에서 가격 흥정은 기본! 구입한 물건은 꺼내어 꼭 확인 해 보는 것도 잊지 말자.

ENJOY 02
국내에서 완판된 브랜드 품목 구입하기

중국과 우리나라의 인기 품목이 다른 경우가 있어 상하이의 매장이나 아웃렛에서 국내에서 구하기 힘든 품목을 발견하는 횡재를 누릴 수도 있다.

ENJOY 03
쇼핑몰에서 중국 전통 옷 입고 사진 찍기

상하이 쇼핑몰 안에 있는 상점이나 스튜디오 중에는 중국 전통 옷을 입고 사진을 찍을 수 있는 곳이 있다. 황실에서 입었던 옷이나 귀족들이 입었던 화려한 전통 옷을 입고 기념 사진을 남겨 보자.

일본처럼 아기자기하지 않고, 홍콩처럼 큰 세일은 없지만 이보다 더 여유롭게 쇼핑할 수 있는 곳이 있을까. 상하이는 저렴한 비용으로 기념품을 구입하고 싶은 여행자와 세계적인 브랜드의 부티크에서 좀 더 다양한 물건을 쇼핑하고 싶은 여행자를 모두 만족시키기에 충분한 곳이다.

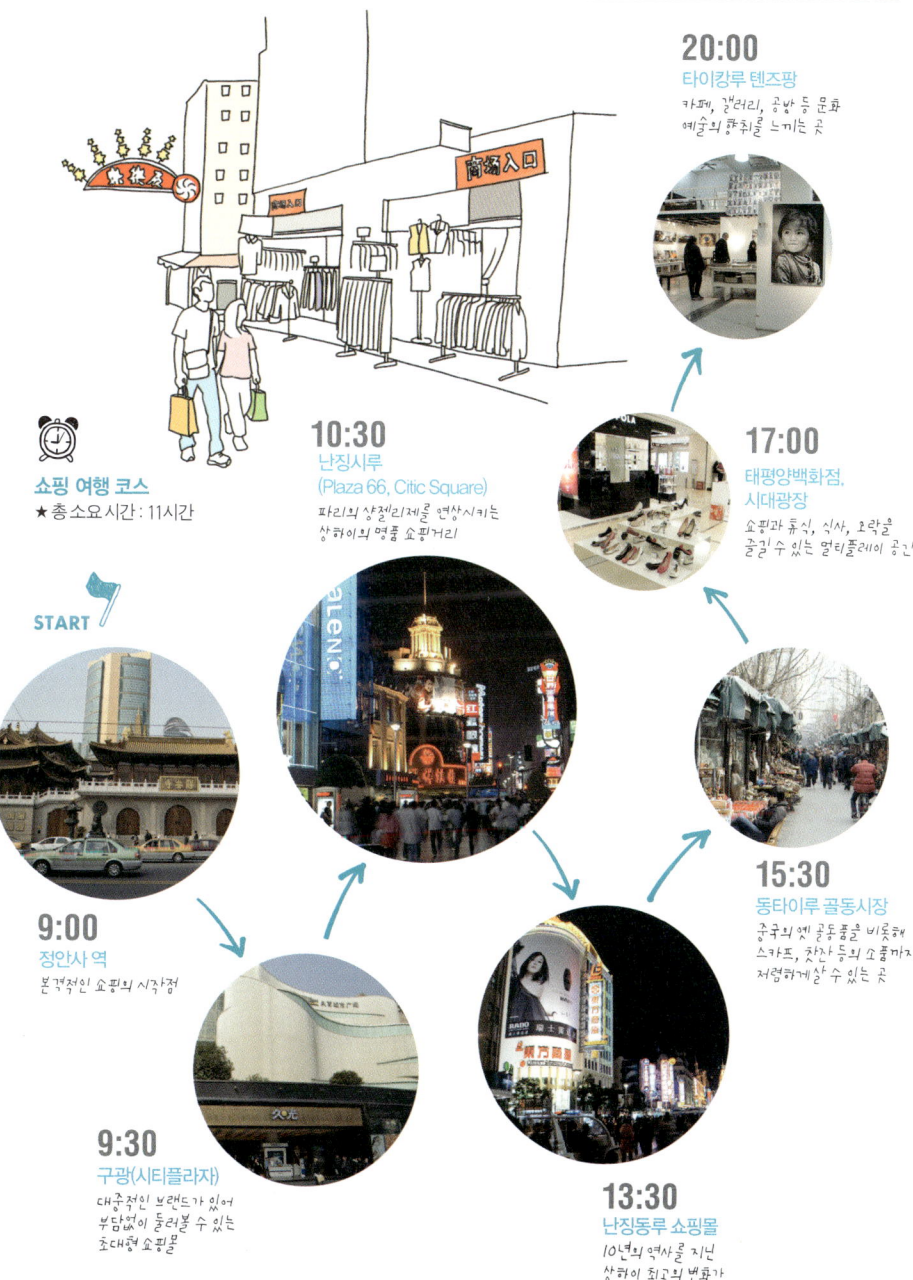

HOT SPOT

명품 브랜드부터 대중 브랜드까지
상하이 핫 스폿

유구한 역사를 간직한 절 静安寺(징안쓰)
정안사

access 지하철 2, 7호선 정안사(静安寺) 역

♣ 정안사 역에 위치한 정안사는 3세기 삼국시대의 오나라 때 설립되었으며, 원래 이름은 중원사 또는 중운사였으나 당나라 때 영태선원으로 바뀌었다가 북송 태종의 원년 1008년에 지금의 정안사가 되었다. 우쑹강 북쪽 기슭에서 강이 범람하여 절의 토대가 위험해지자 남송 시대에 난징시루로 옮겨 오게 되었고, 무너지고 다시 짓는 과정을 반복해 현재의 건물이 되었다. 교통의 요지인 난징시루 끝에 있어 아침부터 이곳을 찾아 절을 올리는 중국인의 모습을 쉽게 볼 수 있다. 정안사 역에 하차해 정안사를 방문한 후에 정안사 역과 이어진 지우광 쇼핑몰을 시작으로 난징시루로 걸어가면서 쇼핑을 해 보자.

대중적 브랜드와 명품이 공존하는 쇼핑몰 九光, City Plaza
구광

add. 上海市静安区南京西路1618号久光百货
access 지하철 2호선 정안사(静安寺) 역과 연결
time 10:00~22:00
tel. 021-3217-4838
URL www.jiu-guang.com/shanghai

♣ 홍콩의 명문백화점 중 하나인 소고(SOGO) 백화점과 상하이의 지우바이 백화점이 합작한 초대형 쇼핑몰로 난징시루의 다른 주요 백화점들은 명품에 주력한 데 비해 이곳은 대중적인 브랜드도 함께 쇼핑할 수 있어 좋다. 지나치게 고급스러운 명품 매장만 이어져 윈도 쇼핑만 했던 관광객들도 부담 없이 방문할 수 있다.

상하이의 샹젤리제 南京西路
난징시루

access 지하철 2호선 난징시루(南京西路) 역

♣ 상하이 시정부가 작정하고 2001년부터 많은 돈을 투자해서 개발한 곳으로, 파리의 샹젤리제나 뉴욕의 5번가 같은 세계적인 쇼핑가로 조성하려고 한 야망을 엿볼 수 있다. 덕분에 2km가 채 안 되는 거리에 1,000개가 넘는 세계적인 브랜드가 즐비하고 중국 시장에 진출한 명품 브랜드 중 열에 아홉은 이곳에 매장을 오픈했다.

access 지하철 2호선 난징동루(南京東路) 역

♣ 100년 넘는 역사를 지닌 상하이 최고의 번화가로 순수 보행 소요 시간이 20분 내외이다. 규모는 크지 않지만 눈이 이끄는 대로 다니다 보면 시간이 금방 지나간다. 상하이의 명동이라고 생각하면 된다.

난징시루 베스트 쇼핑 스폿

★플라자 66 恒隆广场, 헝롱광장

플라자 66은 유럽에 온 기분이 들게 하는 상하이 최고의 백화점이다. 루이비통 가방 모양의 외관이 눈길을 끄는 이곳은 에르메스(Hermes), 까르띠에(Cartier), 샤넬(Chanel) 등 우리나라에서도 인기가 많은 명품 브랜드로 채워져 있다. 우리나라와 가격이 비슷하거나 혹은 더 비싸기 때문에 쇼핑보다는 멋진 인테리어를 둘러보기에 좋다.

add.　上海市南京西路1266号
access　지하철 2호선 난징시루(南京西路) 역 1번 출구에서 난징시루(南京西路)를 따라 서쪽으로 약 10분. 신시베이루(山西北路)와 만나는 사거리
time　10:00~22:00
tel.　021-2225-1800
URL　www.plaza66.com

★시틱 스퀘어 中信泰富广场, 중신타이푸광창, Citic Square

시틱 스퀘어는 플라자 66과 어깨를 나란히 하는 난징시루의 명품 백화점으로 홍콩과 상하이의 합작 투자로 설립되었다. 개인 부티크 같은 으리으리한 명품 매장을 갖추고 있다는 점에서 플라자 66과 비슷하다. 건물 가운데를 비워 둔 전형적인 중국 스타일의 백화점으로 다른 백화점에 비해 에스컬레이터 동선이 꽤 합리적이다. 실내

인테리어를 모방하지 못하게 하기 위해 사진 촬영을 금지하며 경비들이 곳곳에 있어 사뭇 무거운 느낌이 들 수 있다.

add.　上海市南京西路1168号
access　지하철 2호선 난징시루(南京西路) 역 1번 출구에서 도보 5분
time　10:00~22:00
tel.　021-6218-0180
URL　www.citicsquare.com

중국의 숨겨진 보물 찾기 东台路古玩市场
동타이루 골동시장

- add. 上海市东台路
- access 신천지(新天地)에서 도보 10분, 지하철 10호선 라오시먼(老西门) 역에서 도보 5분
- time 10:00~17:00

♣ 청나라 때 쓰였다는 골동품, 마오쩌둥이 손을 흔들고 있는 시계, 다양한 문양의 보석함까지 물건의 종류가 워낙 많아서 어느 곳에 시선을 두어야 할지 모를 정도이다. 골동품 시장이지만 스카프, 찻잔 세트, 젓가락 세트 같은 것들은 새 것을 일반 상점보다 저렴하게 판매하고 있어 이곳에서 구입하는 편이 낫다. 똑같은 제품도 가격이 가게마다 달라 흥정은 필수이다.

교통이 편리한 멀티플레이 공간 太平洋百货
태평양백화점

- add. 上海市淮海中路333号
- access 지하철 1호선 황피난루(黄陂南路) 역 2번 출구에서 도보 1분
- time 10:00~22:00
- tel. 021-5306-6888
- URL www.pacific-shanghai.com.cn

♣ 화이하이중루(淮海中路)의 대표적인 백화점이다. 상하이에만 총 3곳이 있는 백화점 체인 중 한 곳으로

황피난루 역 출구와 연결되어 편리한 위치를 자랑한다. 쇼핑, 휴식, 식사, 오락을 한꺼번에 즐길 수 있는 멀티플레이 공간으로 인기가 있으며 중국의 영캐주얼 최상위 브랜드는 물론이고 비교적 다양한 중저가 제품들도 있어 고루 쇼핑하기에 좋다.

상하이의 명품패션과 멋이 담긴 곳 时代广场
시대광장

- add. 上海市淮海中路99号
- access 지하철 2호선 황피난루(黄陂南路) 역 2번 출구에서 동쪽 화이하이중루 방향으로 도보 10분
- time 10:00~22:00
- tel. 021-6391-0691
- URL www.shtimessquare.com

♣ 홍콩 자본으로 설립된 명품 쇼핑몰로서 구찌·코치·발리·페레가모·베르사체 등 100여 개의 명품 매장이 입점해 있다. 영국의 대형 백화점 레인 크로포드가 입점해

있어 다양한 영국 제품도 구입할 수 있다. 넓고 쾌적한 매장에서 한가하게 쇼핑을 즐길 수 있고 지하에는 마카오 레스토랑, 한국 음식점, 디저트 숍 등이 있다. 물결무늬 건물 앞의 커다란 광장은 매년 12월 31일에 신년 카운트다운 파티가 개최되는 곳으로 유명하다.

이국적인 분위기가 가득한 거리 泰康路田子坊
타이캉루 텐즈팡

add.	上海市泰康路210弄
access	지하철 1호선 산시난루(陝西南路) 역 1, 4번 출구에서 동쪽 방향으로 도보 15분 또는 9호선 다푸차오(打浦桥) 역에서 도보 5분, 버스 17, 24, 236, 304, 864번을 이용해 루이진얼루 하차 후 도보 10분
time	09:00~22:00(상점마다 다름)

♣ 텐즈팡 간판을 지나면 석고문 양식의 건물을 사이에 두고 좁은 골목을 따라 다양한 분야의 공방과 작은 찻집, 갤러리, 디자이너 숍들이 빼곡히 들어서 있다. 공방에서 뚝딱뚝딱 공예품이 만들어지는 모습을 구경하는 것도 재미있고 흔하지 않은 기념품을 사기에도 좋다. 해 지기 전에 이곳을 돌아보고, 해 진 후 노천 카페에서 저녁 식사나 맥주 한 잔을 즐겨 보자. 일몰 후에는 더욱 이국적인 분위기를 느낄 수 있다.

TIP.
추천 숙소

★푸디 부티크 호텔 푸싱 파크
(Pudi Boutique Hotel Fuxing Park)

상하이 신천지 역에 위치하며 지하철 1호선 황피난루 역에서 도보 15분 거리에, 지하철 10호선 신천지 역까지는 차로 5분 거리에 있다. 상하이의 푸동 공항까지 차로 40분 정도, 홍차오 공항까지 20분 정도 소요된다.

add.	上海市雁荡路99号
tel.	021-5158-5888
URL	www.boutiquehotel.cc/emain.asp

★진장호텔(Jin Jiang Hotel)

상하이 지하철 1호선 산시난루 역 근처에 위치한 호텔이다. 프랑스 조계지 지역이 근처에 있어 이국적인 레스토랑과 바가 많다. 특히 창러루(长乐路)가 호텔 바로 앞에 있어 중국 속 외국을 경험할 수 있다.

add.	上海市茂名南路59号
tel.	021-3927-7888
URL	www.jinjianghotels.com

★오쿠라가든 호텔 상하이
(Okura Garden Hotel Shanghai)

지하철 1호선 산시난루 역에서 도보로 10분 거리에 있으며 신천지까지는 차로 5분 거리에 있다. 5성급 럭셔리 디럭스 호텔로 상하이 전시 센터 및 2010 상하이 엑스포, 상하이 대극장, 상하이 박물관과 가깝다.

add.	上海市茂名南路58号
tel.	021-6415-1111
URL	www.gardenhotelshanghai.com

상하이 >> 테마 여행 02

상하이 문화&예술 여행

ENJOY 01
365일 열리는
각종 전시와 패션쇼 즐기기

상하이에서 열리는 크고 작은 전시와 패션쇼는 놓치기 아쉬운 볼거리이다. 관광안내소에서 무료로 배포되는 전시 자료를 보고 볼 만한 것이 있는지 확인해 보자.

ENJOY 02
타이캉루 골목의 카페와 레스토랑에서
분위기와 음식 만끽하기

저녁에 분위기가 더 좋아지는 타이캉루 골목에서 여유 있는 시간을 보내보자.

ENJOY 03
상하이 대극원에서
공연 관람하기

상하이에서 공연을 보고 싶을 때 현장에서도 티켓을 살 수 있으나 매진되는 경우가 다반사이니 예매는 필수이다. 공연장 앞의 암표 거래는 주의하는 것이 좋다.(www.culture.sh.cn)

중국 고유의 동양적인 색채가 담긴 작품이 세계 예술 시장에서 떠오르고 있다. 특히 상하이는 중국 경제의 중심에 서서 그 역할을 톡톡히 하고 있다. 상하이 시정부에서도 지원을 시작하면서 중국파 예술인과 해외파 예술인들은 응집력이 강해지고 세계 경제뿐만 아니라 예술 분야에서도 위치를 굳히고 있다.

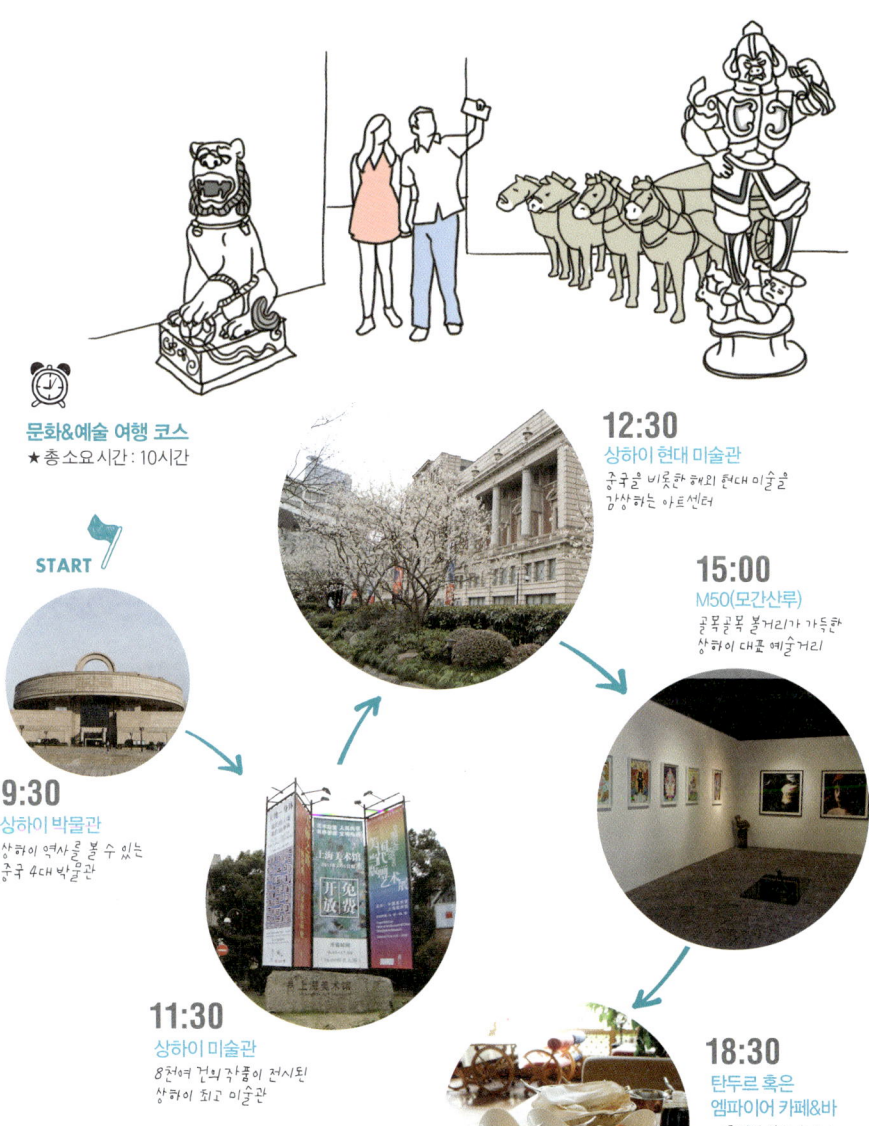

문화&예술 여행 코스
★ 총소요시간 : 10시간

START

9:30
상하이 박물관
상하이 역사를 볼 수 있는
중국 4대 박물관

11:30
상하이 미술관
8천여 점의 작품이 전시된
상하이 최고 미술관

12:30
상하이 현대 미술관
중국을 비롯한 해외 현대 미술을
감상하는 아트센터

15:00
M50(모간산루)
골목골목 볼거리가 가득한
상하이 대표 예술거리

18:30
탄두르 혹은
엠파이어 카페&바
이국적인 분위기에서
즐기는 따뜻한 잔의 여유

HOT SPOT

중국 예술을 엿볼 수 있는
상하이 핫 스폿

상하이의 역사의 모든 것 上海博物館
상하이 박물관

add. 上海市黄浦区人民大道201号
access 지하철 1, 2, 8호선 런민광장(人民广场) 역 1번 출구에서 도보 5분
time 09:00~17:00(16:00까지 입장 가능)
tel. 021-6972-3500
fee 무료
URL www.shanghaimuseum.net

♣ 베이징, 시안, 난징과 함께 중국 4대 박물관 중 하나로 총 12개 전시관에 진귀한 유물만 12만 건을 소장하고 있다. 1층에는 중국 고대 조소관과 청동관, 2층에는 중국 고대 도자관, 3층에는 중국 역대 서예관과 회화관, 새인(옥새, 도장)관, 4층에는 중국 명·청 가구관, 화폐관, 옥기관이 있다.

상하이 최고의 미술 박물관 上海美術館
상하이 미술관

add. 上海市黄浦区南京西路325号
access 지하철 1, 2, 8호선 런민 광장(人民广场) 역 11번 출구에서 도보 100m
time 10:00~18:00(입장 마감 17:00), 월요일 휴관
tel. 400-921-9021

fee 성인 20위안
URL www.sh-artmuseum.org.cn

♣ 1993년에 영국식 고전주의 형태로 지어졌으며 다양한 전시 공간이 만들어져 있다. 처음 이곳은 경마장의 클럽하우스에 불과했지만 현재 상하이 최고의 미술 박물관으로서 8천여 건의 작품을 보관하고 있고 2년에 한 번씩 전시회를 개최한다. 내부는 12개의 전시실로 되어 있으며 전시 외에 강연장, 회의장, 도서관, 자료실도 완비되어 있다.

중국 현대 미술을 한자리에서 보는 곳 上海當代藝術館
상하이 현대 미술관

add. 上海市黄浦区南京西路231号人民公园内
access 지하철 1, 2, 8호선 런민 광장(人民广场) 역 9번 출구에서 왼쪽편 인민공원 남문으로 도보 3분
time 10:00~18:00(일~목요일), 09:00~19:00(금~토요일)
tel. 021-6327-9900
fee 성인 50위안, 학생 25위안
URL www.mocashanghai.org

♣ 상하이 현대 미술관은 인민공원을 한가로이 걷다 보면 만날 수 있는 아트센터로 중국의 현대 미술과 디자인뿐만 아니라 외국의 현대 미술 및 디자인 작품도 초청해

서 전시회를 갖고 있다. 기획 전시를 주로 하기 때문에 젊은 방문객에게 좀 더 흥미로운 곳이다.

add.	上海市黄浦区人民大道100号
access	지하철 1, 2, 8호선 런민 광장(人民广场) 역 2번 출구
time	09:00~17:00(월~목요일), 09:00~18:00(금~일요일)
tel.	021-6318-4477
fee	30위안
URL	www.supec.org

♣ 지하 2층, 지상 5층의 건물로, 윗부분은 상하이의 상징 꽃인 백옥란(白玉蘭) 모형으로 되어 있다. 2000년에 세워진 이 건물은 건축물 관련 최고 상인 '루반상'을 수상했다. 내부에는 상하이 미래 발전 계획을 상세히 전시해 놓았다. 2층에는 '2010 상하이 엑스포' 특별관이 있고, 3층과 4층은 상하이 미니어처로 꾸며 놓았다.

상하이의 대표 예술 공연장 上海大劇院
상하이 대극원

add.	上海市黄浦区人民大道300号
access	지하철 1, 2, 8호선 런민 광장(人民广场) 역 2번 출구
time	17:00~23:00
tel.	021-6386-8686
fee	공연마다 다름
URL	www.shgtheatre.com

♣ 3개의 극장이 있는데 1,800석인 메인 극장에서는 발레나 오페라, 교향악단 연주가 열린다. 두 번째 극장에서는 실내악단 연주나 패션쇼, 전시회가 열리고 소극장은 중국 전통 화극이나 노래 공연 무대로 사용한다.

상하이 최고의 예술 거리 莫干山路(모간산루)
M50

add.	上海市莫干山路50号
access	지하철 1, 3, 4호선 상하이기차(上海火车站) 역 3번 출구에서 큰길이 직진하다 톈무시루(天目西路) 방향으로 우회전 후 다시 직진, 다리 건너 시쑤저우루(西苏州路)쪽으로 우회전한 뒤 왼쪽 두 번째 모간산루 골목
time	10:00~17:00(월요일 휴관)
URL	www.m50.com.cn

♣ 약 4만m²의 공간을 예술 작품으로 가득 채운 거리이다. 여러 블록으로 나누어 미로 같은 느낌을 주는 이곳의 갤러리에는 초대전과 이벤트가 자주 열리는데, 그 예술적인 가치가 상당함에도 입장료가 대부분 무료이다. 예술 작품에 관심이 적은 사람이더라도 이 거리를 걷다 보면 흥미로움을 느낄 것이다.

상하이의 미래를 보다 上海城市規劃展示館
상하이 기획 전시관

상하이 >> 테마 여행 03

맛의 도시 상하이 식도락 여행

ENJOY 01
전망 좋은 레스토랑에서
여유 있는 식사 즐기기

황푸 강변을 따라 서 있는 레스토랑에서는 와이탄 또는 푸동을 조망할 수 있다. 상하이만의 운치를 느끼며 맛있는 식사를 즐길 수 있으니 한 번쯤 방문해 보자. 가격이 조금 비싼 게 흠이다.

ENJOY 02
빛나는 상하이의 야경 바라보며
오색 빛깔 칵테일 마시기

빛나는 야경과 함께 즐기는 칵테일은 하루 여행을 기분 좋게 마무리해 준다. 황푸 강변에 있는 레스토랑의 비싼 식사 가격이 부담스럽다면 레스토랑의 바에서 칵테일을 시켜 보자. 칵테일 한 잔으로 낭만적인 밤을 만끽할 수 있을 것이다.

ENJOY 03
유명 레스토랑에서
브런치 즐기기

상하이에도 브런치 문화가 이미 시작되었고 유행에 민감한 레스토랑에서는 브런치 메뉴를 따로 만들어 선보이고 있다. 제법 유명한 식당에서 합리적인 가격의 브런치를 여유롭게 즐겨 보자.

맛의 도시 상하이에서는 중국 음식은 물론이고 다양한 종류의 음식을 즐길 수 있다. 홍콩과 비슷한 음식이 주를 이루지만 조금 더 규모가 큰 레스토랑이 많고, 홍콩처럼 반짝이는 야경을 보며 칵테일을 즐기기에 좋은 바도 많다. 브런치를 즐기기에 적당한 레스토랑도 다양하니 오전에는 상하이에서 여유롭고 우아하게 브런치를 먹어 보자.

HOT SPOT

미각을 자극하는
상하이 핫 스폿

미슐랭 별 세 개를 받은 레스토랑 Jean Georges
진 조지스(장조지)

add.	上海市黄浦区广东路17号 外滩三号4楼
access	지하철 2호선 난징동루(南京東路) 역 2번 출구로 나와 와이탄까지 걸어간 후 중산동이루(中山東一路)에서 우회전하면 와이탄 3호 건물
time	런치 11:30~14:30(주말 브런치 ~15:00) 디너 18:00~23:00
tel.	021-6321-7733
price	주말 브런치 258위안, 런치 코스 268위안, 디너 코스 698위안
URL	www.jean-georges.com

♣ 경치를 즐기며 품격 있는 스타 셰프의 요리를 맛볼 수 있는 가장 환상적인 프렌치 레스토랑이다. 디너 가격이 하루 여행 경비보다 높을 수 있을 정도로 비싸지만 저녁 시간에만 판매하는 7가지 코스는 그만큼 매력적이다. 모든 시간대에 붐비는 곳이니 예약은 필수이다.

전망 좋은 웨스턴 레스토랑 M on the bund
엠 온 더 번드

add.	上海市黄浦区中山东一路5号
access	지하철 2호선 난징동루(南京東路) 역에서 3번 출구로 나와서 난징동루를 따라 동쪽으로 약 5분 가면 중산동이루(中山东一路)가 나온다. 여기서 우회전하여 다시 남쪽으로 걸으면 와이탄 5호 건물 7층
time	런치 11:30~14:30(주말 ~15:00), 디너 18:00~22:30, 주말 에프터눈티 15:00~17:00
tel.	021-6350-9988
price	점심 코스 188위안, 브런치 코스 248위안
URL	www.m-restaurantgroup.com/mbund

♣ 와이탄에서 가장 초기에 오픈한 고급 웨스턴 레스토랑으로 음식은 가격에 비해 뛰어나지 않지만 와이탄의 전망을 즐길 수 있고 분위기가 좋아 적극 추천한다. 비용이 부담스럽다면 합리적인 가격대의 브런치를 즐기며 햇살을 만끽해 보자. 밤에는 별을 보며 야경을 즐기면서 와인을 한잔 해도 좋다.

야경 감상하기 좋은 뷔페 레스토랑 Grand Café
그랜드 카페

add. 上海市浦東新区世紀大道88号金茂大廈
access 지하철 2호선 루자쭈이(陆家嘴) 역 3번 출구에서 도보 10분, 금무대하 54층 호텔 로비라운지 옆
tel. 021-5047-1234
price 런치 1인 300위안
URL shanghai.grand.hyatt.cn

칵테일, 야경, 서비스가 일품 Jade on 36
제이드 온 36

♣ 금무대하 54층 그랜드 하얏트 호텔 로비에 위치하며 카페라는 이름과 달리 뷔페로 인기 있는 레스토랑이다. 동방명주와 IFC몰이 있는 푸동에서 멀리는 와이탄까지 한눈에 감상할 수 있지만 호텔 로비이다 보니 살짝 어수선한 느낌이 있다. 가격이 비싼 편이기 때문에 낮에 런치 뷔페를 즐기고 밤에는 위의 바에서 야경을 구경하면 부담 없이 즐길 수 있을 것이다.

와이탄과 푸동을 동시에 조망할 수 있는 바 VUE Bar
뷰 바

add. 上海市浦東新区富城路33号浦东香格里拉大酒店36楼
access 지하철 2호선 루자쭈이(陆家嘴) 역 1번 출구에서 정대광장과 IFC몰 사이로 직진
time 18:00~22:00(월~일요일), 11:30~15:00(일요일)
tel. 021-6882-8888
price 1인 100위안~
URL www.jadeon36.com

♣ 샹그릴라 호텔 신관 36층에 위치한 제이드 온 36은 금무대하나 SWFC보다 멋진 뷰를 자랑하는데, 가장 가까이에서 그리고 비슷한 높이에서 동방명주탑을 바라볼 수 있고 와이탄과 빈강대도까지 한눈에 담을 수 있기 때문이다. 맛있는 칵테일과 야경, 서비스까지 매력적인 이곳은 대부분 샹그릴라 고객들이 이용하고 있어 정중한 차림으로 방문하길 권한다.

add. 上海市虹口区黄浦路199号
access 지하철 2호선 난징동루(南京东路) 역 3번 출구에서 난징동루를 따라 동쪽으로 약 5분 직진하면 중산동이루(中山东一路), 여기서 좌회전 후 직진, 외백도교 건너 하얏트온더번트 호텔 32층
time 17:30~01:30(일~수요일), 17:30~02:30(목~토요일, 공휴일)
tel. 021-6393-1234
price 1인당 270위안~
URL shanghai.bund.hyatt.cn

♣ 와이탄 빌딩들을 한눈에 조망할 수 있는 곳이다. 와이탄의 유명한 다른 바들도 서비스가 괜찮지만 이곳은 엘리베이터에서 내렸을 때부터 직원들이 에스코트해 주어 친절함을 느낄 수 있다. 32층은 모던한 보통의 바 모습이고 33층은 노천 테라스가 있어서 더욱 운치가 있다.

정통 크레페 전문점 La creperie
라 크레페리

add.	上海市徐汇区桃江路1号
access	지하철 1호선 헝산루(衡山路) 역 4번 출구에서 헝산루(衡山路) 방향으로 직진한 뒤 일리커피(illy)에서 우회전 후 직진. 지하철 1호선 창수루(常熟路) 역 4번 출구에서 좌회전 후 직진한 후 일리커피에서 좌회전해 직진
time	10:30~23:00
tel.	021-5465-9055
price	1인 80위안~
URL	www.lacreperie.com.cn

♣ 프랑스에서 만날 법한 정통 크레페를 맛볼 수 있는 곳으로 식사용과 디저트를 모두 취급한다. 타이오지앙루와 동핑루에 맛있는 레스토랑과 카페가 집합해 있는데 그중에서도 뛰어난 맛을 자랑한다. 저렴한 구성의 런치세트가 있는 시간에 방문해서 식사를 즐기거나 식사 후 이곳을 찾아 디저트로 크레페를 맛보아도 좋다.

상하이에서 꼭 먹어 볼 것

만두

만두의 본고장 중국에서 가장 먼저 추천하고 싶은 메뉴는 단연 만두이다. 상하이에서는 모양도 맛도 가격도 다양한 만두를 만나볼 수 있다. 길에서 저렴한 가격에 맛보는 전통 중국식 만두와 유명 레스토랑에서 맛보는 만두 모두 만족도가 높다.

면 요리

대부분의 상하이인들은 간단한 죽이나 면으로 아침식사를 시작하는 만큼 길을 걷다 보면 면 요리 음식점을 쉽게 찾아볼 수 있다. 면 요리의 탄생지인 중국에서는 오래된 역사만큼이나 그 맛과 종류가 다양한 형태로 발전해 왔다. 가장 흔하게 볼 수 있는 탕면과 볶은 초면, 튀긴 작면까지! 상하이 스타일의 면 요리를 만나 보자.

신선한 딤섬을 먹을 수 있는 곳 LYNN

린

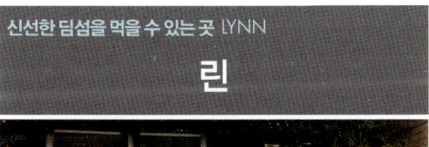

add.	上海市静安区西康路99号
access	지하철 2, 7호선 정안사(静安寺) 역과 2호선 난징시루(南京西路) 역 중앙에 위치. 정안사 역 3번 출구에서 직진하다 에르메스 매장과 상하이상청(上海商城) 사이 골목. 난징시루 역 1번 출구에서 직진하다 에르메스 매장과 상하이상청 사이 골목
time	13:00~14:30, 17:30~22:30 (주말 점심 뷔페 11:30~15:00)
tel.	021-6247-0101
price	런치 딤섬 뷔페 88위안 (수박 주스 +10위안)

♣ 주말에 하는 런치 딤섬 뷔페가 유명한 곳이다. 뷔페라고 하지만 접시에 담아 와 먹는 방식이 아니라 메뉴를 보고 주문하면 그때마다 가져다 주기 때문에 따끈따끈하고 신선한 딤섬을 먹을 수 있다. 딤섬뿐 아니라 볶음밥과 국수 종류도 다양하며 디저트까지 구비하고 있어 주말을 끼고 여행하는 사람이라면 꼭 방문해 보길 바란다.

게 요리

상하이 요리 중에서도 가장 최고로 치는 것이 바로 게 요리이다. 상하이에서 게 요리는 예로부터 중추절이나 명절에 손님을 대접하기 위해 내놓았던 고급 음식이었다. 찌고, 졸이고, 술에 담아 먹는 등 다양한 방법이 있는데 가장 맛있는 때는 제철인 가을(9~11월)이다.

훠궈

중국식 샤브샤브 훠궈는 중국 일부 지역에서 핫팟이라 부르기도 한다. 진하게 끓여 낸 육수에 다양한 재료를 익혀 먹는 것으로, 매콤한 사천식 국물이라 우리 입맛에도 잘 맞는다. 일단 탕을 고른 후 재료를 선택하자.

TRAVEL AREA **09**

BANG KOK
방콕

세계 여행자들의 아지트

역사의 숨결을 고스란히 간직한 사원과 왕궁, 뜨거운 열기 속에서 휴식처가 되어 주는 현대식 쇼핑몰, 도심 속 한적함을 선사하는 짜오프라야강 그리고 세계 배낭여행객들이 모여 드는 카오산 로드까지. 작은 도시 안에 이 모든 것이 팔딱거리며 숨 쉬고 있는 방콕은 매 순간 색다른 모습으로 다가올 것이다.

언어 태국어(타이어)
면적 1,500km²
인구 6,700만 명
시차 2시간
화폐 바트화(THB)
국가번호 66

| 방콕으로 떠나기 전에 |

1. 어느 계절에 떠날까?

언제나 뜨거운 열기가 감도는 곳이기 때문에 더위를 피할 수는 없다. 그래도 조금이라도 선선한 겨울에 떠나는 것을 추천한다. 3월~6월은 가장 온도가 높은 시기이므로 가급적 피하는 것이 좋다. 더운 시기라면 시내 관광지를, 조금 선선한 시기라면 교외 투어를 선택하는 것이 좋다.

2. 항공권, 어떻게 살까?

직항으로 갈 수 있는 가까운 관광지이기 때문에 대부분의 저가항공사도 취항한다. 티웨이항공, 진에어, 이스타항공, 제주항공 등을 이용하면 저렴하게 갈 수 있다. 부모님과 함께하는 여행이라면 대한항공, 아시아나항공도 좋지만 조금 더 비용이 저렴한 타이항공도 추천한다. 취항하는 항공사는 많지만 저가 티켓은 빨리 판매되기 때문에 여행 시기가 확정됐다면 최대한 빨리 구매하도록 하자.

3. 어디에서 잘까?

세계 여행자들이 모이는 도시답게 숙박시설이 많으므로 고급 체인 호텔도 다른 도시보다는 저렴하게 이용할 수 있다. 또한 시내 곳곳에 직접 음식을 조리해 먹을 수 있는 레지던스가 많이 있어 숙소 선택의 폭이 다양하다. 저렴한 배낭여행이라면 카오산 로드의 게스트하우스를, 커플 여행이라면 최근 뜨고 있는 부티크 호텔을, 친구들과 여러 명이 간다면 아파트형 레지던스를, 부모님과 함께한다면 고급 호텔을 추천한다.

4. 여행 경비는 얼마나 들까?

방콕이 여행자들의 천국인 이유는 비용이 저렴하기 때문이다. 길거리에서 먹는 팟타이는 한화 700원 정도면 푸짐하게 먹을 수 있고, 가볍게 받는 발 마사지도 1만 원을 넘지 않는다. 우리나라의 고급 마사지숍에서 받는 서비스 정도의 마사지도 3만 원~5만 원 정도면 충분히 받을 수 있다. 쇼핑몰 내에 있는 식당은 인당 1만 원 정도의 예산을 잡으면 충분하다. 교통비 또한 저렴하니 마음껏 누려도 무방하다.

AREA. 방콕. 둘러보기

주요 관광지들로 꽉 찬 일정을 만드는 것도 재미있지만, 하루쯤은 온전히 나만을 위한 사치를 누려 보는 것은 어떨까. 세련된 최신 건물 사이에 문득 보이는 오래된 도시의 숨결을 느껴 보고, 시간적 여유가 된다면 방콕 시내에서 떨어진 교외로 나가 호젓한 분위기를 감상해 보는 것도 좋다.

1» **방콕 시내**
지하철과 지상철을 적절히 이용하면 이동하는 데 전혀 불편함이 없다. 짜오프라야강과 숙소가 가깝다면 수상버스로도 주요 관광지를 다닐 수 있다. 여행 인원이 많다면 택시를 이용하는 것이 편리하다. 대부분의 유명 브랜드가 입점한 대규모의 쇼핑몰에서 눈을 즐겁게 한 뒤 피로를 풀어 주는 스파와 마사지를 받고, 싸고 푸짐한 해산물로 식사를 한 뒤 재즈밴드의 라이브 연주로 하루를 마무리한다면 방콕을 누구보다 알차게 즐겼다고 할 수 있을 것이다.

2» **교외 지역**
전 세계 사람들이 모두 모여 정신없이 복잡한 방콕 시내에서 조금 벗어나고 싶다면 교외 투어를 이용해 보자. 옛 시장의 모습을 그대로 간직한 수산시장이나 태국의 아픈 역사가 담겨 있는 콰이강의 다리, 아유타야 왕조의 여름 별장으로의 여행 등 복잡한 도시가 아닌 교외 지역의 한적함과 태국의 다른 모습을 감상할 수 있는 투어를 반나절 또는 하루 일정으로 이용할 수 있다.

방콕 >> 핵심 여행

방콕
핵심 여행

ENJOY 01
왓 포에서 동전 넣고
소원 빌기

108개의 항아리에 동전을 넣고 소원을 빌어 보자. 믿거나 말거나이지만 해 봐서 손해볼 것은 없지 않겠는가.

ENJOY 02
새벽사원을 배경으로
일몰 보며 저녁 먹기

새벽사원으로 불리는 왓 아룬 또한 유명한 관광지이지만 연이은 사원 관광은 지루할 수도 있다. 해가 지면 강 반대편에서 식사를 하며 반짝이는 왓 아룬의 모습을 감상해 봐도 좋다.

ENJOY 03
카오산 로드에서
헤나로 멋내기

문신은 누구나 한 번쯤 해 보고 싶어 하지만 좀체 시도하기 어렵다. 그렇다면 문신 대신 시간이 지나면 사라지는 헤나로 여행 기분을 보충해 보는 것이 어떤가.

방콕을 처음 방문한다면 사원이나 왕궁 등의 관광지를 가 보는 것도 나쁘지 않다. 하지만 이들 대부분은 야외이기 때문에 아침 일찍부터 부지런히 움직여야 한낮의 무더위를 피할 수 있다. 전 세계 배낭여행객들의 집합지인 카오산 로드의 실체는 어둠이 짙어져야 확인할 수 있으니 해가 떨어지길 기다려 이동하는 것이 좋다.

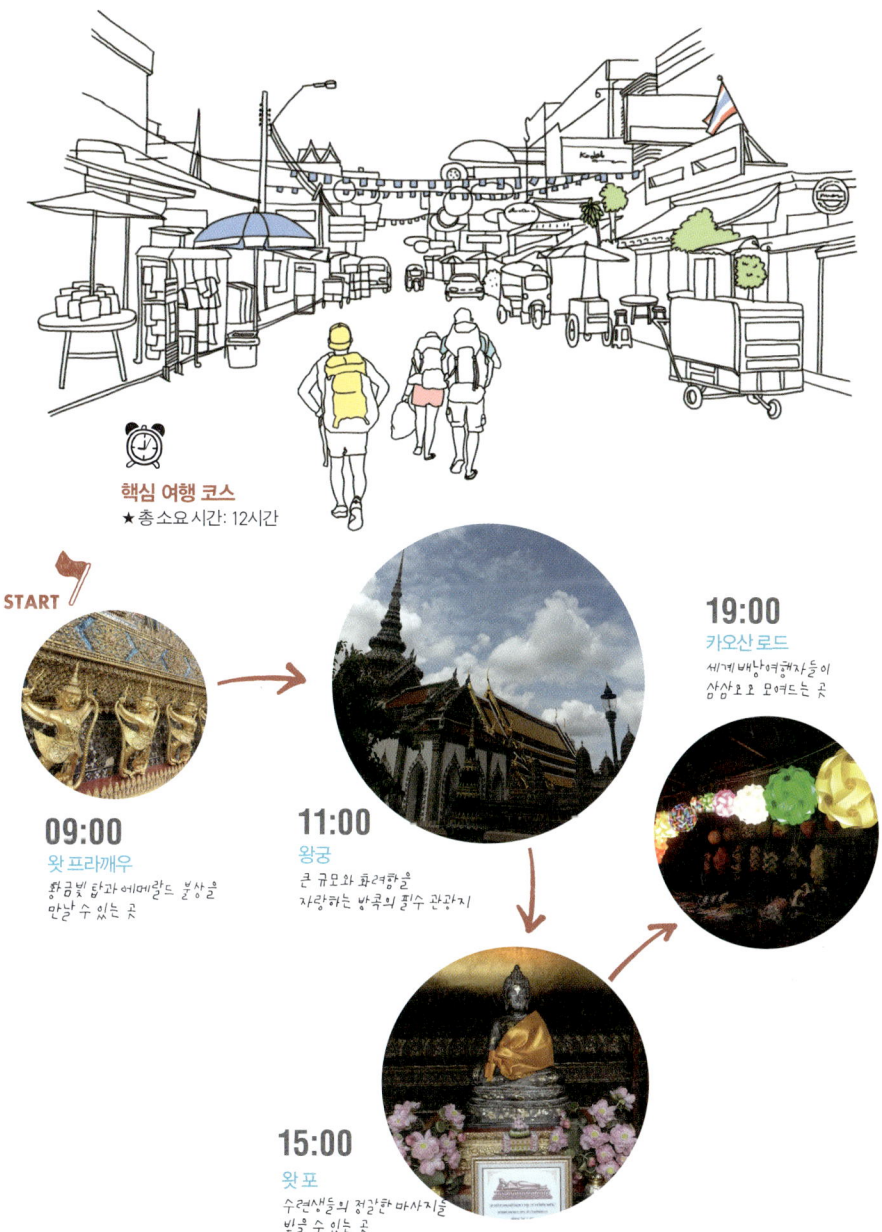

TRAVEL SPOT 09 방콕 BANG KOK

ASIA

핵심 여행 코스
★ 총 소요 시간: 12시간

START

09:00
왓 프라깨우
황금빛 탑과 에메랄드 불상을
만날 수 있는 곳

11:00
왕궁
큰 규모와 효려함을
자랑하는 방콕의 필수 관광지

15:00
왓 포
수련생들의 정갈한 마사지를
받을 수 있는 곳

19:00
카오산 로드
세계 배낭여행자들이
삼삼오오 모여드는 곳

231

HOT SPOT

주요 관광지만 골라 보는
방콕 핫 스팟

태양과 가까운 신들의 사원 Wat Phra Kaew
왓 프라깨우

add.	Na Phra Lan Road, Phra Nakhon
access	짜오프라야강의 수상버스 타 창(Tha Chang) 선착장 이용 (카오산 로드에서 도보 15분)
time	08:30~16:30(입장 마감 15:30)
fee	500바트
tel.	02-224-3290
URL	www.palaces.thai.net

♣ 옥으로 만들어졌지만 '에메랄드 불상'으로 불리는 불상이 안치되어 있어 유명하다. 태국 왕들의 제사를 지내는 곳으로, 에메랄드 불상이 있는 대웅전 외에도 황금빛 탑과 정교한 벽화, 사원을 지키는 조각상 등 눈을 번쩍

이게 하는 볼거리가 가득하다. 태양신을 가까이하려는 태국 사람들의 의지에 따라 사원이 태양과 가장 가까운 곳에 위치해 있어 더위에 쉽게 지칠 수 있다. 또한 유명한 곳이기에 관광객이 항상 붐빈다. 이 점만 감수한다면 그 화려함과 세련됨에 감탄사를 연발하며 감상할 수 있다. 태국의 대표 사원인 만큼 짧은 반바지나 찢어진 청바지 등을 입고 입장할 수 없다. 입구에서 보증금을 내고 무료로 옷을 빌릴 수 있으니 참고하기 바란다.

화려한 멋이 있는 궁전 Grand Palace
왕궁

add.	Na Phra Lan Road, Phra Nakhon
access	짜오프라야강의 수상버스 타 창(Tha Chang) 선착장 이용 (카오산 로드에서 도보 15분)
time	08:30~15:30(왕실 행사가 있는 날은 휴관)
fee	500바트(왓 프라깨우를 통해 입장)
tel.	02-623-5500
URL	www.palaces.thai.net

♣ 네모난 담장 안에 30여 개의 건축물로 이루어진 왕궁은 총 면적이 218,000m²에 이를 정도로 웅장한 규모를 자랑한다. 에메랄드 사원으로 불리는 왓 프라깨우를 비롯해 여러 국보가 보관되어 있는 박물관, 외국 사절을 영접하는 연회장, 행정 시설 등으로 사용되고 있다. 왓 프라깨우 관람을 마치고 나면 이미 더위에 지쳐 왕궁을 둘러볼 힘이 남아 있지 않을 수도 있으니 미리 체력을 비축해 놓아야 한다. 실내 입장이 안 되는 곳도 많이 있지만 멋진 외관을 뽐내는 건물이 많고, 정원 정리가 잘 되어 있어 사진 찍기에도 좋다.

사원에서 경험하는 마사지 Wat Pho
왓 포

add.	2 Sanamchai Road Grand Palace Subdistrict, Pranakorn District
access	짜오프라야강의 수상버스 타 티안(Tha Tien) 선착장 이용
time	08:00 - 17:00
fee	100바트(생수 증정)
tel.	02-662-3533
URL	www.watpho.com

♣ 태국에서 가장 오래된 사원 중의 하나이다. 오래된 역사 때문이기도 하지만 마사지를 받으려는 관광객의 발길이 끊이지 않는다. 타이 마사지의 시작이라고도 알려져 있으며, 마사지 훈련 학교가 있어 수련생들에게서 저렴한 가격으로 훌륭한 마사지를 받을 수 있다. 방콕 여행을 길게 할 예정이라면 이곳에서 타이 마사지를 직접 배워보는 것도 새로운 경험이 될 것이다.

왕궁을 관광하며 쌓인 피로를 마사지를 통해 씻어 냈다면 다시 기운을 내 왓 포 사원을 관람하도록 하자. 사진 한 장에 담기 힘들 정도로 어마어마하게 큰 불상이 누워 있는 모습은 낯설지만 거대한 감동을 선사할 것이다.

여행자들의 참새 방앗간 Khao-San Road
카오산 로드

add.	Khwaeng Talat Yot, Khet Phra Nakhon Krung Thep Maha Nakhon
access	짜오프라야강의 수상버스 파 아팃(Phra Athit) 선착장 이용

♣ '방콕' 하면 누구나 가장 먼저 떠올리는 곳이 바로 카오산 로드이다. 일명 '세계 배낭여행자들의 천국'이라고 불리며 저렴한 게스트하우스와 음식점, 노점이 거리마다 가득 차 있다. 낮에는 다양한 정보를 주고받고, 저녁에는 세계 각국의 다양한 사람을 만날 수 있다. 카오산 로드에서는 여행의 긴장감을 잠시 내려놓고 분위기에 몸을 맡기는 것도 좋다. 거리를 걷다 마음에 드는 펍에서 맥주를 마시며 음악에 빠지는 시간만큼은 최고로 자유로운 순간이 될 것이다.

방콕 >> 테마 여행 01

여유만만
피로회복
여행

방콕 여행의 백미는 사원 등의 관광지보다 푸짐하고 맛있는 음식, 눈물이 핑 돌 정도의 감동적인 마사지 그리고 저렴한 가격으로 유혹하는 고급 호텔이라 할 수 있다. 잠시 동안의 더위만 견딘다면 세상 누구도 부럽지않을 정도의 휴식과 자유를 누릴 수 있다.

ENJOY 01
태국 같지 않은 분위기의
두싯 거리 산책

서구화를 추진하기 위해 계획적으로 만들어진 두싯 지역은 잘 가꿔진 정원과 동물원이 있어 한가롭게 둘러보기에 좋다.

ENJOY 02
더위를 식혀 주는
길거리 아이스크림 먹기

한낮에 방콕 거리를 다니다 보면, 더위 때문에 쉽게 지친다. 이럴 때는 노점이라 두려워하지 말고, 시원한 아이스크림을 즐겨 보자. 잘 녹기는 하지만 잠깐이라도 서늘함을 느낄 수 있을 것이다.

ENJOY 03
공연에 출연하는
코끼리와 사진 찍기

씨암니라밋 공연장에 조금 일찍 도착하면 야외 공연장에서 예비 공연이 펼쳐진다. 공연에 등장하는 코끼리도 미리 만나 볼 수 있다.

피로회복 여행 코스
★ 총소요시간 : 14시간

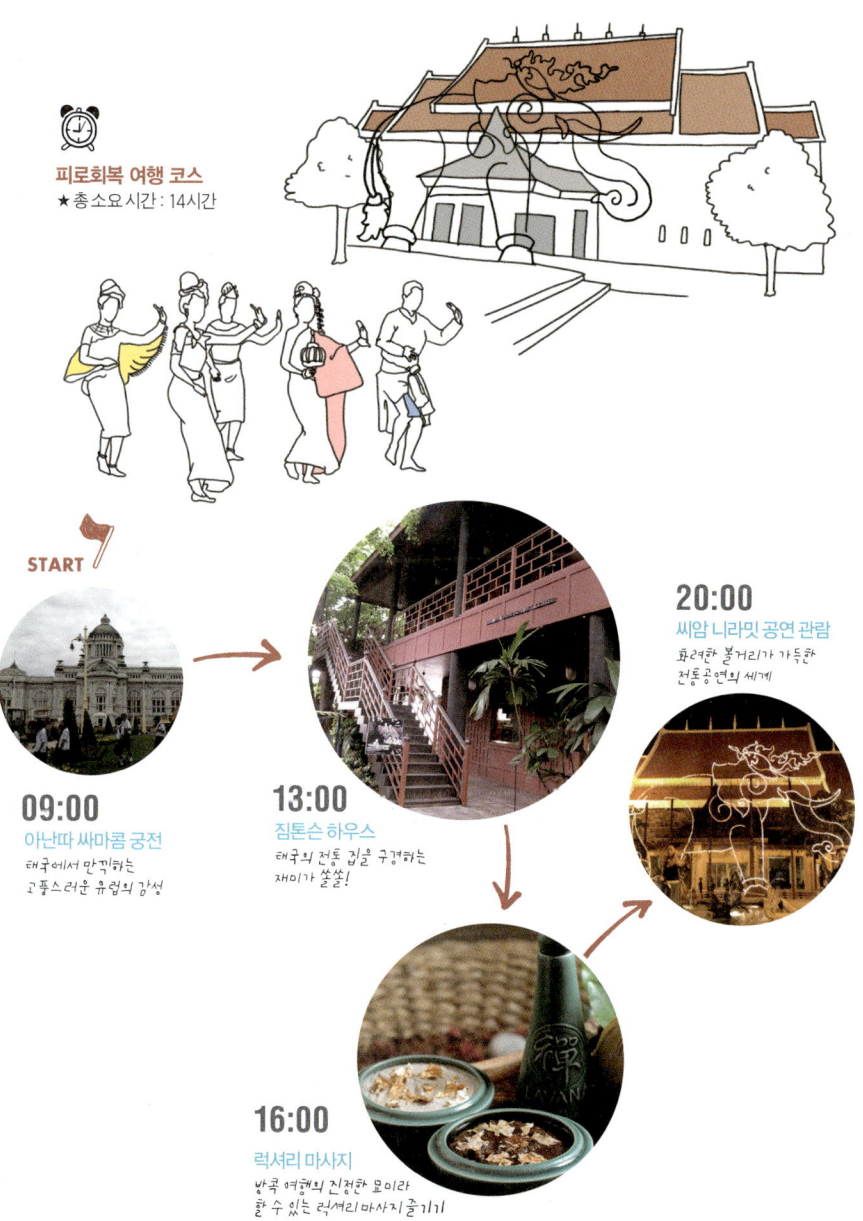

START

09:00
아난따 싸마콤 궁전
태국에서 만끽하는
고풍스러운 유럽의 감성

13:00
짐톰슨 하우스
태국의 전통 집을 구경하는
재미가 쏠쏠!

16:00
럭셔리 마사지
방콕 여행의 진정한 묘미라
할 수 있는 럭셔리 마사지 즐기기

20:00
씨암 니라밋 공연 관람
화려한 볼거리가 가득한
전통공연의 세계

HOT SPOT

여유로움을 선사하는
방콕 핫 스폿

고급스러운 유럽풍 궁전 Ananta Samakom Place
아난따 싸마콤

add.	Thanon Uthong Nai
access	짜오프라야강의 수상버스 테(Thewet) 선착장에서 도보 25분
time	09:30~15:15(월요일/8월 12일-왕비 생일/10월 23일-쭐라롱껀 기념일/12월 5일-국왕 생일 휴관)
fee	100바트(왕궁 티켓 소지 시 일주일 내에 무료)
tel.	02-628-6300
URL	www.vimanmek.com

♣ 위만멕 저택과 더불어 두싯 지역의 대표 관광지인 아난따 싸마콤 궁전은 건물 전체가 대리석으로 만들어져 있어 고급스러움이 남다르다. 태국 전통의 느낌이 전혀 나지 않고, 유럽 르네상스 시대의 분위기가 물씬 풍겨 마치 유럽을 여행하고 있는 착각이 들 정도이다. 실내 또한 화려하게 꾸며져 있어 입장가 전혀 아깝지 않다. 민소매나 속이 비치는 옷을 입고 입장할 수 없고, 여자들은 반드시 긴 치마를 입고 입장해야 하는 번거로움이 있으니 복장에 특별히 주의하자. 실내는 촬영이 금지되고 있어 입장 전 소지품을 미리 맡기고 들어가야 한다.

미국 사람이 만든 태국 전통 가옥 Jim Thompson House
짐톰슨 하우스

add.	Thanon Rama 1
access	BTS National Stadium역 1번 출구
time	09:00~17:00
fee	100바트
tel.	02-216-7368
URL	www.jimthompsonhouse.com

♣ 태국 본연의 느낌을 보고 싶다면 짐톰슨 하우스를 방문해 보는 것도 좋다. 제2차 세계대전 때 태국에 파병됐던 미국인 짐톰슨이 태국의 아름다움에 반해 정착해 살면서, 200년 이상 된 집들을 분해해 새로 재건축한 태국의 전통 가옥이다. 집 주변의 정원이 잘 꾸며져 있어 시원하게 휴식을 취할 수 있으며, 집 내부는 가이드와 함께 투어로만 관람이 가능하다. 짐톰슨은 이곳에서 실크 산업을 발전시키기도 했다. 많은 사람에게 선물하기에는 시장에서 파는 기념품이 좋지만, 특별한 사람에게 장식품이 아닌 실용적인 선물을 하고 싶다면 짐톰슨 제품을 구매하는 것을 추천한다. 가격은 조금 나가지만 예쁘고 고급스러운 제품이 많다.

피로회복제보다 좋은 Lavana Spa
라바나 스파

add.	No.4 Soi Sukhumvit 12 Sukhumvit Road., Klongtoey, Klongtoey
access	BTS Asoke역 2번 출구, MRT Sukhumvit역 3번 출구
time	09:00~00:00
fee	450바트부터
tel.	02-229-4510
URL	www.lavanabangkok.com

♣ 방콕 시내에 유명한 고급 스파가 많지만 라바나 스파는 한인타운 주변인 쑤쿰윗 지역에 있어 마사지를 받은 후에 한국 음식을 즐기기에 좋다. 여행 기간 내내 30분짜리 발 마사지나 한 시간짜리 타이 마사지를 받았다면 마지막 날에는 호사스러운 허브 마사지를 받아 보자. 3시간 동안 늘어지게 내 몸을 맡기고도 6만 원 정도밖에 들지 않는다. 오일마사지, 허브마사지, 전신/피부 마사지 등 선택의 폭도 다양해 원하는 조합으로 받을 수 있다. 방콕에서는 최고급에 해당하는 곳이지만 한국만큼의 탈의 시설은 구비되어 있지 않으니 가운을 주지 않는다고 너무 놀라지는 말라.

이야기가 있는 태국의 전통공연 Siam Niramit
씨암 니라밋 쇼

add.	19 Tiamruammit Road, Huaykwang
access	MRT Culture Center역 1번 출구(15분마다 셔틀 운행)
time	19:00~22:00(공연 시작 20:00)
fee	1,500바트(공연만)
tel.	02-649-9222
URL	www.siamniramit.com

♣ 동남아 지역에서 주로 볼 수 있는 공연은 그 나라의 전통공연과 트랜스젠더 쇼가 대표적이다. 방콕에도 트랜스젠더 쇼인 칼립소 쇼가 있으나, 그 보다는 태국 전통공연인 씨암 니라밋을 추천한다. 한 편의 뮤지컬을 보는 듯한 씨암 니라밋 공연은 태국 각 지역의 특색을 살려 짧은 이야기로 엮은 전통공연인데, 민속 공연스럽지 않은 화려한 무대장치와 아시아 특유의 강렬한 색감의 의상을 입은 수많은 배우, 동물의 출연으로 시종일관 눈을 뗄 수 없다. 어색한 문장이긴 하지만 대충 알아들을 수 있는 한국어 자막도 제공하기 때문에 관람하는 데 큰 무리는 없다. 공연 티켓만 따로 예약할 수도 있고, 공연 전 뷔페가 포함된 티켓도 판매하고 있다. 야외 공연장 뒤쪽으로는 작은 민속촌도 꾸며져 있어 남는 시간에 돌아보기에 좋다.

방콕 >> 테마 여행 02

주말 방콕 쇼핑 여행

ENJOY 01
방콕을 잊지 못하게 할
기념품 사기

여행 기념품으로 열쇠고리나 동전지갑을 선물하는 시기는 일찍이 지났다. 아로마 디퓨져, 휴대폰 케이스, 귀여운 손수건 등 실용적인 아이템으로 받는 사람에게도 쓸모 있는 선물을 장만해 보자.

ENJOY 02
현지인 체험 기본 코스
뚝뚝 타 보기

지상철이나 지하철로 쉽게 이동하기 어렵거나, 택시를 타기에도 애매하게 가까운 거리는 뚝뚝을 타 보자. 정신없이 울리는 경적소리와 무질서한 도로 속에서 방콕의 묘미를 100% 실감할 수 있다.

ENJOY 03
낮보다 아름다운 밤을 위해
화려하게 외출하기

여행 중 한 번쯤은 화려한 외출을 해도 좋다. 저녁시사를 끝내고 방콕 시내를 한눈에 내려다 볼 수 있는 루프탑 Bar로 향해 보자. 반짝반짝 빛나는 도시의 야경과 라이브 재즈 선율이 당신을 기다리고 있을 것이다.

여행객이라면 대부분 주말을 이용해 방콕을 찾았을 것이다. 여행지에서는 평일과 주말이 큰 의미가 있지는 않지만 주말 쇼핑이 있다면 얘기가 다르다. 현지 사람들이 주로 이용하는 시장 구경만큼 재미있는 관광도 없다. 쇼핑을 위한 하루만큼은 몸치장도 가볍게, 두 손도 최대한 가볍게 한 뒤, 숙소를 떠나자.

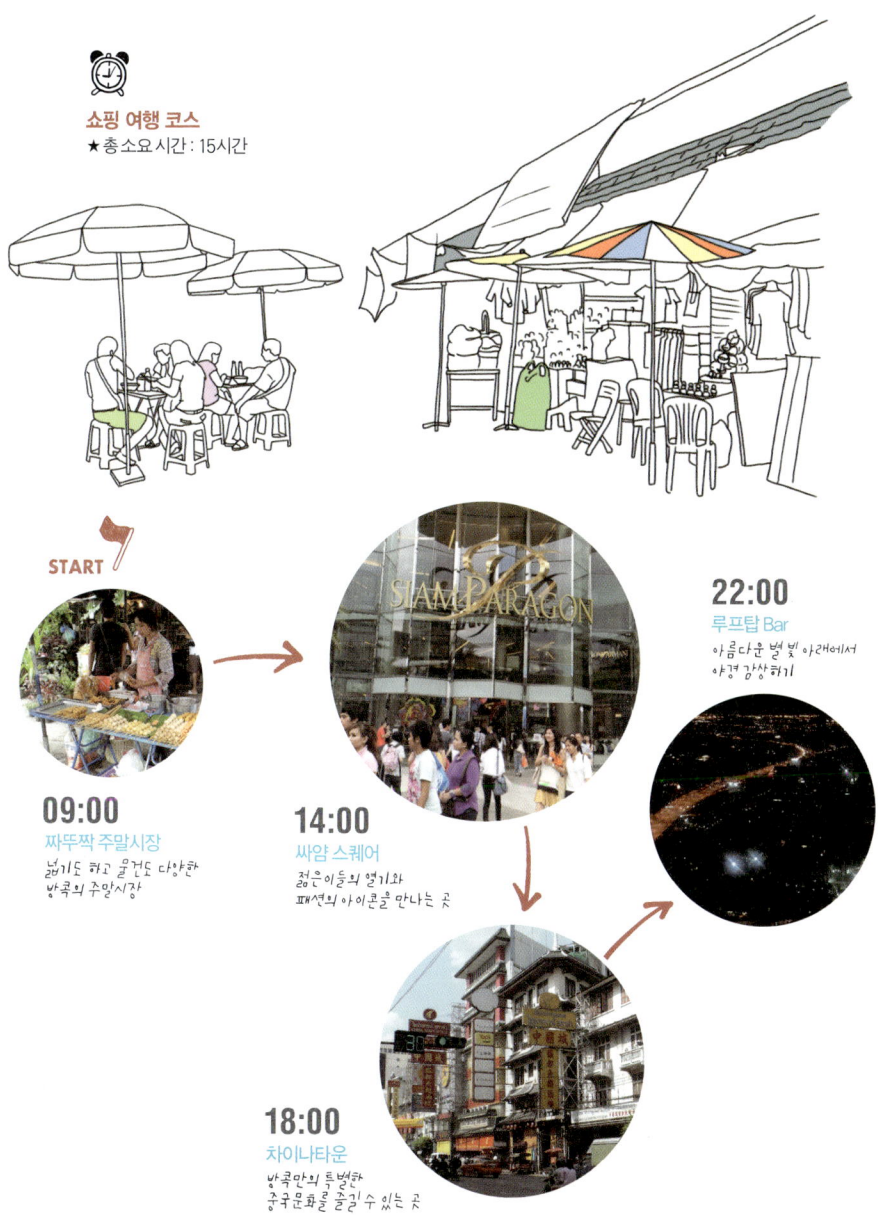

쇼핑 여행 코스
★ 총소요시간 : 15시간

START

09:00 짜뚜짝 주말시장
넓기도 하고 물건도 다양한 방콕의 주말시장

14:00 싸암 스퀘어
젊은이들의 열기와 패션의 아이콘을 만나는 곳

18:00 차이나타운
방콕만의 특별한 중국문화를 즐길 수 있는 곳

22:00 루프탑 Bar
아름다운 별빛 아래에서 야경 감상하기

HOT SPOT

알찬 쇼핑을 위한
방콕 핫 스폿

온갖 볼거리가 있는 주말시장 Chatuchak Weekend Market
짜뚜짝 주말시장

add.	Kamphaeng Phet 2 Road, Chatuchak
access	BTS Mochit역 1번 출구, 도보 5분
time	토요일~일요일 9:00~18:00
URL	www.chatuchak.org

♣ 10,000개가 넘는 상점들이 27개의 구역으로 나눠져 빼곡히 들어서 있는 짜뚜짝 주말시장은 그 규모가 남대문 시장의 몇 배에 달한다. 식물, 인테리어, 옷, 책, 음식, 애완동물 등 사람 사는 데 필요한 모든 것이 다 있다고 볼 수 있지만, 너무 넓어서 모두 둘러보기는 어렵다. 입구에서 지도를 미리 사진으로 찍거나 홈페이지에서 지도를 다운받아서 필요한 곳만 보는 것이 현명한 방법이다.
무더위 속에서 좁은 상점가를 다니다 보면 어지럽기도 하는데, 이럴 때는 에어컨이 완비되어 있는 숍으로 직행하거나 발마사지를 받으며 30분쯤 휴식을 취하고 나면 다시 쇼핑 에너지가 충전될 것이다. 평일에도 운영되지만 일부 섹션만 운영되거나 도매 중심으로 이루어지니 가급적 주말에 방문하자.

방콕 패션의 중심가 Siam Square
싸얌 스퀘어

access	BTS Siam역 하차

♣ 시장에서 자잘한 기념품과 소품들을 샀다면 이제 패션의 중심지로 이동해 보자. 방콕의 HOT한 젊은이들을 만나 볼 수 있는 거리로 방콕 최대 쇼핑몰인 싸얌 파라곤과 온갖 패션 브랜드의 총 집합소인 센트럴월드플라자, 디자인 제품이 많은 싸얌 디스커버리까지 골라 갈 수 있는 쇼핑몰이 즐비해있다. 우리나라의 백화점과 크게 다를 바 없지만 깔끔하고 시원하며, 다양한 푸드코트를 갖추고 있어 식사 시간에 찾기에도 좋다. 싸얌 파라곤 지하에는 대형 슈퍼마켓이 있으니, 숙소에 가기 전 간식거리를 사거나 기념품으로 챙길 태국 주전부리도 구입할 수 있다. 고급 쇼핑몰이 지겹다면 동대문 분위기를 느낄 수 있는 MBK(마분콩)으로 이동해도 좋다.

안 가 보면 서운한 차이나타운 China Town
차이나타운

access 짜오프라야강의 수상버스 라차웡(Rachawongse) 선착장에서 도보 5분

♣ 세계 어느 곳을 가도 만날 수 있는 차이나타운이 방콕에 없을 리 만무하다. 딱히 무엇을 사러 가기보다는 맛있는 음식을 먹으러 가기에 더욱 좋은 곳이다. 팟타이와 파인애플 볶음밥 외에 딱히 먹을 게 생각나지 않는다면 차이나타운으로 가 보자. 만두, 딤섬, 오리구이 같은 익숙한 음식 외에도 인기 있는 해산물 전문점까지 저렴하고 배불리 먹을 수 있는 곳이 가득하다. 토요일과 일요일 저녁에는 타논 마하짝(Thanon Mahachak)에서 크롱 톰 벼룩시장도 열리니 구경삼아 가면 색다른 재미를 줄 것이다.

방콕 시내를 한눈에 볼 수 있는 스카이라운지 Roof top Bar
루프탑 Bar

♣ 다른 도시에 비해 고급 호텔을 저렴하게 숙소를 이용할 수 있으나 뜨고 있는 부티크 호텔이나 최고급 호텔을 매일 숙소로 이용하기에는 부담스러울 것이다. 이럴 때는 잠을 자지 않더라도 호텔의 멋을 한껏 누려 볼 수 있는 Bar를 이용해 보자. 부티크 호텔의 라운지도 좋지만 이왕이면 방콕의 시내를 조망하며 야경까지 멋지게 감상할 수 있는 루프탑 Bar로 발걸음을 옮겨 보자. 레스토랑과 같이 있는 반얀트리 호텔의 'Moon Bar'와 외관부터 눈에 띄는 르부아 호텔의 'Sirocco'는 방콕 루프탑 바의 양대산맥이라고 할 수 있다. 가볍게 칵테일 한 잔 마시며 바라보는 방콕 시내의 야경은 여행의 마침표를 찍기에 최적의 장소가 될 것이다.

방콕 >> 테마 여행 03

방콕 당일치기 근교 여행

ENJOY 01
수상시장에서
현지인처럼 장보기

보트 위에 앉아서 물건을 내 주고, 돈을 받는 풍경은 이국적이면서도 정겨운 느낌을 준다. 보트 위에서 만들어진 튀김이나 음료로 간단히 배를 채워 보자.

ENJOY 02
콰이강의 다리를 배경으로
맥주 마시기

아픈 상처가 있는 곳이지만 술안주로 삼기에 더 없이 좋은 풍경을 선사한다. 선선한 강바람을 맞으며 시원한 맥주 한 잔으로 더위를 피해 보자.

ENJOY 03
아유타야의 보리수 불상과
바닥에서 사진 찍기

보리수 나무 안에 들어가 있는 불상의 얼굴과 사진을 찍으려면 몸을 더 숙일 수밖에 없다. 잘려진 얼굴이 무섭긴 하지만 온화한 표정과 함께 포즈를 취해 보자.

방콕에서의 일정을 길게 잡아 조금 여유가 있다면 소란스럽고 답답한 도시를 벗어나 교외로 나가 보자. 과거의 태국을 만날 수 있는 투어를 여행사를 통해 반나절 또는 하루 코스로 이용할 수 있다. 단, 이동 시간이 길기 때문에 왕복으로 오가며 시간이 아깝다는 생각이 들 수도 있으므로 꼭 가고 싶은 곳을 선택하자.

HOT SPOT

시간의 흔적을 느낄 수 있는
방콕 근교 스폿

가장 태국다운 시장
Damnoen Saduak Floating Market
담넌사두억 수상시장

♣ 방콕에서 두 시간 정도 이동해야 갈 수 있는 담넌사두억 수상시장은 이제는 상업적인 관광코스가 되어 버렸지만 이국적인 모습 때문에 놓치기에는 아까운 곳이다. 투어를 이용해 도착하면 인원을 나눠 보트를 타고 시장까지 달려가는데, 수상시장을 보기 전에 빠르게 달리는 모터보트의 속도감도 잠깐이지만 짜릿한 재미를 선사한다. 보트 위에서 물건을 팔고, 바구니가 달린 막대를 통해 길 위의 사람들에게 음식이나 돈을 주고받는 모습이 자못 신선한 풍경을 선사해 준다. 관광객들이 주로 가는 곳이기 때문에 물건이 그리 싼 편은 아니니 무언가를 구매하기보다 시장 모습을 구경하고, 보트를 타면서 사람들과 인사하며, 맛있는 간식을 사 먹는 재미로 만족하는 것이 좋다.

슬픈 사연이 담긴 Kanchanaburi
깐짜나부리

add. Damnoen Saduak District Ratchaburi
time 09:00~23:00 (토요일, 일요일 휴일)

add. Mueang Kanchanaburi District, Kanchanaburi

♣ 깐짜나부리는 풍경이 아름답고, 고요해 평화로운 느낌을 주지만 사실 주변 관광지는 전쟁 포로들의 죽음과 맞바꾼 콰이강의 다리나 유엔군 묘지 등과 같이 대부분 전쟁과 관련된 곳이 많다. 태국에서 미얀마를 잇는 철도였던 '죽음의 철도'는 만드는 동안 10만 명이 넘는 사람이 죽어 이름까지 죽음의 철도가 되었다. 담넌사두억 수상시장에서 조금만 더 이동하면 되는 거리이기 때문에 수상시장 투어와 엮어 이용할 수도 있고, 죽음의 철도 기차도 타고, 에라완 폭포까지 구경할 수 있는 개별 일일 투어로도 방문할 수 있다.

add. Phra Nakhon Si Ayutthaya District Phra Nakhon Si Ayutthaya,
tel. 03-532-2730

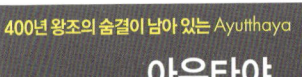

아유타야

♣ 유네스코 세계문화유산으로 지정된 아유타야는 태국의 14세기 중엽부터 18세기까지 아유타야 왕조의 수도였던 곳으로 33대에 걸친 왕들이 기거했던 만큼 사원과 별궁 등 역사적 유적지가 가득하다. 지금은 그 흔적을 거의 찾아볼 수 없지만 한때는 유럽과 아시아를 잇는 세계 무역의 중심 역할을 했던 도시이기도 하다.

총 길이가 7m가 넘는 거대한 와불과 보리수 나무 사이로 보이는 얼굴만 있는 불상은 아유타야의 대표 볼거리이다. 단점이라면 더위를 피할 수 있는 그늘이 많지 않다는 점과 유적지로서의 보존을 중요시하고 있기 때문에 편의시설이 별로 없다는 점이다. 이런 불편을 조금만 감수한다면 앙코르와트 못지않은 감동을 받을 수 있을 것이다.

방콕에서 꼭 먹어 볼 것 🍴

팟타이

베트남과 더불어 태국도 쌀국수로 만든 음식이 유명한데, 날이 덥기 때문에 국물이 있는 음식보다는 볶음면이나 볶음밥을 주로 찾게 된다. 국민음식으로 불릴 만큼 쉽게 접할 수 있는 볶음 국수인 팟타이는 면과 채소, 계란을 후다닥 볶아 빠르게 조리해, 오래 기다리지 않아도 되고 달콤새콤해 맛도 좋다. 카오산 로드를 비롯한 길에서 파는 팟타이는 우리 돈으로 천 원 이내로 먹을 수 있으니 질리도록 먹고 오자.

게 요리

똠양꿍과 더불어 방콕에서 꼭 먹어야 할 음식 중의 하나는 푸팟퐁커리이다. 커리향이 나는 게 요리인데 달콤한 맛이 아이, 어른 모두의 입맛에 잘 맞는다. 게살을 열심히 먹고 국물에 비벼 먹는 밥과 찍어 먹을 수 있는 빵은 푸팟퐁커리와 환상적인 궁합을 선보인다. 어디로 갈지 고민된다면 가격은 조금 비싸지만 원조 음식점 쯤 되는 SOMBOON SEAFOOD(쏨푼 씨푸드)를 이용해도 좋다.

쏨분 씨푸드

add.	4th fl., Siam Square One Building Rama 1 road, Patumwan
access	BTS Siam역 하, Siam Square One
time	11:00~22:00
tel.	02-115-1401~2
URL	www.somboonseafood.com

두리안

동남아 음식 중 기피 음식 1호로 뽑히는 것이 바로 두리안이다. 동남아 지역에서는 유명한 열대과일인데 우리나라의 삭힌 홍어와 비교될 정도로 강력한 향을 갖고 있다. 처음 맛보는 사람은 손사래를 치지만 그 맛에 빠지면 다시 찾게 되는 마법의 과일이다. 호텔에 따라서는 입구부터 풍기는 냄새에 숙소 안에는 들고 들어가지 못하게 하는 경우도 있으니, 가급적 밖에서 먹고 들어가자.

TRAVEL AREA 10

PARIS
파리

예술가들이 사랑한 도시

봄, 여름, 가을, 겨울, 그리고 낮과 밤. 어느 한순간도 놓치기 아까운 도시 파리. 에스메랄다의 슬픈 사랑 노래와 아멜리에의 엉뚱한 상상의 멜로디가 흐르고 달콤한 사랑의 속삭임이 가득한 파리를 거닐다 보면 영화와 현실, 여행과 일상을 넘나들게 된다. 혼자 이곳저곳을 누비며 자유롭게 파리를 즐기는 것도 좋지만 낭만 파리를 함께 공유할 연인이 있다면 더욱 행복한 여행이 될 것이다.

언어 프랑스어
면적 105.4km²
인구 217만 명
시차 7시간
화폐 유로(EURO)
국가번호 33

| 파리로 떠나기 전에 |

1. 어느 계절에 떠날까?

날씨가 우리나라와 비슷한데 더위와 추위가 조금 빨리 온다. 여행하기 가장 좋은 시기는 9~10월로 포근하고 따뜻한 햇살과 선선한 바람 덕분에 편안하게 여행할 수 있다. 11월 초만 되어도 찬 바람이 강하게 불기 때문에 이 시기에 여행을 하려면 두툼한 외투와 머플러는 필수로 챙겨야 한다. 여름에는 해가 길어 저녁 8시까지도 야경 감상이 어려울 수 있으니, 시기에 맞게 실내와 야외 스케줄을 잘 조정해야 한다.

2. 항공권, 어떻게 살까?

에어 프랑스, 대한항공, 아시아나가 파리 직항을 운행하며, 그외 항공사들은 1~2회 경유한다. 에어 프랑스와 대한항공은 항공동맹을 맺고 있어 에어 프랑스를 이용해도 대한항공 마일리지로 적립할 수 있다. 파리의 국제공항으로는 샤를 드골 공항과 오를리 공항이 있는데, 우리나라에서 오갈 때는 샤를 드골 공항을, 유럽 내에서 오갈 때는 오를리 공항을 이용하게 된다. 예약을 빨리 할 경우 가장 저렴한 러시아 항공 아에로플로트를 이용하면 모스크바를 1회 경유하지만 택스 포함 1인 100만 원 정도에 티켓을 구입할 수 있다.

3. 어디에서 잘까?

파리에는 유럽의 다른 곳보다 한인 민박이 많다. 아침과 저녁까지 한식을 제공해 주므로 입맛이 까다롭다면 한인 민박을 이용해 보자. 단, 한인 민박의 경우 시내에서 떨어져 있는 곳이 많기 때문에 위치를 잘 확인해야 한다. 저렴한 호텔을 찾는다면 시내에서 조금 벗어난 곳을 찾아보면 된다. 다른 사람과 생활하는 게 불편하고 직접 음식하기를 좋아하는 사람이라면 아파트를 렌트해도 좋다. 아파트 렌트의 경우 관광지 중심에 있고 장기로 빌리는 사람이 많아 예약을 서둘러야 한다.

4. 경비는 얼마나 들까?

파리는 물가가 비싸다. 식비가 많이 들기도 하지만 관광지 입장료와 쇼핑으로 나가는 비용도 만만치 않다. 식사는 점심의 경우 15~20유로에 애피타이저, 메인, 디저트가 세트로 나오는 곳이 많다. 레스토랑 밖에 있는 가격표를 확인하고 저렴하면서도 푸짐한 식사를 즐겨 보자. 관광지의 경우 박물관 패스를 구입하는 게 좋지만, 패스를 구입할 경우 본전 생각에 박물관, 미술관 등 실내에서 시간을 다 보내다가 아름다운 파리 거리를 즐기는 것을 놓칠 수 있으니 너무 패스에 연연하지는 말자. 식비는 매일 가판에 있는 빵이나 편의점에서 식사를 해결할 것이 아니라면 최소 하루 5만 원 이상씩 넉넉하게 준비하자.

AREA. 파리. 둘러보기

유명 미술관, 박물관만 간다 해도 넉넉히 3~4일은 잡아야 한다. 파리에서는 무엇보다 파리가 지닌 문화 유산에 심취해야 할 것이다. 하지만 파리를 여행한다면 미술관이나 박물관 등 실내에서 보내기보다는 다리 위를 오가며 도시 이곳저곳을 돌아다니고, 야외 카페에 앉아 한숨 돌리며 파리 자체의 아름다움을 느껴 보기를 추천한다. 오밀조밀한 도시에서 벗어나고 싶다면 당일치기 일정으로 가까운 교외에 나갈 수도 있다. 화려함의 극치인 베르사유 궁전을 산책하거나, 고흐의 흔적을 찾거나, 조금 멀리 떨어진 몽생미셸에서 고독하지만 아름다운 시간을 보내는 것도 파리가 아니면 할 수 없는 일들이다.

1»

파리 시내
파리는 지하철을 이용해 어지간한 관광지는 다 다닐 수 있고 관광지 안내 표지판도 잘 되어 있어서 지하철 역 이름만 알면 어느 곳이든 쉽게 찾아갈 수 있다. 버스 역시 정류장에 위치가 친절하게 안내되어 있고, 대부분의 버스에서 안내 방송이 나오는 데다 전광판 안내 서비스를 하기 때문에 기본적인 영어 읽기만 가능한 수준이라면 대중교통 이용에 전혀 불편함이 없다. 환승 노선이 많이 몰려 있는 지하철 샤틀레 역 같은 경우는 환승하기 위해 이동하는 거리가 멀어 지상으로 걸어서 이동하는 편이 낫다. 하지만 긴 지하 환승통로에는 어김없이 거리 연주가들이 미니 콘서트를 열고 있으니 땅으로 걸을지 지하로 걸을지는 취향에 따라 자유롭게 선택하자.

2»

교외 지역
일정이 허락한다면 선택의 폭이 다양한 교외로 나가 보자. 당일로 파리 교외 지역에 다녀오는 투어를 진행하는 곳이 많다. 한인 민박이나 여행사를 통해 예약할 수 있으며 4명 이상이어야 출발이 가능하지만, 비용 부담은 적다. 투어 비용에는 식비가 포함되어 있지 않은데, 교외다 보니 식당이 몇 군데 없어 맛이 없어도 굳이 가야 하는 경우가 생기므로 식당에 대한 정보가 없다면 미리 간식거리를 챙겨가는 것이 좋다. 고흐의 그림 속 마을, 모네의 정원, 호사스러운 베르사유 궁전 등 파리의 교외에는 꿈꾸던 풍경들이 기다리고 있다.

파리 >> 핵심 여행

파리 핵심 여행

ENJOY 01
뤽상부르 공원에서 여유롭게 산책 즐기기

진정한 휴식이란 이런 것! 햇살 좋은 날에는 뤽상부르 공원에서 파리지엥처럼 연못 앞에 느긋하게 누워 광합성을 해 보자.

ENJOY 02
몽마르트르 언덕에서 예술가의 혼 만나기

동화 속에서 튀어나온 듯한 집들이 곳곳에 있는 몽마르트르 언덕에서는 잠시 길을 잃어도 좋다. 햇살과 나무가 만들어 내는 아름다운 순간을 카메라에 꼭 담아 보자. 이곳에는 거리의 화가들과 오래된 카페들이 있어 예술적 향기가 가득하다.

ENJOY 03
모두가 사랑하는 파리의 명물 에펠탑을 바라보며 점심 먹기

벤치도 좋지만 잔디밭에 양다리를 쭉 뻗고 앉아야 제맛! 자리가 없다면 신문이라도 챙겨 가 잔디밭에서 점심을 먹어 보자.

파리는 봐야 할 것도, 가야 할 곳도 무척 많기 때문에 욕심을 부리다 보면 어느 곳 하나 만족스럽게 보지 못하는 수박 겉 핥기 식의 여행이 될 수도 있다. 그러니 하루 일정을 잡는다면 박물관 또는 미술관 한 곳, 에펠탑과 그 밖의 명소 2~3곳을 추가하여 5군데 정도를 돌아보는 것이 좋다. 적게 본다 해도 파리에 있다는 것 자체가 행복할 테니까……

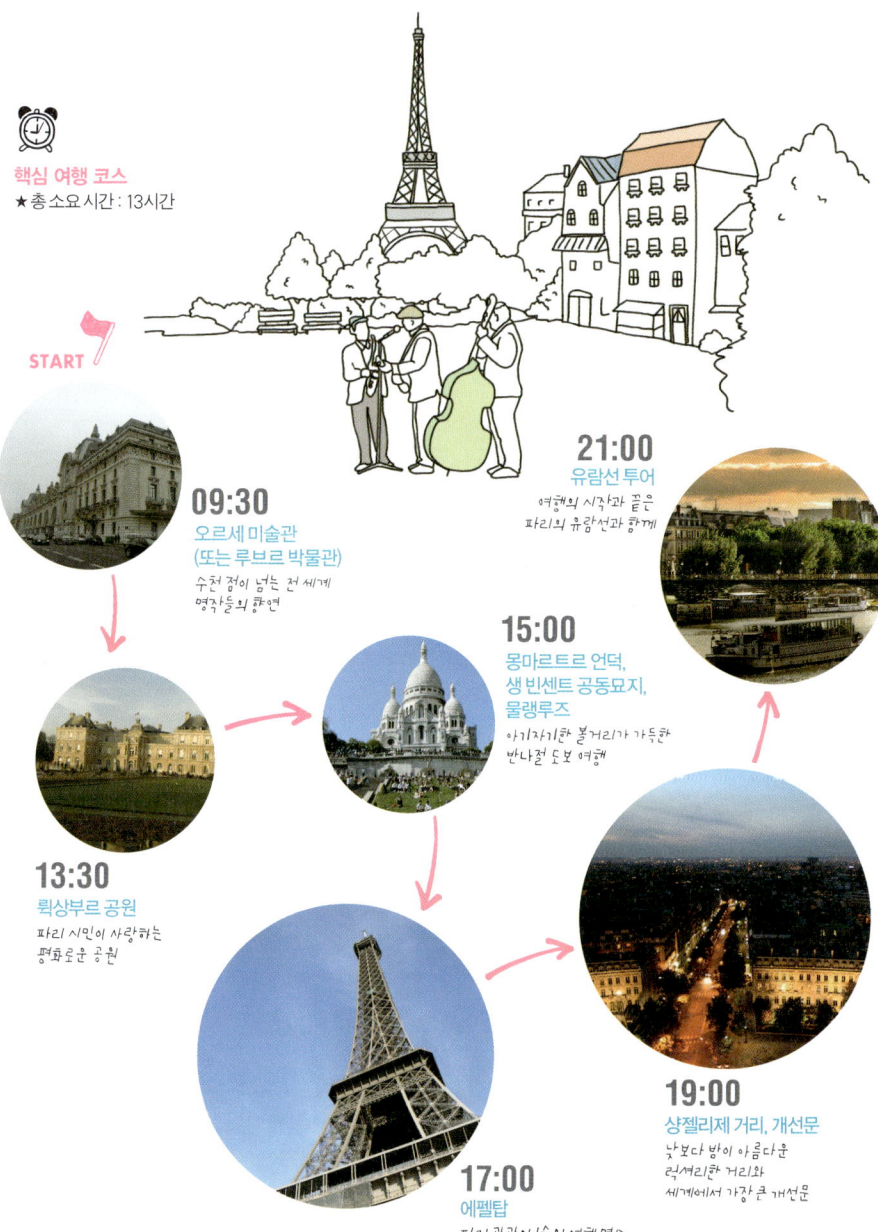

HOT SPOT

도시 자체가 하나의 예술 작품!
파리 핫 스폿

가슴 벅찬 19세기 명화 산책 Orsay Museum
오르세 미술관

add.	5 Quai Anatole France, 75007
access	RER 라인 C Musée d´Orsay 역(루브르 박물관에서 도보 10분)
time	09:30~18:00(화~수요일, 금~일요일), 09:30~21:45(목요일), 휴관일(매주 월요일, 1월 1일, 5월 1일, 12월 25일)
tel.	01-4049-4814
fee	일반 11유로, 매일 4시 30분 이후(목요일 제외) 또는 매주 목요일 오후 6시 이후 8.5유로, 오르세+오랑주리 미술관 16유로
URL	www.musee-orsay.fr

♣ 박물관 패스가 없다면 유명 미술관에는 아침 일찍 가는 것이 좋다. 조금만 지체하면 티켓을 구매하고 가방 검사를 받기 위해 긴 줄을 서다 많은 시간을 허비하게 된다. 오르세 미술관은 미술책에서 보던 19세기 회화, 조각 작품들이 많아 천천히 보려면 하루를 꼬박 투자해야 한다. 좋아하는 작품만 콕 찍어서 보는 것도 방법이다. 보다가 허기가 지면 2층 레스토랑이나 5층 카페에서 맛 좋은 식사도 할 수 있으니 일정을 여유롭게 잡고 천천히 즐겨보자. 센 강 근처에 있어 강을 바라보며 미술관 근처를 산책해도 좋다. 미술관 안쪽 골목도 한적하고 거닐기 좋다.

모나리자의 미소와 마주하다 Musee du Louvre
루브르 박물관

add.	Cour Carr e et Pyramide du Louvre, 75058 Paris
access	지하철 1호선 Palais Royal Mus edu Louvre
time	09:00~18:00(월, 목, 토~일요일), 09:00~21:45(수, 금요일), 휴관일(매주 화요일)
tel.	01-4020-5050
fee	상설전시 12유로, 나폴레옹 홀 전시 13유로, 전시 및 나폴레옹 홀 공동 입장권 16유로
URL	www.louvre.fr

♣ 피라미드 모양의 외관과 〈모나리자〉로 익히 알려진 루브르 박물관은 파리에 가면 꼭 가 봐야 할 명소이다. 사실 너무나 넓고 작품 수가 방대하기 때문에 한국어로 된 안내 책자에 있는 작품을 바쁘게 찾아다니다 보면 금세 피로해져 남은 일정이 힘들어질 수도 있다. 이 거대한 박물관에서 헤매다 따뜻한 파리의 햇살을 모두 놓칠 수도 있으니 입장료 할인이 적용되는 수요일이나 금요일 저녁 시간에 가는 것도 나쁘지 않다.

파리의 공원에서 즐기는 산책 Jardin du Luxembourg
뤽상부르 공원

add.	5, Impasse Roger Collard, 75005 Paris
access	RER 라인B Luxembourg 역
time	09:30~18:00 (계절별 상이함)
tel.	01-4264-3399
URL	www.senat.fr/visite/jardin

♣ 파리는 공원이 많다. 그리고 공원에는 벤치도 많고 사람도 많다. 사람들 사이에서 한가로운 한때를 보내는 것이 나의 일상인 듯 한 자리 차지하고 앉으면 한국행 비행기표 따위는 쉽사리 잊혀진다. 파리 시내의 많은 공원 중에서도 뤽상부르 공원은 관광객이 많은 메인 스트리트에서 약간 안쪽에 자리하고 있어 한적하기도 하고, 옛 궁전(지금은 의사당으로 사용 중)에 딸린 정원이기 때문에 넓고 화려하고 예쁘다. 공원을 산책하다 보면 미국의 자유의 여신상 미니어처도 발견할 수 있다. 산책의 묘미를 조금 더 느끼고 싶다면, 공원 입구에서 팔고 있는 군밤 한 봉지를 사 들고 가자.

예술이 살아 숨 쉬는 몽마르트 Montmartre&Cimetière Saint-Vincent&Moulin Rouge
몽마르트르 언덕&
생 빈센트 공동묘지&물랭루즈

access	지하철 12호선 Abbesses 역 또는 2호선, 12호선 Pigalle 역

♣ 몽마르트르 언덕의 골목은 한적하고 예뻐서 사진 찍기에 좋다. 몽마르트르 언덕을 시작으로 물랭루즈까지 골목골목 돌아보며 사진을 찍어 보자. 아베세 역에서 꽤 높은 곳까지 올라가야 하는 몽마르트르 언덕은 예술가들의 안식처로, 라이브 연주를 들으며 마냥 머무르고 싶은 곳이다. 하얀 대리석으로 빛나는 사크레 쾨르 대성당 또한 몽마르트르의 랜드마크이다. 이 성당에서 파리 시내 전경을 바라본 후에는 성당 뒤의 골목부터 도보 여행을 시작해 보자. 지도에 없는 길을 따라가다 보면 아기자기한 주택가를 지나 명작을 남긴 예술가들이 잠들어 있는 생 빈센트 공동묘지까지 닿는다. 우리나라의 묘지와는 다르게 공원처럼 편안함을 느낄 수 있는 것이 서양 묘지의 특징이다.

add.	Avenue Gustave Eiffel, 75007
access	지하철 6, 9호선 Trocadéro 역(RER 라인 C에 에펠탑 역이 있지만, Trocadéro에서 내리면 샤이오 궁이 바로 있다.)
time	09:30~23:00, 09:00~24:00(6월 15일~9월 1일)
tel.	08-9270-1239
fee	계단 2층 5유로, 리프트 2층 9유로, 3층 15유로
URL	www.tour-eiffel.fr

♣ 철근으로 된 흉칙한 외관 때문에 파리 사람들이 너무나 싫어했던 에펠탑이 지금은 전 세계 사람들을 파리로 모으는 세계적인 관광 명소가 되었다. 실제로 보면 사진으로 봤던 것보다 훨씬 크다. 에펠탑에 올라가는 것도 좋긴 하지만 기다려야 하는 시간이 너무 많이 걸리니 반대편에 있는 샤요궁으로 발길을 돌려 보자. 넓은 광장에 당당히 서 있는 에펠탑의 모습을 바라보기에는 최고의 장소이다. 저녁이 되면 매시 정각에 반짝반짝 불이 들어오니 시간을 잘 맞춰 가자. 혼자 에펠탑에 가면 다른 나라 관광객들의 사진만 찍어 주다 내려오기 십상일 정도로 많은 사람이 기념 사진을 찍는 곳이다.

평소에 좋아했던 문학 작가나 음악가의 묘지를 찾아가면 팬들이 놓고 간 시들지 않은 꽃들이 있는 걸 확인할 수 있을 것이다. 묘지에서 내려오면 물랭루즈가 나오는데, 공연을 보기보다는 사진 배경으로 즐긴 후 빨리 에펠탑으로 이동하자.

파리를 상징하는 아름다운 철탑 Eiffel Tower
에펠탑

역사적 승리의 현장부터 럭셔리 쇼핑까지 Triumphal Arch & Avenue des Champs Élysées
개선문 & 샹젤리제 거리

추천 레스토랑

★ **안젤리나**

루브르 박물관이나 튈르리 정원을 갈 때 들르기 좋은 안젤리나는 부드럽고 하얀 속살을 지니고 있는 몽블랑이 유명한 곳이다. 코코샤넬도 이곳을 즐겨 찾았다고 한다. 가격이 비싼 편이지만 기억에 남을 만한 달콤함을 얻을 수 있으니 꼭 시식해 보길! 평일 오전에 여유가 된다면 브런치를 즐기기에도 좋은 곳이다. 식사를 하려면 예약하는 게 좋고, 디저트만 간단히 맛보려면 포장해서 튈르리 정원으로 가 산뜻하게 즐겨도 나쁘지 않다.

add. 226, Rue de Rivoli, 75001
time 8:00~19:00
tel. 01-4260-8200

★ **레옹 드 브리쉘**

'레옹 드 브리쉘'은 벨기에의 전통 있는 홍합 레스토랑인데, 파리에서 더욱 유명하다. 파리 시내에만 체인점이 9군데나 있을 만큼 인기가 많다. 파리를 찾는 사람이라면 꼭 한 번 들러 봐야 할 레스토랑이다.

URL www.leon-de-bruxelles.fr

add. Place Charles de Gaulle, 75008
access RER 라인 A, 지하철 1, 2, 6호선 Charles de Gaulle toile 역
time 10:00~23:00(4월 1일~9월 30일), 10:00~22:30(10월 1일~3월 31일)
tel. 01-5537-7377
fee 9.5유로
URL arc-de-triomphe.monuments-nationaux.fr/fr

♣ 아름다운 파리 시내 전경을 볼 수 있는 뷰 포인트가 몇 군데 있는데, 그중 개선문은 샹젤리제 거리부터 오페라까지 이어진 긴 도로를 감상할 수 있고, 에펠탑을 가까이서 볼 수 있는 최상의 장소이다. 늦은 시간까지 개방해 파리의 야경을 감상하며 하루를 마감하기에 그만이다. 나폴레옹의 승리를 위해 세워진 개선문에는 전쟁을 승리로 이끈 600여 명의 이름이 새겨져 있고, 기념비에는 그들을 그리워하는 사람들의 꽃이 항상 놓여 있다. 개선문을 조금 벗어나면 샹젤리제 거리가 나오는데, 유명한 레스토랑, 명품 브랜드 매장이 이곳에 다 몰려 있다 해도 과언이 아니다. 특히 중국과 한국 관광객들의 발길이 끊이지 않는 루이비통 본점은 제품 수가 가장 많기도 하고, 가격도 다른 나라에 비해 저렴해 마감 시간까지도 긴 줄을 서야 들어갈 수 있다.

아름다운 파리의 밤 제대로 즐기는 법

★ **유람선 타기**

파리의 밤을 마무리하기에는 유람선만 한 것이 없다. 센 강을 따라 파리 시내 전체를 둘러볼 수 있는 유람선은 각각 오래된 이야기를 간직하고 있는 센 강변의 다리들을 지나 루브르를 비롯한 유명 관광지를 돌아보며 파리에서의 추억을 되새길 수 있는 시간을 마련해 준다. 매시 정각에 반짝이는 에펠탑을 유람선 위에서 보는 것은 가장 낭만적인 파리를 느껴 보는 방법! 유람선 안에서 식사를 할 수 있는 코스도 있고, 그냥 관람만 하는 코스도 있으니 함께하는 파트너에 따라 코스와 시간을 선택하자. 여행 시작 전에 위치 탐색을 위한 용도로 타도 유용하다.

add. Port de la Conférence, 75008
access 지하철 9호선 Alma-Marceau 역, RER 라인 C Pont de l'Alma 역
time 10:00~23:00(30분~45분 간격, 비수기 1시간 간격)
tel. 01-4225-9610
fee 13.5유로
URL www.bateaux-mouches.fr

파리 >> 테마 여행 01

감성이 흐르는 파리 문화 산책

여행이란 모름지기 많이 보는 것보다 많이 느끼는 것이 중요한 법! 관광객들 사이에서 치이며 다니는 것보다는 조금은 한적한 곳을 선택해 절대 후회하지 않을 파리를 느껴 보자. 규모는 작지만 200% 감성 충전을 할 수 있는 작은 미술관, 걷기만 해도 기분 좋아지는 거리 등 평범한 듯하지만 다시 생각하면 좋은 기억으로 남을 곳들을 소개한다.

ENJOY 01
로댕 미술관의 조용한 카페에서
사랑하는 사람에게 편지 쓰기

거장의 조각들 사이로 펼쳐진 로댕 미술관의 소박한 정원. 정원 한쪽에 있는 카페에서 카푸치노를 마시며 그리운 사람에게 편지를 써 보자.

ENJOY 02
작고 아늑한 오랑주리 미술관에서
모네의 작품 감상하기

오랑주리 미술관이 문을 열자마자 들어가 오래도록 모네의 작품을 감상해 보자. 벽면 가득 이어지는 작품을 보다가 목이 뻐끗할 수도 있으니 주의 요망!

ENJOY 03
유대인의 거리에서
엄청난 크기의 팔라펠 맛보기

여자 혼자 다 먹기에는 엄두도 못 낼 사이즈의 팔라펠을 시원한 맥주와 함께 먹어 보자. 영어 메뉴판과 친절한 직원이 있으니 주문 걱정은 하지 말자.

256

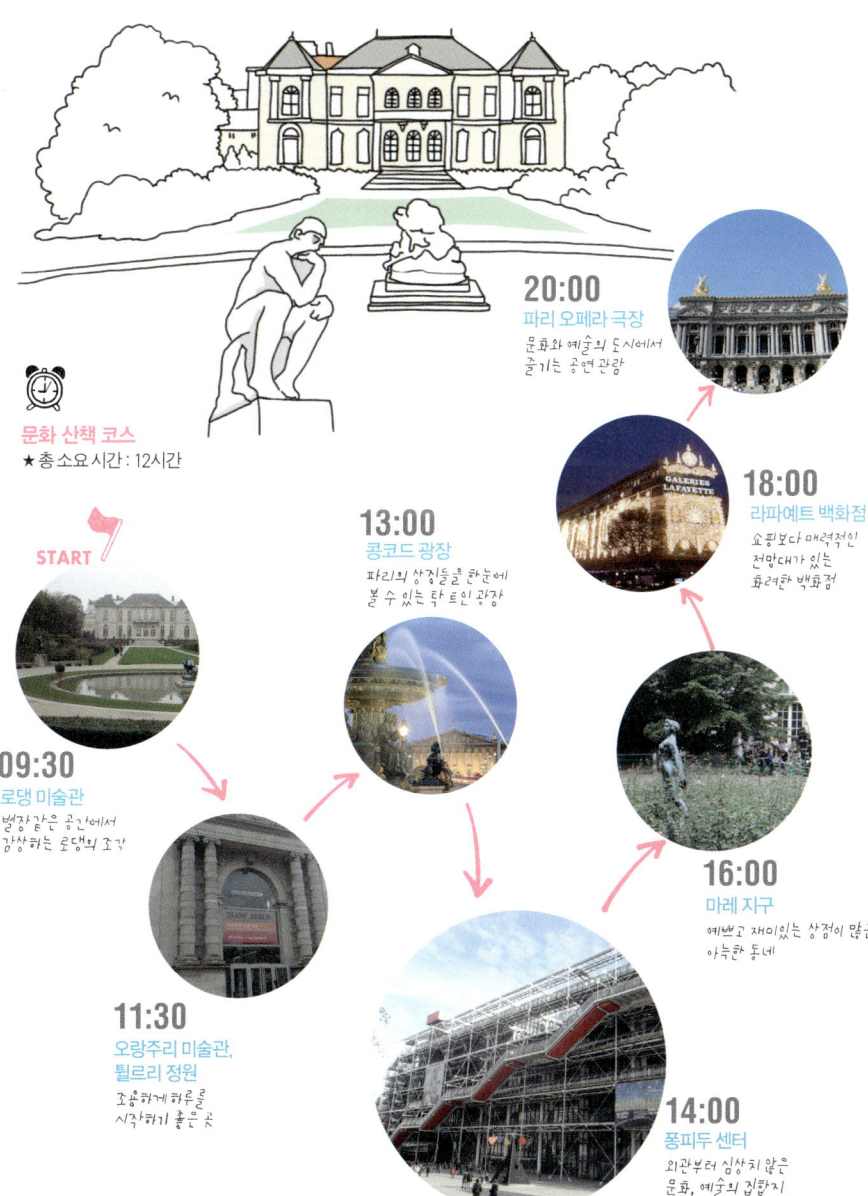

HOT SPOT

예술적 감성을 채워 주는
파리 핫 스폿

로댕의 예술 세계로의 초대 Musée Rodin
로댕 미술관

add.	79 Rue de Varenne
access	지하철 8, 13호선, RER 라인 C Invalides 역
time	10:00~17:45, 10:00~20:45(매주 수요일), 휴관일(매주 월요일)
tel.	01-4418-6110
fee	정원 2유로, 전시 포함 6유로
URL	www.musee-rodin.fr

♣ 오르세 미술관에서 멀리 떨어지지 않은 곳에 위치한 로댕 미술관은 남들에게 알려 주기 싫은 보석 같은 곳이다. 미술관이 있을 것 같지 않은 조용한 주택가 한 쪽에 자리한 로댕 미술관은 소박한 정원과 로댕의 작품들로 채워져 있는 공간만으로도 멋지지만, 번잡하게 밀려드는 관광객이 없어 더욱 사랑스러운 곳이다. 작품을 감상하다 보면 사진으로만 봤던 로댕의 작품들이 실제로는 사진 프레임에 다 담기 힘들 정도로 큰 조각들이라 깜짝 놀라게 된다. 미술관 정원에 있는 작은 카페는 소란스럽지 않아 호젓하게 차 한잔을 즐길 수 있다.

빛과 색의 마술사 모네의 〈수련〉이 있는 곳 Triumphal Arch & Avenue des Champs Élysées
오랑주리 미술관 & 튈르리 정원

add.	Jardin Tuileries, 75001
access	지하철 1호선 Tulleries 역
time	09:00~18:00(입장 마감 17:15분) 휴관일(매주 화요일, 5월 1일, 12월 25일)
tel.	01-4477-8007
fee	7.5유로
URL	www.musee-orangerie.fr

♣ 오랑주리 미술관은 모네의 〈수련〉 연작이 있는 곳이다. 전시장이 모네의 〈수련〉을 위해 특별히 타원형으로 지어져 있어 작품을 제대로 감상할 수 있다. 오랑주리 미술관은 규모는 크지 않지만 모네뿐 아니라 르누아르, 세잔, 앙리 루소, 마티스, 피카소, 모딜리아니 같은 화가의 작품들을 볼 수 있어 깊은 감동을 경험할 수 있다. 오랑주리 미술관이 있는 튈르리 정원은 파리 시내 한가운데에 이런 곳이 있다는 것이 믿기지 않을 정도로 넓게 자리하고 있다. 잘 손질된 정원수들 사이로 귀여운 회전목마와 벤치, 연못 등이 호젓하게 자리하고 있어 여행 도중 쉬어 가기에 더 없이 좋은 장소이다.

파리에서 가장 큰 광장 Concorde Place
콩코드 광장

add. Place de la Concorde, 75008
access 지하철 1, 8, 12호선 Concorde 역

♣ 튈르리 정원과 루브르 박물관 사이에 있는 콩코드 광장은 파리 여행을 하다 보면 버스로든 걸어서든 한 번쯤은 꼭 지나가게 되는 곳이다. 이집트에서 기증했다는 거대한 오벨리스크와 또 다른 개선문인 카루젤 개선문이 이곳에 서 있다. 이곳은 과거에 수많은 사람을 단두대에서 처형했던 형장이다. 콩코드 광장에서 오페라 방향으로 가는 길에 있는 피라미드 역 주변에는 한국 음식을 하는 식당이 모여 있으니, 한국 음식이 그립다면 이곳에서 식사하면 된다.

문화와 예술을 만끽할 수 있는 건물 Pompidou Center
퐁피두 센터

add. 19 Rue Beaubourg, 75004
access 지하철 11호선 Rambuteau 역(시청에서 도보 10분)
time 11:00~22:00, 휴무일 (매주 화요일, 5월 1일)
tel. 01-4478-4799
fee 일반 11유로 또는 13유로(기간에 따라 상이함)
URL centrepompidou.fr

♣ 건물 밖을 보는 것만으로도 충분한 재미를 주는 퐁피두 센터는 밖으로 보이는 철근 구조와 원색의 파이프로 건축계의 새 패러다임을 선보인 곳이다. 서점, 도서관, 미술관, 레스토랑 등 센터 안에 즐길 거리가 많지만, 아이들이 정신없이 놀고 있는 분수대, 바닥에 그래피티를 하고 있는 거리의 예술가, 센터 앞 광장에서 자신들이 만든 물

건을 파는 젊은이들을 보는 것만으로도 이곳을 찾을 만한 충분한 이유가 된다. 센터 옆 골목에서는 작은 낚시 의자를 놓고 마사지를 해 주는 사람도 볼 수 있다. 다른 전시장보다 늦게까지 운영하지만, 저녁에는 위험한 동네로 변하니 어두울 때는 가급적 가지 않는 게 좋다.

화려한 저택과 카페가 늘어선 사랑스러운 동네 Marais District
마레 지구

access 지하철 1호선 Saint Paul, 8호선 Filles du Calvaire, Saint Sébastien Froissart 역

♣ 파리에서 가장 예쁜 동네를 뽑는다면 1등으로 꼽힐 마레 지구는 옛 귀족들의 화려한 저택이 있어 고풍스럽기도 하지만 아기자기한 상점과 카페가 늘어서 있어 사랑스러운 분위기를 풍기는 곳이다. 유대인들과 게이들의 커뮤니티 공간으로 대표되는 이곳은 특별한 목적지를 정하고 다니기보다는 사뿐사뿐 걸어다니며 자유롭게 즐기는 것이 좋다. 어디를 가나 볼 수 있는 냉장고 자석이나 머그잔 같은 상투적인 기념품이 아니라 파리지엥의 감성이 잔뜩 들어간 물건들을 파는 이곳 상점을 구경하다 보면 무슨 일이 있어도 한국으로 가져가고 싶은 나만의 아이템을 만나게 된다.

전망 좋고 화려한 백화점 Galeries Lafayette
갤러리 라파예트

add. 40 Boulevard Haussmann 75009
access 지하철 7, 9호선 Chaussée d'Antin LaFayette 역
time 09:30~20:00(월~토요일), 09:30~21:00(목요일), 휴무일(일요일)
tel. 09-6939-7575
fee 7.5유로
URL www.Galerieslafayette.com

♣ 해가 지면 화려한 조명으로 사람들의 눈을 사로잡는 갤러리 라파예트는 7만 5천여 개의 브랜드가 입점해 있을 정도로 규모가 어마어마하다. 쇼핑이 아니더라도 라파예트를 가야 하는 몇 가지 이유가 있는데 그중 가장 큰 이유는 옥상에서 파리 시내 전경을 무료로 감상할 수 있다는 것이다. 개선문과 일직선상에 있기 때문에 개선문과 그 뒤의 에펠탑까지 시원하게 보인다. 또 다른 이유는 라파예트의 천장이다. 자연 채광이 그대로 들어오는 유리돔 천장은 문화재로 지정되어 있을 정도로 아름다워서 화려한 실

내 인테리어와 멋스럽게 어울린다. 여자들끼리 이곳을 찾았다면 라파예트 옴므(본관 옆 건물)로 가 보자. 파리의 매력적인 남자들이 이곳에 다 있다.

add. 8, rue Scribe, 75009
access 지하철 3, 7, 8호선, RER line A Opéra 역
time 가이드 투어(영어) 11:30, 14:30/14.5유로
tel. 08-2505-4405
URL www.operadeparis.fr

♣ 샹들리에가 무대 위로 떨어지면서 시작되는 화려한 뮤지컬 〈오페라의 유령〉. 그 무대가 된 곳이 프랑스에서 가장 아름다운 건축물 중의 하나인 오페라 가르니에이다. 공연이 없는 낮 시간에는 투어가 가능한데, 따로 입장을 해서 볼 만큼 화려함과 아름다움의 극치를 보여 준다. 입장료에 약간만 더 보태면 극장에서 하는 공연을 볼 수 있는데, 티켓은 최저로는 9유로짜리도 있으니 공연을 보는 것도 좋다. 평소에 공연을 즐기지 않는 사람이라면 오페라 공연보다는 언어가 문제되지 않는 발레 공연을 추천한다. 공연장 천장에 그려진 샤갈의 〈꿈의 꽃다발〉 프레스코화도 절대 놓치지 말자.

〈오페라의 유령〉의 무대가 된 아름다운 극장 Opéra Garnier
오페라 가르니에

TIP.
패스를 알면 시간과 돈이 절약!

★ 박물관 패스
야외 활동보다는 미술관, 박물관, 전망대 등을 이용하려는 사람이라면 박물관 패스를 적극 추천한다. 루브르, 오르세는 물론 파리 시내의 유명 관광지 60여 곳을 패스 하나로 만끽할 수 있다.
패스의 또 다른 장점은 긴 시간 동안 줄을 서지 않아도 된다는 점이다. 특히 사람이 많은 루브르 박물관이나 오르세 미술관은 박물관 패스 입장 줄이 따로 있어 일반 관람객보다 대기 시간이 훨씬 짧다. 주요 이용 관광지로는 루브르 박물관, 오르세 미술관, 개선문 전망대, 노트르담 성당 전망대, 퐁피두 센터, 팡테옹, 앵발리드, 로댕 미술관, 콩시에주리, 파리 장식 미술관, 구스타브 모로 미술관이 있다.

fee 2일권 42유로, 4일권 56유로, 6일권 69유로
URL www.parismuseumpass.co.kr

파리 >> 테마 여행 02

파리 교외 여행

ENJOY 01
반 고흐부터 모네까지
명화 속의 명소 찾아가기

지베르니, 오베르 쉬르 와즈에 있는 명화 속 명소에 찾아가 보자. 반 고흐 그림 속의 교회, 모네의 정원에서 사진을 찍으면 나도 그림 속 주인공이 될 수 있다.

ENJOY 02
프랑스 귀족이 되는 즐거운 상상
고성 투어하기

베르사유 궁전에서 프랑스의 귀족이 되는 즐거운 상상을 해 보자. 아름다운 궁전의 정원에서 산책하는 것도 필수 코스! 커플이라면 이곳에서 프렌치 키스를 시도해 보자.

ENJOY 03
수도원이 있는 어여쁜 마을
몽생미셸의 매력 살피기

바다 위에 둥둥 떠 있는 듯한 성 몽생미셸은 멀리서 볼 때 더욱 신비롭다. 가는 길에 꼭 차에서 내려 멀리서 바라보는 시간을 가져 보자.

복잡한 도시에서 잠시 벗어나고 싶다면, 파리 외곽으로 나가 신선한 공기를 마셔 보자. 상쾌한 자연과 만나는 여행, 예술가의 흔적을 따라가는 테마 여행, 수백 년의 시간을 고스란히 담고 있는 고성으로의 여행 등 파리 시내에서 조금만 나가면 또 다른 매력을 느낄 수 있을 것이다.

HOT SPOT

예술가들의 혼이 숨 쉬는
파리 근교 스폿

모네가 반한 아름다운 마을 Giverny
지베르니

access St.Lazare 역에서 Rouen행 기차 탑승, Vernon 역에서 하차 후 지베르니행 셔틀 이용
URL www.giverny.org

♣ 클로드 모네(Claude Monet)는 기차의 창문으로 바라본 지베르니의 모습에 반해, 결국 1883년 이곳으로 이사를 왔고, 삶이 끝날 때까지 지베르니의 아름다움을 바탕으로 한 다양한 작품을 만들었다. 파리의 북서쪽에 위치한 작은 시골마을이지만 모네 작품의 모티브가 된 모네의 정원을 감상하기 위해 많은 관광객이 방문한다. 모네의 정원은 꽃 속에 파묻혀 있다는 말이 더 어울릴 정도로 자연 그대로의 모습을 지니고 있다. 모네의 <수련>이 탄생한 연못도 이곳에서 만날 수 있다. 모네의 집으로 가는 길에 있는 상점들도 아기자기해 지나가는 길이 심심하지 않다. 단, 이곳의 테마는 꽃이어서 4월에서 11월까지만 개방하므로 그때 파리를 방문한 사람만 이곳의 아름다움을 즐길 수 있다.

고흐의 작품이 살아 숨 쉬는 곳 Auvers-sur-Oise
오베르 쉬르 와즈

access 북역에서 Pontoise행 기차를 타고 Pontoise에서 하차한 후, Creil행 열차로 갈아탄 다음 Auvers-sur-Oise에서 하차

♣ 오베르 쉬르 와즈는 19세기에 걸쳐 세잔 등의 수많은 화가가 거주하던 곳이다. 그중 가장 유명한 화가는 빈센트 반 고흐(Vincent Willem van Gogh)이다. 고흐는 병에 걸려 의사가 살고 있는 이곳으로 이사 온 후 생의 마지막 몇 년을 이곳에서 보냈다. 그가 살던 집은 현재 기념관으로 만들어져 그를 기리는 사람들의 방문이 계속 이어지고 있다. 굳이 고흐가 머물던 곳이어서가 아니라, 이 동네는 사람들의 마음을 따뜻하게 만들어 주는 특유의 아늑함으로 사람들의 발길을 잡는다. 고흐의 그림으로 유명해진 오베르 교회부터 고흐와 그의 동생 테오의 묘지까지 고흐의 집으로 향하는 길을 걷다 보면 파리 도시 여행에서 느끼지 못했던 여유로움을 만끽할 수 있다.

화려함의 극치를 자랑하는 궁전 Chateau de Versailles
베르사유 궁전

울의 방을 비롯해서 왕과 왕비의 거처와 왕실, 예배당, 끝이 보이지 않는 정원까지 볼거리가 가득해 하루로는 시간이 부족하다. 궁전 관람을 할 계획이라면 아침 일찍 도착해 기다리는 시간을 줄이는 게 관건이다. 베르사유의 정원은 그냥 지나치기에는 너무나 아깝기 때문에, 궁전 관람과 정원 관람이라는 두 마리의 토끼를 모두 잡으려면 일찍 서둘러야 한다. 정원 구경을 할 때는 선글라스를 꼭 챙기도록 하자. 바닥이 밝은색 모래로 덮여 있어 눈을 감고 걸어도 눈이 부실 정도이다.

베르사유에서 느낄 수 있는 또 다른 재미는 바로 넓은 인공호수에서 배 타기이다. 사람들이 호수 위를 유유자적 떠다니는 모습을 보고 있노라면 그냥 지나치기 힘들다. 하지만 노를 직접 저어야 하므로 노를 저을 만큼 체력이 되는 사람만 타자.

아름다운 바위 위의 수도원 Mont Saint Michel
몽생미셸

access RER-C5 Versailles행 탑승, 종점 Versailles-Rive Gauche Chateau de Versailles 역 하차
URL www.chateauversailles.fr

♣ 베르사유 궁전은 화려함의 극치를 자랑한다. 거

access	Gare Montparnasse 역에서 TGV 탑승 후 Renne 역 하차 후 몽생미셸행 버스 탑승
time	09:00~18:00(5~8월), 09:30~17:00(9~4월)
URL	www.ot-montsaintmichel.com

♣ 대주교였던 성 오베르가 꿈에서 천사장 미카엘에게 받은 계시에 따라 한 번 보면 쉽게 잊히지 않는 아름다운 바위섬 위에 708년부터 800년까지 수도원 몽생미셸을 지었다. 몽생미셸을 멀리서 바라보면 어린 시절에 꿈꾸던 마법의 성이 떠오르고, 직접 성에 들어서면 동화속에 들어온 것 같은 느낌이 든다. 수도원으로 오르는 길에 있는 골목길에는 상점과 식당이 들어서 있다. 볼거리가 많은 데다가 유명한 홍합과 오믈렛 요리를 먹을 수 있고, 전망이 좋은 카페에서 커피 한잔을 즐길 수도 있다.

화려하지 않는 수도원 안에서는 수도사들의 경건한 삶이 느껴진다. 노르망디 해안이 보이는 전망대와 수도원 안의 작은 정원까지 볼거리 가득한 몽생미셸의 매력은 상상 그 이상이다.

파리를 찾는 많은 사람이 몽생미셸을 가고 싶어 하지만 이동 시간이 길고, 비용도 만만치 않아 포기하는 경우가 많다. 하지만 텔레비전이나 사진에서 이 신비스러운 성을 보고 마음을 빼앗긴 적이 있다면 하루 정도의 투자는 아깝지 않을 것이다. 파리에서 고속열차 TGV나 일반 열차를 이용하는 경우 5~6시간 정도 소요되는데, 레일패스를 이용해 장기간 여행하는 것이 아니라면 4명 이상이 함께 당일 투어 프로그램을 이용하는 것이 좋다. 몽생미셸은 야경 또한 놓치기 아쉬우니 투어 시간을 잘 맞춰 보자.

TIP.
파리 교외 투어 제대로 즐기기

파리를 찾는 많은 사람이 파리 근교에 가고 싶어 하지만 오래 걸리고 비용도 만만치 않아 고민하게 마련이다. 이럴 때는 교외 투어를 이용하면 좋은데, 교외 투어를 이용할 때 알아 두면 좋은 팁을 소개한다.

★저녁 스케줄 미리 준비하기
교외 투어는 보통 오전 일찍 출발하기 때문에 파리 시내로 돌아온 후에도 한 코스 정도 관광을 할 수 있다. 시간 관계상 놓친 야경 감상이나 쇼핑, 로맨틱한 저녁 식사 등으로 남은 시간을 알차게 보내자.
여행사의 투어를 이용할 경우 야경 투어까지 같이 진행하는 경우가 많으니 참고하다. 겨울에는 투어를 진행하지 않는 곳도 있으니 투어를 이용하려면 11월이 되기 전에 파리를 방문하는 것이 좋다.

★데이 투어 이용하기
여행사의 데이 투어가 무조건 좋은 것은 아니지만 짧은 일정에 많은 것을 보고 여러 곳에 가고 싶은 여행자들에게는 참으로 유용한 여행 수단이 아닐 수 없다. 데이 투어를 진행하는 여행사 중에는 박물관과 교외 지역 또는 교외 지역 여러 곳을 묶어서 패키지로 제공하는 곳도 있다. 최대한 많은 곳을 보고싶다면 '베르사유 궁전+오베르 쉬르 와즈+유람선 패키지'를 추천한다.

파리 >> 테마 여행 03

두 바퀴로 즐기는 낭만 여행

자전거를 뜻하는 벨로(Vélo)와 자유를 뜻하는 리베르테(Liberté)를 합성한 단어인 벨리브(Vélib)는 파리 시내에서 이용할 수 있는 무인 자전거 시스템을 이르는 말이다. 파리 시내 전역에 퍼져 있는 대여소에서 2만 대가 넘는 자전거를 내 맘대로 탈 수 있는, 친환경적이면서도 여행자에게 또 하나의 추억을 만들어 주는 바람직한 제도이다. 차가 많은 루브르 근처보다는 에펠탑이나 생 마르탱 운하 근처가 자전거 타기에 조금 더 안전하다.

ENJOY 01
작은 공원에서
노트르담 성당 뒷모습 감상하기

모두가 노트르담의 정면에 집중할 때, 성당을 돌아 뒤편 광장으로 가 보자. 정원의 조경과 어우러진 멋진 노트르담의 뒷모습을 볼 수 있을 것이다. 요한 23세 광장(Square du Jean XXIII)은 여행자에게 호젓한 분위기와 시원한 그늘을 제공해 준다.

ENJOY 02
생 미셸 거리에서
그리스 음식 맛보기

셰익스피어 앤 컴퍼니에 가기 전에 세계 각국의 음식을 맛볼 수 있는 생 제르맹 거리에서 맛있는 그리스 음식을 먹어 보자.

ENJOY 03
파리의 상징, 에펠탑에서
에펠탑 열쇠고리 장만하기

"안녕하세요. 에펠탑이 1유로! 예뻐요!"를 외치는 길거리 상인들에게 저렴하게 열쇠고리를 구입하자. 4~6개에 1유로밖에 하지 않아 실속 있는 여행 선물이 될 것이다.

TRAVEL SPOT 10 · 파리 PARIS · EUROPE

자전거 여행 코스
★ 총 소요 시간: 11시간

START

09:00 노트르담 성당
대성당의 화려함이란 이런 것!

11:00 생 미셸 거리 & 셰익스피어 앤 컴퍼니
청춘의 열정을 느낄 수 있는 곳

14:00 소르본 대학 & 팡테옹
파리를 빛낸 석학들의 흔적을 찾을 수 있는 곳

15:30 생 마르탱 운하
아멜리에가 물수제비를 뜨던 낭만 가득한 운하

17:00 생 제르맹 거리
비싼 명품보다 소소한 소품들을 찾아볼 것!

19:00 베르시 빌리지
레스토랑, 와인바, 작은 상점이 늘어선 예쁜 상점가

HOT SPOT

두 바퀴로 즐기는
파리 핫 스폿

안타까운 사랑 노래가 흐르는 아름다운 성당
Notre Dame Cathedral
노트르담 대성당

♣ 자신의 모습을 부끄러워하던 곱추 콰지모도와 아름다운 집시 여인 에스메랄다의 안타까운 사랑 노래가 흐르는 노트르담 성당은 빅토르 위고의 소설보다 훨씬 오랜 세월의 흔적을 담고 있는 곳이다. 800여 년의 시간 동안 조용히 그 자리를 지켜 온 성당의 모습은 고딕 양식의 아름다움을 그대로 간직하고 있다. 대성당에는 건물 내부, 외부에 많은 조각이 있는데 미리 공부하고 간다면 대성당이 단순한 관광지가 아닌, 긴 역사를 간직한 성당이라는 것을 느낄 수 있을 것이다. 성당의 전망대에 오르면 시테 섬의 모습이 한눈에 들어온다. 개선문이나 에펠탑보다 전망대가 일찍 문을 닫으니 아침부터 서두르는 게 좋다.

파리를 빛낸 인물들의 흔적 찾기
University of Paris& Pantheon
소르본 대학&팡테옹

- **add.** 6 Place du Parvis Notre-Dame, 75004
- **access** 지하철 4호선 Cite역
- **time** 성당 8:00~18:45(~19:15 토~일요일), 전망대 10:00~18:30 (4월 1일~9월 30일), 10:00~17:30(10월 1일~3월 31일) 휴관일(1월 1일, 5월 1일, 12월 25일)
- **tel.** 01-5340-6080
- **fee** 전망대 8.5유로
- **URL** www.notredameparis.fr

팡테옹
- **add.** Place du Panthéon, 75005
- **access** RER 라인B Luxembourg 역
- **time** 10:00~18:30(4~9월), 10:00~17:30분(10~3월)
- **tel.** 01-4432-1800
- **URL** http://pantheon.monuments-nationaux.fr/en

♣ 외국의 대학을 뭐하러 구경 가나 싶겠지만, 대학가야말로 다양한 구경거리를 가지고 있는 흥미로운 장소이다. 특히 소르본 대학 근처에는 작은 서점이 많고 문구 전문점, 화방 등이 있어 기념품과 명품뿐인 쇼핑 리스트에 신선한 아이템을 추가할 수 있다. 관광객은 내부 입장이 불가능해 외관을 보는 것만으로 만족해야 하지만 숨어 있는 곳을 발견하는 데 재미를 느끼는 사람이라면 세계적인 석학들의 굶주린 배를 채워 준 소르본 대학 구내 식당을 이용해 보자.

소르본 대학에서 멀지 않은 곳에 있는 팡테옹은 파리를 빛낸 유명 인사들이 묻힌 사원이다. 《노트르담 드 파리》의 작가 빅토르 위고, 철학자 루소를 비롯한 세기의 명사들이 한 공간에 잠들어 있다는 사실도 경건함을 느끼게 하지만, 거대한 돔으로 된 건물 자체도 왠지 숙연한 마음을 갖게 한다. 과학자 퀴리 부인도 여자로서는 최초로 이곳에 묻혔다. 이곳에 잠들어 있는 프랑스를 빛낸 명사들을 보면서 파리에 대한 애정을 조금 더 키워 보는 건 어떨까?

다. 시내에서 조금 벗어나 있어 한적하게 자전거 타기에도 딱 좋은 곳이다. 점심 시간에는 이곳에서 피크닉을 즐기며 파리지엥처럼 시간을 보내 보자. 일단 근처 편의점이나 와인 숍에서 부담 없는 가격의 와인 한 병을 구입할 것! 파스텔 톤의 건물들과 운하의 만남이 파리의 낭만을 느끼게 해 주기에 충분하므로 와인의 향이 배가될 것이다. 해가 지면 위험하니 늦게까지 머무르지는 말자.

역사 깊은 카페와 서점이 있는 쇼핑 거리 Blvd. St. Germain
생 제르맹 거리

access 지하철 4호선 Saint Germain des-Pes 역

♣ 샹젤리제 거리가 명품들의 집합소라 살짝 부담스러웠다면 생 제르맹 거리로 가 보자. 훨씬 편안한 분위기에서 쇼핑을 즐길 수 있는 곳이다. 명품 숍과 백화점, 유명 의류 매장 등 없는 것 없이 다 있지만 샹젤리제처럼 줄 서서 매장을 들어가야 할 만큼 사람이 많지는 않다. 한때 철학자들과 화가들이 자주 찾던 동네인 만큼 역사 깊은 카페들도 있다. 바로 카페 뒤 마고, 카페 드 플로라이다. 출판사가 많아 특색 있는 서점이 많이 있는 곳이기도 하다. 차분하면서도 생기 있는 생 제르맹 거리는 자주 가도 절대 질리지 않을 것이다.

파리지엥의 낭만 가득한 곳 Canal Saint Martin
생 마르탱 운하

access 지하철 5호선 Jacques Bonsergent 역

♣ 하얀 얼굴에 까만 단발머리가 인상적인 오드리 토투가 영화 〈아멜리에〉에서 물수제비를 뜨던 곳이 바로 생 마르탱 운하이다. 이곳 운하의 물은 센강으로 흘러간

아기자기한 시골 마을의 정취가 가득 Bercy Village
베르시 빌리지

access 지하철 14호선 Cour Saint Emilion
time 대부분의 상가는 21시까지, 레스토랑은 자정까지 운영
URL www.bercyvillage.com

♣ 동쪽에 위치한 베르시 빌리지는 지하철 역에서 나오면 바로 입구가 보인다. 작은 상점가들이 있어 아기자기한 시골 마을의 정취가 느껴지는 곳이다. 무엇보다 골목 양쪽으로 펼쳐진 레스토랑의 테이블에서 식사를 즐기는 사람들의 모습은 따뜻하고 정겨운 느낌을 준다. 혼자 가면 오히려 외로움만 사무칠 수 있지만 동행이 있다면 여행의 마지막을 베르시 빌리지에서 마무리하는 것은 어떨까.

TIP.
벨리브 대여소 이용법

이제는 관광객들이 벨리브를 쉽게, 많이 이용하여 최근 파리 관광지도에는 벨리브 대여소의 위치가 표시되어 있다. 처음 빌린 곳으로 다시 가져다 놓을 필요 없이 나의 최종 목적지 근처에 있는 대여소에 반납하면 된다는 것이 최대 장점이다. 게다가 30분 이내는 무료로 사용할 수 있다.
주의할 점은 자전거를 반납할 때 '딸깍' 소리가 나는지 꼭 확인하지 않으면 시간 초과로 상당한 비용이 부담될 수도 있다는 것이다. 벨리브를 적극 활용하면 교통비를 상당히 절약할 수 있어 가난한 배낭 여행객에게는 더욱 유용하다. 단, 관광객의 경우 신용카드가 있어야 하고, 대여할 때 150유로의 보증금을 내야 한다. 이용료는 1일 1.7유로, 1주일 8유로이다.

URL en.velib.paris.fr

파리의 또 다른 명소

★ 셰익스피어 앤 컴퍼니&생 미셸 거리

노트르담 성당에서 아래로 내려와 다리를 건너면 영화 〈비포 선셋〉의 그곳, '셰익스피어 앤 컴퍼니' 서점이 나온다. 가난한 예술가들에게 잠자리를 제공했던 이 서점은 지금은 여행자들의 발길로 나무 계단이 닳고 닳았다. 서점의 2층에는 각국의 사람들이 남겨 둔 메모들로 한 벽면이 가득 채워져 있다. 이유는 모르겠지만 본인의 증명사진을 남긴 사람도 많다. 파리에 나만의 흔적을 남기고 싶다면 미리 무언가를 챙겨 가는 것도 재미있는 추억이 될 듯하다.
서점을 나와 골목으로 들어서면 그리스 음식을 비롯한 세계 각국의 음식을 맛볼 수 있는 생 미셸 거리가 나온다. 젊음의 향기가 가득한 생 미셸 거리는 군것질 거리도 많아 입도 즐겁다.

로맨스가 가득한 파리의 다리들

파리에서 여행객들의 주요 이동 경로는 에펠탑과 노트르담 성당 사이이다. 그래서 유유히 흐르는 센 강을 따라 바쁘게 여기저기 다니게 마련이라 하루에 두어 번은 꼭 다리를 건너게 된다. 총 37개의 아기자기한 파리의 다리들은 저마다 스토리를 간직하고 있으니, 알 만한 사람들은 다 아는 다리 몇 개는 일부러라도 찾아가 기념 사진을 찍어 보자. 특히 유람선을 타면 파리의 다리를 운치 있게 구경할 수 있다.

★ 퐁 네프 다리

파리에서 가장 오래된 다리로 1604년에 지어졌다. 우리에게는

줄리엣 비노쉬와 드니 라방이 주연한 영화 〈퐁네프의 연인들〉의 배경지로 유명하다. 한강 다리를 생각하고 갔다가는 작은 규모에 크게 실망하고 올 수도 있으니 너무 기대는 말자. 시떼 섬에 있으니 노트르담 성당에 가면서 둘러볼 수 있다.

★ **예술의 다리**

한국에 남산타워가 있다면 파리에는 예술의 다리가 있다. 남산타워처럼 연인들의 소망을 담은 사랑의 자물쇠가 주렁주렁 달려있던 다리이다. 보행자 전용 다리이기 때문에 데이트 장소로 손꼽히는 곳이다. 안타까운 건 그 많은 자물쇠가 다리를 지탱하는 데 부담을 주어 최근에 다 철거했다는 사실이다. 이제 사랑의 자물쇠는 오르세 미술관 근처에 있는 솔페리놀 다리에서 볼 수 있다.

★ **알렉상드르 3세 다리**

파리에서 가장 화려한 다리로 꼽히는 알렉상드르 3세 다리는 프랑스와 러시아의 친선을 기념하기 위해 만들어졌다. 다리 양쪽에는 황금빛 장식이 있는데, 유람선을 타고 가다 보면 설명을 듣지 않아도 '아, 이게 그 다리구나'라고 알 수 있을 만큼 번쩍번쩍하다. 나폴레옹의 시신을 보관하고 있는 앵발리드를 보러 갈 때 지나는 다리이다.

파리에서 꼭 먹어 볼 것

와인

프랑스에서 빼놓을 수 없는 것이 와인이다. 레스토랑에서 식사 메뉴를 주문하기 전에 샴페인이나 포도주 한잔을 가볍게 먼저 주문해 보자. 포도의 품종, 재배 지역 등 이것저것 따지기 귀찮은 사람이라면 직원의 추천을 받으면 된다. 편의점이나 마트에도 와인의 종류가 많으니 골라 마시는 재미를 느낄 수 있다. 가방에 공간이 남는다면 기념으로 미니 와인을 구매해 보자. 좋은 선물이자 기념품이 될 것이다.

마카롱

이제 국내에서도 너무 쉽게 구입할 수 있는 디저트이긴 하지만, 그 종류나 맛에서는 역시 원조를 따라가기 힘들다. 국내에서는 조금 고급스러운 베이커리나 카페에서 구매할 수 있지만, 파리에서는 동네 빵집에서도 맛있는 마카롱을 맛볼 수 있다. 이왕이면 국내에서는 먹어 볼 수 없는 색다른 맛을 선택해 보자. 무엇보다 파리에는 마카롱의 양대 산맥인 '피에르 에르메'과 '라 뒤레'가 있다. 이 두 곳의 마카롱을 비교해 평가해 보는 건 어떨까.

빵

종이 봉투에 길게 삐져나온 바게트를 안고 가는 모습은 프랑스 사람들의 전형적인 모습이다. 빵을 맛있게 먹기 위해 통풍이 잘 되는 종이 봉투를 이용하는 게 좋다고 한다. 프랑스 빵은 밀가루가 다르기 때문에 국내에서는 진짜 프랑스 빵의 맛을 내는 곳을 찾기가 힘들다. 가장 맛있는 빵집은 아침 일찍부터 줄이 길게 서 있는 집! 내로라하는 파리의 빵맛을 보려면 일찍 일어나는 수고는 감수해야 할 것이다.

TRAVEL AREA 11

ITALY
이탈리아

예술과 역사의 나라

유럽의 대표 여행지인 이탈리아는 과거와 현실을 오가는 시간 여행을 즐길 수 있는 곳이다. 살아 있는 역사 박물관 로마, 중세와 르네상스의 문화를 간직한 피렌체, 패션의 도시 밀라노, 빛나는 물의 도시 베네치아에서 세기의 거장들이 남긴 유산과 동시대의 세련된 문화를 동시에 만나 보자.

언어 이탈리아어
면적 301,340km²
인구 6,100만 명
시차 8시간
화폐 유로(EUR)
국가번호 39

| 이탈리아로 떠나기 전에 |

1. 어느 계절에 떠날까?

롱부츠 모양으로 길쭉하게 생긴 국토 탓에 이탈리아 북부와 남부 지역은 날씨가 많이 다르다. 남부 지역은 여름에 매우 덥고 건조하며 겨울에 7~8℃ 정도로 온화해 여행하기에 좋지 않은 계절은 딱히 없다. 북부 지역은 여름에는 남부와 비슷하게 덥지만 비가 자주 오며, 겨울에는 영하로 내려가기도 해 남부와는 사뭇 다르다. 로마나 나폴리, 폼페이 등 남부 도시를 구경하고 중부의 피렌체, 피사를 거쳐 북부 밀라노나 베네치아까지 둘러볼 계획이라면 여름에는 상관없지만 겨울에는 북쪽으로 이동할 때마다 한 겹씩 덧입을 옷을 반드시 챙겨야 한다. 이탈리아는 여행할 때 계절에 큰 영향을 받지는 않지만 볼 것이 많은 곳이므로 겨울보다는 햇볕이 길게 내리쬐는 여름이 알찬 하루를 보내기에 더 좋다.

2. 항공권, 어떻게 살까?

이탈리아의 항공편은 대부분 로마로 연결되어 있다. 우리나라에서는 대한항공만 매주 수·금·일요일에 인천에서 로마까지 직항이 있고, 대부분은 경유편을 이용해야 해서 번거롭다. 인기 있는 이탈리아 여행 코스는 '베네치아-피렌체-로마'로, 많은 여행자는 파리나 스위스에서 열차나 저가 항공으로 베네치아에 들어온다. 이탈리아에서는 도시간 이동이 주로 기차로 이루어지는데, 종종 시간이 바뀌거나 취소되는 단점이 있긴 하지만 매우 편리하다. 이탈리아의 경우 도시간 이동도 많고, 주변 나라를 거쳐 들어오는 경우가 많으니 인·아웃 도시를 정할 때 동선을 미리 고려해야 함을 잊지 말자.

3. 어디에서 잘까?

로마는 배낭 여행객을 위한 유스호스텔이나 가족 여행객을 위한 호텔, 한인 민박이 잘 되어 있기 때문에 숙소에 대해서는 크게 걱정하지 않아도 된다. 하지만 오래된 건물을 그대로 사용하고 있는 베네치아나 규모가 작은 피렌체의 경우 미리 예약을 해 두는 것이 좋다. 조금 특색 있는 여행을 하고 싶다면 이탈리아의 전원 풍경을 즐길 수 있는 농가 민박을 이용하는 것도 좋다. 미리 예약을 하지 않아 기차역에서 호객꾼들에게 끌려가게 되는 상황이라면 식사 제공은 되는지, 개인 화장실은 있는지, 가격은 얼마인지 등의 기본적인 정보를 꼼꼼히 확인한 뒤에 결정해야 후회가 없다.

● 2011년부터 로마나 베네치아 등의 호텔에 머무를 경우 문화재 보호를 위한 여행자 세금을 별도로 부과하기 시작했다.

4. 여행 경비는 얼마나 들까?

그냥 지나치기 아까운 국보급 유적들이 즐비해서 수많은 유적지와 박물관, 성당을 모두 들어가다 보면 입장료가 부담스러울 수 있다. 하지만 돈을 내지 않고도 만끽할 수 있는 광장과 유적지도 꽤 많으므로 반은 공짜로 구경한다는 마음으로 관광해 보자. 교통비를 절약할 수 있는 방법은 비행기의 인·아웃 도시를 다르게 하고 이동할 때 기차를 이용하는 것이다. 이탈리아 레스토랑은 대부분 자릿세를 따로 받으므로 예상보다 식사비 지출이 커질 수 있다. 저렴하게 식사를 즐기고 싶다면 노천 식당에서 테이크아웃 피자와 유럽산 싱싱한 과일을 먹어 보자. 명품 브랜드의 본고장인 만큼 이탈리아 여행자는 아웃렛 매장이나 명품 제조 공장 등에서 계획에 없던 명품을 몇 개씩 사게 되는 경우가 종종 있기 때문에 쇼핑에 관심이 있는 사람이라면 쇼핑 경비를 따로 책정하는 것이 좋다.

AREA. 이탈리아.　둘러보기

　　　　　　　　　　유럽 곳곳을 두루 다닐 만큼 시간과 돈이 여유롭지 않다면 이탈리아만 돌아보아도 충분히 유럽을 느낄 수 있다. 그만큼 이탈리아에 짧게 머무는 여행자는 떠날 때 한없이 아쉬움이 남는다. 이탈리아는 유럽 어느 나라보다 볼거리, 즐길 거리가 많은 곳이어서 아이들과 함께하는 가족여행은 물론이고 사랑에 빠진 커플의 로맨틱 여행이나 현실을 내려놓고 무작정 떠나고 싶어 하는 직장인들의 힐링여행으로도 제격이다. 아무리 역사와 문화에 관심이 없는 사람이라도 화려한 르네상스 시대의 작품을 보면 흠뻑 빠져들기 마련이다. 무한한 매력이 있는 이탈리아로 떠나 보자.

1 »　　**로마**
　　　　이탈리아의 수도이자 살아 있는 역사박물관인 로마는 골목 구석구석마다 백만 가지의 볼거리가 있다. 특히 로마 안에 있는 또 하나의 나라이자 세상에서 가장 작은 나라인 바티칸 시국을 구경하다 보면 과거와 현재가 공존하는 로마의 매력에 흠뻑 빠지게 될 것이다. 고대 로마의 유적을 그대로 간직한 채 그 안에서 현재를 살고 있는 로마인들의 모습은 매우 인상적이다. 로마의 역사나 미술사에 대해 공부하고 여행을 가라고 권하고 싶지만, 시간적인 여유가 없다면 로마를 배경으로 한 영화나 책 한 권이라도 훑어보고 가길 바란다.

2 »　　**피렌체**
　　　　예술가의 혼이 도시 전체에 흐르는 곳, 피렌체는 노을 속에서 더욱 빛나는 빨간 지붕들로 마음까지 새빨갛게 물드는 낭만의 도시이다. 특별히 무언가를 하지 않아도 그곳의 독특하고 낭만적인 분위기를 느끼는 것만으로도 평생 남을 기억을 만들 수 있다. 피렌체는 르네상스 발생의 근원지이자 르네상스 시대를 이끈 거장인 레오나르도 다빈치와 미켈란젤로가 태어난 곳이다. 이곳에서는 스쳐 지나

가는 골목에서도 예술가의 숨결을 느낄 수 있다. 매 시간마다 시내 곳곳의 성당에서 아름다운 종소리가 울려 퍼지는 피렌체에서 소설 속 주인공이 되어 보자.

3 »

베네치아

빛나는 물의 도시 베네치아. 좁은 운하를 따라 구비구비 골목길을 걷다 보면 마치 중세시대로 돌아간 듯하다. 120개의 섬을 400개의 다리로 연결해 하나의 도시를 이룬 베네치아는 섬과 섬 사이의 수로가 중요한 교통로가 되어 독특한 시가지를 이룬다. 예로부터 지중해 무역의 중심지로 번영을 누려 아드리아해의 여왕으로 불리며 화려한 시대를 풍미하기도 했는데, 베네치아의 구석구석을 다녀 보면 번영을 누렸던 그 시절의 모습을 곳곳에서 찾아볼 수 있다. 수상 버스를 타면 유리세공업으로 유명한 무라노 섬, 색색깔 집들이 눈을 즐겁게 해 주는 부라노 섬, 국제영화제 개최지 및 해수욕장, 카지노 등으로 유명한 리도 섬 등 1시간 거리에 있는 다른 섬들도 구경할 수 있다.

★각종 무도회나 거리 공연 퍼레이드 등의 정보를 알 수 있는 베네치아 공식 사이트.
www.carnevale.venezia.it

4 »

밀라노

'밀라노' 하면 누구나 '패션의 도시'라는 말을 먼저 떠올릴 것이다. 명품 브랜드 상점은 기본이요, 다양한 의류 · 보석 · 액세서리 매장들이 차고 넘치는 곳이 바로 밀라노이다. 거리를 활보하는 사람들 또한 시선을 사로잡는 패셔니스타들임은 두말할 것도 없다. 하지만 그렇다고 해서 밀라노에서 쇼핑만 해야 하는 것은 절대 아니다. 이곳 역시 역사의 한 순간들을 장식했던 많은 건축물과 예술 작품이 곳곳에 남아 있다. 1386년부터 지어진 두오모 성당, 레오나르도 다빈치의 <최후의 만찬> 벽화가 있는 산타 마리아 델레 그라치에 성당 등 놓치기 아까운 볼거리가 많으니 너무 쇼핑에 집중하지 말자.

이탈리아 >> 핵심 여행

로마 시내 핵심 여행

ENJOY 01
콜로세움에서 2,000년 역사 확인하기

2,000년의 역사를 한눈에 볼 수 있는 콜로세움은 이탈리아 여행에서 빼놓지 말아야 할 필수 코스이다. 경기장을 가득 메웠던 사람들의 환호를 상상하며 관람해 보자.

ENJOY 02
여행사에서 무료로 진행하는 로마 야경 투어하기

여행사에서 밤 8시부터 2시간 정도 진행하는 무료 시내 투어로 알찬 시간을 보내 보자. 낮에는 볼 수 없었던 로마의 아름다운 모습을 만날 수 있을 것이다.

ENJOY 03
3대 젤라또 가게에서 장인의 젤라또 맛보기

로마의 3대 젤라또 가게에서 장인의 젤라또 맛을 음미해 보자. 지올리티, 파씨, 올드 브리지는 어느 곳 하나 놓치기 아까울 정도로 대단한 맛을 자랑한다.

바티칸 시국 투어 하루 일정은 제외하고라도, 로마를 둘러보는 하루 일정은 조금 빠듯한 감이 있다. 하지만 동선을 잘 생각해서 움직인다면 구석구석 잘 살펴볼 수 있을 것이다. 유적지를 이어 주는 버스와 전철을 이용하는 것도 좋지만, 명소들이 서로 그렇게 멀지 않은 거리에 있으니 중간중간 쉬면서 두 발로 걸으며 여행하는 건 어떨까?

핵심 여행 코스
★ 총 소요시간 : 11시간

START

09:00
콜로세움
로마 시대의 문화를
고스란히 간직한
대형 건축물

10:30
포로 로마노
유적들이 줄지어 있는
고대 로마의 중심지

12:00
진실의 입
진실을 심판하는 얼굴 조각상

14:00
판테온
그리스의 모든 신들을 위한 신전이자 천재
예술가 라파엘로가 잠들어 있는 곳

15:00
트레비 분수
동전을 던지면 로마에 다시
올 수 있다는 분수

17:00
포폴로 광장, 핀치오 언덕
19세기에 건축된 역사적인
광장과 풍경이 아름다운 언덕

16:00
스페인 광장
〈로마의 휴일〉에서 오드리
햅번이 아이스크림을 먹었던
곳으로 유명한 광장

HOT SPOT

2천 년 역사를 간직한
로마 핫 스폿

2천 년 세월의 풍파를 견뎌 낸 투기장 Colosseum
콜로세움

add. Piazza del Colosseo, 00184, Roma
access Metro B선 Colosseo 역 윗층 출구 길 맞은편
time 08:30~17:00(2월 16일~3월 15일), 08:30~17:30(3월 16일~3월 마지막 토요일), 08:30~19:15(3월 마지막 일요일~8월 31일), 08:30~19:00(9월), 08:30~18:30(10월), 08:30~16:30(11월 1일~2월 15일), 티켓 판매는 1시간 전까지
tel. 06-3996-7700
URL archeoroma.beniculturali.it

♣ 콜로세움은 서기 72년에 만들어진 2천 년 된 건축물이다. 전철역을 벗어나면 바로 웅장한 모습을 드러내는데, 세월의 풍파를 견디고 우뚝 서 있는 모습에 압도당하고 만다. 엘리베이터를 타고 2층으로 올라가면 콜로세움의 모습을 한눈에 감상할 수 있다. 또한 콜로세움의 역사나 보수 작업에 대한 동영상이나 검투사 복장, 콜로세움 검투 상상도 등도 볼 수 있다. 경기장을 가득 메웠던 사람들의 환호를 상상하며 중세 시대의 검투사가 되어 보자.

로마 시대를 걷다 Palatino & Foro Romano
팔라티노 언덕 & 포로 로마노

add. Via della Salaria Vecchia, 5/6, Roma
access 콜로세움에서 도보 5분
time 콜로세움과 동일

♣ 팔라티노 언덕은 로마 제국에서 가장 이상적인 주택 지역이었다. 고대 로마의 중심가인 포로 로마노가 가까운 데다 지대가 높아서 조용하고 바람이 잘 들어 기원전 2세기부터 부유층들의 호화 주택들이 들어섰다. 그 옆의 포로 로마노는 사전 지식 없이 가면, 그냥 흩어진 돌덩이와 기둥들만 남은 폐허로 보일 수 있다. 고대 로마 시민들의 생활 중심지였던 이곳은 팔라티노 언덕과 캄피돌리오 언덕 사이의 낮은 지대로, 두 언덕 사이에서 교류 장소의 역할을 했던 곳이다. 포로 로마노 중앙에는 로마에서 가장 오래된 길이라는 성스러운 길(Via Sacra)이 있다. 이 길을 걸으며 양쪽으로 흩어져 있는 신전들과 개선문, 법원 등을 구경해 보자. 콜로세움 입구를 기준으로 왼쪽으로 가면 팔라티노 언덕, 오른쪽으로 가면 포로 로마노인데, 포로 로마노 전경을 위에서 한눈에 볼 수 있는 팔리티노 언덕에 먼저 가는 것이 좋다. 콜로세움, 팔라티노 언덕, 포로 로마노는 통합 입장권을 구매해야 한다.

영화 속 오드리 헵번처럼 Mouth of Truth
진실의 입

모든 신들을 위한 신전 Pantheon
판테온

add.	Piazza della Bocca della Verità
access	Metro B선 Circo Massimo 역 코스메딘 산타 마리아 성당
time	09:00~13:00, 14:30~18:00
tel.	06-678-7759

♣ 진실의 입은 <로마의 휴일> 덕분에 많은 사람이 찾는 명소가 되었다. 손이 잘린 듯 짓궂게 연기를 하는 그레고리 펙과 깜짝 놀라 비명을 지르는 오드리 헵번의 사랑스러운 모습을 많은 사람이 기억할 것이다. 해신 트리톤의 얼굴 모양을 한 이 대리석은 원래 하수구 뚜껑이었을 것이라고 추정되는데, 사람들은 이곳에서 영화 속 유쾌한 에피소드만을 떠올린다. 이곳은 많은 관광객이 사진을 찍는 포토 스폿이다. 진실의 입에 손을 넣고 재미있는 사진 한 장을 남겨 보자.

add.	Piazza della Rotonda, Roma
access	테르미니 버스 정류장에서 40번 버스 이용, 나보나 광장에서 도보 10분, 베네치아 광장에서 코르소 거리로 들어선 후 왼쪽 네번째 골목으로 직진
time	09:00~17:30 (월~토요일), 09:00~18:00(일요일), 09:00~13:00(공휴일), 1월 1일, 5월 1일, 12월 25일 휴관
tel.	06-6830-0230
fee	무료

♣ 시끌벅적한 코르소 거리를 지나, 로마 분위기가 물씬 나는 조용한 골목을 걷다 보면 천장에 지름 9m 구멍이 뚫린 판테온이 나온다. 판테온은 모든 신을 위한 신전을 뜻한다. 판테온의 외관에서는 긴 세월 동안 변함 없는 모습으로 그 자리를 지켜 온 위풍당당함을 느낄 수 있으며, 안으로 들어가면 은은하게 들어오는 빛으로 인해 엄숙하고 평온한 분위기를 느낄 수 있다. 기원전 27년에 지어진 판테온은 당대 건축물 중에서 가장 보존이 잘 된 것으로 평가된다. 미켈란젤로는 판테온을 두고 천사가 내려와 설계하지 않고는 있을 수 없는 건축이라 했다고 한다.

해신 트리톤 앞에서 동전 던지기 Trevi Fountain
트레비 분수

〈로마의 휴일〉 속 그곳 Piazza di Spagna
스페인 광장

add.   Piazza di Trevi, 00187, Roma
access 테르미니 버스 정류장에서 175번 버스 이용, Metro A선 Spagna 역, 스페인 광장에서 도보 10분, 베네치아 광장에서 코르소 거리로 들어서 오른쪽 골목 via d. muratte로 직진

♣ 분수 중에 최고의 작품으로 꼽히는 트레비 분수의 물줄기는 유난히 힘차게 흐르는데, 이는 낙차를 크게 하기 위해 땅을 깊게 팠기 때문이다. 그 덕에 분수대 앞에는 계단이 생기고 관광객들이 앉아서 로마의 가장 멋진 분수인 트레비 분수를 감상할 수 있다. 1730년 교황 클레멘스 12세의 즉위식 기념 분수 설계 공모전에서 당선된 니콜라 살비가 이 분수를 설계했다고 하는데, 마치 이곳으로 모여 드는 수백 만 명의 세계 관광객들을 쉬게 하기 위해 계단을 만들어 놓은 듯하다. 잠시 앉아 시원한 물소리를 즐기며 후기 바로크 양식 최고의 작품을 감상해 보자.

access	Metro A선 Spagna 역
URL	www.piazzadispagna.it

♣ 이곳 스페인 광장에서는 계단 위를 빼곡히 메우고 있는 사람들도 멋진 볼거리가 된다. 젊은이들의 데이트 장소로 사랑받고 있는 이 계단은 로마의 휴일에서 머리를 싹둑 자른 오드리 헵번이 조금 남은 돈으로 천진난만하게 아이스크림을 먹었던 장소로 유명하다. 안타깝게도 이 계단은 트레비 분수 앞과 같이 음식물 섭취가 금지되어 있다. 아마도 오드리 헵번처럼 아이스크림을 먹어 보려는 많은 관광객 때문에 계단의 바닥이 더럽혀져 로마시가 취한 조치인 듯하다.

access	Metro A선 Flaminio 역, 베니치아 광장에서 비토리오 엠마누엘라 2세 기념관을 등지고 코르코 거리를 따라 직진

산타 마리아 델 포폴로 성당
time	07:00~12:00, 16:00~19:00(월~토요일)
	08:00~19:30(일요일)

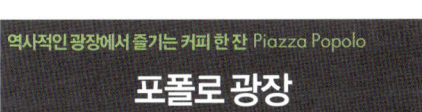

포폴로 광장
역사적인 광장에서 즐기는 커피 한 잔 Piazza Popolo

♣ 놀라울 정도로 넓어 사람이 많아도 북적거리지 않는 포폴로 광장에서는 카페에 앉아 여유롭게 커피를 한 잔 마셔 보자. 그럴싸한 사진을 찍을 수 있는 테라스 자리라면 더욱 좋다. 광장 가운데에 있는 오벨리스크를 등지고 서면 쌍둥이 성당을 배경으로 한 멋진 사진을 찍을 수 있다. 쌍둥이 성당을 두고 왼쪽 길은 스페인 광장으로, 가운데 길은 코르소 거리를 지나 베네치아 광장으로, 오른쪽 길은 판테온과 나보나 광장 쪽으로 이어져 있다. 오벨리스크 뒤쪽으로 있는 포폴로 문의 오른쪽에 있는 성당은 《천사와 악마》에 나오는 산타 마리아 델 포폴로 성당이다.

포폴로 광장이 가장 아름답게 보이는 곳 Colle Pincio
핀치오 언덕

access   Metro A선 Flaminio 역, 베네치아 광장에서 비토리오 엠마누엘라 2세 기념관을 등지고 코르소 거리를 따라 직진

♣ 포폴로 광장의 카페에서 여유를 부렸다면, 광장 옆으로 높이 솟아 있는 핀치오 언덕으로 올라가 보자. 분수 뒤쪽으로 난 산책길을 오르다 보면 포폴로 광장과 로마 시내가 한눈에 보인다. 앞쪽으로는 바티칸 시국이 보이고 왼쪽으로 눈을 돌리면 비토리오 에마누엘레 2세 기념관도 보여 그야말로 전망대가 따로 없다.

알아 두면 좋은 여행 노하우 ✈

로마 시내 교통 이용하기

대부분의 로마 주요 관광지는 도보로 이동이 가능하기 때문에 굳이 비싼 패스를 살 필요가 없다. 관광을 시작할 때와 숙소로 돌아올 때를 제외하고는 대중 교통을 이용할 일이 거의 없다고 보면 된다. 만약 걷기에 조금 애매한 관광지가 있다면 버스와 지하철을 타고 이동하면 된다.

버스 티켓은 1.5유로로, 탑승 시작 시간부터 100분 동안 버스와 지하철 환승이 가능하다. 버스 티켓을 사용하기에 가장 알맞은 타이밍은 야간 시티 투어 때인데, 시내버스를 타고 이동하다가 버스 시간이 넘어가기 전에 숙소로 돌아가면 한 장의 티켓으로 저렴한 여행을 할 수 있다.

티켓은 지하철 역이나 버스 정류장 판매기, 역 주변의 거리 가판대에서 구입할 수 있다. 티켓 판매기는 잔돈이 6유로까지만 나오기 때문에 10유로 지폐를 사용할 경우 3장 이상 티켓을 구매해야 정확한 잔액을 받을 수 있다.

주의할 점은 버스를 탈 때 티켓 펀칭을 하지 않으면 무임승차가 된다는 것이다. 펀칭기에 티켓을 넣으면 탑승 시간과 유효 시간이 찍히니 사용 가능한 시간을 꼭 확인해야 한다. 또한 우리나라의 지하철처럼 지하철과 지하철 사이의 환승은 불가능하니 미리 노선을 잘 확인하는 것이 좋다.

이탈리아 도시 간 이동하기

로마에서 피렌체, 베네치아에서 밀라노 등 이탈리아 내에서의 도시 간 이동은 기차로 아주 용이하게 할 수 있다. 로마에서 피렌체까지 2시간, 피렌체에서 베네치아나 밀라노까지 3시간이면 도착하므로, 여행할 3~4개 도시를 미리 정해 놓고 여행 일정을

잡는 것이 좋다. 하지만 안타깝게도 이탈리아의 기차는 시간을 잘 안 지키기로 유명하다. 요즘에는 사정이 많이 좋아진 편이지만 시간표를 믿기보다는 기차 시간보다 조금 먼저 도착해 전광판에 나오는 시간과 플랫폼을 반드시 확인해야 한다. 이탈리아의 티켓 창구는 줄을 오래 기다려야 하므로, 기계 티켓 발권을 시도해 보자. 천천히 하면 누구나 티켓을 살 수 있을 만큼 쉬우니 겁먹지 말고 도전하자.

전통의 맛 경험해 보기

로마 여행이 즐거운 또 다른 이유는 장인의 손맛을 느낄 수 있는 3대 젤라토 가게와 1유로대의 에스프레소 가게, 그리고 맛있는 이탈리아 피자집이 있기 때문이다. 모두가 알 만한 세계적인 브랜드인 스타벅스, 베스킨라빈스 31, 피자헛이 유독 이탈리아에만 없는데, 그 이유는 이탈리아 사람들이 자신들의 커피, 아이스크림(젤라토), 피자에 대해 큰 자부심을 가지고 있기 때문이다. 아침에는 숙소 앞 작은 가게에서 2.5유로로 카푸치노와 크로와상을, 여행 중 지칠 때에는 달콤하고 시원한 젤라토를, 늦은 오후에는 어마어마한 크기의 테이크아웃 피자를 즐기며 맛있는 로마 여행을 만끽해 보자.

로마의 야경 즐기기

콜로세움, 나보나 광장, 판테온, 스페인 계단, 트레비 분수 등 로마에는 야경이 아름다운 곳이 많다. 낮에 봤던 곳 중에서 가장 아쉬움이 남거나, 한 번 더 보고 싶은 곳으로 두세 군데 골라 해가 질 무렵 찾아가 보자. 당장 숙소의 침대로 순간 이동을 하고 싶을 만큼 피곤하더라도 로마의 야경은 놓쳐서는 안 된다.

트레비 분수에 동전 던지기

트레비 분수의 동전 던지기에는 여러 가지 설이 있지만 가장 많은 사람이 얘기하는 바로는, 한 번 던지면 다시 로마로 돌아오고, 두 번 던지면 사랑이 이루어지고, 세 번 던지면 사랑이 깨진다고 한다. 오른손으로 동전을 쥐고 왼쪽 어깨 너머로 동전을 던져야 한다니 멋지게 포즈를 취해 보자. 이렇게 던져지는 동전들은 하루에 무려 3,000유로 정도라고 한다. 트레비 분수 주변에서는 조각피자와 젤라토 가게가 곧잘 눈에 띄지만 계단에서 음식물을 먹다가는 어김없이 경찰관의 호루라기 소리를 듣게 된다는 것을 명심하자.

이탈리아 >> 테마 여행 01

역사 속으로 떠나는 바티칸 여행

로마 안에 위치한 세상에서 가장 작은 독립국 바티칸. 하루를 꼬박 투자해도 아깝기는 커녕 아쉬움에 발길이 떨어지지 않는 이곳의 관광 포인트는 산 피에트로 대성당과 바티칸 박물관 두 곳이다. 둘 다 반드시 미리 공부를 하고 가야 하는 곳이지만, 공부해야 할 양이 너무 많으므로 투어를 적극 추천한다. 오죽하면 투어를 할 것이 아니라면 바티칸에 가지를 말라는 말이 있을까? 미술품 앞에서 듣는 가이드의 설명은 박물관의 수많은 작품을 다른 눈으로 볼 수 있게 해 준다. 투어는 꼭 예약하자.

ENJOY 01
가장 작은 나라 바티칸에서 한국으로 엽서 보내기

지구에서 가장 작은 나라인 바티칸에서 한국으로 보내는 엽서를 써 보자. 엽서는 스위스로 보내졌다가 2주 내에 집으로 도착한다.

ENJOY 02
미켈란젤로 4년간의 역작 시스티나 예배당 관람하기

미켈란젤로가 자신의 육체와 바꾼 4년간의 역작을 눈으로 확인해 보자. 하지만 아무리 아름답다고 해도 사진을 찍어서는 안 된다는 것을 명심하자.

ENJOY 03
로마에서 가장 생기 넘치는 나보나 광장 방문하기

거리의 예술가와 자유분방한 젊은이로 가득한 나보나 광장은 로마에서 가장 생기 넘치는 곳이다. 3개의 분수대부터 화려한 궁전까지 볼거리가 가득하다.

TRAVEL SPOT 11 이탈리아 ITALY

EUROPE

바티칸 여행 코스
★ 총소요시간 : 14시간

START

08:00
바티칸 투어 1
바티칸 박물관
방대한 시앙 문화,
예술의 집합지

바티칸 투어 2
시스티나 성당
미켈란젤로 최고의 걸작이
있는 장소

바티칸 투어 3
산 피에트로 대성당
〈피에타〉를 볼 수
있는 성당

바티칸 투어 4
쿠폴라
쿠폴라에 오르면 보이는
로마 시내의 전경

바티칸 투어 5
산 피에트로 광장
양팔을 벌려 세상을 구원하는
그리스도의 모습

16:30
산탄젤로 성
야경이 아름다운
천사들의 성

HOT SPOT

가장 성스러운 곳
바티칸 핫 스폿

♣ 바티칸 박물관은 산 피에트로 대성당에 붙어 있는 교황궁 내에 있는 박물관이다. 이곳에 가기 전에 꼭 준비해야 하는 것이 2가지 있는데, 그것은 바로 역사와 미술사에 대한 사전 지식과 하루를 꼬박 돌아다닐 수 있는 체력이다. 바티칸 박물관은 로마 미술부터 이집트, 아시리아, 그리스 작품들까지 아우르는 방대한 양의 예술 작품을 소장하고 있으며, 그만큼 규모가 어마어마하다. 여러 회화관과 뮤즈의 방, 융단의 방, 지도의 방, 라파엘로의 방 외에도 조각 작품들로 둘러싸여 있는 벨베데레 정원(팔각형 정원)과 솔방울 정원까지 둘러보자.

서양 문화, 예술의 보고 Musei Vaticani
바티칸 박물관

〈천지창조〉, 〈최후의 심판〉과 마주하다 Aedicula Sixtina
시스티나 성당

add.	Citta del Vaticano, 00165, Roma
access	Metro A선 Ottaviano 역에서 도보 10분
time	09:00~18:00(월~토요일, 개인 입장 10시, 입장 마감 4시), 09:00~14:00(매월 마지막 일요일, 무료 입장), 19:00~23:00(9~10월 중 매주 금요일 야간 개장) / 휴관일(1월1, 6일/2월 11일/3월19일/부활절/일요일과 월요일/5월 1일/6월 29일/8월14, 15일/11월1일/12월8, 25, 26일)
tel.	06-6988-3860
fee	16유로(학생 8유로)
URL	www.vatican.va

♣ 시스티나 성당은 교황을 선출하는 추기경단의 선거회인 콘클라베가 열리는 장소로, 미켈란젤로의 천장화인 〈천지창조〉와 벽화인 〈최후의 심판〉이 있어 바티칸에 온 사람이라면 누구라도 이곳을 찾게 된다. 예배당을 들어서는 순간 미켈란젤로라는 한 예술가의 위대함에 온몸이 전율하게 되는데, 그 어마어마한 걸작을 보기 위해서는 고개를 젖힌 채 한참을 있어야 한다. 잠깐의 시간이지만 고개를 젖히고 있다 보면 목이 아파 와, 미켈란젤로가 천장화를 그릴 때 고개를 뒤로 젖히고 몸을 뒤틀어 그림을 그리느라 무릎에 물이 고이고 등이 굽었다는 얘기를 몸으로 느끼게 된다. 예배당 정면 벽의 〈최후의 심판〉은 천장화 제작 20년 후에 미켈란젤로가 그린 것으로 규모가 자그마치 200km²에다가 391인의 인물이 그려져 있다.

〈피에타〉가 있는 화려한 성당 Basilica Papale di San Pietro
산 피에트로 대성당

add.	Piazza San Pietro
access	시스티나 성당에서 연결
time	07:00~19:00(10~3월 07:00~18:30) 쿠폴라 08:00~18:00(10~3월 08:00~17:00)
tel.	06-6988-3731, 06-6988-1662
fee	무료, 쿠폴라 계단 5유로(엘리베이터 이용 시 7유로)

♣ 산 피에트로 대성당은 외관도 외관이지만, 내부의 크기와 화려함에 압도당하고 만다. 산 피에트로 대성당 건축 당시에 말도 많고 탈도 많았다고 하는데, 왜 그랬는지 성당 안으로 들어서자마자 알 수 있다. 성당 안 장식 중 금색으로 보이는 것들은 대부분 순금이라고 한다. 성당에 들어서자마자 오른쪽에는 미켈란젤로의 〈피에타〉가 보이는데, 한 정신병자가 망치를 휘둘러 조각에 손상을 입힌 후로 방탄 유리 너머로 볼 수밖에 없어 조금은 아쉽다. 그 외에 베르니니의 청동기둥과, 발을 만지면 축복을 받는다는 얘기 때문에 발 부분이 유난히 닳아 있는 성 베드로의 청동상 등 구석구석에 볼거리가 가득하다.

박물관과 성당 투어를 마치고 나면 몸이 녹초가 되겠지만, 산 피에트로 대성당의 쿠폴라는 꼭 들러 보도록 하자. 쿠폴라에 오르는 길에 보이는 성당 내부의 모습은 완벽한 설계란 무엇인가를 보여 준다. 쿠폴라에 올라 내려다 보는 산 피에트로 광장과 로마 시내의 모습은 장관이다. 바티칸 박물관의 전경도 내려다볼 수 있어 바티칸 시국의 전체적인 모습과 크기를 알 수 있다. 특히 산 피에트로 대성당 자체가 십자가 모양을 하고 있어 광장과 합쳐지면 열쇠모양이 되는데, 그리스도가 베드로에게 부여한 천국문의 열쇠를 상징한다고 한다.

양팔 벌려 세상을 구원하는 그리스도 Piazza San Pietro
산 피에트로 광장

야경이 아름다운 천사들의 성 Castel Sant'Angelo
산탄젤로 성(천사의 성)

add.	Lungotevere Castello, 50 – 00193
access	Metro A선 Ottaviano 역에서 도보 20분, 바티칸 시국 앞 베드로 광장에서 도보 10분, 베드로 광장에서 정면으로 나있는 via della conciliazione을 따라 직진
time	09:00~19:00(4-9월), 09:00~14:00(10-3월), 입장 마감 한 시간 전까지, 휴관일(1월 1일, 12월 25일)
tel.	06-689-6003
fee	8유로
URL	castelsantangelo.beniculturali.it

add.	Piazza San Pietro
access	산 피에트로 대성당 앞

♣ 바티칸 시국에 와 있다는 것이 가장 실감나는 곳은 바로 산 피에트로 광장이다. 성당이나 박물관 내부에 있을 때와는 또 다른 느낌을 준다. 성당 양쪽으로 4열로 배치된 열주들이 광장을 둘러싸고 있는데, 그리스도가 양팔을 벌려 세상을 구원한다는 의미를 가지고 있다. 광장 가운데에 있는 오벨리스크 옆에는 원형의 대리석 판이 있는데, 그곳에 서면 4개의 열주들이 겹쳐 하나로 보인다. 설계자인 베르니니가 기둥 사이의 거리를 동일하게 하고, 치밀한 계산에 의해 뒤쪽의 기둥들을 점점 더 두껍게 만들었기에 이런 현상이 가능하다고 한다.

♣ 산 피에트로 광장 정면에 있는 화해의 길을 따라가면 요새 모양의 산탄젤로 성이 나타난다. 본래는 히드리아누스 황제가 자신의 묘로 만들었지만, 후에 산 피에트로 대성당과 연결해 교황이 비상시에 피난을 하는 요새로 쓰였다. 산탄젤로 성 앞으로는 산탄젤로 다리가 있는데, 테베레 강을 가로지르는 다리 중에 가장 아름다운 다리로 꼽힌다. 특히 야경이 아름다운데, 성과 다리에서 나오는 빛과 그 빛이 반사된 테베레 강의 모습을 보려면 바티칸 시국 투어 후 밤에 가면 된다.

4개의 분수가 시원하게 물을 뿜는 쉼터 Piazza Navona

나보나 광장

add.	Piazza Navona, 00186, Roma
access	산탄젤로 성 천사의 다리를 건너 강가를 따라가다, 다음 다리에서 Via Zanardelli로 우회전 뒤 직진, 테르미니 역에서 70번 버스 이용, 판테온에서 도보 10분

♣ 나보나 광장은 로마에서 가장 생기 넘치는 쉼터로 로마인들과 관광객들의 사랑을 한몸에 받고 있다. 쉴 틈 없는 바티칸 시국 투어를 마쳤다면, 저녁 늦게까지 활기 넘치는 나보나 광장에서 잠시 쉬어 보자. 고대 로마 시대에 전차 경기장으로 쓰던 곳으로, 광장 내의 분수들과 광장을 둘러싸고 있는 고풍스러운 건물들이 아름다운 풍경을 만들어 낸다. 깨끗하고 시원한 물을 뿜어내는 4개의 분수는 4대 강을 나타내는데, 그중 가장 큰 분수가 베르니니가 만든 피우미 분수로 나보나 광장의 대표 상징이다. 초상화를 그려 주는 사람, 연주가 등 거리의 예술가들이 많아 가만히 앉아 있어도 심심하지 않다. 광장에 앉아 에메랄드 빛 물을 뿜어내는 분수를 바라보며, 뿌듯한 하루 일정을 마무리하자.

TIP.
바티칸 박물관 관람하는 노하우

★빠른 입장을 위한 준비
바티칸 박물관으로 입장하기 전에 검색대를 통과해야 하는데, 삼각대, 비디오카메라, 맥가이버 칼과 같은 뾰족한 물건들은 갖고 갈 수 없으므로, 바티칸에 가는 날에는 숙소에 두고 나오도록 하자.

★야간 관람(Night Opening)
5월부터 10월 사이, 매주 금요일 저녁 7시부터 11시까지 야간 관람을 할 수 있다. 바티칸 박물관 홈페이지에서 매년 업데이트되는 확실한 날짜를 확인하자. www.vatican.va

★엽서 쓰기
바티칸의 우체국은 빠르고 정확하기로 유명하다. 여기서 바티칸이 이탈리아가 아닌, 독립된 국가라는 사실을 다시 한번 상기하게 된다. 박물관 내의 기념품을 파는 곳에서 엽서와 우표를 사서 우체통에 쏙 넣어 주기만 하면 된다.

바티칸의 스위스 근위병

스위스 근위병은 교황에 대한 절대적 충성심으로, 1527년 교황 클레멘스 7세를 구하기 위해 최후까지 용맹하게 저항하다가 산 피에트로 대성당의 제단을 피로 물들이며 참혹하게 전사하였다. 교황과 바티칸에 충성을 바친 공로 때문인지 바티칸 내의 근위대는 스위스 사람만이 지원할 수 있으며, 키는 175cm 이상, 25세 이하의 미혼이어야 한다. 훤칠한 키와 잘생긴 외모로 유명해 바티칸을 방문하는 뭇 여성의 마음을 설레게 한다. 미켈란젤로가 디자인했다는 속설이 있는, 조금은 광대 같은 근위병의 복장은 눈을 즐겁게 한다.

이탈리아 >> 테마 여행 02

명작과 만나는 피렌체 예술 여행

가만히 거리를 걷기만 해도 영화 속의 주인공이 된 듯한 기분이 드는 피렌체. 피렌체 여행은 명작이라고 일컬어지는 미술 작품, 건축물과 함께하는 여행이다. 우피치 미술관에 반나절을 투자한다 해도 나머지 반나절이면 피렌체를 어느 정도 둘러볼 수 있다. 미술관에 큰 관심이 없거나 바티칸에서 본 걸로 충분하다고 생각되는 사람은 우피치 미술관 대신 피사에 가거나, 쇼핑을 해도 좋다. 가만히 앉아 도시를 바라보는 것 자체만으로도 즐거운 도시이므로 하루 머물며 보석처럼 빛나는 피렌체의 야경까지 감상해 보자.

ENJOY 01
두오모 쿠폴라에서
로마 시내 감상하기

〈냉정과 열정 사이〉의 아오이와 준세이가 재회했던 장소, 두오모 쿠폴라! 이곳에 올라 눈앞에 펼쳐지는 감동의 물결을 직접 확인해 보자.

ENJOY 02
피렌체 골목길을
유유자적 거닐기

피렌체는 규모가 작아 걸어서 둘러보기에 충분하다. 피렌체 골목길을 유유자적 거닐다 다리가 아프면 베키오 다리 강가나 미켈란젤로 언덕에 앉아 휴식을 취해 보자.

ENJOY 03
믿을 수 없을 만큼 저렴한
프라다 아웃렛에서 쇼핑하기

프라다 아웃렛에는 말도 안 되는 저렴한 가격으로 프라다 제품을 살 수 있다. 다만 빨리 매진되기 때문에 재빨리 물건을 살피는 매의 눈과 빠른 결단력이 필요하다.

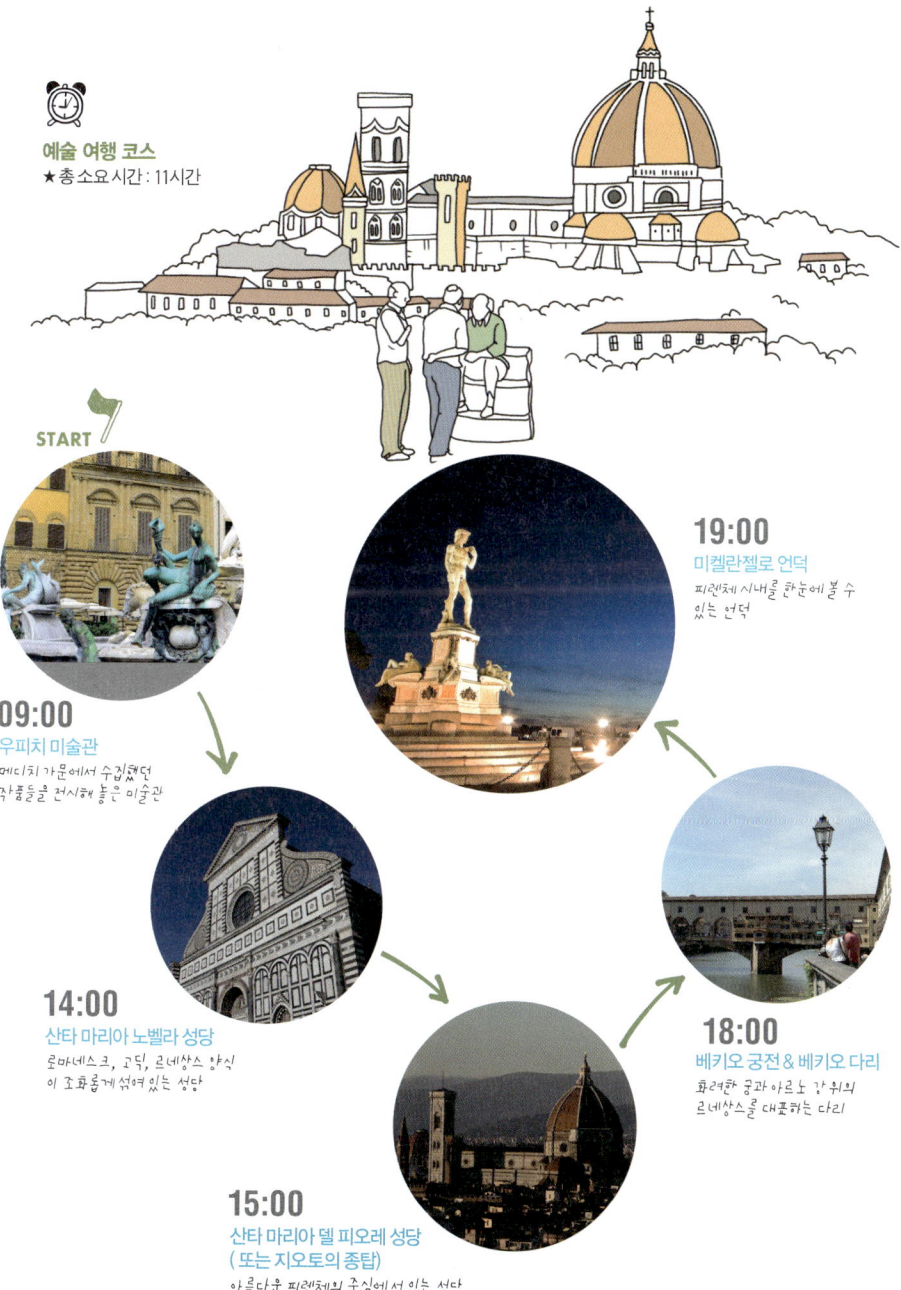

예술 여행 코스
★ 총 소요시간 : 11시간

START

09:00
우피치 미술관
메디치 가문에서 수집했던
작품들을 전시해 놓은 미술관

14:00
산타 마리아 노벨라 성당
로마네스크, 고딕, 르네상스 양식
이 조화롭게 섞여 있는 성당

15:00
산타 마리아 델 피오레 성당
(또는 지오토의 종탑)
아름다운 피렌체의 중심에 서 있는 성당

18:00
베키오 궁전 & 베키오 다리
화려한 궁과 아르노 강 위의
르네상스를 대표하는 다리

19:00
미켈란젤로 언덕
피렌체 시내를 한눈에 볼 수
있는 언덕

HOT SPOT

예술의 도시
피렌체 핫 스폿

스 시대 최고의 회화 작품을 관람할 수 있다. 피렌체의 명문 가문인 메디치 가문이 대를 이어 수집한 작품들을 소중히 보관하다가, 후에 이탈리아에 기증했고, 지금은 국립 미술관으로 지정되었다. 이곳은 피렌체를 방문한 사람이라면 누구나 찾는 관광 명소이니 예약은 필수이다. 책에서 봤던 그림들과 직접 마주할 때 느껴지는 경이로움을 꼭 경험해 보자. 넓은 미술관 관광이 버겁다면 꼭 보고 싶은 작품만 챙겨서 보자.

메디치 가문의 보석 같은 컬렉션 Galleria degli Uffizi
우피치 미술관

피렌체 도미니크 수도회의 본당 Chiesa di Santa Maria Novella
산타 마리아 노벨라 성당

add. Piazza di Santa Maria Novella, 18, 50123, Florence
access 피렌체 중앙역 정면에 있는 건물이 성당의 뒷모습
time 09:00~17:30(월~목요일), 11:00~17:30(금요일), 09:00~17:00(토요일), 13:00~17:00(일요일, 종교 휴일)
tel. 055-219-257

♣ 산타 마리아 노벨라 성당은 피렌체 기차역 바로 앞에 위치해있다. 기차역에서 나서면 바로 성당의 뒷모습이 보이는데, 그 모습이 허름해 성당인지 모르고 그냥 지나치는 사람들이 꽤 된다. 성당의 옆면을 따라 걷다 보면 광장이 눈에 들어오고, 아름다운 성당이 나타난다. 시간이 있다면 성당 내부의 프레스코화도 감상해 보자. 햇살이 좋은 날이면 성당 앞 광장의 잔디밭에서 일광욕을 즐기는 이탈리아인들을 볼 수 있는데, 붐비는 곳이 아니기 때문에 잠시 누워 성당을 구경하는 것도 나쁘지 않다.

add. Piazzale degli Uffizi, 50122, Firenze
access 피렌체 중앙역 에서 아르노 강 방면으로 25분 거리
time 08:15~19:00(화~일요일), 휴관일(매주 월요일, 1월 1일, 5월 1일, 12월 25일)
tel. 055-238-8651
URL www.virtualuffizi.com, www.uffizi.com(예약 사이트)

♣ 큰 조개 위에서 수줍은 듯 몸을 가리고 있는 비너스를 확인할 수 있는 곳! 우피치 미술관은 2,500여 점이 넘는 작품이 전시된 세계적인 미술관 중 하나로 르네상

멀리서도 빛이 나는 대성당 Basilica di Santa Maria del Fiore
두오모(산타 마리아 델 피오레 성당)

두오모 쿠폴라 vs 조토의 종탑

두오모 자체만으로도 매력적이지만, 쿠폴라에 올라 바라보는 피렌체의 광경이 매우 아름다워 두오모의 가치를 한층 더 빛나게 해 준다. 하지만 피렌체 두오모에는 안타깝게도 엘리베이터가 없다. 계단의 수가 463개나 되고, 마지막 코스인 뱅글뱅글 돌면서 올라가는 계단은 젊은 사람도 힘들

수 있으니, 단단히 마음먹고 올라가자. 쿠폴라에 오르면 피렌체의 모습이 한눈에 다 들어오는데, 그 아름다운 광경은 말로 설명할 수가 없다.

두오모 바로 옆에 우뚝 솟아 있는 조토의 종탑도 두오모 쿠폴라처럼 꼭대기에 오를 수 있는데, 두오모의 모습과 함께 피렌체를 보고 싶은 사람은 종탑에, '그래도 이왕 오를 거면 두오모지!'라고 생각하는 사람은 두오모에 오르면 된다. 오전에는 두오모, 오후에는 종탑의 빛이 좋으므로 멋진 사진을 찍고 싶다면 이 점을 고려하자.

add.	Piazza del Duomo, Florence, Province of Florence
access	산타 마리아 노벨라 성당을 등지고 광장 중앙에서 왼쪽으로 난 골목 끝에 위치
time	성당 10:00~17:00(월~수요일, 금요일), 10:00~16:30(목요일), 10:00~16:45(토요일), 13:30~16:45(일요일, 종교휴일) 쿠폴라 & 조토의 종탑 08:30~19:00(월~금요일), 08:30~17:40(토요일), 일요일 휴관
tel.	055-230-2885

♣ 산타 마리아 노벨라 성당 광장에서 이어지는 골목길을 걷다 보면, 골목길 사이로 두오모가 조금씩 모습을 드러낸다. 좋아하는 사람의 모습이 저 멀리 조금씩 보일 때처럼 마음을 설레게 하는 광경이다. 피렌체 두오모의 이름은 산타 마리아 델 피오레 성당으로, 그 뜻이 '꽃의 성모 마리아'이다. 성당의 외관은 대리석으로 장식되어 있는데, 그래서 그런지 두오모는 멀리서도 빛이 난다. 두오모의 입장은 무료이나, 동시에 입장할 수 있는 인원이 제한되어 있어 성수기에는 조금 기다려야 할 수도 있다. 성당 안으로 들어가면 돔 안쪽으로 그려진 〈최후의 심판〉을 볼 수 있다.

화려한 궁과 이탈리아에서 가장 아름다운 광장
Piazza della Signoria & Palazzo Vecchio
시뇨리아 광장 & 베키오 궁전

add.	Piazza della Signoria
access	두오모와 지오반니 세레당 사이 via dei calzaiuoli 거리
time	월~토요일 09:00~21:00, 목요일, 공휴일 09:00~14:00 (4월~9월) / 월~토요일10:00~17:00, 목요일, 공휴일 10:00~14:00 (10월~3월)
tel.	055-276-8325

♣ 잠자는 숲 속의 미녀가 살고 있을 것 같은 네모 반듯한 모양의 베키오 궁전은 심플해 보이는 겉과 달리 내부는 궁전답게 화려하게 장식되어 있다. 피렌체 정치의 중심이었던 이곳은 현재는 시청과 박물관으로 이용하고 있다. 베키오 궁전이 있는 시뇨리아 광장은 사람이 많아 다소 복잡하지만, 이탈리아에서 가장 아름다운 광장으로 꼽히는 곳이다. 또한 피렌체의 다양한 정치, 문화 행사가 진행되는 의미 있는 곳이기도 하다. 광장 주변으로는 다비드상이나 헤라클레스상 등 수십 개의 조각이 세워져 있어 마치 거리 미술관에 온 듯한 느낌을 준다. 대부분 모조품이지만 충분히 두눈을 즐겁게 한다.

아름다운 모습은 낮에 봐도 좋지만, 야경도 못지않게 멋지니 저녁에 다시 한 번 들러 보자. 특히 아르노 강에 비친 베키오 다리의 모습은 절대 놓치지 말아야 한다. 세계 제2차 세계대전 당시 연합군에게 쫓기던 독일군이 다리 주변의 건물들과 아르노 강의 다른 다리들은 모두 파괴시켰지만, 베키오 다리만은 남겨 뒀다고 한다. 전쟁 중에도 살아남아 주어 고맙고 아름다운 다리이다.

피렌체의 전경을 한눈에 보다 Piazelle Michelangelo
미켈란젤로 광장

add. Piazzale Michelangelo, 50125, Florence
access 피렌체 S.M.N.역에서 12,13번 버스 이용, 20분 소요

따뜻한 모습으로 아르노 강을 지키는 다리 Ponte Vecchio
베키오 다리

add. Via Dè Guicciardini, 10-red, 50125, Florence
access 시뇨리아 광장에서 강가 방향

♣ 그 어느 다리보다 따뜻한 모습을 한 다리이다. 아르노 강의 다리 중에 가장 오래된 다리로, 다리 위에 건물이 다닥다닥 붙어 있는 모습이 인상적이다. 다리 양쪽으로 상점이 들어서 있어 다리의 중앙 부분에 상점이 없는 지점에 이르기 전까지는 그냥 골목길을 걷고 있다는 생각이 들 수도 있다. 다리 위 건물에는 본래 정육점들이 들어서 있었는데, 시끄럽고 냄새가 난다는 이유로 정육점들을 몰아내고 보석상들에게 자리를 내주었다. 베키오 다리의

♣ 두오모의 쿠폴라에서 피렌체 전경을 봤다면, 이번에는 그 두오모가 중심이 되는 피렌체의 전경을 감상하러 미켈란젤로 언덕으로 올라가 보자. 미켈란젤로 언덕은 그리 높지 않아 걸어서 천천히 올라갈 수 있지만, 다리가 피곤하다면 버스를 이용해 쉽게 올라갈 수 있다. 미켈란젤로 언덕의 중앙에는 미켈란젤로의 다비드상을 복제한 청동상이 있다. 그리고 그 앞으로 아름다운 피렌체의 모습이 펼쳐진다. 두오모와 베키오 궁전, 아르노 강과 강을 가로지르는 다리들까지 피렌체 구석구석이 보여 피렌체 여행 마지막 코스의 역할을 톡톡히 해 낸다. 난간에 기대 조용히 지는 해와 점점 붉게 물들어 가는 피렌체를 가만히 바라보는 시간을 즐겨 보자.

어느 각도에서 찍어도 사진이 예쁘게 나오는 곳이다. 특히 해가 지는 시간에는 빛이 황홀하게 들어와 방향도 타지 않으므로 멋진 사진을 많이 건질 수 있다. 해가 완전히 지기 전에 미켈란젤로 언덕을 내려와 베키오 다리에서 야경을 보는 것도 좋은 방법이다.

가 없다는 것이다. 그래도 사탑을 받치고 있는 사진 한 장은 꼭 찍어야겠다고 하는 사람, 갈릴레이 갈릴레오의 중력 실험 현장을 느껴 보고 싶은 사람, 화려하지는 않지만 수채화 같은 작은 도시가 보고 싶은 사람은 뒤늦게 후회하지 말고 피사에 방문하자.

갈릴레오처럼 중력 실험하기 Pisa
피사

add.	Piazza del Duomo, 56010, Pisa
access	피렌체 S.M.N 역에서 Pisa Centrale 역까지 1시간 소요, Pisa 역에서 버스 또는 택시로 7~10분 소요
time	시간이 달마다 다르므로 방문 전에 홈페이지를 확인해야 함
tel.	050-835-011
URL	www.opapisa.it

♣ 피렌체에서만 시간을 보내기에 뭔가 아쉬운 사람은 1시간 거리에 있는 피사로 가 보자. 과학책에서 봤던 기울어진 피사의 사탑이 있는 곳이 바로 이곳이다. 안타까운 점은 피사에서는 피사의 사탑 외에는 딱히 다른 볼거리

TIP.
악마도 반하는 피렌체 쇼핑

★ **프라다 마니아들의 천국, 프라다 스페이스**
문을 열기도 전에 사람들이 문 앞에 장사진을 치고 있는 프라다 스페이스. 프라다 제품들이 국내보다 50% 이상 저렴하기 때문에 한국인과 중국인에게 특히 인기 있다. 오픈할 때 번호표를 잘 챙겨야 계산할 수 있으며, 번호표와 상관없이 입장은 한 번에 하기 때문에 늦게 가도 상관은 없다. 오전에 물건이 많이 빠져도 오후에 새로 채우기 때문에 원하는 상품을 얻는 것은 복불복이다. 물건에 하자가 있거나, 마지막 제품이라면 추가 DC도 가능하다.

★ **선택의 폭이 넓은 대형 몰, 더 몰**
구찌 아웃렛 매장이 있어 인기 있는 더 몰은 우리나라의 아웃렛처럼 여러 매장이 모여 있는 곳이다. 브랜드가 많아 선택의 폭은 넓지만 판매하는 제품에 대한 만족도는 그리 크지 않은 편이다. 가방, 의류, 신발 등 구매할 수 있는 종류가 많고, 남자 넥타이를 비롯한 선물용 상품들을 저렴한 가격에 구매할 수 있디.

★ **명품 못지 않은 가죽 제품 가득한 가죽 시장**
명품 쇼핑에 크게 관심이 없는 사람이라면 피렌체 도시 내에 있는 가죽 시장을 구경해 보자. 브랜드 제품은 아니지만, 좋은 질의 가죽 제품을 저렴한 가격에 구입할 수 있다. 가죽 재킷부터 가방, 지갑, 장갑 등 종류도 많고 질도 좋다. 선물용으로 좋은 카드 지갑, 동전 지갑도 있으니 흥정을 잘해 구입해 보자. 가격표가 붙어 있더라도 그 가격에서 많이 깎을 수 있으므로 비싼 가격표를 보고 놀라지 말자. 50% 이상은 깎을 생각으로 시작해야 많이 깎을 수 있다.

이탈리아 >> 테마 여행 03

느릿느릿 베네치아 걷기 여행

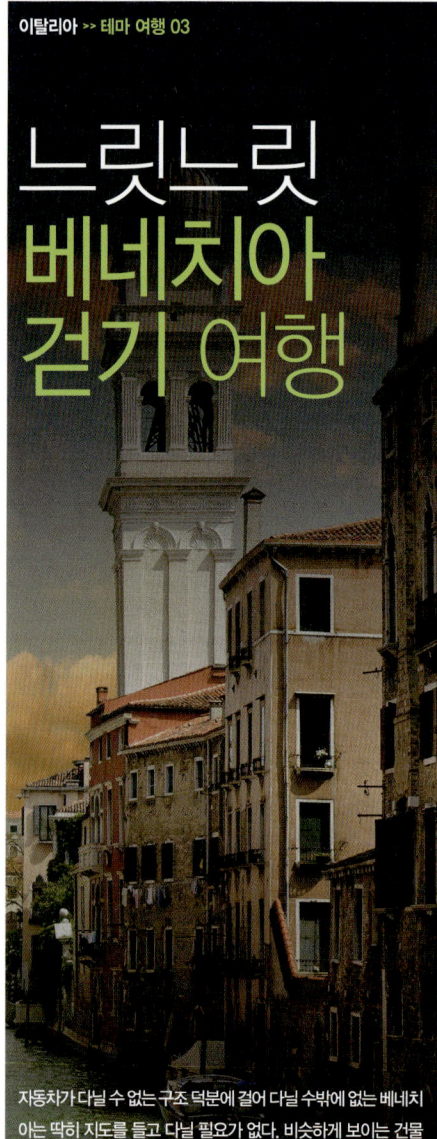

ENJOY 01
운치 있는 베네치아
골목길 탐방하기

안개 자욱한 베네치아의 골목길 구석구석을 거닐어 보자. 베네치아 운하의 진정한 운치를 느끼고 싶다면 새벽에 나가 보자. 시간을 거슬러 여행하는 기분이 들 것이다.

ENJOY 02
산 마르코 광장에서
베네치아의 밤 즐기기

산 마르코 광장은 베네치아의 황홀한 밤을 보내기에 최고의 장소이다. 야외 광장에서 즐기는 공짜 라이브 오케스트라의 연주 감상은 필수 코스!

ENJOY 03
베네치아의 명물
해산물 모듬 요리 먹기

수상 도시의 진정한 맛을 느낄 수 있는 해산물 요리를 맛보자. 한 접시 가득 나오는 신선한 해산물은 오감을 만족시킬 것이다.

자동차가 다닐 수 없는 구조 덕분에 걸어 다닐 수밖에 없는 베네치아는 딱히 지도를 들고 다닐 필요가 없다. 비슷하게 보이는 건물들, 오가며 보이는 수로, 골목을 돌면 또 다시 나타나는 새로운 골목…… 베네치아에서는 마음을 가볍게 하고, 여유롭게 발길 닿는 대로 다녀 보자. 꼭 가 봐야 할 박물관도, 꼭 찾아서 볼 미술작품도 이곳에는 없다. 다만 오랜 세월을 그대로 품고 있는 베네치아 그 자체를 느낀다면 그것이 진정 베네치아를 만난 것이다.

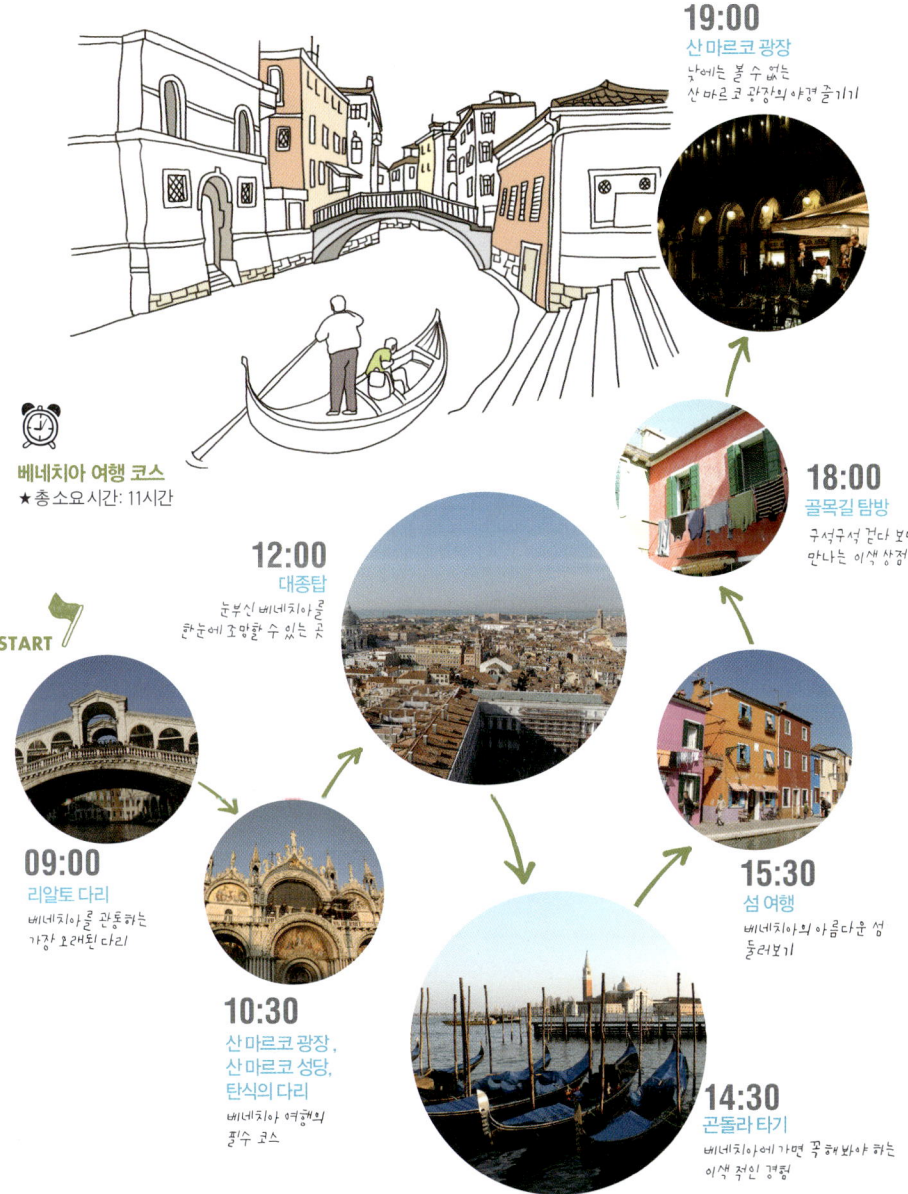

베네치아 여행 코스
★ 총 소요시간: 11시간

START

09:00 리알토 다리
베네치아를 관통하는 가장 오래된 다리

10:30 산 마르코 광장, 산 마르코 성당, 탄식의 다리
베네치아 여행의 필수 코스

12:00 대종탑
눈부신 베네치아를 한눈에 조망할 수 있는 곳

14:30 곤돌라 타기
베네치아에 가면 꼭 해봐야 하는 이색적인 경험

15:30 섬 여행
베네치아의 아름다운 섬 둘러보기

18:00 골목길 탐방
구석구석 걷다 보면 만나는 이색 상점

19:00 산 마르코 광장
낮에는 볼 수 없는 산 마르코 광장의 야경 즐기기

HOT SPOT

걸어서 만나는 사랑스러운 도시
베네치아 핫 스폿

보는 베네치아의 모습은 말 그대로 황홀지경이다. 다리에서 충분히 대운하를 감상했다면 이제 다리와 이어진 골목을 탐험할 시간! 2~3명이 겨우 지나갈 만한 길에 상점들이 오밀조밀 모여 있는데, 특히 가판대에는 명품부터 과일까지 다양한 물건을 팔고 있어 구경하는 재미를 만끽할 수 있을 것이다.

베네치아를 관통하는 가장 오래된 다리 Ponte di Rialto
리알토 다리

access 산타루치아 역에서 1, 2, N번 수상버스 탑승, 리알토 하차

♣ 베네치아를 관통하는 S자의 대운하에는 3개의 다리가 있는데, 그중 가장 오래되고 아름다운 다리가 리알토 다리이다. 16세기까지 나무 다리였다가, 16세기 말 공모에서 안토니오 다 폰테의 설계가 채택되어 하얗게 빛나는 대리석 다리로 변신하였다. 리알토 다리의 중간에서

대표적인 비잔틴 양식의 성당 Basilica San Marco
산 마르코 대성당

access 산타루치아 또는 리알토 다리에서 1, 2, N번 수상버스 탑승, 산 마르코(S.Marco) 역 하차
time 평일 09:45~17:00, 휴일 14:00~16:00(11월-부활절 사이의 휴일 14:00~17:00)
URL www.basilicasanmarco.it

♣ 넓게 펼쳐진 산 마르코 운하를 곁에 두고 아름다운 모습을 뽐내는 산 마르코 대성당. 화려하고 독특한 모양의 이 건축물은 다른 도시의 성당과는 전혀 다른 느낌이다. 베네치아는 세계 각국의 문물이 모여드는 무역의 중심지라 건축물에도 이국적인 문화가 녹아들어 있다. 베네치아 사람들이 이집트의 알렉산드리아에서 성 마르코의 유해를 가져와 그것을 안치하기 위해 이 성당을 짓기 시작했

고 15세기에 완공했다. 성당 문 아치에 있는 유해를 훔치는 장면을 표현한 금빛 모자이크화와, 성당 안의 바닥과 벽면에 채워진 그리스도와 성 마르코의 생애를 그린 모자이크화는 그야말로 걸작이다. 성당 입장은 무료이지만 각종 화려한 보석으로 꾸며진 제단을 보려면 입장료를 내야 한다.

산 마르코 광장
베네치아의 정치, 종교, 문화 중심지 Piazza San Marco

access 산타루치아 또는 리알토 다리에서 1, 2, N번 수상버스 탑승. 산 마르코(S.Marco) 역 하차

♣ 나폴레옹이 세상에서 가장 아름다운 응접실이라고 표현한 산 마르코 광장은 낮에 가면 비둘기 때문에 그 말을 실감하기 어렵지만, 늦은 저녁에 카페 주변에서 열리는 작음 음악회를 보고 있노라면 그의 표현이 얼마나 정확했는지를 느낄 수 있다. 광장에는 오래된 카페가 많은데 그 중 카페 플로리안은 1720년에 개업한 유서 깊은 곳으로 바이런, 괴테, 바그너 등 명사들이 단골이었다고 한다. 산 마르코 광장은 낮과 밤의 모습이 사뭇 다른데, 낮의 활기찬 모습도 좋지만, 조명이 켜진 산 마르코 광장의 야경은 놓치면 후회할 장면이다. 꼭 카페에 앉지 않는다 해도 슈퍼마켓에서 맥주를 사거나 커피 한 잔을 테이크아웃해서 광장을 울리는 음악과 함께 베네치아의 밤을 즐겨 봐도 좋다.

TIP.
베네치아 들여다 보기

★ 아쿠아 알타(Aqua Alta) 현상
자연의 섭리이긴 하지만, 베네치아는 지금까지 수백 년 동안 '아쿠아 알타' 현상이 일어나고 있다. 아쿠아 알타 현상은 해수면이 높아지는 현상을 말하는데, 이 때문에 매년 10월부터 4월까지 간간이 베네치아가 물에 잠기게 된다. 아쿠아 알타 현상이 발생하면 사이렌이 울리고, 잠긴 도로 위로 나무로 된 길이 새로 만들어진다. 현지 사람들에게는 여간 고생스러운 일이 아닐 수 없다. 더욱 큰 문제는 아쿠아 알타 현상으로 건축들의 부식이 심해지는 것이다. 여행 중에 아쿠아 알타 현상을 보게 되더라도 결코 당황하지 말고 침착하게 행동하자. 언제라도 물에 잠길 것 같은 베네치아의 모습이 여행자에게는 잊지 못할 장면으로 남게 될지도 모른다.

★ 베네치아의 상징, 곤돌라
베네치아의 대표 이미지는 곤돌라이다. 곤돌리에의 알아들을 수 없는 노래를 들으며 운하를 오가는 경험은 꼭 연인과 함께하지 않아도 충분히 낭만적이고 색다른 경험이다. 곤돌라를 탑승하는 곳은 여러 곳이지만 어디에서 출발하든 상관이 없다. 보통 45분 정도에 100유로로, 6명까지 탑승할 수 있지만, 적당히 가격을 흥정해 4명 정도로 맞추어 타자. 산 마르코 광장 앞에서 시작해 좁은 운하를 여기저기 돌아다니다, 리알토 다리를 지나 탄식의 다리를 통과해 다시 산 마르코 광장으로 돌아오는 코스가 가장 좋다. 보통 곤돌리에들이 건물이나 장소 설명을 해 주는데, 아름다운 베네치아의 모습을 감상하느라 잘 들리지도 않을뿐더러 이탈리아식 영어라 알아듣기 어렵다. 차라리 곤돌리에에게 노래를 부탁하는 게 좋을 것이다. 곤돌라를 탈 때는 반드시 시간을 미리 확답받고 루트도 확인하자.

눈부신 베네치아를 한눈에 조망할 수 있는 곳
Campanile di San Marco

대종탑

감옥으로 넘어가던 탄식의 길 Pontidei Sospiri

탄식의 다리

add. Piazza San Marco 328, 30124, Venice
access 산 마르코 성당 정문에서 광장을 바라보고 왼쪽
time 09:00~15:00(부활절~6월), 09:00~21:00(7~9월), 09:00~15:00(10월), 09:30~15:45(11월~부활절)
tel. 041-270-8311
fee 8유로

♣ 산 마르코 성당의 왼쪽에 높게 올라와 있는 종탑은 베네치아를 위에서 내려다볼 수 있는 최고의 포인트이다. 엘리베이터를 타고 시원한 바람이 부는 종루의 꼭대기에 오르면 베네치아가 한눈에 보이지만, 골목길이 워낙 좁은 탓에 건물들 사이로 흐르는 운하는 잘 보이지 않는다. 하지만 바다 건너 보이는 산 조르지오 섬과 함께 탁 트인 베네치아의 풍경을 담을 수 있으니 한 바퀴를 삥 돌아 베네치아의 360° 풍경을 모두 구경하자!

두칼레 궁전
add. Piazza San Marco1
access 산 마르코 성당을 등지고 왼쪽
time 08:30~18:30(11~3월 08:30~17:30)
tel. 041-271-5911

♣ 베네치아를 가 보지 않은 사람들은 베네치아의 대표 다리인 리알토 다리보다 탄식의 다리를 더 많이 알고 있을 것이다. 탄식의 다리는 두칼레 궁전에 있는 감옥 뒤에 다른 형무소가 생겨 그 둘을 연결하기 위해 17세기에 건설된 다리이다. 죄수들이 두칼레 궁전의 법원에서 판결을 받고 감옥으로 가는 도중에 이 다리를 건너가다가 아름다운 대리석 창문을 통해 넓은 바다를 내려다보며 탄식을 했다 해서 탄식의 다리라고 한다. 이 다리 를 건너간 사람 중에 단 한 사람만이 탈출에 성공했다고 하는데, 그가 바로 카사노바이다. 굳이 찾아보지 않는다면 눈에 크게 띄는 곳은 아니지만, 광장 가까이에 있으므로 한 번 찾아가 보자.

베네치아 주변 섬 여행 ✈

베네치아의 아름다운 섬 여행하기

베네치아 근처에는 짧게는 한두 시간, 취향에 따라 반나절 동안 돌아볼 수 있는 예쁜 섬들이 있다. 베네치아를 돌아보고 시간 여유가 있다면 수상 버스를 타고 소박하지만 개성 넘치는 주변 섬들을 여행해 보자.

★부라노 섬(Burano)

access Fondamente Nove, 무라노 섬에서 수상버스 12번 이용

색색깔의 집들로 가득한 동화 같은 이 섬은 집집마다 널린 빨래와 창가에 놓아 둔 꽃들이 관광객의 마음을 따뜻하게 해 준다. 이렇게 알록달록한 색으로 집을 칠하는 것은 부라노 섬의 풍습으로, 고기잡이 배들이 알록달록하게 배를 칠하던 것에서 유래했다고 한다. 밤에 집을 잘 찾을 수 있게 하기 위해서라는 설도 있는데, 집의 색깔은 담당 기관에서 허락해 주는 몇 가지 색 중에 한 가지를 선택해야 한다. 이유야 어찌됐든 카메라 셔터를 계속 누르게 하는 예쁜 풍경을 만들어 내는 것은 확실하다. 느린 걸음으로 아기자기한 동네의 골목을 산책해 보자.
부라노의 특산물은 레이스이다. 이곳에서 수작업으로 만든 레이스는 유럽 전역에 수출되며 큰 인기를 누렸다가 18세기에 들어서면서 규모가 크게 줄었다. 하지만 명성은 그대로여서 섬 곳곳에서 레이스 가게를 볼 수 있다. 기념품 가게에서 파는 레이스 중에는 중국상품인 경우도 많으므로 잘 확인하고 구입하자.

★리도 섬(Lido)

access 수상버스 1, 2, 6, B, 10번 등(리도 섬 내에 수상버스 정거장이 5군데 있음)

도시 전체가 섬으로 이루어져 있지만 해수욕장은 찾아보기 힘든데, 리도 섬에서는 해수욕을 마음껏 즐길 수 있다. 걷고 보는 여행에 조금 지쳤다면 리도 섬으로 떠나 해수욕을 즐겨 보자. 부산 해수욕이나 이탈리아 해수욕이나 별다를 게 없다고 생각될지도 모르지만, 조금은 과하게 옷을 훌훌 벗고 다니는 유럽인들의 자유로운 모습만 봐도 아드리아 해의 분위기를 물씬 느낄 수 있다. 리도 섬에 갈 계획이 있다면 수영복 준비는 필수이다.

★무라노 섬(Murano)

access 산마르코 광장에서 4.1, 4.2번 이용

무라노 섬에는 유리 공예 공장이 모여 있다. 원래는 베네치아 본섬 안에 유리 공장이 있었는데, 1,000℃ 이상의 온도에서 가열해야 하는 작업 때문에 화재가 많이 일어나 유리 세공업자들을 무라노 섬으로 이주시켰다고 한다. 이탈리아의 대표적 특산품인 베네치안 글라스는 투명한 색상과 기술력에서 지금도 타의 추종을 불허한다. 최초의 안경을 만들어 낸 곳도 바로 베네치아이다. 세공 과정을 직접 구경할 수 있는 유리공장 견학을 꼭 하지 않더라도 길거리 곳곳에서 볼 수 있는 유리 조각품들이 눈을 즐겁게 한다.
무라노의 유리 공예품은 꽤 비싸다. 구경을 하다 보면 사고 싶은 욕구가 솟아오르지만 가격도 가격이거니와 유리 공예품을 머나먼 한국까지 가져오는 건 무척 어려운 일이다. 시계, 액자, 그릇 등 예쁜 공예품들이 계속 유혹의 손짓을 하더라도 작은 목걸이 펜던트 정도로 만족하자. 친구들 선물로 뭘 살까 걱정을 하고 있었다면 무라노에서 살 수 있는 예쁜 수공예 펜던트가 제격일 것이다.

이탈리아 >> 테마 여행 04

거장들의 흔적을 찾는 밀라노 여행

ENJOY 01
레오나르도 다 빈치의 〈최후의 만찬〉 감상하기

산타 마리아 델레 그라치에 성당에서 레오나르도 다 빈치의 걸작 〈최후의 만찬〉을 만나 보자. 미리 예약을 해야만 세기의 명화와 마주하는 영광을 만끽할 수 있다.

ENJOY 02
피렌체와는 또 다른 매력! 두오모 광장 방문하기

밀라노의 두오모 광장에서 두오모를 바라보며 여유로운 시간을 즐겨 보자. 단, 실팔찌를 해 주려는 집시들과는 눈을 마주치지 말아야 한다.

ENJOY 03
패션의 성지 밀라노에서 양손 가득 쇼핑하기

패션의 도시에 왔다면 쇼핑은 필수! 밀라노에서는 할머니도 하이힐을 신는다는 말이 나올 정도로 패션 센스가 넘치는 곳이다. 밀라노의 쇼핑 거리에서 양손 가득 쇼핑을 해 보자.

밀라노는 이탈리아의 다른 관광지에 밀려 한국인들에게는 조금 소외된 듯하기도 하고, 패션의 도시, 멋쟁이의 도시라는 이미지가 강해 쇼핑 관련 명소만 있을 것 같기도 하다. 하지만 밀라노는 의외로 따뜻하고 여유로운 도시이다. 다른 도시에서 조상들이 남긴 유적에 둘러싸여 그에 의지해 살아가는 듯한 느낌을 받았다면, 밀라노는 화려한 르네상스의 전통을 이어받아 현재의 이탈리아를 개척해 가는 모습을 볼 수 있다. 고전미와 세련미를 동시에 갖춘 밀라노로 떠나자!

밀라노 여행 코스
★ 총 소요시간 : 11시간

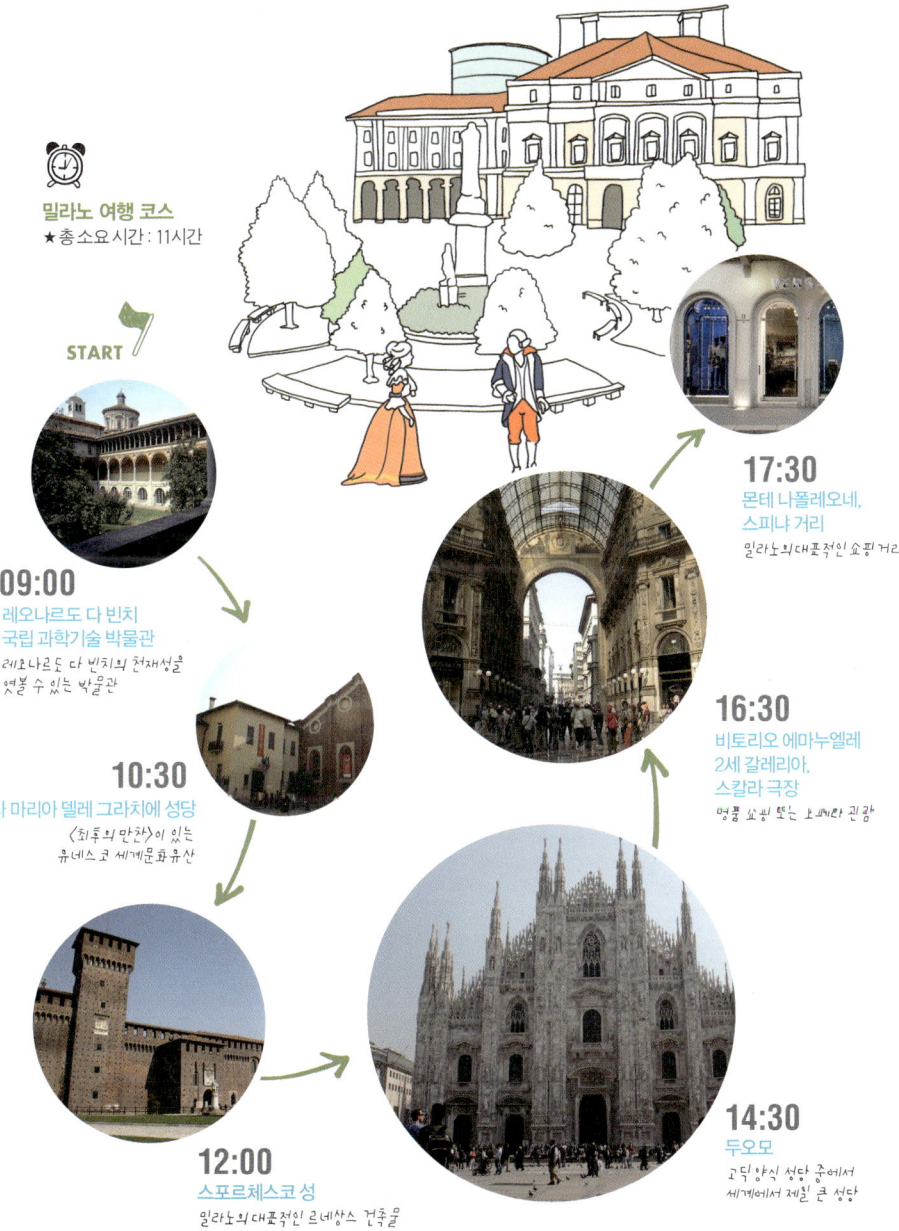

START

09:00
레오나르도 다 빈치
국립 과학기술 박물관
레오나르도 다 빈치의 천재성을
엿볼 수 있는 박물관

10:30
산타 마리아 델레 그라치에 성당
〈최후의 만찬〉이 있는
유네스코 세계문화유산

12:00
스포르체스코 성
밀라노의 대표적인 르네상스 건축물

14:30
두오모
고딕 양식 성당 중에서
세계에서 제일 큰 성당

16:30
비토리오 에마누엘레
2세 갈레리아,
스칼라 극장
명품 쇼핑 또는 오페라 관람

17:30
몬테 나폴레오네,
스피가 거리
밀라노의 대표적인 쇼핑거리

HOT SPOT

세련미와 고전미가 공존하는
밀라노 핫 스폿

이탈리아 르네상스 거장의 천재적인 발명품
Museo Nazionale della Scienza e della Tecnica Da Vinci
레오나르도 다 빈치 국립 과학기술 박물관

add. Museo Nazionale della Scienza e della Tecnologia Via S.Vittore, 21-20123, Milano
access 메트로 2호선 S.Ambrogio 역에서 Via san Vittore쪽 왼쪽
time 09:30~17:00(화~금요일), 09:30~18:30(토~일요일, 공휴일), 휴관일(월요일, 1월 1일, 12월 24~25일), 마감 30분 전까지 입장
tel. 02-485-551

♣ 한 사람이 이루었다고 믿기 힘들 정도로 방대한 업적을 남긴 레오나르도 다 빈치는 청년 시절을 피렌체에서 보내다가 서른 이후에 예술, 과학, 학문이 발달했던 밀라노로 거처를 옮겨 새로운 삶을 시작했다. 밀라노 시는 그의 업적을 기리기 위하여 수도원으로 쓰이던 건물을 1953년 그의 박물관으로 개조했다. 그가 구상했던 많은 것이 담긴 노트 사본 등이 전시되어 있어 평소 레오나르도 다 빈치에 조금이라도 관심이 있는 사람이라면 그의 아이디어와 상상력이 가득 담긴 노트를 보며 전율을 느낄 것이다.

최후의 만찬과 마주하다
The church and Dominican Convent of Santa Maria delle Grazie
산타 마리아 델레 그라치에 성당

add. Piazza Santa Maria delle Grazie, 2, 20123, Milano
access 다 빈치 박물관에서 S.Ambrogio 역 반대편으로 걷다 오른쪽 Via Zenale를 따라 직진
time 08:00~19:30(화~일요일)
tel. 02-467-6111
URL www.cenacolovinciano.org

♣ 붉은 벽돌로 지어진 따뜻한 느낌의 산타 마리아 델레 그라치에 성당. 이 성당이 관광지로 유명한 이유는 바로 성당 안에 레오나르도 다 빈치가 20년 동안 구상하고, 2년에 걸쳐 그렸다는 〈최후의 만찬〉이 있기 때문이다. 이 그림은 프레스코화가 아닌 유화라 손상될 위험이 있어 15분 간격으로 25분 동안 관람하도록 정해져 있다. 예약을 하지 않으면 들어가기 힘든 곳으로, 비수기에도 2주 전에나 예약이 가능하니 예약을 하지 못했다면 혹시나 예약을 해 놓고 나타나지 않는 노 쇼(no-show) 자리를 노려 보자.

강하고 든든한 느낌의 방어 요새 Castello Sforzesco
스포르체스코 성

add.	Via Alessandro Volta, 27029, Vigevano Province of Pavia
access	지하철 1, 3호선 cadorna 역 하차
time	07:00~19:00(여름), 07:00~18:00(겨울), 박물관 09:00~17:30(월요일, 공휴일 휴관)
tel.	02-8846-3700
URL	www.milanocastello.it

♣ 15세기 밀라노의 영주였던 프란체스코 스포르차에 의해 지어진 성으로 당시 유명 건축가였던 브라만테와 레오나르도 다 빈치 등이 건축에 참여했다. 영주를 지켜 주는 강하고 든든한 무사 같은 느낌의 스포르체스코 성은 현재 시립 박물관으로 이용되고 있으며, 입장료는 무료이다. 성 안쪽으로 셈피오네 공원이 연결되어 있다. 이 공원에서는 가족끼리 연인끼리 산책을 나온 많은 이탈리아인의 모습을 볼 수 있다. 콕 집어 무엇을 구경한다기보다는 여유롭게 산책하는 마음으로 거닐어 보자.

피렌체와는 또 다른 매력의 두오모 Duomo
두오모

맑은 날에는 하얗게 빛나며 곧게 솟은 첨탑들이 하늘로 날아가는 것 같아 보여 또 다른 매력을 드러낸다. 두오모 앞에는 넓은 광장이 펼쳐져 있어 엄청난 크기의 두오모를 한눈에 바라볼 수 있다. 두오모의 실내는 조금 어두운데, 그 덕에 화려한 스테인드 글라스를 통해 들어오는 빛이 더욱 신비롭게 느껴진다.

TIP.
두오모 지붕 오르기

밀라노 두오모의 지붕에서 볼 수 있는 전경은 놓칠 수 없는 장관이다. 게다가 135개나 되는 첨탑이 바로 눈앞에 펼쳐져 가까이에서 감상할 수 있다. 화려하고 섬세한 조각들로 이루어진 기둥과 벽면 또한 감탄이 절로 나올 만큼 아름답다. 두오모의 옥상은 계단 또는 엘리베이터를 이용해 오를 수 있다.

add.	Piazza del Duomo, 16, 20122, Milano
access	지하철 1, 3호선 duomo 역 하차
time	성당 07:00~18:40, 지붕 09:00~18:30(5월 9일~9월 13일 매주 금~토요일 09:00~21:30), 휴관일(5월 1일, 12월 25일)
tel.	02-7202-3725
fee	엘리베이터 12유로, 계단 7유로
URL	www.duomomilano.it

♣ 보통 두오모 하면 피렌체의 두오모를 먼저 떠올리게 마련이어서 밀라노의 두오모를 낯설게 생각하는 사람이 많다. 밀라노의 두오모는 뾰족뾰족 솟은 무수한 첨탑 때문에 우중충한 날에는 으스스한 분위기를 연출하지만,

추천 레스토랑

★리스토란테 파파 프란체스코
(Ristorante Papa Francesco)

한국어로 된 메뉴판까지 준비해 놓은 밀라노의 친절한 레스토랑이다. 농어가 들어간 크림소스 라비올리, 크림소스와 발사믹 소스 스테이크, 레몬 샤베트가 인기이다. 두오모 성당에서 가까워 위치도 좋고, 맛과 서비스도 훌륭하다.

add.	Via Marino 7, 20121, Milano
access	비토리오 에마누엘레 2세 갈레리아 옆 팔라초 마리노 (Palazzo marino) 앞
time	런치 12:00~14:30, 디너 19:00~22:30, 월요일 휴무

★ 이탈리아의 식당에서는 식전 빵을 주거나, 식사 후 친절하게 커피를 주는 경우가 있는데, 그냥 먹었다가 나중에 계산서에 청구된 것을 보고 놀라기 일수이다. 받기 전에 가격이 청구되는 것인지 꼭 확인하는 것이 좋다.

명품 매장이 늘어서 있는 '밀라노의 응접실'
Galleria Vittorio Emanuele ii
비토리오 에마누엘레 2세 갈레리아

는데 형형색색의 대리석 바닥부터 높은 유리 천장, 화려한 장식까지 분위기가 럭셔리해 들어가기가 다소 부담스러울 정도이다. 심지어 이곳에서는 맥도날드도 최고급 레스토랑 같아 보인다. 갤러리아를 걷다 보면 유난히 사람들로 붐비는 곳이 있다. 바로 대리석 바닥에 황소 문양이 있는 곳인데, 황소의 생식기에 발 뒤꿈치를 대고 한 바퀴를 돌면 행복이 온다는 설 때문에 많은 사람이 발걸음을 멈춘다. 대리석이 움푹 패어 있을 정도이니 얼마나 많은 사람이 발뒤꿈치를 댄 곳인지 짐작할 수 있다. 이곳 갤러리아는 낮에도 화려하지만 밤이 되면 눈길이 가는 모든 곳에 화려한 조명이 반짝여 눈을 즐겁게 해 주니 밤에도 꼭 들러 보자.

신고전주의 양식의 세계적인 오페라 극장 a Scala Theatre
스칼라 극장

add.	Galleria Vittorio Emanuele II, 20100 Milan, Province of Milano
access	두오모 광장에서 두오모를 바라보며 왼쪽 방향
time	09:00~22:00
tel.	02-7740-4343

♣ 두오모 광장 바로 옆으로 마치 개선문처럼 생긴 비토리오 에마누엘레 2세 갤러리아의 입구가 있다. 프라다 본점을 비롯해 명품 브랜드들이 길 양쪽으로 늘어서 있

add.	Via Filodrammatici, 2, 20121, Milano
access	두오모쪽에서 갤러리아로 들어가 직진, 갤러리아를 빠져나와 스칼라 광장 건너편에 위치
tel.	02-7200-3744
URL	www.teatroallascala.org

♣ 두오모에서 비토리오 에마누엘레 2세 갤러리아를 통과해 나오면 스칼라 극장과 마주하고 있는 스칼라 광장이 나타난다. 광장의 한가운데에는 레오나르도 다 빈

치의 동상이 있고, 그 주변은 관광객과 산책을 나온 할머니, 할아버지들로 붐빈다. 스칼라 극장은 생각보다 수수한 모습이어서 유럽 3대 오페라 극장이 맞는지 의아해지기도 한다. 음악에 관심이 있다면 세계적인 음악가들이 거쳐 갔고 지금도 음악인들이 꿈꾸는 무대라는 스칼라 극장에서 오페라 한 편을 보는 것도 좋은 선택일 듯하다.

이탈리아에서 꼭 먹어 볼 것

나폴리 피자

피자의 나라 이탈리아에 가서 피자를 먹어 보지 않으면 안 되는 일! 이탈리아가 세계문화유산으로 등록하기 위해 노력을 하고 있을 정도로 이탈리아의 자랑인 나폴리 피자는 토마토 소스, 바질, 모짜렐라 치즈만 토핑해 아주 담백하다. 레스토랑에서 앉아 제대로 먹어 봐도 좋지만, 조금 더 저렴하게 즐기려면 이탈리아 어디에서도 쉽게 발견할 수 있는 피제리아(Pizzeria)에서 조각피자를 테이크아웃해 야외에서 경치를 구경하며 여유롭게 먹는 것도 좋다.

피제리아에는 여러 가지 종류의 피자가 진열되어 있어, 눈으로 보고 맘에 드는 한 조각을 콕 집으면 되기 때문에 주문하기 까다롭지 않아 좋다.

밀라노의 대표적 쇼핑 거리 Via Monte Napoleone & Spiga Street
몬테 나폴레오네 & 스피가 거리

access 스칼라 극장 정문을 바라보고 오른쪽길 Via Alessandro Manzoni를 따라 직진, 몬테나폴레오네 다음 스피가 거리

♣ 이 두 곳은 두오모 광장에서 전철 한 정거장 정도 거리에 있다. 큰 한 블럭을 사이에 둔 두 거리에는 현존하는 거의 모든 명품 브랜드 숍이 줄지어 있어 간판 구경만으로도 배가 부르다. 숍들을 구경하다 보면 'SALDI'라는 표시를 볼 수 있는데, 바로 세일을 뜻하는 이탈리아어이다. 정말 중요한 단어가 아닐 수 없다. 관심 있는 브랜드 매장에 'SALDI'라는 표시가 보인다면 우선 들어가 보자.

젤라토

이탈리아에 다녀오면 피자보다 더 많이 생각나는 것이 젤라토이다. 이탈리아어로 '얼린'이란 뜻의 젤라토는 일반 아이스크림보다 공기 함유량과 유지방 함유량이 낮아 밀도가 높고 빛깔이 뚜렷하다. 젤라토로 유명한 몇몇 가게가 있지만, 솔직히 어디에서 먹어도 만족스럽다. 워낙 종류가 다양해 취향에 따라 맛을 선택하면 되는데, 다른 곳에서는 먹기 힘든 리소(riso)는 잊지 말고 먹어 보자.

리소의 뜻은 쌀이다. 찰진 쌀알이 씹히는 이 쌀맛 젤라토는 먹어 보지 않으면 그 맛을 상상하기 힘들다. 매끼마다 후식으로 먹어도 나중에 눈물나게 그리울 것이므로 많이 먹어 두자.

파스타

우리나라 사람들은 주로 길게 뽑은 면으로 만든 파스타를 즐겨 먹지만, 이탈리아에서는 펜네, 마카로니, 라자냐 등 다양한 형태의 파스타를 맛볼 수 있다. 하지만 파스타의 본국이라는 큰 기대를 가지고 먹으면 실망할 수도 있다. 실패의 확률을 줄이려면 가급적 해산물이 들어가 느끼함이 덜한 파스타를 선택해 원조의 맛을 즐겨 보도록 하자.

TRAVEL AREA 12

GREECE
그리스

신들의 놀이터

흙빛의 아테네와 그림같이 새파란 지중해를 그대로 간직한 산토리니가 가장 먼저 떠오르는 그리스. 아테네 신전의 웅장함에 반하고 아담한 마을 골목에서 바라보는 석양에 마음을 빼앗기게 된다. 그리스는 여행의 아름다움을 한가득 선물해 줄 것이다.

언어 그리스어
면적 131,957km²
인구 1,076만 명
시차 6시간
화폐 유로(EUR)
국가번호 30

| 그리스로 떠나기 전에 |

1. 어느 계절에 떠날까?

아테네는 여름에는 고온의 맑은 날씨가 계속되고, 겨울에는 온난한 우기가 이어져 봄과 가을이 여행하기에 가장 좋다. 4월 중순 이후부터 10월 말까지는 여행 성수기라 산토리니, 미코노스 등 그리스 섬들로 향하는 항공과 페리가 증편된다. 11월부터 4월 초까지는 산토리니와 미코노스의 일부 호텔과 레스토랑이 영업을 하지 않기 때문에 이 두 곳을 일정에 넣을 생각이라면 겨울보다는 여름이 제격이다. 미코노스는 피크 시즌인 7~8월이 시작하기 직전, 직후인 6월과 9월에 가야 비교적 저렴하게 즐거운 시간을 보낼 수 있다.

2. 항공권, 어떻게 살까?

우리나라에서 그리스 아테네까지의 직항편은 없으며 다양한 외국계 항공사의 경유편을 이용해 아테네로 갈 수 있다. 그리스의 위치 때문에 서유럽 항공사보다는 에미레이츠 항공, 터키 항공 등의 중동계 항공사를 이용하는 것이 좋다. 산토리니와 미코노스에 가려면 에게안 항공, 올림픽 항공을 이용해야 하는데 보통 인터넷으로 구입한다. 페리는 아테네 시내에서 지하철로 갈 수 있는 피레우스 항구에서 출발한다.

3. 어디에서 잘까?

아테네는 그리 넓지 않기 때문에 관광지 주변이라면 어느 곳에 숙소를 잡아도 편하게 이동할 수 있다. 저렴한 한인 민박부터 고급 호텔까지 선택의 폭이 넓지만 이왕이면 신전들을 바라볼 수 있는 곳에 있는 숙소를 추천하고 싶다. 산토리니, 미코노스의 숙소는 저렴한 곳이라도 대부분 전망이 좋고, 개별 수영장이 있는 것이 특징이다. 조금 번화한 곳을 원한다면 피라 마을에, 포카리스웨트 광고에 나온 마을에 머물고 싶다면 이아 마을에 숙소를 선택하면 된다. 최근에 뜨고 있는 이메로비글리는 이아 마을과 비슷한 분위기가 나면서도 숙소 가격이 비교적 저렴해 많은 관광객이 찾고 있다.

4. 여행 경비는 얼마나 들까?

아테네는 대부분 걸어 다닐 수 있기 때문에 입장료 외에는 큰 비용이 들지 않는다. 통합 입장권으로 최근에 새로 지어진 아크로폴리스박물관 외에는 대부분 입장이 가능하다. 식사도 비교적 저렴한 편인데, 특히 저렴한 수블라키 피타로 식사를 한다면, 하루 2만 원 이내의 경비로 여행을 즐길 수 있다. 산토리니나 미코노스는 대중교통으로 여행할 수 있긴 하지만 렌트카를 이용하는 것이 좋다. 소형차는 하루에 50~60유로이며 연료비는 하루에 5~10유로 정도 생각하면 된다. 4륜 ATV 렌트비는 하루에 20~30유로이다.

AREA. 그리스. 둘러보기

미의 여신 비너스, 전쟁의 여신 아테나, 바다의 신 포세이돈, 신들의 신 제우스. 그리스에서는 누구나 한 번쯤은 들어 봤을 신화 속 주인공들을 만날 수 있다. 유럽 문화의 기원이며, 다양한 문명에 영향을 준 고대 그리스의 유적지들은 유네스코 세계문화유산으로 지정된 것은 물론 유럽 문화의 수도(European Capital of Culture)로도 선정되는 등 그 가치를 인정받고 있다. 최근 산토리니 섬, 미코노스 섬 등 아름다운 지중해의 휴양지들이 여행지로 각광받고 있지만, 그리스를 여행한다면 그리스 문화를 테마로 여행하는 것이 가장 먼저일 것이다.

1 »   아테네
EU가 매년 가맹국의 도시 중 한 곳을 유럽 문화의 수도로 선정해 집중적으로 각종 문화 행사를 전개하는 사업이 1985년부터 시행되었고 유럽 문화의 기원이라 할 수 있는 아테네가 그 첫 번째로 지정되었다. 아테네 시내는 수천 년 전의 모습을 간직하며 현대적인 모습과 조회를 이루고 있다.

2 »   산토리니
그리스 본토에서 뱃길로 약 200km, 에게 해 남쪽에 있는 산토리니는 초승달 모양의 티라 섬과 그 주변의 크고 작은 섬을 총칭하는 말이지만, 흔히 티라 섬을 산토리니라고 부르고 있다. 화산 폭발로 형성된 기이한 절벽에 자리 잡은 하얀 마을이 만들어 내는 아름다운 풍경으로 세계 관광객을 끌어모으고 있다. 최근 곳곳에서 고대 유적이 발견되면서 전설의 도시 아틀란티스의 유적이 아닐까 하는 기대를 유발시켜 여행자에게 새로운 환상을 더해 주고 있다.

3 »   미코노스
미코노스는 산토리니 못지않은 그리스의 대표 관광지이며, 스페인의 이비자 섬과 함께 유럽의 리조트, 파티 아일랜드로 유명하다. 여름이 되면 아름다운 해변의 수영장을 겸비한 수많은 클럽, 바가 운영되어 젊은 여행객으로 붐빈다. 동성애자의 여행지로도 인기 있는 이곳은 다른 휴양지에서 느끼기 어려운 자유로운 분위기를 만끽할 수 있다.

그리스 → 핵심 여행

아테네 핵심 여행

이곳이라면 옛날 옛적 언젠가 세상을 지배하는 신들이 실제 존재했을 것 같은 생각이 든다. 허물어진 신전과 음악당 등 남아 있는 잔재들은 돈으로 환산할 수 없는 위대한 유산이 되어 세계인을 끌어모으고 있다. 아테네 구석구석을 다니며 세계를 움직이던 로마 제국의 강건함을 느껴보자.

ENJOY 01
파르테논 신전이 있는
아크로폴리스 올라가기

건축에 대해 문외한이더라도 파르테논 신전 앞에 서면 밀려오는 감동을 주체하기 힘들 것이다. 언덕길을 올라가는 것은 힘들지만 파르테논 신전의 감동에 비하면 아무것도 아니다.

ENJOY 02
헤파이토스 신전을 배경으로
기념 사진 찍기

헤파이토스 신전은 다른 관광지에 비해 사람들이 상대적으로 덜 찾는 곳이지만, 원형에 가까운 모습을 간직하고 있는 아름다운 신전이다. 관광객으로 붐비지 않는 헤파이토스 신전을 배경으로 기념 사진을 찍어 보자.

ENJOY 03
여행자들의 필수 코스
모나스트라키 광장 구경하기

모나스트라키 광장은 밤낮으로 여행자로 붐비는 곳으로 유명하다. 광장에서 뻗어나가는 골목길마다 늘어선 기념품을 구경하는 재미도 쏠쏠하다.

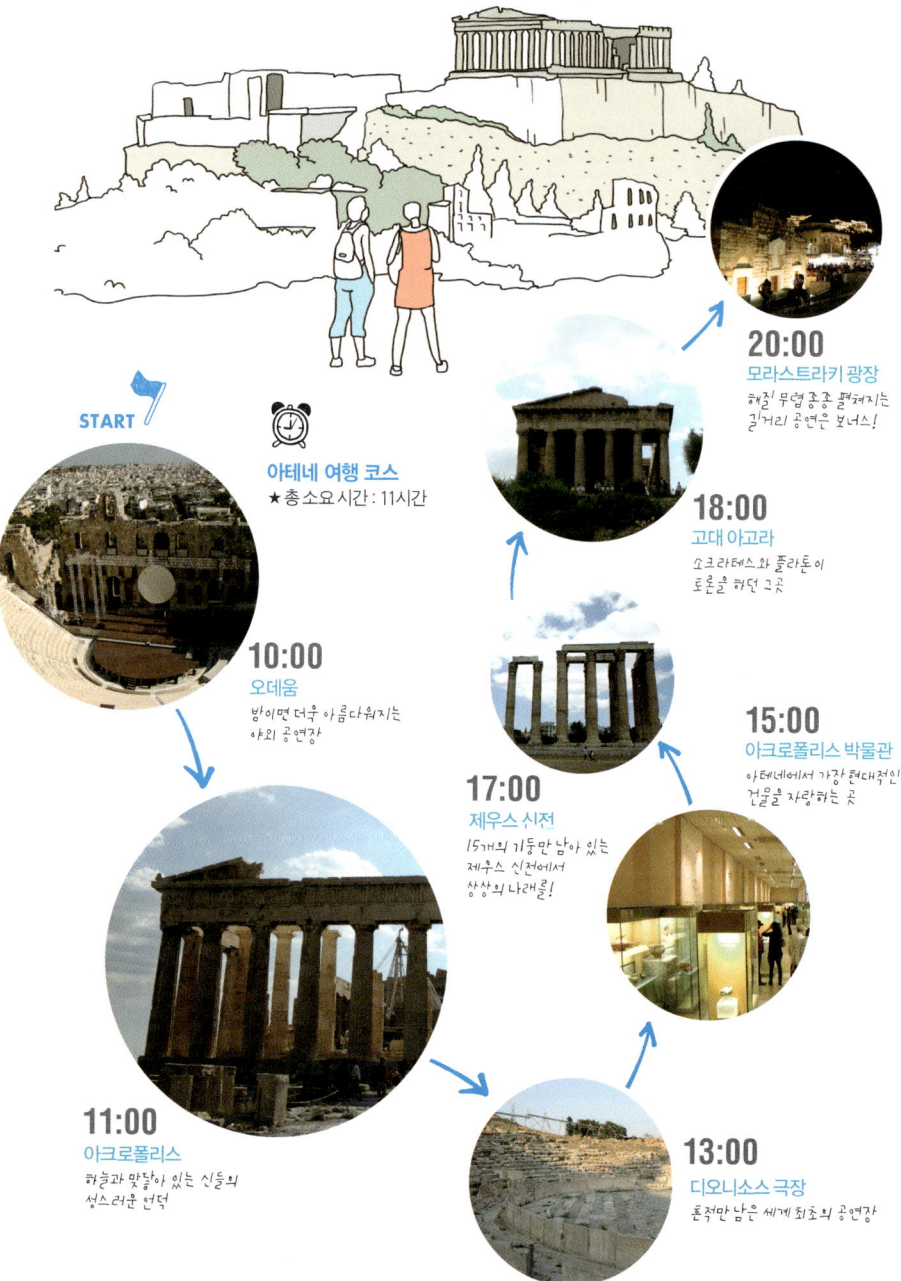

HOT SPOT

신들의 세상 속으로!
아테네 핫 스폿

헤로데스아티쿠스 음악당 Odeum
오데움

| access time | Metro 2, Akropolis 역
공연이 있을 때에 한해, 입장이 가능하다. 아크로폴리스로 올라가는 길목의 위쪽에서 공연장 전체를 조망할 수 있다. |

♣ 아크로폴리스를 오르는 길에 만날 수 있는 오데움은 5,000명을 수용할 수 있는 음악당으로 서기 191년 로마의 대부호였던 헤로데스아티쿠스가 죽은 아내를 기리기 위해 건축하였다. 원래 목재로 만든 지붕으로 덮인 실내 음악당이었으며, 1950년대에 객석의 좌석을 복원해 현재도 공연장으로 사용하고 있다. 그리스 출신의 뉴에이지 음악가 야니의 라이브콘서트가 이곳에서 열려 화제가 되기도 했고, 우리나라 음악가로는 정명훈과 조수미가 이곳에서 공연을 했다. 일정을 맞춰 오데움에서 공연 관람을 한다면 잊을 수 없는 추억을 만들 수 있을 것이다.

타임머신을 타고 기원 전으로! Acropolis
아크로폴리스

access	Metro 2, Akropolis 역
time	08:00~20:00(여름), 08:00~17:00(겨울), 08:00~15:00 (공휴일)
tel.	210-321-4172

♣ 아크로폴리스는 아테네 시내 대부분의 곳에서 볼 수 있다. 그래서 아테네를 여행하는 관광객은 아크로폴리스를 계속 보면서 다니게 된다. 골목길 사이로 가끔씩 고개를 내미는 아크로폴리스의 모습은 마치 타임머신을 타고 시대를 거슬러 간 듯한 기분을 느끼게 한다. 기원전 400년에 지금의 모습을 갖추어 현재까지 그리스인과 함께 하고 있는 아크로폴리스는 든든하고 믿음직스럽다. 그리스 건축물의 걸작이라 불리는 파르테논 신전, 에렉테이온 신전 등의 주요 사적이 이 언덕에 속해 있는데 로마, 비잔틴, 오스만제국의 지배를 받게 되면서 신화 속 신들 대신 성모 마리아를 모시고, 이슬람 사원으로 사용되는 등 큰 변화와 시련을 겪어 낸 곳이기도 하다. 1687년에는 오스만 제국을 공격하는 베네치아 군의 포격에 의해 파르테논 신전이 크게 훼손되었지만, 여전히 세계의 많은 관광객을 그리스로 끌어들이고 있다.

신전으로 들어가는 입구 Propylaia
프로필라이아

♣ 프로필라이아를 통과하면 파르테논 신전이 그 위풍당당한 자태를 뽐내고 있다. 파르테논 신전은 아크로폴리스의 가장 대표적인 건축물로 아테네의 수호신이자 전쟁의 신인 아테나 여신을 기리는 곳이다. 고대 그리스 건축을 현대에 전해 주는 가장 중요한 도리아식 건축물로, 어떠한 각도에서 보더라도 편안한 느낌을 가질 수 있다. 1687년 포격에 의해 크게 손실된 파르테논 신전은 1800년대 초에도 조각의 일부가 영국으로 반출되는 수모를 겪었는데, 지금까지 영국 정부의 반환 의지가 없어 불완전한 모습으로 남아 있다.

♣ 아크로폴리스로 들어서기 위해 지나는 관문으로, 수많은 관광객이 꼬리에 꼬리를 물고 오르는 곳이다. 가운데의 중앙홀과 양옆의 날개 건물로 이루어진 프로필라이아는 1656년 화약폭발 사고로 크게 손상되어, 현재까지 보수를 진행하고 있다. 본래의 모습이 많이 사라졌지만, 여전히 아크로폴리스의 시작을 알려 주는 관문으로의 역할을 톡톡히 하고 있다.

하늘과 맞닿아 있는 신전 Panthenon
파르테논 신전

TIP.
아테네 여행 상식

★ **야니와 오데움**
그리스 출신의 음악가 야니는 뉴에이지 음악의 선두주자로서 자금성, 타지마할에서도 공연을 해 이슈가 되었다. 특히 모국에서 열렸던 이 오데움에서의 콘서트는 단연 최고로 꼽힌다. 2천 년 전에 지어진 이 음악당이 현재에도 거장들이 서는 무대가 되고 있다니, 그야말로 그리스에서만 볼 수 있는 진풍경이다. 빛나는 파르테논 신전을 배경으로 야니의 아름다우면서 몽환적인 음악이 흘러나오는 콘서트 실황 영상을 찾아보자.

★ **아크로폴리스의 어원**
고대 그리스의 도시국가는 대부분 도시의 중앙부에 언덕이 있었는데, 그것을 폴리스라 불렀다. 오랜 세월이 흐르며 폴리스가 도시국가 자체의 의미를 가지게 되었고, 도시 중앙부의 언덕은 '높은'이라는 뜻의 아크로를 붙여, 아크로폴리스라 부르게 되었다. 현재는 아크로폴리스라 하면 아테네의 것을 뜻한다.

★ **더운 그리스 여행의 필수품, 양산과 얼음물**
언제, 어디서든 그늘을 만들어 주는 양산을 챙기면 덥고 지칠 때 자리 이동을 하지 않고도 바로 휴식을 취할 수 있다. 숙소에서 작은 페트병에 얼음을 꽝꽝 얼려 나갈 수 있다면, 반드시 챙기도록 하자.

전설 속 아테네 왕의 신전 Erechtheion
에렉테이온 신전

TIP.
신들이 내려다보는 아테네의 모습

아크로폴리스에서 내려다보는 아테네 시내의 모습은 참 매력적이다. 아크로폴리스에서 주위를 빙 둘러보면 제우스 신전, 고대 아고라, 저 멀리 리카비도스 언덕까지 보인다. 아테네 시민들의 터전 사이사이에, 2천 년이 넘는 역사를 지닌 유적들이 자리한 모습을 한눈에 볼 수 있다. 입구에서 가장 먼 곳에 위치한 전망대에도 가 보자.

♣　　6명의 소녀가 지붕을 머리 위에 얹고 있는 현관으로 유명한 에렉테이온 신전은 에렉테이온의 아들 에릭토니우스를 모시는 신전이다. 경사진 곳에 있어 부지의 지반에 3m에 이르는 높낮이 차이가 있다. 건물을 빙 둘러보면 각 면이 모두 다르면서도 묘하게 조화를 이루고 있다. 6명의 소녀상들은 모두 모조품으로 5개의 진품은 아크로폴리스 박물관에, 나머지 하나는 영국박물관에 보관되어 있다.

연극, 술의 신에게 바친 극장 Theater of Dionysos
디오니소스 극장

access	Metro2. Akropolis역
time	08:00~20:00(4월~10월), 08:00~15:00(11월~3월)
tel.	210-322-4625

♣　　보수가 된 오데움과 달리 원래의 모습을 그대로 유지하고 있는 디오니소스 극장은 아크로폴리스 언덕의 남쪽에 있다. 아크로폴리스를 구경한 후 연결된 길을 따라 내려오면 쉽게 찾을 수 있다. 세계에서 가장 오래된 극장

빛과 유물의 향연 New Acropolis Museum
뉴 아크로폴리스 박물관

access	Metor 2. Akropolis 역 하차, Dionysiou Areopagitou 거리, 디오니소스 극장 맞은편
time	월요일 08:00~16:00, 화~목요일, 일요일 08:00~20:00 금요일 08:00~22:00(4월~10월) / 화~목요일 09:00~17:00, 금요일 09:00~22:00, 토~일요일 09:00~20:00, 월요일 휴관(11월~3월) / 휴관일 1월 1일, 부활절 일요일과 월요일, 5월 1일, 12월 25~26일
tel.	210-900-0900

으로 15,000명 이상의 관객을 수용할 수 있었다고 한다. 풍요와 술의 신 디오니소스의 이름을 붙인 이 극장은 기원전 6세기에 지어지고, 로마의 네로 황제가 보수했다는 이야기도 전해진다. 멀리서 보면 자칫 돌무더기로 보일 수도 있지만, 극장 안에 자리를 잡고 앉아 관람객으로 가득 찬 극장에서 공연이 펼쳐지던 모습을 상상하면 묘한 전율이 느껴질 것이다.

♣ 아크로폴리스 박물관은 원래 아크로폴리스 언덕 위에 위치해 있었다. 하지만 건물 크기에 한계가 있어, 디오니소스 극장 건너편의 평지로 옮겨 2009년 새로 개관하였다. 박물관 입구의 바닥은 유리로 되어 있는데, 바다 아래에 있는 유직을 관광색에게 보여 주기 위해서이다. 여유 있는 공간에 전시된 유물을 보고, 3층의 레스토랑과 테라스가 있는 카페에서 아크로폴리스를 바라보며 휴식을 취해 보자. 4층에는 파르테논 신전의 부조물이 전시되어 있다. 현재 영국박물관에 소장하고 있는 부조물들은 모조품을 만들어 채워 넣은 상태로, 진품이 제자리로 돌아오기를 기다리고 있다.

웅장한 옛 모습을 나타내는 기둥 15개 The Temple of Olympian Zeus
올림피아 제우스 신전

access	신타그마 광장에서 Vasilissis Amalias 거리로 500m 직진한 후 왼쪽
time	화~일요일 08:00~19:00, 월요일 11:00~19:00 (여름) 화~일요일 08:30~14:30, 월요일 11:00~14:30 (겨울)
tel.	210-922-6330

♣ 몇 개 남은 기둥만이 넓은 터를 지키고 있어 조금은 초라해 보이는 제우스 신전은 한때 아테네에서 가장 큰 규모를 자랑했던 신전이다. 100m의 길이에 43m의 폭, 높이 17m인 기둥이 104개나 있었다고 하니, 어마어마한 규모에 놀라지 않을 수 없다. 기둥을 이루고 있는 대리석 중 한 개만 보더라도 매우 거대해 신전의 그 규모를 실감할 수 있다. 17세기에 태풍으로 쓰러진 한 기둥은 쓰러진 모습 그대로 보존되어 있어 슬퍼 보이기까지 한다. 신들의 신인 제우스 신전은 예전의 웅장함을 뽐내지는 못하지만 넓은 벌판에 아직도 그 자리를 지키고 있다. 본래의 모습을 볼 수는 없지만 남은 잔해를 보며 웅장했던 모습을 상상할 수 있는 것만으로도 감사히 여기며 제우스 신전을 거닐어 보자.

시민 생활의 중심이던 그리스 시장 Ancient Agora
고대 아고라

access	Metro 2. Thissio 역 또는 monastiraki 역에서 2~3분 거리, Adrianou 거리에 위치
time	화~일요일 08:00~19:00, 월요일 11:00~19:00 (여름) 화~일요일 08:30~14:30, 월요일 11:00~14:30 (겨울)
tel.	210-321-0185

♣ '모이다'라는 뜻을 가지고 있는 아고라는 고대 그리스의 시장이었다. 그곳에서 다양한 잡담과 정치 이야기가 오가면서 시민생활의 중심이 되었고, 관광·극장·정치·종교·문화 시설이 모이게 되었다. 한때 북적이는 사람

들로 활기찼던 곳이지만, 현재는 남은 주춧돌만이 건물의 위치를 알려 주고 있고 부서진 조각상이 몇 개 남아 있을 뿐이다. 그중 헤파이토스 신전은 고대 그리스 신전 중 가장 잘 보존된 신전이다. 다른 유적지와 비교해 관광객이 많지 않아 사진 찍기에 좋다. 아크로폴리스 언덕을 배경으로 멋진 사진을 찍을 수 있다. 그외에 1950년대에 완전히 복원된 아탈로스의 스토아는 현재 아고라 박물관으로 사용되고 있다. 외부 주랑에는 많은 기둥과 그 기둥이 만들어 내는 그림자가 멋진 자태를 뽐낸다.

access　　Metro 1,3 Monastiraki 역

♣　　모나스트라키 광장은 고대 아고라, 로마 아고라와 근접해 있고, 에르무 거리를 통해 신타그마 광장과도 연결되어 있어 많은 사람이 모여 든다. 이곳은 식당과 카페마다 사람들이 북적이고, 꽃과 풍선을 들고 다니며 파는 말을 거는 잡상인, 물건 가격을 흥정하는 사람들로 늘 활기가 넘쳐 사람 구경만으로도 시간이 금세 가 버린다. 저녁 시간대가 되면 광장에 거리 음악가들이 나오기도 하는데, 아크로폴리스 언덕 위에서 음악을 들으며 조명으로 빛나는 파르테논 신전을 바라보는 즐거움은 이곳에서만 느낄 수 있다. 모나스트라키 광장을 중심으로 골목마다 기념품을 파는 가게들이 즐비하니 기념품도 장만해 보자.

활기 넘치는 아테네의 구도심 Monastraki
모나스트라키 광장

TIP.
모나스트라키 광장에서 체리 먹기

모나스트라키 광장에서 과일 가판대를 만난다면 꼭 구입할 품목이 있는데, 바로 빨갛다 못해 까맣게 보이는 체리이다. 그리스의 체리는 매우 싼 가격에 한 번, 새콤달콤한 맛에 또 한 번 놀라게 한다. 1kg에 1.5~2유로이니 마음껏 체리를 먹어 보자.

그리스 – 테마 여행 01

아테네 시내 걷기 여행

ENJOY 01
아테네 국회의사당 앞에서
근위대 교대식 구경하기

아테나의 국회의사당에서는 매일 근위대 교대식을 시행한다. 그리스의 잘생긴 근위병을 확인하고 싶다면 이 순간을 놓치지 말자!

ENJOY 02
아테네의 삼청동
플라카 지구 걷기

플라카 지구는 얽히고설킨 미로 같은 골목길이 멋스러운 곳이다. 우리나라의 삼청동과 같은 분위기를 풍기는 플라카 지구의 아름다운 골목길을 산책해 보자.

ENJOY 03
아테네 사람들이 가득한
센트럴 마켓에서 쇼핑하기

센트럴 마켓은 우리나라의 재래시장과 같이 아테네 사람들의 일상이 묻어나는 곳이다. 시장에서 쉽게 볼 수 있는 아테네의 대표 빵인 깨빵을 맛보자.

신들의 세상을 보는 것도 좋지만, 그리스 현지사람의 일상 속으로 들어가 보는 것도 그리스 여행의 또 다른 재미이다. 오늘은 입장료를 내고 들어가는 관광지보다는 시내를 걸으며 아테네 사람의 생활을 마주해 보자. 조금 더 여유롭고, 조금 더 발걸음이 가벼운 느낌으로 자연스러운 아테네의 모습을 볼 수 있게 될 것이다.

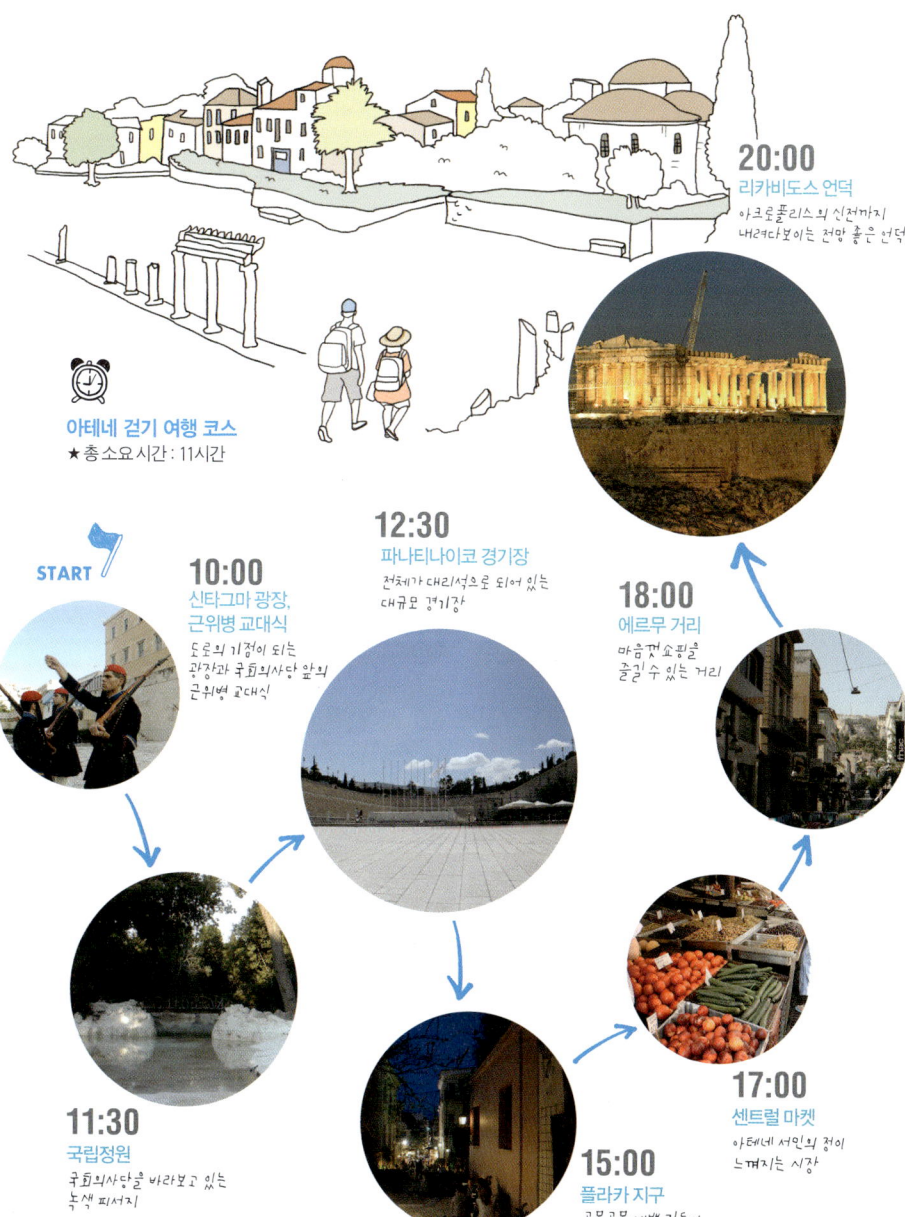

HOT SPOT

느릿느릿 걸으며 만나는
아테네 핫 스폿

아테네 여행의 시작이자 끝 Syntagma Square
신타그마 광장 & 근위병 교대식

access	Metro 1, 3호선 Syntagma 역
time	매 1시간마다 (정식 교대식은 일요일 11:00)

♣ 신타그마 광장은 로마의 베네치아 광장처럼 도로의 기점이 되는 곳으로, 공항까지 연결되는 지하철과 트램, 그리고 수많은 버스 노선이 만나는 곳이다. 광장과 연결된 에르무 거리 쪽에서 쏟아져 나오는 아테네 시민들과 관광객들로 항상 붐빈다. 광장의 건너편에는 국회의사당이 자리하고 있는데, 그곳에서 매 정시마다 진행되는 근위병교대식은 관광객들에게 큰 볼거리를 제공한다. 국회의사당 앞 무명용사의 비를 지키고 있는 그리스 병사들을 에브조네스라 부른다. 이들은 키가 크고 체격이 우수한 엘리트 병사들로, 그들의 건장한 체격과 조각 같은 얼굴에 눈을 떼지 못하는 여자들이 많다. 방울 장식이 달린 신발, 하얀 타이즈 등 귀여운 복장과 과도하게 절도 있는 동작들이 만들어 내는 교대식은 매우 흥미로우므로 꼭 구경해 보자. 교대식이 끝나면 서 있는 근위병 옆에서 사진을 찍을 수 있다. 하지만 근위병은 차렷 자세 외에 눈에 띄는 자세를 취하면 제지를 당하므로 다양한 포즈를 취해 주지 않는다고 서운해하지는 말자.

산책과 휴식을 즐기기에 좋은 쉼터 National Garden
국립 정원

access	국회의사당에서 오른쪽 길로 이동한 후 왼쪽
time	07:00~해지기 전까지

♣ 국회의사당을 바라보고 오른쪽으로 넓게 펼쳐져 있는 국립정원은 여름이면 광대한 녹색 피서지가 펼쳐진다. 특히 엄청난 키의 야자수가 하늘 높이 솟아 있는 모습이 매우 이국적이다. 산책로를 돌다 보면 새들이 노니는 호수들도 숨어 있어 쉬어 가기 좋다. 자피온 공원과의 사

잇길을 빠져나오면 다음 목적지인 파나티나이코 경기장이 모습을 드러낸다.

대리석으로 만들어진 대규모 경기장 Panathinaiko Stadium
파나티나이코 경기장

access 제우스 신전 뒤편, 도보 10분
time 08:00~19:00(3~10월), 08:00~17:00(11~2월)

♣ 기원전 329년에 건축되어 무려 2,400년이나 된 피나티나오코 경기장은 1870년에 발굴되었는데 그후 복원작업을 거쳐 1896년 제1회 근대 올림픽 때에 지금의 모습이 완성되었다. 330m 길이에 폭이 매우 좁은 고대 올림픽의 트랙 모양을 그대로 재현해 놓아 현대 올림픽 경기가 요구하는 바를 충족시킬 수는 없지만, 2004년 아테네 경기에서 올림픽의 가장 오래된 종목 중 하나인 양궁 경기가 이곳에서 열렸고, 올림픽의 꽃이라 불리는 마라톤의 최종 도착지로도 사용되었다. 특히나 우리나라가 양궁 경기에서 3개의 금메달과 1개의 은메달을 딴 고마운 장소이다. 최대 5만 명을 수용할 수 있는 엄청난 규모의 이 경기장은 보는 이의 마음을 두근두근 뛰게 한다. 좌석 전체가 대리석으로 만들어져 있어 눈이 부실 수 있으니 선글라스는 필수이다.

화사하게 채색된 집들이 골목골목 Plaka
플라카 지구

access Monastiraki 전철역

♣ 플라카 지구는 생각만 해도 활기차고 신나는 곳이다. 신타그마와 모나스트라키 광장에서 아크로폴리스로 가다 보면 자연스레 지나게 되는 이곳에는 오래된 이야기를 간직하고 있는 건물들과 분위기 좋은 노천카페, 식당 기념품 가게가 즐비하다. 아크로폴리스 언덕 동북쪽에 있

는 이곳에는 사람의 마음을 빼앗아 버리는 이색적인 곳이 있는데 바로 아나피오티카(Anafiotika) 구역이다. 미로처럼 얽혀 있는 골목에 덩굴로 덮인 집들, 알록달록 화사하게 칠해진 집들이 조화롭게 늘어서 있어, 골목길을 들어설 때마다 감탄이 절로 나온다. 사진 찍는 걸 좋아하는 사람이라면 너무 많은 시간을 지체하게 될 수도 있으니 시간을 잘 확인하자. 좁은 골목길이 이어지기 때문에 자칫하면 방향을 잃을 수도 있지만, 아크로폴리스의 위치만 기억하면 문제없다.

♣ 도대체 아테네 시민들은 어디에서 장을 볼까 싶을 정도로, 아테네 시내에서는 큰 마트가 보이지 않는다. 그 궁금증을 해결해 주는 곳이 바로 아테네 센트럴 마켓이다. 아테네 시민들의 일상 속으로 들어가 볼 수 있는 이곳은 소란스럽지만 정이 넘치는 시장의 모습을 여실히 보여준다. 그중 육류 시장은 규모가 매우 커서 끊임없이 이어진 전구 불빛 아래에 고기들이 진열되어 있는 풍경을 연출한다. 지중해의 과일들이 모여 있는 과일, 채소 시장도 육류시장 가까이에 있다. 몸에 좋고 맛도 좋다는 그리스의 특산품 올리브와 치즈를 파는 곳도 있으니 관심 있다면 들러 보도록 하자.

아테네 시민의 일상 엿보기 Athens Central Market
아테네 센트럴 마켓

access 신타그마 광장에서 오모니아 광장 쪽으로 직진, 오른쪽 Evripidou 거리
time 08:00~18:00(일요일 휴무)

아테네의 명동 Ermu
에르무 거리

access 신타그마 광장과 모나스트라키 광장을 잇는 거리

♣ 아테네의 명동이라고 할 수 있는 에르무 거리에는 중저가 브랜드와 명품 숍 등 다양한 상점이 자리 잡고 있다. 아테네의 중심이 되는 두 광장, 즉 신타그마 광장과 모나스트라키 광장을 일직선으로 잇는 거리이기 때문에 꼭 가려고 하지 않아도 한 번쯤은 걷게 된다. 거리를 걷다 보면 초상화를 그리는 화가와 거리의 음악가들이 있어 심심할 틈이 없다.

아크로폴리스의 신전을 내려다보다 Lycabettus Hill

리카비토스 언덕

access	신타그마 광장 또는 오모니아 광장에서 023번 버스 이용 Ploutarchou 거리 하차, 거리 끝에 케이블카 정류장
time	09:00~23:45

♣ 아테네 시의 야경을 바라보며 느긋하고 로맨틱하게 하루를 마무리할 수 있는 곳이 바로 리카비토스 언덕이다. 아테네 시내의 북동쪽에 자리한 이 언덕은 아테네에서 가장 높은 언덕으로, 아테네에서 유일하게 아크로폴리스를 내려다볼 수 있는 곳이다. 걸어 올라갈 수도 있지만 쉽게 올라가고 싶다면 케이블카를 타면 된다. 저녁에 언덕의 정상에 오르면 아테네의 멋진 야경이 펼쳐진다. 정상에는 야경을 한눈에 볼 수 있는 노천카페와 레스토랑이 있는데, 아테네의 야경을 옆에 두고 즐기는 저녁식사치고는 생각보다 비싸지 않으니 로맨틱한 저녁 시간을 보내기를 원한다면 꼭 들러 보자. 케이블카 티켓이 있으면 할인이 되기도 하므로 미리 확인하자.

TIP.
아테네 여행 팁

★국회의사당 앞 광장의 비둘기 주의보
국회의사당 앞 광장에는 근위병 교대식 외에 또 하나의 볼거리가 있는데, 바로 비둘기이다. 항상 관광객과 함께 바닥을 빼곡히 메우고 있다. 가끔 모이를 주는 사람이라도 있으면, 엄청난 숫자의 비둘기가 한꺼번에 모인다.

★커피 한잔의 여유
아테네는 관광 명소가 가까운 곳에 몰려 있어 충분히 걸어서 돌아다닐 수 있다. 하지만 하루 종일 걷다 보면 다리가 아파오는 건 당연한 일이 많은 것을 보는 것도 좋지만 중간중간 쉬면서 몸과 마음을 재충전시켜야 더 즐거운 관광을 할 수 있다. 지나가다 분위기 좋은 노천카페를 발견했다면 아테네의 대표 커피인 프레도를 마셔 보자. 프레도는 아테네식 카페라떼라고 말할 수 있는데, 진한 맛이 정말 일품이다. 카페에 앉으면 대부분의 사람이 큰 잔 한가득 들어 있는 프레도를 마시고 있는 것을 확인할 수 있다. 메뉴를 보고도 프레도인지 확실치 않다면 옆 테이블의 프레도를 직접 가리키며 주문하자. 진한 프레도의 매력에 빠지게 될 것이다.

★아테네의 밤은 낮보다 아름답다
여전히 많은 사람이 시에스타를 즐기기 때문인지, 밤이 되면 아테네 사람들은 거리로 몰려 나온다. 특히 모나스트라키 광장을 중심으로 골목골목에 늘어서 있는 노천 카페

에는 친구들이나 가족들이 삼삼오오 모여 앉아서 이야기하는 소리로 시끌시끌하다. 추천하는 곳은 로만아고라 앞쪽, 아크로폴리스가 바로 앞에 보이는 골목길에 있는 노천카페이다. 뒤에는 로만 아고라의 유적이 서 있고, 옆으로는 빛나는 아크로폴리스 언덕이 보인다. 아테네에서의 행복한 밤을 만들기에 충분할 것이다.

그림 같은 산토리니 여행

ENJOY 01
마을 공예품 가게에서
여행 기념품 사기

산토리니 구석구석에는 산토리니의 느낌을 그대로 담은 공예품 가게가 모여 있다. 저렴한 가격에 산토리니 여행 기념품을 구입해 보자.

ENJOY 02
사람에게 친근한 고양이에게
다정하게 인사 건네기

산토리니 고양이는 사람에 대한 경계가 없어 어디든 자기 집인 것처럼 찾아온다. 산토리니에 머무는 동안 산토리니 고양이와 친구가 되어 보자.

ENJOY 03
피라 마을 클럽에서
세계 각국 사람들과 춤 추기

피라 마을은 젊음의 열기를 느낄 수 있는 곳이다. 이곳에서 세계 각국의 여행자들과 친구가 되어 보자.

대부분의 그리스 여행객은 아테네보다 산토리니에 더욱 비중을 둘 것이다. 아테네에서 페리나 비행기로 이동할 수 있는 산토리니는 섬 끝에서 끝까지 1시간 남짓이면 갈 수 있는 작은 섬이지만 전체를 둘러보려면 하루로는 부족하다. 절벽에 자리한 아름다운 호텔에 일단 들어가면 밖으로 나가기가 싫어질지도 모른다. 이럴 때는 가장 번화하고 볼거리 많은 피라 마을과 아름다운 석양으로 유명한 이아 마을 정도만 보고 숙소에서 호젓한 시간을 보내자. 아니면 산토리니를 천천히 음미하듯이 하나하나 둘러봐도 좋다.

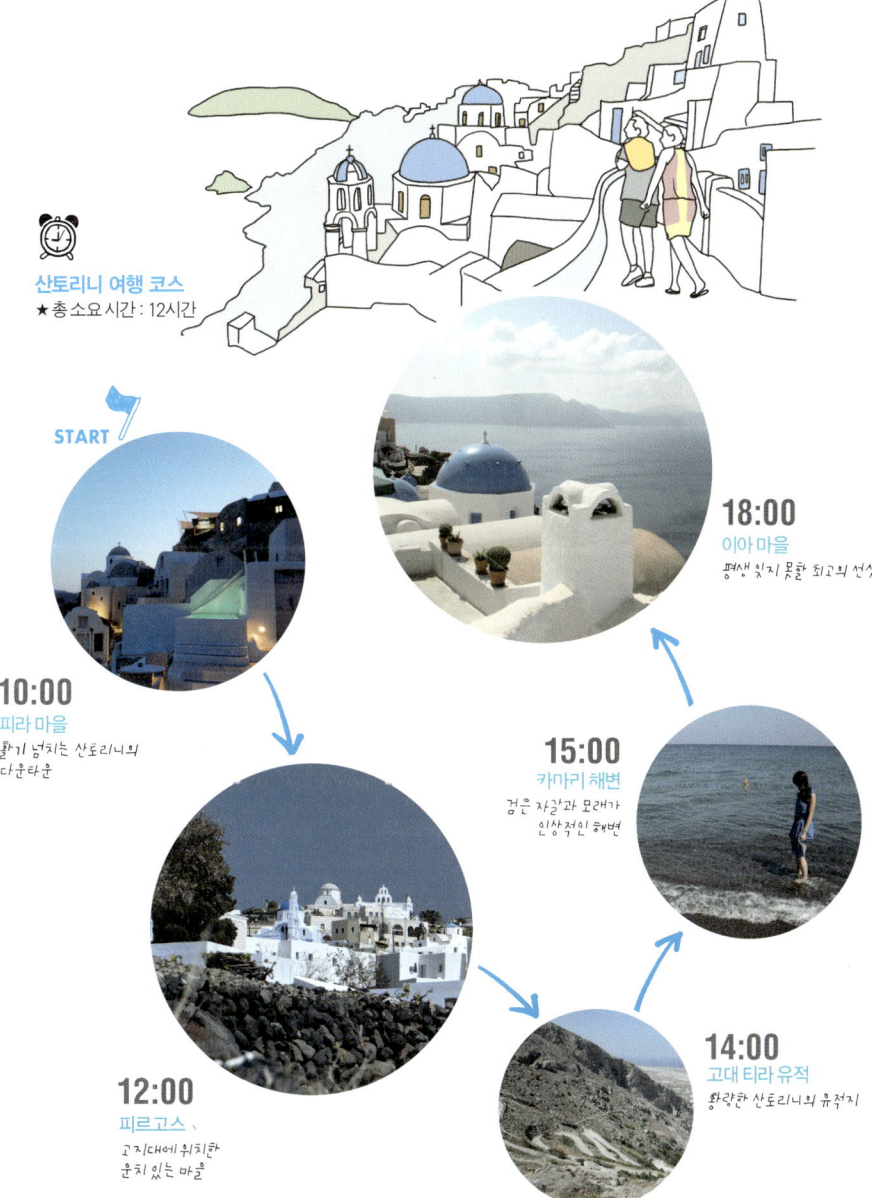

산토리니 여행 코스
★ 총 소요시간 : 12시간

TRAVEL SPOT 12
그리스 GREECE
EUROPE

START

10:00 피라 마을
활기 넘치는 산토리니의 다운타운

12:00 피르고스
고지대에 위치한 운치 있는 마을

14:00 고대 티라 유적
황량한 산토리니의 유적지

15:00 카마리 해변
검은 자갈과 모래가 인상적인 해변

18:00 이아 마을
평생 잊지 못할 최고의 선셋

HOT SPOT

지중해가 넘실대는 마을
산토리니 핫 스폿

산토리니에서 가장 번화한 마을 Fira
피라 마을

access   메인 항구 Athinios에서 차량 이동 15분, 피라행 6번 버스 탑승. 공항에서 차량 이동 20분, 피라행 4번 버스 탑승

♣   메인 스퀘어를 중심으로 편의시설이 들어서 있으며, 그곳에서 10분만 걸으면 피라의 절벽과 바다가 펼쳐진다. 바다를 접하고 있는 절벽에 다닥다닥 붙어 있는 건물들은 서로 다른 매력으로 하나의 아름다운 풍경을 만들어 내, 이곳의 카페와 레스토랑은 그 풍경을 감상하려는 사람들로 가득하다. 아무리 봐도 지겹지 않은 풍경을 충분히 감상했다면, 이제 발길이 가는 대로 걸으면 된다. 피라는 가장 번화한 거리인 에리트루 스타브루를 중심으로 레스토랑, 바, 옷가게, 보석 가게 등이 몰려 있어 쇼핑부터 나이트라이프까지 모두 이곳에서 즐길 수 있다. 골목골목 모퉁이를 돌 때마다 새롭고 이국적인 풍경들이 펼쳐져 시간은 놀랄 정도로 빨리 흐를 것이다.

호젓하고 아름다운 풍경의 마을 Pyrgos
피르고스

access   피라에서 남동쪽으로 8km, 피라에서 차량 이동 15분

♣   섬 남쪽 고지대에 위치한 마을로 이아 마을과 견줄 만큼 멋진 풍경을 가지고 있다. 그러나 여행객으로 북적이는 피라 마을이나 이아 마을과 달리 조용하고 호젓해서 현지인의 일상을 느낄 수 있는 마을이다. 언덕의 가장 높은 곳에 위치한 비잔틴 성채를 향해 오르는 계단길은 아기자기하게 잘 꾸며져 있어 오르는 재미가 있다. 책상을 가지고 나와 와인과 올리브 오일을 차려 놓고 파는 동네 주민도 만날 수 있다. 언덕의 정상으로 향할수록 점점 바람이 시원해지는데, 드디어 정상에 오르면 칼데라로 이루어진 산토리니의 전경이 한눈에 내려다보인다.

아름다운 경치로 유명한 고대 티라인의 유적 Ancient Thira
고대 티라 유적

access   카마리와 페리사 해변 위의 언덕에 위치, 페리사 해변에서 차량 이동 7분

♣   기원전 7~9세기의 고대 티라인들의 생활 흔적을 살펴볼 수 있는 유적지이다. 유적들이 언덕 위에 위치하고 있어, 구불구불한 급경사 길을 올라야 한다. 걸어서 그 먼 길을 오르는 서양인들이 종종 보이지만, 솔직히 걸어서 오르기에는 무리이다. 보통 자동차나 ATV를 이용해 오르는데, 낭떠러지가 있어 차로 오르면 아찔한 순간들을 경험하게 된다. 유적지를 둘러보고 나면 밑으로 펼쳐지는 카마리 해변의 풍경을 즐겨 보자. 이곳에서는 산토리니의 화산섬다운 모습을 느낄 수 있다.

산토리니에서 가장 매혹적인 마을 Oia
이아 마을

access   피라에서 북서쪽으로 11km에 위치, 피라에서 차량 이동 25~30분, 이아행 1번 버스 탑승

♣   산토리니를 이아 마을로 생각하는 관광객들이 있을 정도로 대부분이 이아 마을을 보기 위해 산토리니로 몰려든다. 절벽 곳곳에 자리하고 있는 하얀 집, 파란 문들이 어디에서도 볼 수 없는 이색적인 풍경을 만들어 내는 이아 마을에 가면 골목골목을 탐방하며 산토리니의 분위기를 한껏 느껴 보자. 시끌벅적한 피라마을과 달리 로맨틱한 분위기를 풍기는 이아 마을은 기념품 가게조차도 갤러리처럼 우아하다. 구경하다가 어느덧 해가 뉘엿뉘엿 져 간다면 노을을 맞으러 마을 서쪽의 풍차가 보이는 언덕으로 이동하자. 이미 1~2시간 전부터 좋은 자리를 잡고 기다리는 사람들이 있으므로 미리 간식을 준비해 조금 일찍 자리를 잡는 것도 좋다. 노을을 보기 위해 많은 사람이 몰려들기 때문에 조금 어수선하지만 기다림의 설레임은 배가된다. 노을로 붉게 물든 하얀 이아 마을은 사람들의 마음을 뭉클하게 만드는데, 해가 바닷속으로 쏙 들어갈 때에는 누가 먼저라 할 것 없이 다같이 박수를 친다.

에게해 바닷물에 몸을 담그다 Kamari Beach
카마리 해변

access   피라에서 남서쪽에 위치, 피라에서 차량 이동 20분, 카마리행 3번 버스 탑승

♣   산토리니의 해변 중 가장 인기 있는 해변은 검은색 자갈과 모래로 이루어진 카마리 해변이다. 해변가에는 지푸라기로 만든 파라솔이 늘어서 있어 색다른 풍경을 만들어 낸다. 성수기에는 사람들로 매우 북적이는 곳으로, 해변가 주변 동네에는 활기차고 젊음이 넘치는 민박촌이 형성되어 있다. 수심이 꽤 깊지만 속이 다 보일 정도로 물이 맑으니 수영을 못한다면 튜브를 끼고서라도 맑고 시원한 에게해의 바닷물에 몸을 담가 보자.

그리스 >> 테마 여행 03

산토리니의
숨은 매력
찾기 여행

ENJOY 01
그림 같은 풍경 앞에서
산토 와인 마시기

산토리니의 그림 같은 풍경을 바라보면서 와인을 한 잔 마셔 보자. 대낮에 노천 테라스에 앉아 마시는 와인의 맛은 잊을 수 없을 만큼 훌륭할 것이다.

ENJOY 02
숙소 전용 수영장에서
지중해를 바라보며 수영하기

숙소에 마련된 전용 수영장에서 여유로운 한나절을 보내 보자. 지중해 바다를 벗삼아 수영을 즐기면 신선 놀음이 따로 없다.

ENJOY 03
호텔 테라스에 앉아
새하얀 은하수 바라보기

산토리니는 별똥별과 은하수가 잘 보이는 곳이다. 호텔 테라스에 앉아 시선을 밤하늘로 향하면 별똥별과 새하얀 은하수의 물결이 넘실대는 잊지 못할 광경을 볼 수 있을 것이다.

음료 CF의 한 장면에 나오는 지중해와 하얀 집만을 그리며 이곳을 찾은 여행객들은 바다에 접한 절벽들이 만들어 내는 아름다운 경치를 보며 산토리니가 화산섬이라는 것을 인지하게 된다. 이처럼 산토리니에 가면 기억 속에 각인된 산토리니의 전형적인 모습뿐만 아니라 다양한 풍경을 알게 된다. 산토리니가 꼭꼭 숨겨 놓은 보물들을 하나하나 찾아내보자.

산토리니 여행 코스
★ 총 소요시간 : 11시간

START

10:00
메갈로호리 마을
호젓하고 소박한 전통 마을

11:30
산토 와인
시음 후 마음에 드는
와인 한 병 챙기기

14:00
호텔 수영장 즐기기
지중해를 바라보며
수영 즐기기

16:00
선셋 디너 크루즈
손에 잡힐 듯 가까이
떨어지는 태양의 감동

21:00
이아 마을 야경 감상
달빛에 출렁이는 지중해
물결 감상

HOT SPOT

숨은 매력 가득한 지중해 섬
산토리니 핫 스폿

파란 지붕의 집들이 늘어선 전통 마을 Megalochori
메갈로호리 마을

access 피라에서 차량 이동 15분

♣ 전통 마을이라 불리는 메갈로호리 마을은 신항구와 산토 와인에서 가까운 곳에 위치해 있어 지나가는 길에 들를 수 있다. 관광객으로 넘쳐 나는 이아 마을은 피라 마을과 달리 산토리니 주민 거주형 마을로, 사람 냄새가 물씬 난다. 다른 마을들이 매년 하얀색으로 페인트칠을 새로 해 눈부신 아름다움을 보여 준다면, 메갈로호리 마을은 빛바랜 사진 속의 마을처럼 정답고 따뜻하다. 빛 바랜 건물과 교회가 늘어선 아기자기한 골목들을 거닐며 소박한 섬 사람들의 모습도 보고 지중해 햇살을 즐기며 여유로운 한때를 보내 보자.

산토리니 풍경을 바라보며 근사한 와인 한잔 Santo Wines
산토 와인

access 피라에서 차량 이동 15분, 피라에서 페리사행 2번 버스탑승
URL www.santowines.gr

♣ 가슴이 두근 반, 세근 반 뛸 정도로 아름다운 산토리니의 풍경에 산토리니산 와인까지 곁들인다면 어떨까? 산토리니의 와인 조합에서 운영하는 와이너리 산토 와인은 고지대에 있어 멋진 풍경을 자랑한다. 와인 시음은 노천 테라스에서 하는데, 탁 트인 노천 테라스는 와인을 한잔 하기에 최적의 장소이다. 와인 시음은 한 잔에 1.2유로, 와인과 찰떡 궁합인 치즈는 5.4유로이다. 싼 가격에 제대로 된 와인 시음을 할 수 있다. 2명 이상이 함께한다면 각기 다른 종류의 6가지 와인과 치즈 그리고 빵이 함께 나오는 세트를 주문해 보자. 가격은 12.6유로로 드라이한 맛의 화이트 와인부터 달콤한 디저트 와인까지 다양하게 즐길 수 있다. 와인 향에 취하고 분위기에 취하는 산토 와인으로 가 보자.

> **TIP.**
> **와이너리 투어**
>
> 와인에 관심이 있다면 와이너리 투어를 해 보는 것도 좋다. 투어는 영어로 15~20분 정도 진행되는데, 특히 포도 수확 시기인 8월 중순 이후에는 포도를 거르는 과정도 볼 수 있어 더욱 흥미롭다. 예약은 필요 없으며 비용은 2.8유로이다.

석양과 함께하는 저녁 만찬 Sunset Dinner Cruise
선셋 디너 크루즈

♣ 태양이 지중해 바다로 빠져들며 펼쳐지는 장관을 가까이에서 볼 수 있는 선셋 디너 크루즈! 로맨틱한 산토리니의 하루를 마무리하기에 부족함이 없는 선택이다. 돛을 올린 배에 탑승하면 선장과 승무원들이 따뜻하게 맞아 주어 주인공이 된 기분이 든다. 이아 마을과 피라 마을을 올려다보며 항해를 하다 보면, 태양이 점점 지면서 산토리니 섬이 환상적인 색으로 물드는 광경을 보게 된다. 노을이 절정에 다다랐을 때 쯤, 배 안에서는 아름다운 음악이 흘러나와 에게해의 노을을 더욱 로맨틱하게 만든다. 준비된 저녁식사를 즐기고, 음악에 맞춰 춤도 주며 크루즈를 만끽하다 보면 지는 해를 잡고 싶은 생각이 굴뚝 같아지지만, 어두워진 바다 위에 떠 있는 섬의 반짝이는 불빛이 아쉬움을 달래 준다.

TIP.
선셋 디너 크루즈 예약하기

선셋 디너 크루즈는 투어 사무실이나 호텔에 문의해 예약할 수 있다. 해가 지기 전에 한 번만 출발하기 때문에, 사전 예약은 필수이다. 아테네에서 산토리니에 도착함과 동시에 가장 먼저 선셋 디너 크루즈 예약을 하도록 하자.
투어 회사별로 투어의 진행 내용과 제공하는 음식에 차이가 있고, 그에 따라 가격 차이도 많이 나므로 알뜰살뜰 비교해 보자. 가격은 40유로부터 있으며, 정원이 10명 정도인 작은 요트 투어는 150유로 정도이다.

TIP.
산토리니의 해변들

★패리사 해변
카마리 해변과 마찬가지로 검은 모래가 덮인 패리사 해변은 카마리 해변보다 규모가 조금 작아 사람이 많지 않다. 조금 더 쾌적하고 조용한 곳에서 해수욕을 즐기고 싶다면 패리사 해변을 추천한다.

★레드 해변

설마 빨개서 레드 해변일까 싶지만, 가 보면 정말 빨간 절벽 밑으로 빨간 자갈이 깔려 있다. 빨간 절벽과 파란 바다의 조화가 오묘한 곳이다. 해변 가까지 걸어가는 길이 조금 멀지만, 다른 해변가보다 한적하고 파도가 잔잔해 물놀이하기에 딱 좋다.

호텔 수영장 즐기기

산토리니 대부분의 숙소는 전용 수영장을 가지고 있다. 굳이 수영을 하지 않더라도 상관없다. 수영장 벤치에 누워 앞에 펼쳐진 코발트 빛의 에게해를 내 집 앞 마당의 연못인 양 바라보며 여유를 부리는 것은 산토리니에서만 누릴 수 있는 즐거움이다. 공용 수영장이 있는 호텔, 다른 호텔과 공동으로 수영장을 쓰는 호텔, 각 객실마다 개인 스파가 있는 호텔 등 다양하므로 미리 알아보고 예약하자.

취침 전 산토리니의 별 구경

알찬 하루를 보냈다면 잠자리에 누워 그저 눈을 감고 싶겠지만, 자기 전에 꼭 보아야 할 것이 있다. 바로 하늘의 별들! 숙소의 불들이 대부분 꺼지고 나면 까만 하늘에 은하수가 보이고, 10분만 쳐다봐도 별똥별 하나쯤은 볼 수 있으니, 자기 전에 소원 하나씩은 빌고 자자. 산토리니 별이니만큼 소원이 잘 이루어질지 모른다.

그리스 >> 테마 여행 04

지구의 파라다이스 미코노스 바다 여행

ENJOY 01
아름다운 골목길을 자랑하는
초라 마을 거닐기

초라 마을은 새하얀 벽, 강렬한 원색 창과 문, 그 위에 얹혀진 부겐빌레아 꽃이 조화를 이루는 집들이 늘어선 아름다운 골목길을 자랑한다. 이곳에서 호젓한 산책을 즐겨 보자.

ENJOY 02
미코노스의 마스코트
펠리칸과 친구되기

미코노스에는 펠리칸이 강아지처럼 주인을 따르는 광경을 볼 수 있다. 펠리칸이 왜 이곳의 마스코트가 되었는지에 대한 사연을 물어보는 것도 잊지 말자.

ENJOY 03
비키니를 입고
미코노스 해변 탐방하기

미코노스의 구석구석에 있는 여러 해변들을 다녀오려면 ATV가 제격이다. 수영복 차림으로 도로를 달리며 자유를 만끽하는 것은 미코노스에서만 즐길 수 있는 놀이이다.

아테네에서 비행기나 페리로, 산토리니에서 페리로 갈 수 있는 미코노스는 산토리니보다 더 깨끗하고, 소박하고, 정겨움을 품고 있는 곳이다. 산토리니와 마찬가지로 이곳도 겨울에는 영업을 하지 않는 상점과 호텔이 많다. 비행기, 페리의 운행 편수도 줄어드니 시기를 잘맞춰야 기분 좋게 즐길 수 있다.

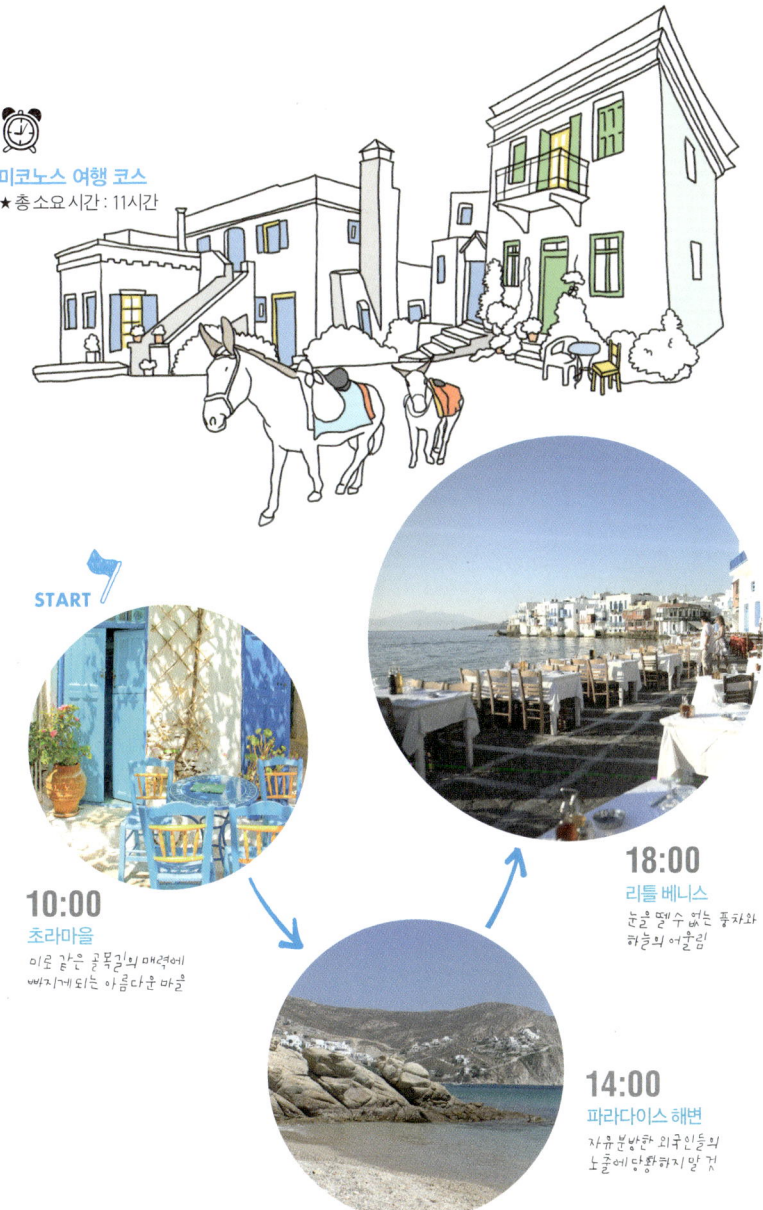

TRAVEL SPOT 12 그리스 GREECE

EUROPE

미코노스 여행 코스
★ 총 소요 시간 : 11시간

START

10:00
초라마을
미로 같은 골목길의 매력에
빠지게 되는 아름다운 마을

14:00
파라다이스 해변
자유분방한 외국인들의
노출에 당황하지 말 것

18:00
리틀 베니스
눈을 뗄 수 없는 풍차와
하늘의 어울림

HOT SPOT

바람이 머무는 어촌 마을
미코노스 핫 스폿

다니다 보면 그냥 놓인 의자 하나, 집집마다 있는 창틀 하나도 어느 예술 감독의 지휘 아래 꾸며진 것처럼 아름다워 지나온 골목도 다시 한 번 되돌아가고 싶은 마음이 생긴다. 바라만 봐도 행복한 미소를 띠게 하는 이곳에서 발길을 돌리기는 쉽지 않을 테니 너무 깊숙이 빠져들지 않도록 주의하자.

미코노스의 중심가 Chora
초라 마을

♣ 초라 마을은 파라다이스 해변을 제외하고는 걸어서 돌아볼 수 있다. 기념품점, 레스토랑, 바가 즐비하고 이동이 편리한 곳이니만큼 머물 숙소도 다양하고 많다. 오히려 산토리니의 이아 마을, 피라 마을보다 초라 마을에 더 마음을 빼앗길 수도 있는데 어촌 마을의 정겨움이 느껴져 한층 편안함을 주기 때문이다. 미로처럼 얽힌 골목길을

음악이 끊이지 않는 해변 Paradise Beach
파라다이스 해변

access 초라에서 차량 이동 15분

♣ 파라다이스 해변은 한때 누드 해변이었지만 지금은 올누드인 사람은 찾아볼 수 없다. 하지만 미코노스에서 가장 유명한 곳이기 때문에 언제나 해수욕을 즐기는 사람들과 흥겨운 음악이 끊이지 않는다. 비치 바에서 시원한 음료를 주문하고, 선베드에 누워 투명한 지중해 바다를 감상하다 보면, 이곳의 이름이 왜 파라다이스인지 알게 될 것이다. 타운에서 버스로 30분 정도 이동해야 하기 때문에 조금 더 자유롭게 시간 활용을 하고 싶은 사람은 ATV나 렌터카를 이용해 미코노스 구석구석을 다녀 보는 것도 좋다.

미코노스의 해변

★ 수퍼 파라다이스 해변
파라다이스 해변에서 10분 정도 떨어진 한적한 해변이다. 아담한 해변이지만 경관이 아름답고 물빛 또한 영롱하다. 하지만 주

변의 호텔은 비싼 편이다.

★엘리야 해변
플라티 얄로스 해변 옆 보트 선착장에서 버스를 타고 가야 하는 곳으로, 파도가 페러 세일링, 제트 스키 같은 해양 스포츠를 즐기기에 적격이다.

바다가 보이는 레스토랑이 줄지어 있는 곳 Little Venice
리틀 베니스

♣ 바람의 섬이라고 해도 과언이 아닐 만큼 미코노스에는 바람이 많이 분다. 심하게 부는 바람 때문에 가끔 집까지 파도가 밀려온다는 리틀 베니스는 해안가에 레스토랑들이 줄지어 있다. 역시나 명당 자리인 바다 쪽 자리는 일찍 자리가 차니 석양을 보면서 식사를 하고 싶은 사람이라면 조금 서둘러 자리를 잡는 것이 좋다. 리틀 베니스에서 멀지 않은 곳에 미코노스의 상징인 풍차가 서 있는데 바다와 어우러져 풍경이 매우 아름답다.

그리스에서 꼭 먹어 볼 것 🍽

수블라키(Soulvlaki)

그리스 음식 중 우리나라에 가장 많이 알려진 꼬치구이다. 전통적으로 양고기가 사용되었지만, 최근에는 외국인 관광객의 입맛에 맞추고 가격도 내리기 위해 돼지고기를 이용하는 곳도 많이 찾아볼 수 있다. 대부분의 레스토랑에서 수블라키를 맛볼 수 있는데, 좀 더 간편하게 먹으려면 수블라키 피타를 주문하자. 얇은 피타 브레드 안에 수블라키와 토마토, 양파, 감자튀김 그리고 그리스식 요구르트 소스인 차지키가 듬뿍 들어 있는 수블라키 피타는 한입 베어 물면 웃음이 절로 나는 음식이다.

사가나키(Saganaki)

치즈를 기름에 구운 그리스식 애피타이저로, 거품이 생길 때까지 치즈를 녹인 후 레몬 과즙과 매운 토마토 소스, 후추를 더한 후 빵과 함께 먹는다. 양의 젖으로 만든 페타치즈를 이용하는 곳이 많으며 새우 사가나키(Saganaki), 홍합 사가나키(Mussels Saganaki) 등이 있다.

돌마데스(Dolmades)

석회암 지형이라 논농사를 짓기 힘든 그리스에서는 흔하지 않은 쌀을 주재료로 한 음식이다. 롱그레인 쌀을 쪄서 숙성시킨 포도나뭇잎에 싸서 먹는다. 조리법에 따라 쌀 대신 고기와 야채만 들어 있는 것도 있고, 식초에 절여 장기 보관할 수 있는 것도 있다.

TRAVEL AREA 13

SWITZERLAND

스위스

대자연이 펼쳐지는 영혼의 휴식처

사계절 내내 하얀 눈이 덮여 있는 알프스, 동화책 속에나 등장할 것 같은 오두막집, 푸른 잔디에서 평화로이 낮잠을 즐기는 수많은 젖소들……. 〈사운드 오브 뮤직〉이나 〈알프스 소녀 하이디〉에서나 볼 수 있던 바로 그 광경이 펼쳐지는 곳이 스위스다. 아침부터 저녁까지 특별한 여행 일정을 짜지 않아도 될 만큼 시선 닿는 곳 어디나 그림같이 아름다운 절경이 펼쳐진다. 비현실적으로 아름다운 자연 경관과 오랜 시간을 간직하고 있는 중세 건물들이 만들어 내는 그림 같은 풍경을 가진 스위스로 떠나 보자.

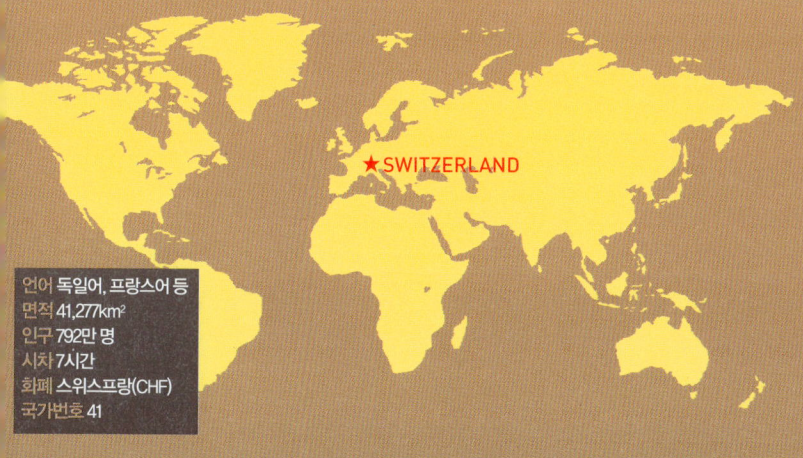

★ SWITZERLAND

언어 독일어, 프랑스어 등
면적 41,277km²
인구 792만 명
시차 7시간
화폐 스위스프랑(CHF)
국가번호 41

| 스위스로 떠나기 전에 |

1. 어느 계절에 떠날까?

스위스는 지리적인 이유로 기후가 굉장히 다양하다. 우리나라처럼 4계절이 있는 나라여서 여행하기 좋은 때는 봄과 가을이지만, 습하지도 않고 기온이 그리 높지 않아 여름도 좋다. 단, 여름에는 비가 자주 오므로 우산이나 우비를 준비해야 한다. 겨울의 스위스도 추위만 잘 대비한다면 매력적이다. 특히 눈이 소복하게 쌓인 집들 사이로 보이는 알프스는 현실감이 떨어질 만큼 아름답다. 하지만 잔디밭에 누워 한가로이 보내는 것은 불가능하므로 웬만하면 겨울은 피하자. 일년 365일 눈을 볼 수 있는 알프스에 오르려면 한여름에도 항시 꺼내 입을 수 있는 점퍼는 필수 아이템이다.

2. 항공권, 어떻게 살까?

안타깝게도 스위스 직항편은 대한항공이다. 이것도 출국과 귀국 둘 중 한 번은 공동운항편을 이용해 유럽의 다른 도시를 경유하기 때문에 공항 대기 시간을 미리 확인하는 것이 좋다. 이왕 직항을 타기 어렵다면 유럽의 다른 나라를 선택해 두 곳을 다녀오는 게 비용 면에서도 저렴하다. 대표적으로 에어프랑스를 이용해 파리를, 루프트한자를 이용해 뮌헨이나 프랑크푸르크를, KLM을 이용해 암스테르담을 무료 스톱오버로 들를 수 있다. 이중 에어프랑스는 오후 5시에 취리히에 도착해 어두워지기 전에 이동할 수 있다. 신혼여행이라면 예식 후 당일 밤 12시경 인천에서 출발해 두바이 경유 후, 취리히에 오후 1시에 도착하는 아랍에미레이트 항공편을 이용하면 시간을 잘 활용할 수 있다.

3. 어디에서 잘까?

스위스는 세계인이 손꼽는 관광지답게 저렴하고 깨끗한 유스호스텔부터 럭셔리 호텔까지 다양한 숙소가 있다. 다른 나라에 비해 교통비와 식비가 많이 들기 때문에 숙소를 저렴하게 얻는 것이 전체 예산을 줄일 수 있는 가장 쉬운 방법이다. 깨끗한 나라답게 저가 숙박시설과 유스호스텔에 있는 공동 샤워실도 매우 깔끔하기 때문에 이용하기에 불편함이 없다. 루체른, 취리히, 베른은 그리 큰 도시가 아니므로 도시 안 어느 위치에 숙소를 잡아도 괜찮다. 융프라흐요흐를 오를 예정이라면 라우터브루넨의 통나무 집에서 머물며 알프스 산맥의 기운을 받아 보자.

4. 여행 경비는 얼마나 들까?

스위스의 3~4개 도시를 돌아보려면 기차와 유람선 등 교통비가 꽤 많이 든다. 하지만 기차, 유람선을 타 보는 것은 스위스에서 꼭 해 봐야 할 경험이기 때문에 아깝게 생각하지 말자. 퐁듀 정도만 빼면 크게 특이한 음식이 없어 여행 중 한두 번의 외식을 제외하고는 직접 만들어 먹는 재미를 느껴도 좋다. 취사가 가능한 숙소에서 손수 음식을 만들어 먹으면 여행 경비를 꽤 절약할 수 있을 것이다. 기념품으로 살 만한 것도 많은데, 스위스의 대표 아이템인 맥가이버 칼이나 시계를 사려고 한다면 다시 오지 않을 기회이니 망설이지 말고 쿨하게 사자.

AREA. 스위스. 둘러보기

알프스에 오르고 싶다면 루체른에 머무는 게 좋다. 스위스의 수도 베른에서는 모던함과 고풍스러움을 동시에 느낄 수 있고, 국제 금융 도시이자 스위스에서 가장 큰 도시 취리히에서는 오랜 역사를 느껴 볼 수 있다. 알프스의 조그만 마을이나 융프라흐요흐도 스위에서 빼놓을 수 없는 매력적인 여행지이다.

1» 루체른
스위스는 어디를 가나 강과 호수를 볼 수 있지만, 특히 루체른의 호수는 눈이 소복하게 쌓인 알프스 산맥의 거울 노릇을 톡톡히 하고 있어 남다른 매력을 뿜어낸다. 카펠 교, 빈사의 사자상, 무제크 성벽 등 역사적 명소도 있고 알프스를 배경으로 한 유람선 호수 여행도 할 수 있어 스위스인들은 루체른을 가장 아름다운 도시로 꼽는다. 루체른에서 유람선을 타고 조금만 가면 티틀리스, 리기 등의 알프스 영봉에 오를 수 있다. 자전거를 타고 호수 주변을 돌아보거나 로이스 강가를 바라보며 여유로운 시간을 보내기에도 좋다. 가족들이나 연인, 친구 그 누구와 있어도 행복한 곳이다.(루체른 축제 홈페이지 www.lucernefestival.ch/en/)

2» 라우터브루넨
깊은 알프스의 계곡 사이에 있는 조그만 마을로, 말로 표현할 수 없는 평화로움을 느낄 수 있는 곳이다. 융프라흐요흐를 등반할 계획이라면 주변 마을에서 묵기를 추천한다. 많은 사람이 인터라켄에 숙소를 잡고 이동하지만, 관광객이 북적대는 민박촌 같은 인터라켄 대신 진정한 스위스를 느낄 수 있는 작은 마을에서의 하루를 원한다면 라우터브루넨으로 가 보자. 특히 아침에 일어나 창문을 열었을 때 들어오는 맑은 공기는 평생 기억에 남을 것이다. 하루를 보내고 이곳을 떠날 때는 아쉬움에 발길이 떨어지지 않을지도 모른다.

3» **융프라우요흐**
유럽의 지붕이라 불리는 융프라우요흐는 열차를 타고 쉽게 오를 수 있다. 힘을 들이지 않고 알프스 설산에 오를 수 있어 스위스 여행에서 빼놓을 수 없는 곳이다. 올라가는 길에 만나는 클라이네 샤이데크 같은 산 중턱 마을들을 구경하는 것도 융프라우요흐를 오르는 묘미 중 하나이다. 시간이 허락한다면 하이킹을 하며 잠시나마 알프스인이 되어 보자.

4» **베른**
대부분의 사람이 취리히나 제네바를 스위스의 수도로 알고 있지만, 스위스의 수도는 베른이다. 하늘보다 더 하늘색인 아레 강이 도시 전체를 휘두르며 흐르고 있는 베른은 구비구비 돌아가는 강의 모습처럼 맑고 여유롭다. 베른을 여행 일정에서 빼는 경우도 많이 있는데, 인터라켄과 취리히를 오가는 길에 들르기 용이하니 루체른의 아기자기함과 취리히의 현대적인 모습이 잘 섞여 있는 베른도 꼭 들러 보자.

5» **취리히**
취리히는 세계 금융과 경제를 이끄는 선진국의 모습을 느낄 수 있는 모던 시티이다. 하지만 맑은 물을 머금은 취리히 호수 덕에 목가적인 분위기도 느낄 수 있어 세계에서 가장 살기 좋은 도시 10위권 안에 항상 들고 있다. 중세 건물들이 늘어선 이 도시는 골목을 돌 때마다 색다른 분위기를 맛볼 수 있어 거리를 걷는 재미가 쏠쏠하다. 다른 도시에서는 자연경관을 주로 봤다면, 취리히에서는 현대적인 숍에서 쇼핑도 즐기며 스위스의 도시인이 되어 보자.

스위스 >> 핵심 여행

루체른
핵심 여행

ENJOY 01
벼룩시장에서
100년 전 누군가 쓴 엽서 사기

루체른의 벼룩시장에서는 필요한 물건을 사는 게 아니라 마음이 가는 물건을 사게 된다. 100년 전에 누군가 쓴 엽서까지 파는 귀여운 벼룩시장에서 세상 어디서도 살 수 없는 물건을 골라 보자.

ENJOY 02
피어발트슈테터 호수에서
점심 먹기

스위스에서는 싸고 맛있는 음식을 찾기가 어려우니 저렴한 비용으로 피크닉을 즐겨 보는 것은 어떨까? 슈퍼에서 구매한 빵, 치즈, 과일을 싸 가지고 호숫가에 앉아 근사한 점심을 먹어 보자.

ENJOY 03
루체른 시민의 자랑
카펠 교 건너기

카펠 교 기둥에는 세계 각국의 언어로 쓴 낙서들이 눈에 띈다. 루체른 시민들의 자부심이자, 700년 역사를 지닌 다리인 만큼 소중하게 다루며 건너도록 하자.

스위스에서는 조금 부지런한 여행자가 되어 보는 것도 나쁘지 않다. 상큼한 아침을 열어 주는 신선한 공기를 한껏 들이마시고 활기찬 시장에서 하루 일정을 시작해 보자. 온갖 잡동사니와 재미있는 물건들 속에서 스위스 사람들의 소소한 일상을 보게 될 것이다.

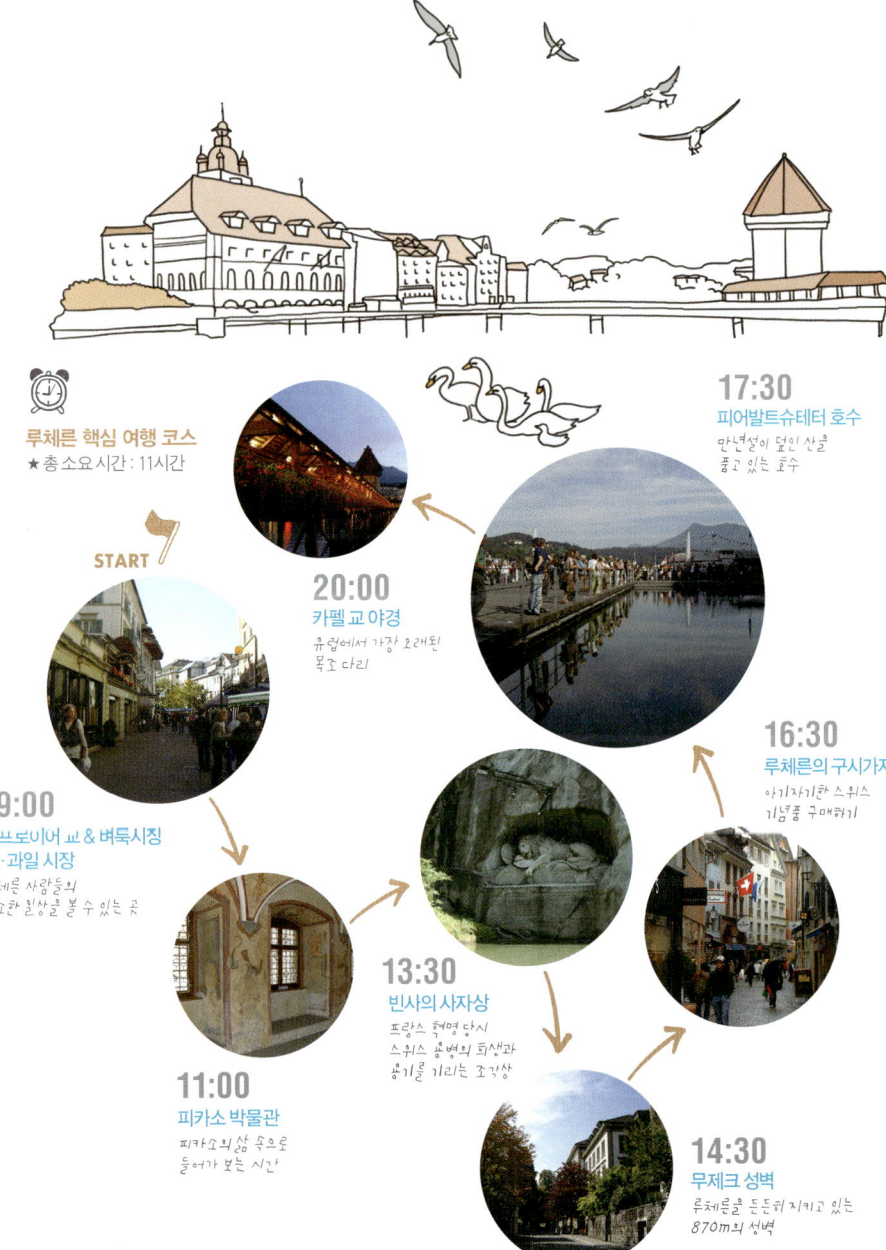

루체른 핵심 여행 코스
★ 총 소요시간 : 11시간

09:00
슈프로이어 교 & 벼룩시장
꽃·과일 시장
루체른 사람들의
소소한 일상을 볼 수 있는 곳

11:00
피카소 박물관
피카소의 삶 속으로
들어가 보는 시간

13:30
빈사의 사자상
프랑스 혁명 당시
스위스 용병의 희생과
용기를 기리는 조각상

14:30
무제크 성벽
루체른을 든든히 지키고 있는
870m의 성벽

16:30
루체른의 구시가지
아기자기한 스위스
기념품 구매하기

17:30
피어발트슈테터 호수
만년설이 덮인 산을
품고 있는 호수

20:00
카펠교 야경
유럽에서 가장 오래된
목조 다리

HOT SPOT

호수·강·성벽의 도시
루체른 핫 스폿

로이스 강을 가로지르는 다리 건너 보물 찾기 Spreuer Brücke
슈프로이어 교 & 벼룩시장

슈프로이어 교
access 루체른 역에서 도보 10~15분

♣ 루체른 시민들이 사랑하는 다리 슈프로이어 교는 수수한 모습이 루체른 사람들의 소박한 모습을 닮은 듯하다. 다리를 따라 천천히 내려가며 로이스 강과 루체른 시내의 눈부시게 아름다운 경치를 감상하자. 토요일 오전에는 로이스 강가를 따라 벼룩 시장이 열리는데, 온갖 잡동사니를 구경하는 재미가 쏠쏠하다. 도대체 누가 살까 싶은 물건들이 수두룩한데, 구경하는 사람도 많고, 사는 사람도 많다는 것이 신기하다. 집에서 쓰지 않는 물건을 전부 가지고 나온 사람은 대부분 할머니, 할아버지여서 구경을 하다 보면 물건을 하나씩 쥐어 주시기도 한다.

피카소의 모든 것 Picasso Museum
피카소 박물관

add. Furrengasse 21 Old Town
access 구 시청 광장에서 동쪽으로 이어지는 작은 골목길에 있는 퓨렌가세(Furrengasse) 거리에 위치
time 10:00~18:00(4~10월), 11:00~17:00(11~3월)
tel. 041-410-3533

♣ 피카소가 죽기 전에 20년 동안의 작품들을 모아 놓은 박물관이다. 그가 남긴 작품은 물론이고 데이비드 더글라스 던컨이 찍은 피카소 사진까지 총 200여 점의 작품이 전시되어 있다. 그리 크지 않은 르네상스 건물로, 안정적이고 평온함을 주는 공간들로 이루어져 있다. 이곳은 작은 창문 하나, 앤티크한 벽 한 면까지도 작품의 일부분인 것 같다. 피카소의 아내, 지인들의 모습 등 피카소의 개인적인 이야기까지 접할 수 있어 위대한 화가의 일상을 엿볼 수 있는 재미를 느끼게 한다.

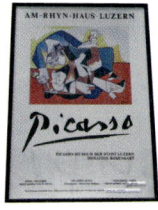

786명의 스위스 용병을 기리다 Löwendenkmal
빈사의 사자상

add.	Denkmalstrasse, Lucerne
access	호프 교회에서 뢰벤 거리를 300m 직진, 빙하 공원 옆 작은 공원 안에 위치
time	24시간 개방

♣ 빈사의 사자상이 있는 작은 공원에 들어서면 숙연함이 느껴진다. 빈사의 사자상은 사진으로 언뜻 보면 동물원에서 흔히 볼 수 있는 평범한 사자 조각상 같지만, 사자상을 자세히 들여다보면 등에 부러진 창이 꽂힌 채로 방패와 창을 머리맡에 두고 잠들어 있다. 이 사자는 프랑스혁명 당시 루이16세와 마리 앙트와네트가 머물고 있던 궁전을 지키다 전사한 786명의 스위스 용병들의 충성을 기리기 위해 세워졌다. 강대국에 둘러싸인 데다 척박한 산악지대에 위치한 스위스는 매우 가난하여 국민의 생계를 유지할 수 있는 방법이 돈을 받고 다른 나라의 용병이 되는 것이었다고 한다. 관광 명소인데도 불구하고 매우 고요해서 공원 앞 벤치에 앉아 잠시 여가를 보내기에 좋다.

피카소 박물관에서 빈사의 사자상으로 가는 길 골목에는 누가 살고 있을까 무척이나 궁금해지는 예쁜 목조 건물들이 있는 마을이 있는데, 마치 동화 속 마을인 듯한 착각을 하게 된다. 특히 호숫가 앞의 뾰족한 2개의 침탑이 인상적인 호프 교회와 교회 앞 작은 광장의 아기자기한 건물들은 카메라 셔터를 연신 누르게 만든다.

든든한 루체른 지킴이 Museggmauer
무제크 성벽

add.	Museggstrasse, Schirmtorweg, 6004 Lucerne
access	빈사의 사자상에서 내려와 Lowen Platz에서 오른쪽 무제크 거리방향
time	08:00~19:00(여름에만 개방)

♣ 무제크 성벽은 매우 평온한 모습으로 시가지의 시끌시끌함을 가만히 지켜보고 있는 루체른을 지켜 주는 듯하다. 무제크 성벽은 원래 루체른 시내 전체를 둘러싸고 있었는데, 현재는 870m의 성벽과 9개의 탑만 남아 있다. 슈르메르, 지트, 만리, 3개의 타워만 여름 시즌에 한해 개방되므로 시간 여유가 있다면 들러 보자. 무제크 성벽 위는 호수로 둘러싸인 도시 루체른의 모습을 한눈에 볼 수 있는 가장 높은 지점이니만큼 올라가려면 땀을 조금 흘려야 한다. 성벽 안쪽으로는 잔디밭 위로 작은 집과 학교가 있는 마을이 있다. 잠시 관광객임을 잊고 마을 주민처럼 느긋하게 산책을 해 보는 건 어떨까?

간판도 예쁜 활기찬 거리
루체른의 구시가지

access 카펠 교에서 도보 5분

♣ 루체른의 구시가지는 노천카페에서 여유로운 한때를 보내며 담소를 나누는 사람들과 쇼핑을 하는 사람들, 관광객들로 항상 활기차다. 거리를 걷다 보면 눈에 자주 띄는 것이 있는데 바로 건물에 그려진 벽화와 상점의 예쁜 간판이다. 거리의 간판이 도시의 미관을 망치는 애물단지로 전락한 우리나라를 생각해 보면 정말 부러울 따름이다. 거리를 걸으며 건물 구경만 하기에도 바쁘지만, 고소한 냄새를 풍기는 빵집, 보기만 해도 달콤한 수제 초콜릿 가게, 아기자기한 소품을 파는 가게 등 갖가지 상점들이 걸음을 멈추게 한다. 초콜릿을 하나 사 한입 베어 물고, 초콜릿만큼 달콤한 구시가지를 구경해 보자.

알프스를 품은 호수 Vierwaltstatter
피어발트슈테터 호수

access 루체른 기차역 정면

♣ 루체른 시내 구경을 마쳤다면 알프스의 모습을 호수 위에 그대로 옮겨 놓은 듯 비추고 있는 피어발트슈테터 호수에서 따사로운 햇살을 즐겨 보자. 반짝이는 호수, 하얀 만년설 모자를 쓴 산, 멀리 봉긋하게 솟아 있는 언덕의 푸른 잔디……. 어느 것 하나 그냥 지나칠 수 없는 풍경과 함께하는 휴식은 루체른의 아름다운 하루를 마무리하기에 충분하다. 조금 멀리까지 돌아볼 생각이라면, 역앞 자전거 대여소에서 자전거를 빌려 호수 주변을 둘러보자. 자전거를 타고 갈 수 있는 거리에 호수 수영장이 세 군데 정도 있으니 여름이라면 만년설을 담고 있는 호수 안으로 시원하게 풍덩 빠져 보면 어떨까?

700년 전 이야기를 들려주는 다리 Kapell brücke
카펠 교

access　루체른 역에서 왼편 로이스 강쪽으로 2분 거리

♣　1333년 건설되어 무려 나이가 700살 가까이 된 카펠 교는 여전히 아름다움을 인정받고 싶어 하는 나이든 여왕처럼, 한쪽 허리에 꽃장식을 하고 유럽에서 가장 오래된 목조 다리임을 자랑스럽게 뽐내고 있다. 사시사철 현란한 색의 꽃으로 장식되어 있는 카펠 교를 보고 있으면, 루체른 사람들의 카펠 교 사랑이 느껴진다. 다리를 밖에서 보며 그림 같은 풍경을 즐겼다면 이번에는 다리 안을 걸어 보자. 카펠 교는 두 번이나 휘어져 있어 특유의 아늑함을 느낄 수 있다. 다리의 중간에는 갓을 쓰고 있는 사람 형상의 바서투룸이라고 불리는 탑이 있는데, 이 저수탑은 도시를 지키는 요새로, 감옥으로, 보물·문서 보관서로 사용되었다가 현재는 기념품 상점이 들어서 있다. 카펠 교는 낮에도 밤에도 사진 찍기에 좋은 스폿이다. 어둠이 내린 후에 호숫가에 비친 카펠 교의 모습을 찍고 싶다면 삼각대를 꼭 가져가자.

TIP.
일찍 문을 닫는 스위스의 상점들

스위스는 유럽의 많은 도시가 그렇듯이, 대부분의 상점이 6시를 전후로 문을 닫는다. 그러므로 마음에 드는 물건이 있다면 나중에 다시 들를 생각은 접어 두고 바로 구입하는 게 상책이다. 특히 숙소에서 음식을 해먹을 경우, 미리 장을 봐놓도록 하자.

백조의 호수에서 사진 찍기

강에서 한가로이 노니는 백조를 쉽게, 또 많이 볼 수 있는 곳이 스위스이다. 우리나라에서는 동물원에서나 볼 수 있는 백조들이 강에서 떠다니는 모습이 무척이나 이국적이다. 관심을 끌려는 큰 노력 없이 백조들과 쉽게 사진을 찍을 수 있으므로 카펠 교를 배경으로 백조와 함께 사진 한 장 정도는 남겨 보자. 빵 부스러기가 있으면 더 쉽게 백조와 기념 사진을 찍을 수 있다.

스위스 >> 테마 여행 01

알프스 대자연 여행

ENJOY 01
스위스의 자연을 만끽할 수 있는
유람선 여행

루체른에서 알프스 영봉으로 갈 때 타게 되는 유람선은 그 자체로 즐거운 투어가 된다. 유람선을 타다가 마음에 드는 마을이 생기면 주저 말고 내려서 여유로운 산책을 즐겨 보자.

ENJOY 02
루체른의 필수 코스
알프스 영봉 오르기

루체른에 왔다면 알프스 영봉에 올라 보자. 가는 길에 만나는 그림 같은 마을, 대자연을 느낄 수 있는 정상의 풍경, 다양한 레포츠까지 어느 것 하나 놓칠 수 없는 볼거리, 즐길 거리를 제공한다.

ENJOY 03
골든 패스 라인을 타고
기차 밖 풍경 감상하기

골든 패스 라인을 타고 아름다운 기차 밖 풍경을 감상해 보자. 달리는 기차를 세우고 싶을 만큼 그림 같은 풍경이 눈앞에 펼쳐진다.

루체른은 도시 자체만으로도 인기 관광지이지만 리기, 필라투스, 티틀리스로의 등반이 용이한 거점 도시로서도 많은 사람이 찾는 도시이다. 각기 다른 매력을 지닌 이 세 영봉을 오르며 즐기는 레포츠는 스위스 여행을 한층 흥미롭게 해 줄 것이다. 알프스 영봉 중 가장 낮지만 해돋이가 아름다운 리기, 레포츠하기에 제격인 필라투스, 360° 회전 케이블카를 타고 정상에 오르며 풍경을 감상할 수 있는 티틀리스에서 알프스의 대자연을 만끽해 보자.

TRAVEL SPOT 13
스위스 SWITZERLAND
EUROPE

알프스 여행 코스
★ 총 소요 시간 : 14시간

START

09:00
유람선 타고
알프스 영봉 출발
스위스의 명소를 배 위에서
즐기는 환상적인 투어

11:30
알프스 영봉
(리기, 필라투스, 티틀리스)
알프스의 아름다운
영봉에 올라 대자연을
만끽하고 레포츠 즐기기

16:30
골든패스 열차 여행
알프스, 호수, 목초지가
파노라마처럼 지나가는
테마 열차

353

HOT SPOT

알프스와 함께하는
스위스 핫 스폿

동화 같은 풍경이 물결 따라 지나치는 시간
유람선 투어

access 루체른 역에서 호수 오른쪽으로 유람선 선착장 및 티켓 판매소 위치
URL www.lakelucerne.ch (요금 및 루트 확인 가능)

♣ 유람선 투어는 스위스 여행의 하이라이트이다. 선착장에서 멀어지면서 보이는 루체른 시내의 모습도 멋있지만 잠시 후 유람선이 지나가는 곳곳마다 펼쳐지는 동화 속 같은 풍경들에 금세 마음을 빼앗기게 된다. 약간의 간식을 준비하면 꿈 같은 유람선 투어 시간이 더욱 즐거워진다. 유람선에서 바람을 오래 맞으면 감기에 걸릴 수 있으므로 보통 때보다 조금 더 따뜻한 옷과 머플러를 준비하자. 유람선은 루트별로, 계절별로 탑승 시간이 다르니 시간표를 미리 확인해야 한다.

등산 철도를 타고 알프스 구경하기 Rigi
리기

access 플뤼엘렌(Fluelen) 또는 피츠나우(Vitznau)행 유람선을 타고 피츠나우 하차 후 리기 등산 철도 탑승

♣ 조용한 호숫가 마을에서 시작해 알프스 영봉을 오르면 정상에서 구름을 아래로 하고 가슴이 뻥 뚫리는 풍경을 즐길 수 있는 것은 물론, 하이킹이나 눈썰매, 패러글라이딩 등의 레포츠도 경험할 수 있다. 예쁜 옷을 고르듯 각기 다른 매력을 가진 알프스 영봉들을 이리저리 따져 보고, 마음에 드는 한 곳을 정하기만 하면 준비 끝! 그중 리기는 높이가 1,800m로 루체른 인근 알프스 영봉 중 가장 낮지만, 전망이 매우 아름다워 유럽에서 최초로 등산 철도가 설치된 곳이다. 리기 산 정상에서는 필라투스와 티틀리스를 포함한 여러 알프스 봉우리를 볼 수 있다. 초보자도 쉽게 등반할 수 있어 명품 하이킹 코스로 유명하다. 정상에서 천천히 내려오다 만나는 옥색 호수와 그 호수를 둘러싼 푸르른 산, 그리고 저 멀리 보이는 만년설은 명품 하이킹 코스임을 충분히 느끼게 해 준다. 하이킹 중간중간 들리는 젖소들의 맑은 방울 소리는 보너스! 오를 때는 기차를, 내려올 때는 하이킹과 로프웨이(케이블카)를 이용하면 좋다.

톱니바퀴 산악열차를 타고 정상 오르기 Pilatus
필라투스

access 루체른 역에서 자흐제른(Sachseln)행 기차를 타고 알프나흐 슈타트 역 하차 또는 유람선을 타고 알프나흐슈타트 하차 후 필라투스 등반 철도 탑승

♣ 경사가 너무 심해 악마의 산이라 불리는 필라투스. 경사가 무려 40°에 이르는데, 톱니바퀴 산악열차

를 타고 오르다 보면 아찔함으로 머리가 쭈뼛쭈뼛 서는 것을 느낄 수 있다. 겨울(12~4월)에는 톱니바퀴 열차가 운행하지 않아 케이블카를 이용해야 한다. 필라투스 정상에서 즐기는 패러글라이딩, 눈썰매, 여름철의 터보건(toboggan) 등도 꼭 경험해 보자. 터보건은 필라투스에서만 즐길 수 있는데, 봅슬레이와 같은 형태의 기구로, 짜릿함을 만끽할 수 있는 레포츠이다.

파랗게 빛나는 빙하를 만날 수 있는 곳 Titlis
티틀리스

access 루체른 역에서 엥겔베르그(Engelberg)까지 기차로 이동 또는 알프나흐슈타트(alpnachstadt)행 유람선 탑승 후 슈탄스슈타트(Stansstadt)에서 엥겔베르그행 기차로 환승한 후 티틀리스행 곤돌라 탑승

♣ 티틀리스는 해발 3,239m로 곤돌라를 두 번이나 갈아타고 올라가야 한다. 마지막으로 타는 것은 바닥이 360° 회전해 가만히 서 있어도 알프스를 파노라마로 감상할 수 있게 해 주는 똑똑한 회전 케이블카인데, 티틀리스에서만 맛볼 수 있는 독특한 경험이다. 티틀리스는 계절에

상관없이 스키, 보드, 눈썰매는 물론 번지점프와 같은 익스트림 스포츠와 편하게 재미를 느낄 수 있는 빙하 리프트까지 즐길 수 있는 레포츠의 천국이다.

열차 안에서 감상하는 스위스 최고의 경관 Goldenpass Line
골든패스라인 기차 여행

tel. 840-245-245
URL www.goldenpass.ch

♣ 골든패스라인은 루체른과 몽트뢰를 이어 주는 열차로 웅대한 알프스, 반짝이는 호수, 한가로운 목초지 등을 지나는 스위스 최고의 뷰를 자랑하는 노선을 달린다. 스위스의 4가지 테마열차 중 관광객들이 가장 쉽게 이용할 수 있다. 시간표를 보면 골든패스와 골든패스 파노라믹이 따로 적혀 있는데, 파노라믹은 창이 통유리로 되어 있어 경치를 더욱 넓게 감상할 수 있으니, 시간표를 꼭 확인하자.

스위스 → 테마 여행 02

알프스 라우터브루넨 마을 여행

ENJOY 01
알프스 계곡에서
패러글라이딩 하기

알프스 계곡 사이에서 하늘을 나는 짜릿한 순간을 경험해 보자. 아름다운 경치와 하늘을 날고 있는 내 모습을 사진으로 남길 수 있으니 이 기회를 놓치지 말 것!

ENJOY 02
눈의 나라 융프라흐요흐에서
눈싸움하기

스키나 보드 타기가 부담스럽다면 눈 속에 파묻혀 놀 수 있는 눈싸움도 좋다. 온 세상이 하얀 곳에서 걱정 없이 즐기려면 내복과 장갑, 방수재킷은 필수이다.

ENJOY 03
클라이네 샤이데크 초원에서
만년설 구경하기

초원에 누워서 산 위의 만년설을 감상해 보자. 작은 휴대용 돗자리 하나만 있으면 초원 위의 풍경은 모두 내 것이 된다.

유럽의 지붕이라 불리는 융프라흐요흐는 스위스 여행에서 빼놓을 수 없는 곳이다. 하얗게 빛나는 융프라흐요흐 등반만으로도 마음을 두근거리게 하지만, 알프스 계곡 사이에 숨어 있는 작은 마을 라우터브루넨에서의 1박 또한 잊지 못할 추억이 될 것이다.

TRAVEL SPOT 13 스위스 SWITZERLAND | EUROPE

라우터브루넨 여행 코스
★ 총 소요 시간 : 11시간

START

08:00
슈타우프바흐 폭포 &
트뤼멜바흐 폭포
전원마을에 자리한
장엄한 폭포

09:30
패러글라이딩
라우터브룬넨의 계곡을 나는
환상적인 시간

14:00
융프라우요흐
얼음궁전, 고원지대, 스핑크스
전망대를 즐길 수 있는
유럽에서 가장 높은 기차역

17:00
클라이네 샤이데크
푸르른 잔디와 만년설을
동시에 즐길 수 있는
산 중턱마을

357

HOT SPOT

알프스 계곡의 작은 마을
라우터브루넨 핫 스폿

조용한 마을의 장엄한 폭포 Staubbach&Trümmelbach Falls
슈타우프바흐 폭포 & 트뤼멜바흐 폭포

폭포가 슈타우프바흐 폭포와 트뤼멜바흐 폭포이다. 슈타우프바흐 폭포는 유럽에서 두 번째로 큰 낙차폭을 자랑하는 폭포이다. 마을 어디에서도 하늘 꼭대기에서 떨어지는 듯한 폭포수가 보이는데, 조명을 비추고 있어 밤에도 볼 수 있다. 계곡 사이에 떠 있는 달님과 하얗게 떨어지는 엄청난 높이의 폭포를 보고 있으면, 자연의 위대함을 온몸으로 느낄 수 있다. 숙소 어느 곳에서나 걸어서 폭포로 갈 수 있으니 조용한 라우터브루넨 마을을 천천히 구경하면서 가면 된다. 언덕을 조금만 올라가면 폭포 안쪽으로 걸어 올라갈 수 있게 되어 있으니, 아침 산책으로는 제격이다. 트뤼멜바흐 폭포는 라우터브루넨 역 앞에서 출발하는 수테헬베르그행 버스를 타고 가면 10분이면 도착한다. 입구에서 엘리베이터를 타고 올라가 계단으로 내려오면서 폭포를 볼 수 있는데, 어두운 동굴 안에서 암벽을 때리며 무섭게 쏟아지는 폭포 줄기의 소리가 굉장하다. 어둠과 물을 무서워하는 사람이라면 공포감을 느낄 수도 있으니 누군가와 함께 가자.

슈타우프바흐 폭포
access 라우티브루넨 기차역에서 도보 15분

트뤼멜바흐 폭포
access 라우터브루넨 역 앞에서 출발하는 수테헬베르그행 버스 이동 10분
time   09:00~17:00(4~11월), 08:30~18:00(7~8월), 12~3월 미개관
tel.   033-855-3232
URL   www.truemmelbachfaelle.ch

♣ 라우터브루넨 마을 주변에는 크고 작은 빙하 폭포들이 엄청난 양의 물을 떨어뜨리고 있는데, 그중 유명한

라우터브루넨 협곡을 날다
패러글라이딩

tel. 079-7799-000
fee 160~170프랑(사진, DVD 신청 시 요금 추가)
URL www.paragliding-jungfrau.ch

♣ 하늘을 나는 짜릿한 체험, 패러글라이딩! '난 겁이 많아서 그런 거 못해!'라고 미리 포기하지 말고 우선 예약하자. 알고 보면 힘 안 들이고 가장 쉽고 편하게 즐길 수 있는 레포츠이다. 미리 숙소에서 예약을 하면, 숙소로 전문 패러글라이더들이 직접 데리러 온다. 케이블카를 타고 어느 정도 올라간 후 점프하기 좋은 장소로 조금 걸어서 이동을 하는데, 모든 준비는 패러글라이더들이 하므로 그들이 준비하는 동안 라우터브루넨의 큰 협곡을 감상하기만 하면 된다. 편안한 자세로 앉아 바람을 가르며 발밑으로 펼쳐지는 아름다운 풍경을 감상할 수 있는 패러글라이딩은 알프스의 대자연을 온몸으로 느낄 수 있는 레포츠이다. 카메라에 스트랩이 있다면 손목에 묶고 탈 수 있게 해 주긴 하지만, 사진과 동영상까지 잘 찍어 주므로 굳이 위험하게 가지고 타지 않아도 된다. 패러글라이딩이 끝나면 바로 비행 사진과 동영상이 담긴 CD와 내가 몇 미터를 내려 왔고 얼마 동안 비행했는지가 적힌 수료증을 준다. 별 거 아니긴 하지만 어깨가 으쓱해진다.

만년설을 밟고 서서 빙하 바라보기 Rence Cathedral
융프라흐요흐

access 라우터브루넨에서 클라이네 샤이데크까지 WAB 열차로 이동 후 융푸라우요흐로 올라가는 빨간색 JB 등산 열차로 환승
URL www.jungfrau.ch(융프라로 오르는 기차 시간과 현재 날씨를 웹캠으로 확인 가능)

♣ 세상에서 가장 높은 곳에 위치한 기차역 융프라흐요흐 역(3,454m)은 푸르른 나무와 초록 잔디로 가득한 산을 통과하고 7,000m가 넘는 길이의 터널을 지나 도착

하게 된다. 스위스에서 가장 유명한 관광 코스이니만큼 볼거리도 놀 거리도 다양하니 후회 없이 즐겨 보자. 역에서 내려 110m의 높이를 단 25초 만에 오르는 초고속 엘리베이터를 타고 도착하는 곳은 바로 스핑크스 전망대이다. 스핑크스 전망대에서는 융프라흐요흐 일대를 한눈에 조망할 수 있다. 전망대에서 나가 고원 지대에 들어서면, 융프라흐요흐의 만년설을 뽀드득 뽀드득 직접 밟아도 보고, 눈앞에 펼쳐진 유네스코 유산인 알레치 빙하도 눈에 담아 보자. 발밑으로 둥둥 떠 있는 구름을 보거나 알레치 빙하의 반대편에서 저 멀리 아랫마을들을 보면 엄청난 높이를 실감하게 된다. 이곳에서는 개썰매 또는 눈썰매도 즐길 수 있다.

만년설이 덮인 알프스 바라보기 Kleine Scheidegg
클라이네 샤이데크

access 융프라흐요흐에서 JB 등산열차를 타고 종착역 클라이네 샤이데크에서 하차

♣ 클라이네 샤이데크는 융프라흐요흐를 오르내리는 길에 기차를 갈아타야 하기 때문에 모든 관광객이 거쳐 가는 곳이다. 싱그러운 초록 잔디가 펼쳐진 넓은 들판이 펼쳐져 있고 그 뒤로는 만년설이 덮인 알프스가 우뚝 서 있는 풍경으로 단연 스위스의 베스트 포토 포인트로 꼽힌다. 칙칙폭폭 빨간 기차가 지나갈 때는 엽서에 나오는 사진처럼 완벽한 사진을 찍을 수 있다. 시간 여유가 있다면 돗자리를 깔고 잠시 누워 소풍 기분을 내기에도 좋다. 겨울에는 주변 전체가 스키장으로 바뀌니 겨울 스포츠를 즐기는 사람이라면 알프스 설원을 마음껏 누벼 보자.

알프스에 가기 전에 알아 두면 좋은 노하우 ✈

알프스에서는 고산증 주의!

워낙에 높은 지대를 빠른 시간에 올라가기 때문에, 부족해진 산소에 적응할 시간이 없어 고산증 증세가 나타나는 사람이 꽤 많다. 두통·구토 등의 증상이 나타나는데, 시간이 지나면 괜찮아지는 경우도 있지만, 증세가 심할 경우에는 응급 구호소에 가도록 하자.

짜릿한 레포츠 즐기기

스키와 보드는 물론이요, 쉽게 즐길 수 있는 눈썰매와 개썰매도 탈 수 있으니, 고산증 증세가 전혀 없는 사람이라면 한 번 경험해 볼 만하다. 개썰매는 타는 시간이 5분 정도밖에 안 되지만, 다른 곳에서 찾아보기 힘들뿐더러, 멋진 모습을 사진에 담아낼 수 있어 인기가 많다. 레포츠로 고갈된 에너지를 보충해 줄 점심식사는 어떻게 해결할까? 융프라흐요흐의 스핑크스 전망대에서는 한국 컵라면을 팔고 있다. 다소 비싼 가격이긴 하지만, 정상에 올라 먹는 라면맛은 그 무엇에도 비교할 수 없으니 기념으로라도 먹어 보자. 작은 컵라면만으로 허기를 달래기에 부족하다면 간식거리를 싸 가도록 하자.

융프라흐요흐에 올라가기 전에 꼭 챙길 것

융프라흐요흐를 오를때는 반드시 챙겨야 하는 아이템이 있는데, 바로 선글라스와 장갑이다. 온통 하얀 눈으로 덮여 있어, 반사된 햇빛 때문에 눈을 제대로 뜰 수 없으므로 선글라스는 필수이다. 또 하나의 필수 아이템은 바로 장갑! 멋진 풍경을 앞에 놓고 사진을 안 찍을 수는 없다. 하지만 사진을 찍는다고 맨손을 칼바람에 노출했다가는 손가락에 통증이 올 정도로 손이 얼거나 동상에 걸릴 수 있으니 귀찮더라도 장갑을 꼭 착용하자.

융프라흐요흐의 기후

융프라흐요흐의 기후는 정말 한 치 앞을 내다볼 수 없다. 대부분의 관광객이 그렇듯 이미 정해진 스케줄대로 이동하기 때문에 날짜를 바꾸기는 매우 힘든 일이다. 그러므로 융프라흐요흐의 날씨에 대해서는 좀 쿨해질 필요가 있다. 혹시 구름에 둘러싸여 아무것도 안 보인다면 바로 내려와 클라이네 샤이데크나 그린델발트에서 여유로운 하루를 보내는 것도 좋다.

스위스 >> 테마 여행 03

자연을 닮은 도시 베른과 취리히 여행

ENJOY 01
아레나 강가에서 커피 한잔 마시기

베른 시내를 감싸고 있는 아레나 강에서 커피 한잔을 마셔 보자. 강가의 카페는 베른 시민들에게도 인기 만점이다.

ENJOY 02
베른 시민 공원에서 베른 시내를 배경으로 사진 찍기

이름 그대로 베른의 시민들이 옹기종기 모여 있는 곳이다. 아름답게 펼쳐진 베른 시내와 푸르른 산을 배경으로 사진 촬영을 해 보자.

ENJOY 03
야경이 아름다운 취리히 호수에서 밤 유람선 타기

오리, 백조, 갈매기들이 무리 지어 있는 호숫가에서 유람선을 타 보자. 특히 밤에 유람선에서 바라보는 취리히의 모습이 아름다우므로 이왕이면 해가 질 때쯤 유람선을 타자.

서울에 사는 사람들은 요양을 위해, 맑은 공기를 마시기 위해 멀리 외곽까지 가야 하지만, 스위스에서는 도시 한복판에서도 병에 담아 오고 싶을 정도로 맑은 공기를 마실 수 있다. 그것을 여실히 느낄 수 있는 곳이 바로 베른과 취리히인데, 분명 번화한 도시들인데도 공기가 맑고 자연과 잘 어우러져 있다. 자연을 닮은 스위스 도시 여행을 만끽해 보자.

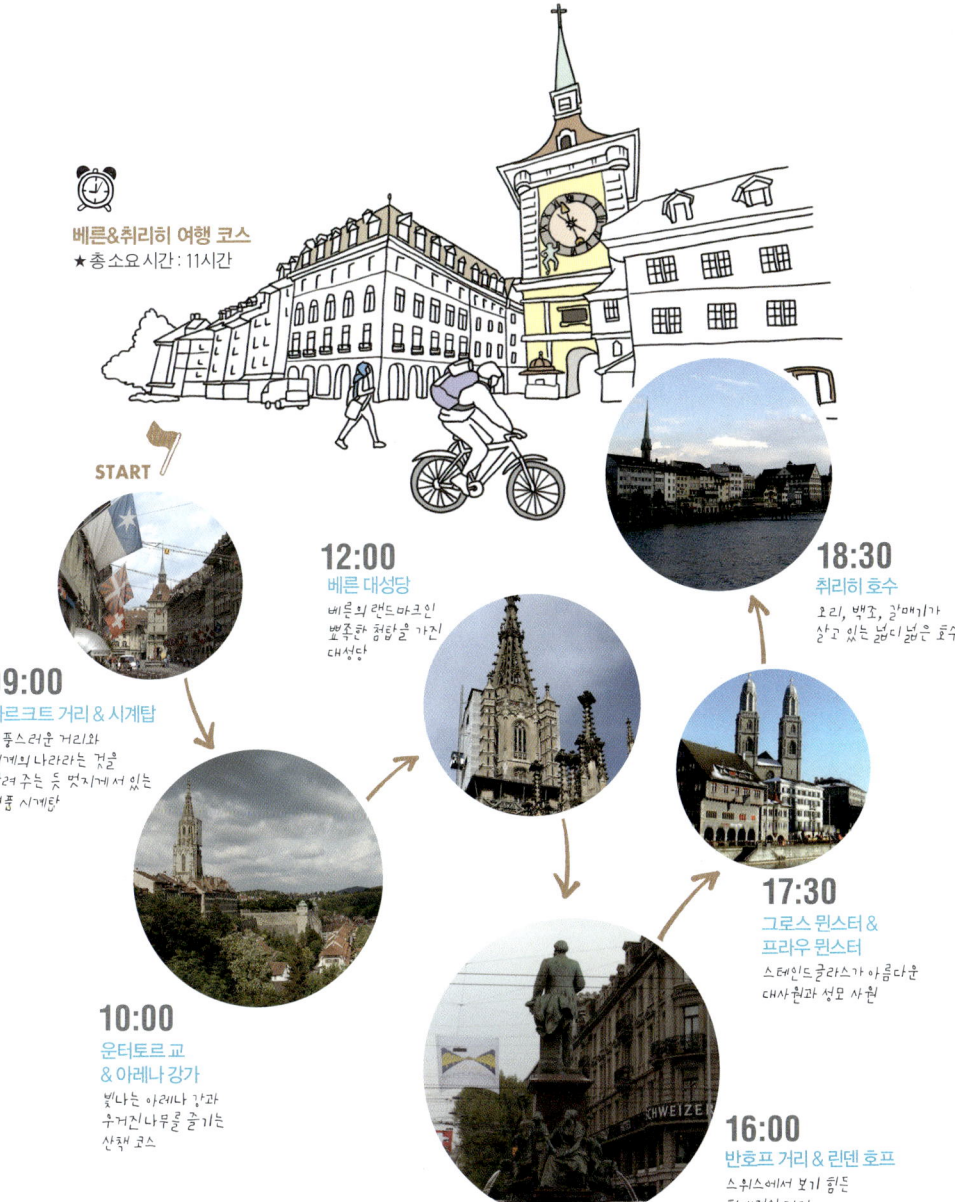

HOT SPOT

스위스의 중심
베른 & 취리히 핫 스폿

고풍스러운 중세의 거리 Marktgasse & Zeitglockentru
마르크트 거리 & 시계탑

옥색 강과 나무 사이의 성당을 배경으로 사진 찍기 Untertor
운터토르 교

access 마르크트 거리에서 가던 방향으로 쭉 직진, 니데크 교회 왼쪽을 따라가면 운터토르교

♣ 강물의 색이 다른 어느 지역보다 옥색으로 빛나는 아레나 강과 저 멀리 우거진 나무 사이의 성당, 강 사이를 이어 주고 있는 니데크 교를 배경으로 멋진 사진을 남기고 싶다면 운터토르 교 쪽으로 가 보자. 다리의 중간에서 달력 사진으로 써도 좋을 만큼 멋진 사진을 찍을 수 있고, 조금 내려가면 강가 산책도 즐길 수 있다.

거리를 걸으면서 조금만 유심히 봤다면, 이 도시의 상징이 곰이라는 것 정도는 쉽게 알아차릴 수 있을 것이다. 베른에는 곰 조형물이 많고 다리를 건너 오른쪽으로 조금만 가면 곰 공원이 있다. 그러나 곰 공원에는 곰이 몇 마리 없어 조금 실망할 수 있다. 그냥 산책이라면 몰라도 곰을 보는 것이 목적이라면 패스해도 좋다.

마르크트 거리
access 베른 역 출구에서 마주하는 성령 교회 앞에서 왼쪽으로 슈피탈 거리를 따라 직진, 오른쪽 감옥 탑을 지나 안나자일러 분수가 보이는 곳이 마르크트 거리의 시작

♣ 베른 역에서 마르크트 거리까지 가는 짧은 길에는 화려한 깃발과 고풍스러운 건물들이 스위스 수도의 위엄을 보여 준다. 베른에는 작은 도시 안에 100여 개의 분수가 있으며, 특히 마르크트 거리에는 안나자일러의 분수, 사격수의 분수, 식인귀의 분수 등 유명한 분수들이 모여 있다. 고풍스런 중세 분위기의 거리 끝에는 엄청난 크기의 시계를 자랑하는 시계탑이 있는데, 시계탑에서는 매시 57분에 인형들이 나와 시간을 알리는 쇼를 하므로 시간에 맞춰 구경해 보자.

250개 계단을 오르면 펼쳐지는 전경 Bern Münster
베른 대성당

add.	Münsterplatz 1, 3000 Berne
access	운터토어 교 앞 니데크 교회에서 베른 역 방향으로 Junkerngasse를 따라가다 보면 왼쪽으로 보이는 높은 성당
time	성당-월~토요일 10:00~17:00, 일요일 11:30~17:00(여름)/월~금요일 12:00~16:00, 토요일 10:00~17:00, 일요일 11:30~16:00(겨울) 탑-월~토요일 10:00~16:30, 일요일 11:30~16:30(여름)/월~금요일 12:00~15:30, 토요일 10:00~16:30, 일요일 11:30~15:30(겨울)
tel.	031-312-0462
URL	www.bernermenster.ch

♣ 어디서도 눈에 띄는 뾰족한 첨탑을 가진 베른 대성당은 베른의 랜드마크이다. 400년이나 걸려 증축했다고 하니 얼마나 혼신의 힘을 기울여 이룩한 건축물인지 알 수 있다. 멀리서도 위엄이 느껴지는 이 성당의 예배당 안으로 들어서면 화려한 파이프오르간이 있다. 예배당을 구경한 후에는 첨탑 꼭대기에 올라 보자. 250개가 넘는 계단을 올라가야 하지만, 꼭대기에서 바라보는 고풍스러운 베른 시내의 모습과 저 멀리 보이는 알프스는 꼭 봐야 할 아름다운 풍경이다.

취리히 시민들과 함께 휴식을 Bahnhofstrasse
반호프 거리 & 린덴 호프

반호프 거리
access 중앙역 앞 넓은 광장에서 뻗어 나가는 넓은 거리

린덴 호프
access 반호프 거리가 끝나는 광장에서 왼편 골목으로 오르막길을 오르면 나타나는 돌담으로 둘러쌓인 공원

♣ 취리히 관광은 취리히 중앙역으로부터 뻗어 있는 반호프 거리부터 시작되는데, 이 거리에서는 다른 스위스 도시에서 느껴 보지 못한 젊음이 느껴진다. 여러 대형 매장을 구경하며 걷다 보면, 리마트 강 옆의 린덴호프 공원을 만날 수 있으니 취리히 시민들과 함께 휴식을 취해 보자. 공원이 언덕 위에 있어 취리히의 전경을 카메라에 담을 수 있다.

린덴호프에서 프라우뮌스터로 가는 골목길에는 반호프 거리와는 조금 다른 분위기의 작은 상점들이 가득 늘어서 있다. 큰 거리는 대형 매장의 차지가 되었어도, 골목길에는 아기자기한 상점들이 자리하고 있어 여행자들의 소박한 욕구를 채워 준다.

강을 사이에 두고 바라보는 두 사원 Fraumünster&Grossmünster
프라우 뮌스터 & 그로스 뮌스터

♣   베른에 베른 대성당이 있다면 취리히에는 프라우 뮌스터와 그로스 뮌스터가 있다. 강을 사이에 두고 각기 다른 모습으로 서로를 바라보고 있는 두 사원은 취리히를 대표하는 건물이다. 호수로 가는 길이라면 꼭 들러 보자. 둥근 쌍둥이 종탑이 솟아 있는 그로스 뮌스터, 뾰족한 첨탑이 인상적인 프라우 뮌스터, 두 사원 모두 실내의 스테인드글라스가 유명하므로 관심이 있다면 내부 구경도 해 보자.

갈매기가 나는 바다 같은 호수 LAKE ZURICH
취리히 호수

유람선 선착장
access   그로스뮌스터에서 강을 따라 호수 쪽으로 가면 오른쪽으로 보이는 뷔르클리 광장 옆
tel.   044-487-1333
URL   www.zsg.ch

♣   누가 호수라고 말해 주지 않는다면 바다로 착각할 정도로 거대한 취리히 호수. 심지어 갈매기들이 날아다니거나 쉬고 있으니, 호수인지 바다인지 헷갈리는 건 갈매기도 매한가지인가 보다. 호숫가에서 오리, 백조, 갈매기들이 무리 지어 있는 모습을 배경으로 사진을 찍어 보자. 시간이 된다면 유람선을 타 보는 것도 좋은데, 특히 밤에 유람선에서 바라보는 취리히의 모습이 아름다우므로 이왕이면 해가 질 때쯤에 유람선을 타고 붉은 하늘과 야경을 감상해 보자.

프라우 뮌스터
add.   Münsterhof, 8001 Zurich
access   그로스 뮌스터에서 뮌스터 다리를 건너면 바로 위치
time   10:00~18:00(4월~10월), 10:00~16:00 11월~3월)
tel.   044-221-2063

그로스 뮌스터
add.   smünsterplatz, 8001 Zurich
access   린덴 호프에서 내려와 시청 다리(Rathaus-Brucke)를 건너 보이는대로 강가를 따라 걸으면 위치
time   10:00~18:00(3월~10월), 10:00~17:00(11월~2월), 일요일은 미사 후에 오픈
tel.   044-250-6650

스위스에서 꼭 먹어 볼 것

퐁듀

퐁듀는 우리나라에서 많이 먹는 음식이 아닌데도 먹는 방법이 색달라서인지 모르는 사람이 없을 정도로 유명하다. 보글보글 끓는 치즈에 잘게 자른 빵이나 삶은 감자 등을 퐁당 담가 먹는 재미를 퐁듀의 본고장인 스위스에서 맛봐야 하는건 당연한 일이다. 퐁듀는 앞서 말한 치즈 퐁듀 외에도 얇게 썬 쇠고기를 적당히 익힌 후 소스에 찍어 먹는 비프 퐁듀, 과일이나 마시멜로 조각을 녹인 초콜릿에 찍어 먹는 초콜릿 퐁듀가 있다. 물론 오리지널인 치즈 퐁듀를 먹는 게 좋겠지만, 강한 치즈 냄새가 부담스러운 사람은 비프 퐁듀나 초콜릿 퐁듀도 좋은 선택이다.

치즈 퐁듀의 치즈를 녹일 때는 화이트 와인을 넣는데, 그 맛이 생각보다 강해서 맛이 좀 쓸 수도 있으므로, 쓴맛이 싫은 사람은 주문 시 와인을 빼 달라고 얘기하자. 와인을 빼면 치즈 본연의 맛을 즐길 수 있다.

초콜릿

'스위스가 초콜릿으로 유명해?' 하고 살짝 의아해할 사람도 있을지 모르겠지만, 토블론(Toblerone), 린트(Lindt), 네슬레(Nestle), 슈샤드(Suchard) 등의 세계적인 초콜릿 브랜드는 다 스위스 브랜드이다. 스위스를 여행하면서 마트에서 초콜릿 바를 하나 사서 입 안에서 살살 녹여 먹으면 많이 걷느라 피곤해진 몸에 활력을 불어넣어 준다.

여행 끝물에 항상 고민되는 친구들, 가족들의 선물용으로도 그만이다. 쿱(Coop)이나 미그로스(Migros) 등의 마트에서도 쉽게 구입할 수 있다. 혹은 공항에서 사도 되는데, 출국하기 전 잔돈을 처리하기에 좋다. 다른 브랜드보다는 조금 덜 알려진 슈샤드(Suchard)는 스위스 밀크초콜릿의 대명사로 보라색 포장지 위에 그려진 젖소 마스코트로 유명하다. 한국에서는 좀처럼 구하기 힘드므로 한 번 먹어보기를 추천한다.

라클렛

스위스 치즈를 이용해 먹는 또 다른 스위스 전통 음식 라클렛. 한 번 맛본 사람은 그 맛을 잊지 못하는 음식이다. 삶은 감자나 빵, 고기 등에 살짝 녹인 치즈를 얹어서 먹는 전통 음식으로, 스위스 어느 식당에서도 쉽게 먹을 수 있다. 아래는 치즈를 녹이고 위에는 고기나 베이컨을 구울 수 있는 독특한 그릴을 사용해 굽는데, 식성에 맞게 재료를 선택해 입맛대로 먹을 수 있다.

TRAVEL AREA 14

NEWYORK
뉴욕

화려한 스타일 시티

뉴욕은 현란한 광고판으로 둘러싸인 타임스 스퀘어에서도, 빌딩 숲의 한가운데 있는 공원에서도, 무심코 들어간 오래된 피자 가게에서도 '바로 여기가 세상의 중심이구나.'를 느낄 수 있는 곳이다. 뉴욕 하면 너무 사치스럽거나 살벌한 곳이라는 편견은 잠시 접어 두고 뉴욕행 비행기에 몸을 실어 보자. 뉴욕에는 우리가 원하는 여유, 고독, 환희, 낭만이 가득하다.

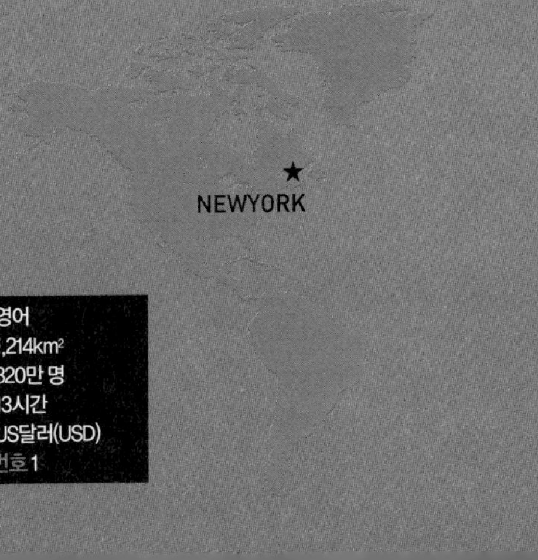

★
NEWYORK

언어 영어
면적 1,214km²
인구 820만 명
시차 13시간
화폐 US달러(USD)
국가번호 1

| 뉴욕으로 떠나기 전에 |

1. 어느 계절에 떠날까?

뉴욕은 어느 계절에 가도 멋있다. 우리나라처럼 사계절이 뚜렷해 계절마다 각기 다른 매력을 만날 수 있기 때문이다. 뉴욕에서 크리스마스 시즌을 즐기거나 새해를 맞이하고 싶다면 겨울이 좋겠지만, 덥지도 않고 춥지도 않고 단풍이 적당히 물든 10월 말이 뉴욕을 즐기기에는 최적이다!

2. 항공권, 어떻게 살까?

지구 반 바퀴를 돌아가야 하지만 항공편이 많은 편이다. 대한항공, 아시아나항공이 매일 출발하며 조기 예약 할인을 비롯한 다양한 할인을 잘 알아보면 직항이면서도 저렴한 항공편을 구할 수 있다. 특히 미국 항공사인 델타항공이나 유나이티드항공을 이용하면 국내 항공사보다 저렴하게 항공권을 구입할 수 있다. 경유편을 이용하면 금액이 많이 다운되지만, 일본이나 중국을 경유하는 경우 대기 시간이 길 수 있으니 꼭 확인해야 한다. 부지런히 돌아다니면 3~4일 동안 뉴욕의 핵심 지역을 거의 둘러볼 수 있지만 빡빡한 일정을 소화하기가 부담스럽다면 미드타운을 중심으로 일정을 짜도록 하자.

3. 어디에서 잘까?

지하철과 버스 등 대중교통이 잘 되어 있어서 맨해튼에 있는 숙소라면 어디든 상관없다. 다만 위험 지역으로 알려진 곳과 인적이 드문 곳은 피하자. 늦게까지 거리를 활보하고 즐길 수 있는 대도시이므로 가능하면 중심지에 숙소를 잡자. 타임스 스퀘어 같은 중심지 근처라도 100달러 정도의 2인실 숙소를 구할 수 있으니 잘 찾아보자. 한인 민박의 경우 대부분 맨해튼 외곽 지역(퀸즈, 브루클린)에 많이 있기 때문에 이동 경로를 잘 확인하고 예약해야 한다. 비용이 조금 더 들더라도 깔끔하고 교통이 편리한 곳을 원한다면 타임스 스퀘어 주변의 아파트를 셰어하는 형태의 숙소인 스튜디오를 예약하는 것도 방법이다.

4. 여행 경비는 얼마나 들까?

뉴욕 여행에서 가장 큰 지출 품목은 숙소, 쇼핑, 뮤지컬 관람 정도이다. 미국에서 가격이 싼 몇몇 브랜드는 이런 기회에 쇼핑하는 것도 나쁘지 않으므로 쇼핑비는 여행 경비에서 따로 떼어 놓는 것이 좋다. 음식은 길거리 음식이나 패스트푸드, 슈퍼마켓 등에서 저렴하게 해결할 수 있다. 일주일 패스(29달러)를 구입하고, 택시만 타지 않는다면 교통비도 많이 나갈 일이 없다.

| AREA. | 뉴욕. | 둘러보기 |

뉴욕은 뉴욕 주의 남동 해안에 위치한 미국에서 가장 큰 도시이다. 우리가 흔히 말하는 뉴욕이란 뉴욕 주의 뉴욕 시를 말한다. 뉴욕 시를 구성하는 5개의 자치구 맨해튼, 브롱크스, 브루클린, 퀸즈, 스테튼 아일랜드는 각각 개성이 뚜렷하다.

1 »

미드타운

미드타운은 뉴욕의 축소판 같은 곳이다. 미드타운에는 화려한 명품 브랜드 거리, 만인의 휴식처 센트럴 파크, 광고판들로 뒤죽박죽인 브로드웨이, 창의적인 기업의 상징인 애플 본사와 뉴욕 현대 미술관(MoMA) 등이 모여 있다. 걸어 다니기에는 꽤 긴 거리이므로 브로드웨이 아래에 숙소가 있다면 버스를 타고 센트럴 파크에서 내려 아래로 이동하는 코스를 짜는 것이 좋다.

2»
어퍼 웨스트 / 어퍼 이스트
센트럴 파크를 가운데 두고 갈라지는 어퍼 웨스트와 어퍼 이스트는 관광지라기보다는 진짜 뉴욕 사람들의 일상을 들여다볼 수 있는 곳이다. 어퍼 웨스트는 뉴욕 중산층의 일상을 느낄 수 있는 편안한 분위기를 가지고 있는데, 중저가 브랜드 숍과 피자, 핫도그 등의 맛있는 음식점이 몰려 있다. 하지만 자연사 박물관이나 링컨 센터를 가는 길이 아니라면 굳이 돌아보지 않아도 된다.

어퍼 이스트는 맨해튼 최고의 부자 동네로 미국 드라마 〈가십 걸〉의 주 무대가 되는 곳이다. 뮤지엄 라인이라 불릴 만큼 구겐하임 미술관, 메트로폴리탄, 휘트니 미술관 등 교양을 쌓을 수 있는 시설과 고급 레스토랑이 곳곳에 자리해 있다. 〈가십 걸〉에서 본 것 같은 부잣집 도련님도 있을 법하지만, 고급스러운 저택 사이로 유모차를 밀며 산책하는 베이비시터 언니들만 눈에 띈다.

3»
첼시 / 그리니치빌리지
다닐수록 에너지가 채워지는 곳! 크고 작은 갤러리들이 모여 있는 첼시와 독특한 숍들과 맛있는 브런치 카페가 많은 그리니치빌리지는 아티스트의 감성을 가졌거나 번잡함을 싫어하는 사람들이 충분히 좋아할 만한 곳이다. 특히 첼시 마켓과 하이라인 파크는 꼭 가 보자. 다양한 식료품점이 모여 있는 첼시 마켓은 입구부터 재미있는 볼거리로 가득하다. 오래된 철길이 공원으로 변신한 하이라인 파크는 한쪽에는 허드슨 강이, 반대쪽에는 시내의 모습이 보여 묘한 조화를 이룬다.

4 »

소호 / 노리타

트렌드를 앞서 가는 핫한 아이템을 모두 만날 수 있는 소호. 뉴욕 패셔니스타들이 자주 찾는 이곳에는 유명한 디자이너뿐 아니라 신인 디자이너들의 갤러리와 편집 숍 등 유행을 선도하는 아이템이 가득하다. 가게들마다 매력이 넘쳐서 그냥 지나칠 수 없는 노리타도 마찬가지! 뉴욕에서 꼭 먹어 보아야 할 구운 옥수수를 파는 카페 하바나도 바로 노리타에 있다. 여기저기 시선을 사로잡는 숍들의 쇼윈도만 구경해도 금세 하루가 갈 수 있으므로 여행자로서는 조심해야 할 장소 중 하나이다.

5 »

로어 맨해튼

뉴욕의 맨 끝자락에 있는 로어 맨해튼에는 세계의 경제를 뒤흔드는 월 스트리트와 9·11테러가 일어났던 장소인 그라운드 제로가 있다. 이 두 곳이 아니면 자유의 여신상과 브루클린 브리지를 보고 싶을 때나 들르는 곳이다. 뉴욕의 최대 아웃렛인 센추리21도 이곳에 있지만 아웃렛 쇼핑을 하고 싶은 사람은 대부분 우드베리 아웃렛을 이용한다. 산더미처럼 쌓인 물건들 속에서 진주를 찾고 말겠다는 목표가 있는 것이 아니라면 센추리 21은 과감히 패스하자!

뉴욕 >>> 핵심 여행

뉴욕 핵심 여행

ENJOY 01
도심 속 거대한 숲, 센트럴 파크에서
기분 좋은 여유 즐기기

빌딩으로 가득한 뉴욕 한복판에 이렇게 넓은 숲이 있다니! 잠시 도시의 소음에서 벗어나 한가로움을 느껴 보자.

ENJOY 02
저렴하고 섹시한
빅토리아 시크릿 속옷 사기

흔하디 흔한 립밤 선물은 이제 그만! 섹시 스타일, 모던 스타일 등 다양한 취향을 만족시킬 수 있는 빅토리아 시크릿으로 특별한 선물을 마련해 보자.

ENJOY 03
뉴욕의 버거 중의 버거
셰이크 쉑 버거 먹어 보기

메디슨 스퀘어에 있는 셰이크 쉑 버거는 맛있는 밀크셰이크와 버거로 언제나 문전성시를 이룬다. 처음 맛보는 거라면 오리지널 셰이크 쉑 버거를 먹어 보자.

그리 넓지는 않지만 거리마다 세계적인 명소들이 자리한 맨해튼 무엇보다 뉴욕의 활기찬 거리를 느끼는 것이 뉴욕을 제대로 여행하는 방법일 것이다. 5번가를 활보하며 뉴요커의 기분을 만끽하다 해가 지면 타임스 스퀘어에서 세계 각국에서 날아온 여행자들이 만들어 내는 진풍경을 바라보자.

TRAVEL SPOT 14 뉴욕 NEWYORK

NORTH AMERICA

핵심 여행 코스
★ 총 소요 시간 : 13시간

START

14:30
5번가
(FAO 슈워츠, 애플, 나이키)
온갖 브랜드 숍으로 가득한
미드타운의 핵심

21:00
록펠러 센터
GE 건물 등 총 19개의
빌딩으로 구성된
록펠러 빌딩군

09:30
메트로폴리탄 박물관
330만 점에 이르는 소장품으로
최대 규모를 자랑하는 박물관

13:30
센트럴 파크
숲, 연못, 호수, 산책로,
아이스링크 등이 있는
뉴욕의 휴식처

19:00
타임스 스퀘어
높은 빌딩과 화려한 네온사인,
모션 광고들이 가득한 관광 명소

17:00
브루클린 교
맨해튼과 브루클린을 연결하는
멋진 디자인의 다리

HOT SPOT

세련되고 스타일리시한
뉴욕 핫 스폿

방대한 컬렉션을 자랑하는 세계 3대 박물관 중 하나
Metropolitan Museum
메트로폴리탄 박물관

add.	1000 Fifth Av. at 82nd St.
access	지하철 1, 4, 5, 6호선 86 St. 역, 5번가 81 St. 또는 82nd St. 입구에서 버스 M1, M2, M3, M4, M79
time	10:00~21:00(금~토요일), 10:00~17:30(일~목요일)/휴관일(추수감사절, 12월 25일, 1월 1일, 5월 첫째주 월요일)
tel.	212-535-7710
fee	25달러
URL	www.metmuseum.org

♣ 세계 3대 박물관으로 손꼽히는 메트로폴리탄 박물관은 먼저 방대한 규모에 감탄하게 된다. 물론 이 나라 저 나라에서 약탈해 온 작품도 많이 있다. 하루를 꼬박 둘러봐도 다 보기 힘들 정도로 작품의 양이 방대하며, 작품의 가치 또한 대단한 것이 많다. 욕심 내서 다 보려고 하지 말고 꼭 보고 싶은 작품만 골라서 보는 것이 현명하다. 보다

가 지치면 1층 카페에서 센트럴 파크를 바라보며 잠시 휴식을 취해도 좋다. 박물관 곳곳에서 학생들이 옹기종기 모여 앉아 선생님 말씀을 듣고 있거나 이젤을 놓고 조각상을 그리는 모습을 볼 수 있는데, 진정한 체험 학습을 경험하는 아이들에게 부러움을 느끼게 된다.

메트로폴리탄 박물관의 또 다른 매력은 옥상! 센트럴 파크를 가장 가까이에서 볼 수 있는 메트로폴리탄 박물관의 루프톱은 5층밖에 되지 않지만 전망이 꽤 훌륭하다. 저녁 9시까지 오픈하는 금요일과 토요일에 야경을 즐기며 저녁 시간을 보내기에 안성맞춤이다.

뉴욕 시민들의 사랑을 한몸에 받는 공원 Central Park
센트럴 파크

add.	59th~110th St. (5th Ave.와 Central Park W. 사이)
access	지하철 B, C호선이 센트럴 파크 웨스트를 따라 운행
time	06:00~01:00(동물원10:00~17:00)
tel.	212-360-3444
URL	www.centralpark.com

♣ 영화에 많이 등장해 매우 친숙한 이곳은, 아마 전 세계에서 가장 유명한 공원이 아닐까? 맨해튼 한가운데에 자리한 센트럴 파크는 동서로 800m, 남북으로 4km

나 되는 어마어마한 크기를 자랑한다. 워낙 넓어 구석구석을 다 보기는 힘드니, 꼭 가고 싶은 포인트를 미리 정하고 동선을 짜 둘러보자. 자전거를 이용하거나 마차를 타고 돌아보는 것도 좋은 방법이다. 뉴욕 사람들이 휴식하고, 조깅을 하고, 데이트를 즐기는 센트럴 파크에서 뉴요커들의 일상을 느껴 보자.

센트럴 파크에서 꼭 둘러볼 곳

★ **울먼 메모리얼 링크(Wollman Memorial Rink)**
몸이 얼어 버릴 것만 같은 날씨 속에서도 반짝거리는 센트럴 파크 공원 안 스케이트장의 분위기는 로맨틱하고 흥겹기만 하다. 겨울 시즌이 지나면 롤러스케이트장으로 이용된다.

★ **쉽 메도(Sheep Meadow)**
센트럴 파크에서 가장 넓은 잔디 벌판 넓은 잔디공원에 목말라 있는 한국인들에게는 천국 같은 공간이다. 가슴속까지 시원하게 해 주는 탁 트인 이곳에는 일광욕을 하려는 뉴요커들이 옷을 훌렁 벗고 누워 있다. 시간의 여유가 있다면 너른 잔디밭에 누워 행복한 시간을 가져보자.

★ **스트로베리 필드(Strawberry Fields)**
센트럴 파크에서 가장 조용하다는 스트로베리 필드. 핸드폰 벨소리조차 거슬릴 정도로 고요해 사색하기에 더없이 좋은 장소이다. 조금만 걸어가면 보이는 잔잔한 호수와 바닥에 새겨진 이매진(IMAGINE) 타일도 볼거리이다. 스트로베리 필즈가 내려다보이는 어퍼 웨스트의 아파트에 살던 존 레논을 기리기 위해 아내 오노 요코가 그의 노래 제목 <IMAGINE>을 모자이크로 새겨 놓은 곳이다.

★ **베데스다 분수(Bethesda Fountain)**
공원의 중심인 베데스다 분수에는 항상 사람들로 가득하다. 분수 뒤의 낮은 곳에 펼쳐진 호수에서는 다정한 커플이 배에 올라 노를 젓고 있는 모습을 심심치 않게 볼 수 있다. 날개를 활짝 펴고 있는 물의 천사 동상이 반겨 주는 이곳에는 연주가들의 음악소리가 끊이지 않아 휴식을 취하기에 더없이 좋다.

브랜드 숍 총 집합! 5th avenue
5번가

access 지하철 N, Q, R 노선 5Av, 59 St. 역

♣ 미드타운의 핵심인 5번가에는 온갖 브랜드 숍으로 가득하다. 그중 대표적인 것이 바로 스티브 잡스의 애플 본점이다. 캡슐 모양의 엘리베이터가 눈에 띄는 이곳

에서는 애플 티셔츠를 입은 직원들이 열정적으로 상품 설명을 해 주어 꼭 무언가를 사고 싶은 욕구가 일어난다. 애플 뒤로는 영화 〈빅〉의 한 장면에 등장했던 발로 치는 피아노 건반이 있는 FAO 슈워츠(FAO Schwartz)가 있다. 150년의 역사를 지닌 이 장난감 숍은 동화 속에 들어간 듯한 느낌을 주는데, 어른들도 수많은 장난감을 구경하다 보면 동심의 세계로 빠져들고 만다. 아이들과 함께 간다면 여행자금이 바닥날지 모르니 들어가기 전에 마음의 준비를 단단히 하자.

뉴욕 최고의 야경을 연출하는 다리 Brooklyn Bridge
브루클린 교

안 들어가면 후회하는 5번가 브랜드 숍

★나이키 타운(Nike Town)
매장이라기보다는 나이키 갤러리라고 해도 어울릴 만큼 나이키 상품의 모든 것이 전시되어 있다. 엘리베이터를 타고 맨 위층으로 올라가 한 층씩 내려오면서 구석구석 살펴보다 보면 빈 손으로 나가기는 힘들 것이다.

★아베크롬비&피치(Abercrombie & Fitch)
옷을 파는 곳인데도 매장 밖으로 항상 사람들의 줄이 길게 서 있는 곳! 디스플레이도 멋지지만 사람들의 발길이 끊이지 않는 이유는 다름 아닌 상의를 탈의한 근육질 몸매의 남성 모델들과 사진을 찍을 수 있기 때문이다.

★빅토리아 시크릿(Victoria's Secret)
속옷과 보디 용품으로 여성들의 마음을 사로잡고 있는 빅토리아 시크릿. 아직 우리나라에 정식으로 수입이 되지 않았기 때문에 많은 여행자들이 필수로 들르는 곳이다. 러블리 스타일, 섹시한 스타일 등 다양한 속옷을 저렴한 가격에 구매할 수 있어 친구와 엄마에게 선물하기에도 좋다. 선물용이라면 봉투를 추가로 요구하면 된다.

add. 1 Water St. Brooklyn
access 지하철 4, 5, 6호선 Brooklyn Bridge-City Hall 역

♣ 맨해튼과 브루클린을 연결하는 멋진 다리이다. 1층은 차도, 2층은 나무 바닥으로 된 보행자 도로로 구분되어 있어 자동차에 방해받지 않고, 안락하게 주변 풍경을 즐길 수 있다. 브루클린 교를 감상하는 가장 좋은 방법은 지하철을 타고 브루클린으로 넘어가 브루클린 교 공원이나 브루클린 하이츠 산책길에서 맨해튼의 야경과 함께 감상하는 것이다. 브루클린 쪽에서는 반대쪽 맨해튼의 모습과 조명이 켜진 브루클린 브리지의 모습이 한꺼번에 보여 그 감흥이 2배가 된다. 맨해튼으로 돌아갈 때는 삐걱삐걱 소리가 나는 브루클린 교의 보행자 길을 따라서 건너가 보자. 1,053m의 짧지 않은 길이지만, 결코 지루하지 않은 시간이 될 것이다. 다리 위의 자전거 전용 도로에는 자전거들이 많으니 함부로 침범하지 말자.

add. 2nd St. & 7th Ave. & Broadway
access 지하철 1, 2, 3, 7, 9, N, Q, R, S, W호선 42nd St. Times Sq. 역

가장 뉴욕다운 뉴욕 Times Square
타임스 스퀘어

♣ 맨해튼의 한가운데에 자리잡은 타임스 스퀘어는 뉴욕에 왔음을 온몸으로 느낄 수 있는 곳이다. 현란한 간판들이 어떤 예술 작품보다도 가슴을 설레게 하는 타임스 스퀘어는 뉴욕의 대명사가 되기에 충분하다. 언론사 뉴욕 타임스의 본사가 위치했던 것이 유래가 되어 타임스 스퀘어라는 이름이 붙여졌다. 타임스 스퀘어의 한복판에서 서서 360°로 빙 돌며 모습을 눈에 담아 보자. 수많은 간판들이 눈길을 사로잡지만, 가장 유명한 것은 뭐니 뭐니 해도 북쪽 중앙의 코카콜라와 남쪽의 버드와이저 간판이다. 코카콜라 간판 위에는 우리의 삼성 간판이 자랑스럽게 한자리를 차지하고 있어 눈길을 끈다. 뮤지컬 극장들이 밀집해 있는 곳답게 다양한 뮤지컬 간판도 빽빽히 걸려 있는데, 빛나는 네온사인이 번쩍거리며 날 보러 오라고 부르는 듯하다. 타임스 스퀘어 중앙에는 빨간 테이블과 의자들이 놓여 있는데, 이곳에 자리를 잡고 앉아 멋지게 사진을 찍거나 타임스 스퀘어의 현란한 분위기를 잠시 지켜 보는 것도 좋다. 타임스 스퀘어는 밤 늦은 시간까지도 사람이 많기 때문에 시간에 상관없이 찾을 수 있다.

타임스 스퀘어 주변에 꼭 들러볼 곳

★타임스 스퀘어 인포메이션 센터
타임스 스퀘어의 히스토리를 한눈에 알 수 있는 곳. 공연과 관련된 정보나 쿠폰도 얻을 수 있다. 작은 메모지에 소원을 써서 붙일 수 있는 '소원의 벽'도 있으니 함께 다시 오고 싶은 사람의 이름이나 순간의 감동을 적어 붙이고 사진으로도 남겨 보자.

★토이저러스
FAO 슈워츠가 동화 속 세상 같다면 토이저러스는 애니메이션 속 세상 같은 느낌이다. 아이들을 위한 대관람차가 건물 안에 있을 만큼 규모가 큰 토이저러스는 천장에 매달려 있는 스파이더맨, 콧바람을 뿜어내는 용, 한쪽 벽을 가득 채운 바비인형을 구경하는 것만으로도 마냥 신나는 곳이다.

★M&M's
어린 시절에 색색의 초콜릿을 먹던 기억이 새록새록 나게 하는 M&M's. 초콜릿 데코레이션의 끝은 어디까지인가를 생각하게 할 정도로 다양한 모양의 초콜릿이 가득하다. 이곳에 들어서면 초콜릿이 만들어 내는 달콤한 향기에 기분까지 좋아진다.

★포에버 21(Forever 21)

챙겨 간 옷과 날씨가 맞지 않을 때는 이곳으로 달려가자. 급하게 사 입기에 좋은 저렴하고 무난한 옷들이 가득하다. 아쉬운 것은 예쁜 옷들은 내가 찾는 사이즈를 찾기가 쉽지 않다는 것이다. 미국 옷은 사이즈가 조금 큰 편이기 때문에 꼭 입어 보고 구매해야 한다.

★아메리칸 이글(American Eagle)
편하게 입을 수 있는 캐주얼 옷을 구매하기에 좋은 곳이다. 단점이라면 웨스턴 체형에 맞는 옷이라 팔이나 바지 길이가 조금 길기 때문에 긴팔 옷이나 긴 바지를 살 때는 길이가 길지 않은지 확인해 보고 사야 한다. 가볍게 입는 티셔츠의 경우에는 1+1 행사도 많이 하며, 환불·교환도 잘 해 주니 나중에 후회하지 말고 마음에 든다면 주저 없이 사자.

도시 안의 작은 도시 Rockefeller Center
록펠러 센터

access 50th St. 5th과 6th Ave. 사이, 지하철 B, D, F, V호선 47th St. Rockefeller Center 역
time 전망대 08:00~00:00(마지막 엘리베이터 23:00)
tel. 212-698-2000
fee 29달러

URL www.rockefellercenter.com(록펠러 센터)
     www.topoftherocknyc.com(전망대)

♣ 록펠러 센터는 하나의 건물이 아니라 5번가에서 7번가, 48번가에서 51번가 사이에 있는 19개의 건물군을 지칭한다. 일반적으로는 전망대가 있는 GE 빌딩을 록펠러 센터라 한다. GE 빌딩으로 가는 길에 만나는 채널 가든은 사계절 내내 아름답게 꾸며져 있어 도시 속의 오아시스를 경험할 수 있다. 높은 빌딩 사이에 있는 정원을 지나 만나는 스케이트장은 영화에서도 자주 등장하는 장소인데, 스케이트를 타는 아이들을 보는 것만으로도 즐거워진다. 여름에는 스케이트장이 노천 카페로 바뀌니 언제 가도 아쉬울 게 없다. GE 빌딩 안에 있는 NBC 스튜디오와 라디오 시티홀은 투어가 가능하다. 누구나 들어갈 수 있는 NBC 스튜디오의 기념품점은 우리에게도 친근한 미국 드라마의 주인공들을 테마로 한 기념품들로 가득한데, 사진 촬영도 가능하다.

록펠러 센터 즐기기 포인트

★ 톱 오브 더 록(Top of the Rock)

뉴욕 좀 안다 하는 사람들이 최고로 꼽는 뷰를 가진 GE빌딩 옥상의 전망대 톱 오브 더 록은 철조망이 없어서 더 시원한 전망을 감상할 수 있다. 남쪽으로는 뉴욕의 상징인 엠파이어 스테이트 빌딩이 보이고, 북쪽으로는 센트럴 파크가 보여 어느 쪽을 보더라도 엽서 같은 사진을 찍을 수 있다. 전망대에 오르기 전에 록펠러 센터에 대한 히스토리 영상을 본다면 감동은 2배가 될 것이다.

★ 록펠러 센터의 크리스마스 트리

세계에서 가장 큰 크리스마스 트리를 보고 싶다면 록펠러 센터로 가자. 트리에 걸린 전구 줄의 길이가 무려 8km이고, 매달린 전구가 2만 5천 개라고 하니 그 크기를 실감할 수 있다. 헬리콥터를 타고 미국 곳곳을 돌아다니며 크기, 모양, 색상, 싱싱함을 따져 까다롭게 나무를 고른다고 한다. 이곳의 크리스마스트리 점등식은 뉴욕 시장과 연예인들이 참석하는 미국의 크리스마스 전통 행사로, NBC에서 생중계할 정도로 대표적인 크리스마스 이벤트이다. 트리 아래의 스케이트장과 어우러져 크리스마스 분위기를 물씬 느낄 수 있으니 겨울에 뉴욕에 간다면 꼭 들러 보자.

뉴욕 >> 테마 여행 01

눈과 귀가 즐거운 뉴욕 문화 여행

ENJOY 01
신진 아티스트들의 창의적인 작품 즐기기

예술의 도시 뉴욕의 갤러리에서 감성이 살아 숨 쉬는 신진 아티스트들의 작품을 감상해 보자. 현대 예술의 다양한 흐름을 감지할 수 있을 것이다.

ENJOY 02
하이라인 파크를 걸으며 코코아 한잔 마시기

기차 선로를 개조한 독특한 공원, 하이라인 파크는 도심 한가운데를 가로지르는 아름다운 산책로이다. 긴 산책로를 따라 걷다가 잠시 걸음을 멈추고 허드슨 강변을 바라보며 달콤한 코코아 한잔을 즐겨 보자.

ENJOY 03
브로드웨이에서 뮤지컬 관람하기

쇼 뮤지컬의 진수를 맛볼 수 있는 브로드웨이! 세계인이 열광하는 화려한 브로드웨이 뮤지컬은 심장 깊숙이 무한 감동을 선사한다.

뉴욕이 세계적인 관광지가 될 수 있었던 이유 중 하나는 다양한 문화, 성향을 만족시킬 수 있는 풍부한 관광자원 때문이다. 뉴욕에서는 시대를 앞서 가는 다양한 문화를 경험할 수 있다. 브로드웨이의 대표 뮤지컬도 볼 수 있고, 할리우드 최신 영화도 가장 먼저 만날 수 있을 뿐만 아니라 작고 매력적인 갤러리부터 대형 미술관까지 갖추고 있는 문화, 예술의 도시 뉴욕에서 감성을 충전해 보자.

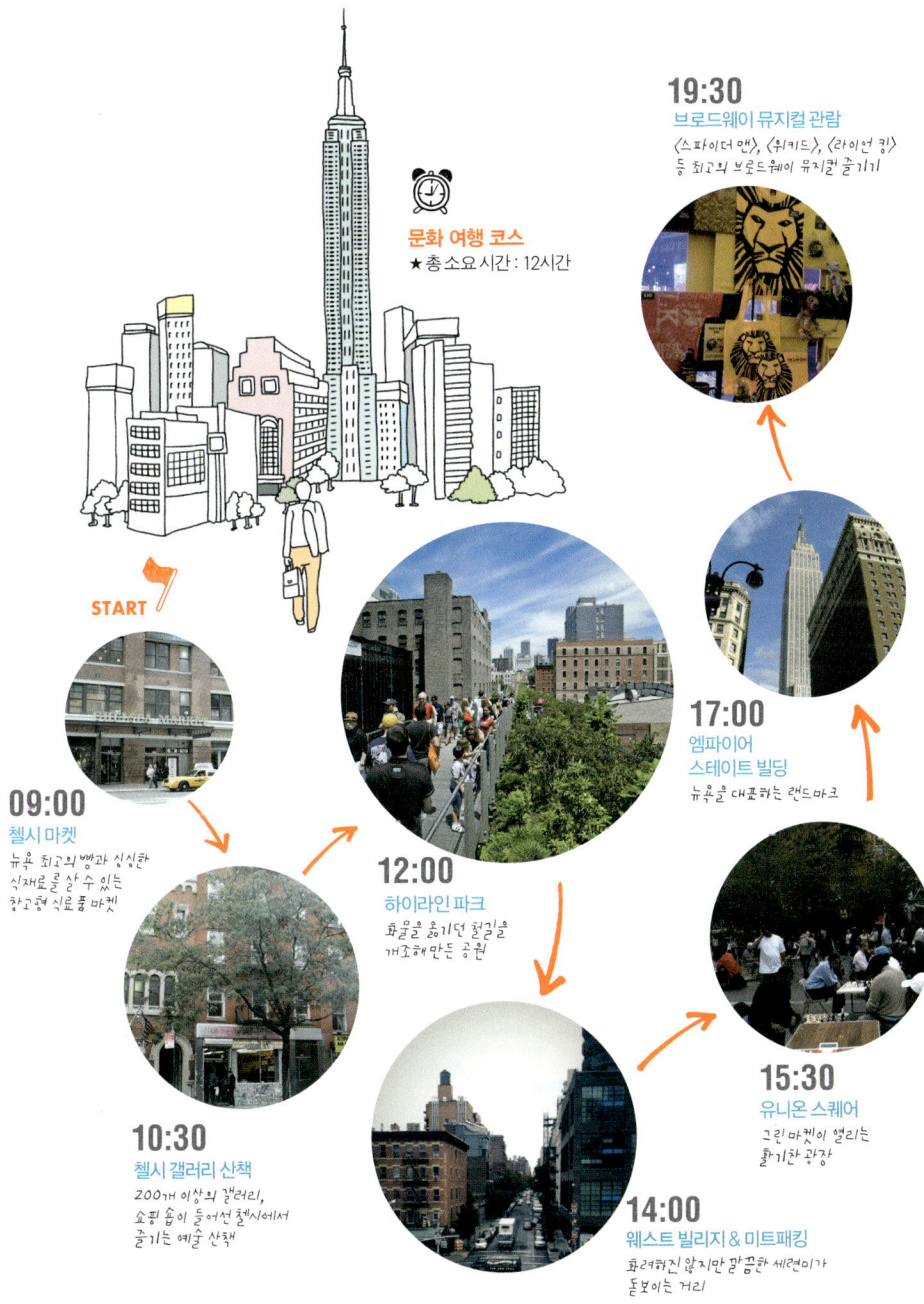

HOT SPOT

다양한 볼거리의 향연
뉴욕 핫 스폿

빵과 쿠키로 가득한 창고형 식료품 마켓 Chelsea Market
첼시 마켓

add.	75 9th Ave.
access	지하철 A, C, E호선 14th St.역
time	07:00~21:00(월~토요일), 08:00~20:00(일요일)
tel.	212-652-2110
URL	www.chelseamarket.com

♣ 첼시를 매력 있게 만드는 데 한몫을 하고 있는 첼시 마켓은 많은 여행객이 찾는 매력적인 창고형 식료품 매장이다. 언뜻 보면 대형 슈퍼마켓과 뭐가 다를까 싶지만 곳곳에 시즌에 맞게 꾸며 놓은 인테리어를 보면 이곳이 단순한 마켓은 아니라는 걸 알 수 있다. 투박한 공장 같은 곳

에 달콤한 디저트 가게나 베이커리가 있다는 것이 재미있다. 원래 첼시 마켓의 건물은 공장으로 사용했던 곳으로, 지금은 뉴욕에서 인기 있는 음식들이 가득한 마켓으로 재탄생했다. 저마다 개성을 갖고 있는 매장에서 사진을 찍는 재미도 쏠쏠하다. 무엇보다 이곳에 들어갈 때는 미리 배를 채워 놓아야 쉽게 빠져나올 수 있다는 사실을 잊지 말자.

선물 사기 좋은 첼시 마켓 숍

★ **팻 위치 베이커리 (Fat Witch Bakery)**
최고의 맛을 자랑하는 브라우니 전문점이다. 포장도 깔끔하게 잘 해 주기 때문에 선물하기에 좋다. 무제한 제공되는 브라우니 시식은 놓칠 수 없는 즐거움이다.

★ **엘레인(Elein's)**
슈거쿠키 전문점. 알록달록 아이싱된 쿠키들은 먹기에 아까울 정도로 예쁘다. 아이부터 어른까지 모두 좋아할 만한 갖가지 모양의 쿠키가 있어 고르는 재미가 있다.

★ **안트로폴로지 (Anthropologie)**
의류, 주방용품, 잡화 등 여러 가지 아기자기한 물품을 살 수 있는 곳이다. 나무로 된 문까지 팔 정도로 다양한 주거 용품을 팔고

있다. 머그잔이나 앞치마, 아로마 향초 등 집안을 예쁘게 장식할 수 있는 물건을 사기에 좋다.

빌딩 숲과 허드슨 강 사이의 휴식처 High Line Park
하이라인 파크

옹기종기 모여 있는 갤러리 산책하기
첼시 갤러리들

add. Gansevoort St., 14th St.(엘리베이터 운행), West 16th St.(엘리베이터 운행), West 18th St., West 20th St., 23rd St.(엘리베이터 운행), West 26th St., West 28th St., West 30th St.(엘리베이터 운행)
access 지하철 Line L, A, C, E 14th St & 8th Av. 역, C, E 23rd St, 1, 2, 3 14th St 역
tel. 212-206-9922
URL www.thehighline.org

access 지하철 C, E호선 23St.

♣ 진정한 첼시는 꼼 데 가르송 매장이 있는 골목부터 시작된다. 크고 작은 갤러리들이 오밀조밀 모여 있는데, 갤러리 공간이 작고 손님이 없는 경우가 많아 들어가기까지 약간 망설여지는 게 사실이다. 하지만 갤러리 직원은 전혀 신경 쓰지 않으니 마음에 드는 작품이 있는 곳이라면 주저 말고 들어가자. 브로드웨이 쪽에서 내려온다면 위치상으로는 갤러리 골목이 첼시 마켓보다 위에 있긴 하지만, 아침 일찍부터 움직이는 사람이라면 일찍 문을 여는 첼시 마켓부터 둘러보자.

♣ 하이라인 파크는 이름에서도 알 수 있지만 높은 곳에 있는 산책로이다. 과거에 화물을 옮기던 철길을 개조해 만든 공원으로 지상 10m 정도 높이에서 주변 경관을 보며 거닐 수 있는데 다른 어떤 공원에서도 느낄 수 없는 이색적인 분위기를 가지고 있다. 일반적인 공원들이 잠시 쉬었다 가는 공원이라면, 하이라인 파크는 첼시부터 미트패킹까지 약 2.5km에 걸쳐 있는 공원으로 걸으면서 즐기는 공원이다. 인공적으로 조성된 느낌이 있긴 하지만 위에서 내려다보며 걷고, 쉬고, 즐기는 느낌은 매우 색다르다. 멀리로는 허드슨 강이, 바로 옆으로는 차들이 달리는 도로

가, 눈앞에는 빌딩 숲이 펼쳐져 여러 가지 다채로운 광경을 함께 볼 수 있다. 걷다 지치면 달콤한 핫쵸코를 파는 간이 매장에 들러 보자.

뉴욕에서 가장 아름다운 집들이 늘어선 거리
West Village & Meatpacking
웨스트 빌리지 & 미트패킹

add.	210 West 10th St.
access	지하철 1호선 Christopher St – Sheridan Sq. 역

♣ 웨스트빌리지와 미트패킹은 살아 보고 싶다는 생각이 들 정도로 조용하고 예쁜 골목이다. 뉴욕에서 가장 아름다운 집들이 몰려 있는 골목이라는 명성에 걸맞게 골목을 돌 때마다 연신 감탄을 하게 된다. 언뜻 보면 똑같은 모양의 건물들이라고 생각하기 쉽지만, 곳곳에 자리한 아기자기한 숍들과 시원스러운 가로수, 색색으로 칠한 건물들이 하나하나 눈에 들어온 후에는 이곳에서 오래 머물고 싶은 마음이 저절로 들 것이다.

웨스트 빌리지 베스트 숍

★북마크(Bookmark)
마크제이콥스에서 제작되는 다양한 액세서리를 판매하는 곳이다. 독특한 기념품을 찾는다면 컬러풀하고 신기한 아이템을 파는 숍과 서점이 함께 있는 북마크에 가 보자.

★매그놀리아 베이커리(Magnolia Bakery)

〈섹스 앤 더 시티〉 덕분에 유명세를 탄 곳으로, 달달한 버터 생크림 컵케이크를 파는 베이커리이다. 간식거리로 달콤하고 부드러운 컵케이크를 사 가지고 웨스트빌리지 탐험을 계속해 보자.

★스리 라이브즈 컴퍼니(Three Lives & Co.)
한 번쯤 서점 주인을 꿈꿔 봤던 사람이라면 스리 라이브즈 컴퍼니가 무척이나 탐날 것이다. 오래된 느낌이 확 풍기는 이곳에서 가장 매력적인 공간은 한쪽 벽을 가득 채운 론리플래닛 책장이 아닐까 싶다. 원하는 모든 것을 친절히 챙겨 주는 가게 주인 덕분에 더욱 정감이 간다.

항상 활기가 넘치는 곳 Union Square
유니온 스퀘어

access	지하철 N, Q, R, L, 4, 5, 6호선 14st Union Sq. 역

♣ 첼시, 그리니치 빌리지, 그래머시, 이스트 빌리지를 관통하고 있는 유니온 스퀘어 파크는 뉴욕 시민들의 잇 플레이스이자 근처 뉴욕대 학생들의 아지트이다. 미국의 팝 아트를 대표하는 예술가 앤디 워홀의 동상을 이곳에 세운 것만 봐도 이 광장이 얼마나 예술의 에너지가 넘치는 곳인지를 알 수 있다. 광장 앞에는 체스를 두고 있는 사람들이 보이고, 공원 여기저기에서 음악을 연주하는 거리 악

있기 때문에 선물용으로 사 두면 좋다. 재치 있는 문구가 써 있는 노트류도 있는데, 마음에 드는 문구를 골라 사는 쏠쏠한 재미가 있다.

뉴욕을 상징하는 빌딩 Empire State Building
엠파이어 스테이트 빌딩

사들, 다양한 퍼포먼스를 보여 주는 예술가들이 관광객과 시민들에게 즐거움을 선사한다. 그린 마켓이 열리는 월·수·금·토요일에는 더욱 생동감이 넘친다.

유니온 스퀘어에서 쇼핑하기

★홀 푸드 마켓(Whole Foods Market)
유기농 식재료를 판매하는 곳이다. 간식거리를 사도 좋고, 캘리포니아 베이비같이 해외 구매 대행을 해야 하는 제품이나 버츠비같이 국내에서 비싸게 판매되고 있는 보디 용품과 유아 용품을 사기에도 좋다.

★DSW
온갖 신발을 다 볼 수 있는 신발 아웃렛이다. 나이키, 아디다스 등 운동화는 물론 구찌, 마크 제이콥스 등의 디자이너 브랜드까지 모든 종류의 신발을 한자리에서 볼 수 있는 데다 저렴하게 구입할 수 있다. 종류별로 나누어져 있어 원하는 신발을 찾기에 용이하며 세일 기간에는 놀랄 만큼 할인된 가격의 제품을 찾아볼 수 있다. 한쪽에 있는 액세서리 코너에서 가방도 팔긴 하지만 아이템이 다양하지는 않다.

★스트랜드 북스토어(Strand Bookstore)
반스 앤 노블 못지않은 대형 서점이지만 책보다는 기념품 구입에 더욱 적격인 곳이다. 퍼즐이나 달력, 머그잔 등을 세일해서 팔고

add. 350 5th Ave.
access 지하철 B, D, F, M, N, Q, R호선 34st-Herald Sq. 역
time 08:00~02:00(마지막 엘리베이터 01:15), 라이브 음악 22:00~01:00(목~토요일)
tel. 212-736-3100
fee 주전망대(86층) 29달러, 주전망대(86층)+최상층 전망대(102층) 46달러
URL www.esbnyc.com

♣ 영화 〈시애틀의 잠 못 이루는 밤〉에서 맥 라이언과 톰 행크스가 사랑을 확인하는 빌딩, 킹콩이 올라가 가

숨을 격하게 치던 빌딩이 바로 엠파이어 스테이트 빌딩이다. 그야말로 뉴욕을 상징하는 건물이라고 할 수 있다. 이곳 전망대에 오르면 뉴욕 시내를 한눈에 볼 수 있는데, 센트럴 파크가 록펠러 센터에 가려진다는 단점이 있다. 밤이 되면 조명 색이 변하는 것도 또 하나의 볼거리이다.

딩을 제대로 보려면 유니온 스퀘어에서 조금만 올라가면 있는 메디슨 스퀘어 파크로 가자. 저마다 높은 곳에 올라가 이 빌딩을 배경으로 사진을 찍는 재미있는 광경을 볼 수 있다. 빌딩 전체가 예쁘게 나오는 명당 자리가 있으니 꼭 사수하자.

뉴욕 최초의 고층 빌딩 Flatiron Building
플랫아이언 빌딩

add. 175 Fifth Ave.
access 지하철 6, R호선 23St.

♣ '다리미 빌딩'으로 불리는 플랫아이언 빌딩은 뉴욕을 배경으로 한 영화에서 꼭 한 번쯤 등장하는 아름다운 빌딩이다. 뉴욕 최초의 고층 빌딩인 이 건축물은 교차로로 인해 버려진 삼각형 땅에 시카고의 유명한 건축가 데니얼 H. 번햄이라는 사람이 고안해 지었다고 한다. 이 빌

브로드웨이에서는 뮤지컬을!
뮤지컬 관람

♣ 뉴욕 하면 브로드웨이, 브로드웨이 하면 당연히 뮤지컬이다. 세계 사람들이 열광하는 뮤지컬과 아직 빛을 보지 못한 오프 브로드웨이 작품들을 모두 만나 볼 수 있는 브로드웨이에서라면 매일매일 공연을 봐도 전혀 시간과 비용이 아깝지 않을 것이다.

브로드웨이 뮤지컬 즐기기 ✈

추천 뮤지컬

★스파이더 맨

브로드웨이 최고의 뮤지컬이던 〈라이온 킹〉을 단시간에 추월한 최고의 뮤지컬! 특히 아이들을 동반한 가족이라면 꼭 보라고 추천하고 싶다. 무대뿐 아니라 관객석까지 활보하며 날아다니는 스파이더맨의 모습에 연신 감탄하게 된다. 최첨단 기술을 뮤지컬에 접목시켜 뮤지컬이 이렇게나 발전할 수 있다는 것을 깨닫게 해 주는 작품이다.

★위키드

〈오즈의 마법사〉의 번외편이라고 할 수 있는 〈위키드〉. 브로드웨이의 명성에 힘입어 2014년 국내에서도 첫 선을 보인 인기 뮤지컬이다. 기존에 악역으로 알려진 초록 마녀를 주인공으로 한 〈위키드〉는 캐릭터에 대한 새로운 이해로 동화보다 더욱 재미있는 이야기를 전해 준다. 상상을 초월하는 무대와 엄청난 파워를 느낄 수 있는 노래 또한 〈위키드〉의 또 다른 인기 비결이라고 할 수 있다.

★라이온킹

뮤지컬이 노래, 춤, 연기로 표현되는 종합예술이라는 것을 새삼 느끼게 하는 공연이다. 국내에서는 큰 성공을 이루지 못했지만 브로드웨이에서는 여전히 사랑받는 뮤지컬 중 하나이다. 손가락 하나하나의 움직임, 이마의 주름 하나로도 감정을 표현하는 〈라이온 킹〉 배우들의 연기는 그저 감동이라는 말로밖에 표현할 수가 없다.

뮤지컬 티켓 구입하기

★티켓츠(TKTS)

타임스 스퀘어 한가운데 자리 잡고 있는 티켓츠는 당일 공연 티켓을 할인된 가격으로 판매하고 있기 때문에 언제나 사람들로 장사진을 이룬다. 가건물이었던 이곳은 2008년에 아래쪽은 티켓창구로, 위쪽은 쉬어 갈 수 있는 계단으로 새로 지어져 사람들에게 사랑받는 건물로 다시 탄생했다. 이 유리 건물의 계단은 LED로 만들어져 있어 밤이 되면 더욱 붉게 빛난다. 그래서 이곳을 지나는 사람들이 누구나 레드 카펫을 밟는 기분을 느끼게 한다. 티켓츠에서 할인받을 수 있는 대표 뮤지컬은 〈빌리엘리엇〉, 〈메리 포핀스〉, 〈에비뉴Q〉 등인데 모두 말이 필요 없는 훌륭한 작품들이다.

★오쇼(Oh show)

영어로 예매하기가 힘들다면 한국어로 된 오쇼 사이트를 이용해 보자. 가격이 조금 비싸지만, 쉽고 편리하게 좋은 자리를 예매할 수 있다. 사무실이 브로드웨이 근처에 있어 직접 가서 예약하는 것도 가능하다. 사무실에서는 원하는 스타일의 공연을 추천해 주니 부담 없이 방문해 보자. (www.ohshow.net)

★러시 티켓, 로터리 티켓 구입하기

시간적 여유가 있다면 당일 낮에 저렴하게 판매하는 로터리 티켓이나 러시 티켓을 이용해 보자. 러시 티켓은 오전부터 사람들이 줄 서 있는 경우가 많다. 뮤지컬 티켓 가격은 60~200달러까지 천차만별이지만, 시야가 조금 가려지는 자리 등은 러시 티켓으로 20달러 정도에 구입할 수도 있으니, 여행 전에 할인 정보를 미리 확인하자.

뉴욕 >> 테마 여행 02

뉴욕의 상류사회를 맛보는 럭셔리 여행

ENJOY 01
뉴욕 현대 미술관에서
시대를 앞선 예술 맛보기

모네, 루소, 피카소 등 명작들은 물론 기획 전시까지 진행하는 뉴욕 현대 미술관에서 예술적 감성을 충전해 보자.

ENJOY 02
최고급 백화점부터 대중 브랜드 숍까지
쇼핑 즐기기

백화점, 명품숍, 다양한 브랜드 숍이 끝없이 펼쳐지는 미드타운에서 쇼핑의 진수를 맛보자.

ENJOY 03
뉴욕 나이트 라이프의 하이라이트
루프톱 바에서 맥주 마시기

낮에 편한 운동화를 신고 뉴욕의 동서남북을 헤맸다면, 밤에는 한껏 단장하고 뉴욕의 나이트 라이프를 즐겨 보자. 옥상에 자리한 로맨틱한 바에서 즐기는 술과 야경은 잊지 못할 뉴욕의 밤을 만들어 줄 것이다.

빈티지 로드숍부터 세계 최고의 명품까지 한눈에 볼 수 있는 뉴욕. 세계의 고가 물품들이 오고가는 소더비 경매장까지는 아니더라도 사치와 호화스러움의 극치를 보여 주는 뉴욕의 백화점과 미술 애호가들이 사랑하는 미술관 투어를 떠나 보자.

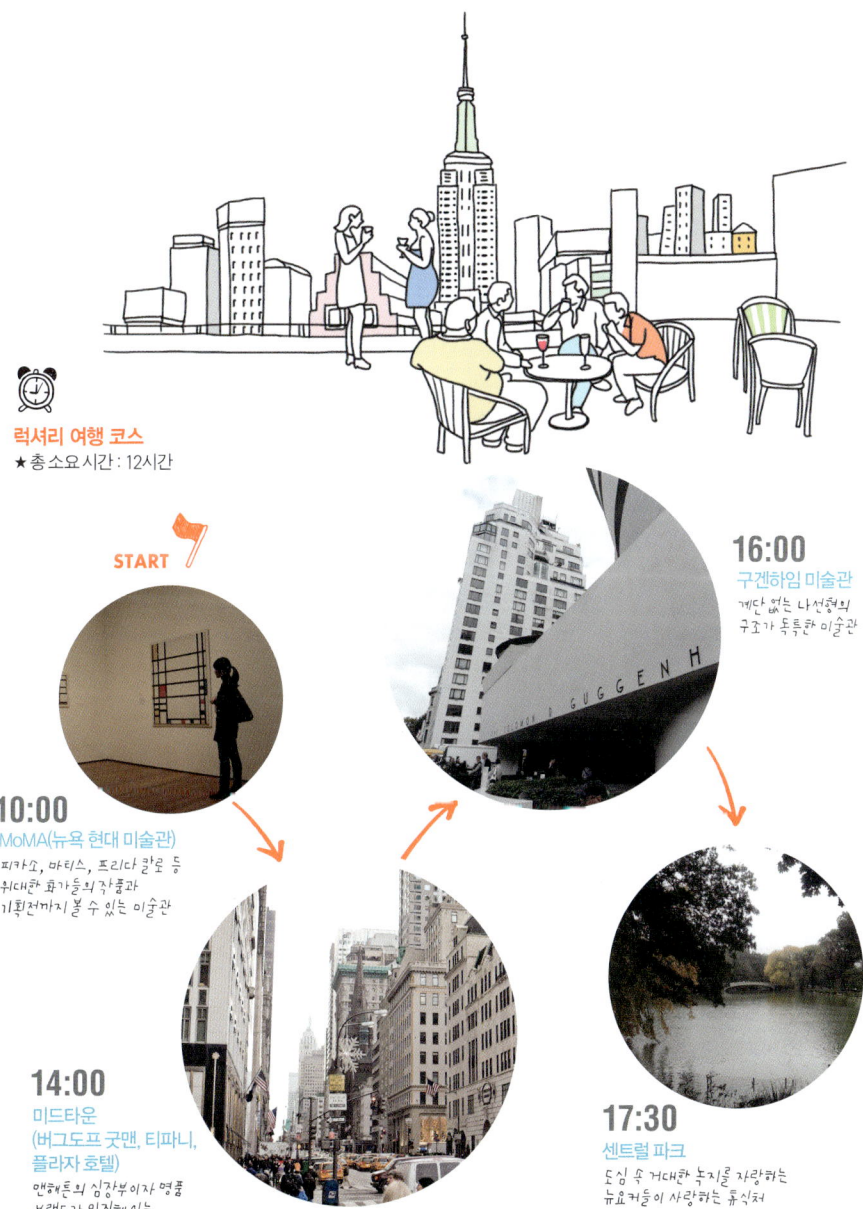

러셔리 여행 코스
★ 총 소요시간 : 12시간

10:00
MoMA (뉴욕 현대 미술관)
피카소, 마티스, 프리다 칼로 등
위대한 화가들의 작품과
기획전까지 볼 수 있는 미술관

14:00
미드타운
(버그도프 굿맨, 티파니,
플라자 호텔)
맨해튼의 심장부이자 명품
브랜드가 밀집해 있는
럭셔리 스트리트

16:00
구겐하임 미술관
계단 없는 나선형의
구조가 독특한 미술관

17:30
센트럴 파크
도심 속 거대한 녹지를 자랑하는
뉴요커들이 사랑하는 휴식처

HOT SPOT

명작과 명품을 만날 수 있는
뉴욕 핫 스폿

세계적인 아티스트들의 작품을 한눈에 볼 수 있는 곳
The Museum of Modern Art, New York
MoMA(뉴욕 현대 미술관)

add.	11 West 53rd St.
access	지하철 E, M호선 5Ave. 또는 53 St. 역
time	10:30~17:30
tel.	212-708-9400
fee	25달러
URL	www.moma.org

♣ 현대 미술의 정점이기도 한 MoMA는 뉴욕을 찾는 사람이라면 누구든 꼭 찾는 대표 미술관 중의 하나이다. 피카소, 마티스, 프리다 칼로, 앤디 워홀 등 이름만 들어도 쟁쟁한 미술가들의 작품뿐 아니라 참신한 기획전으로 방문자들에게 항상 새로운 재미를 준다. 뉴욕의 미술관 중 가장 비싼 입장료를 내야 하지만, 현대카드 프리미엄 카드나 삼성 명함이 있다면 무료 입장이 가능하다. 5층부터 내려오면서 보면 좋은데 한 층만 돌아도 지칠 정도로 규모가 크다. 체력이 약한 사람은 몇 군데만 둘러보는 것이 좋을 것이다. 1층에 있는 기념품 숍은 꼭 들러야 할 필수 코스다. 선물하기에 좋은 아이템과 뉴욕 여행을 기념할 수 있는 제품들이 가득하니 꼼꼼히 챙겨 보자.

보는 것만으로도 즐거운 명품 쇼핑 거리 Midtown
미드타운

access.	지하철 E, M호선 5Av, 53St.
	B, D, F, M호선 47-50Sts. Rockefeller Ctr.

♣ 핵심 여행에서 추천한 캐주얼한 숍도 좋지만 이번에는 조금 눈높이를 높여 상류층 뉴요커들이 찾을 만한 곳으로 발길을 돌려 보자. 미드타운에서는 루이비통, 구찌, 펜디, 티파니 등 세계 명품의 현주소를 한눈에 볼 수 있다. 물건을 사지 않고 보는 것만으로도 황홀한 5번가의 또 다른 매력에 빠져 보자.

미국 현대미술의 중심! Guggenheim Museum
구겐하임 미술관

add.	1071 5th Ave.
access	지하철 4, 5, 6호선 86th St. 역에서 서쪽 방향으로 직진 후 도보 5분
time	10:00~17:45, 10:00~19:45(토요일), 목요일 휴관
tel.	212-423-3500
fee	22달러
URL	www.guggenheim.org

♣ 구겐하임 미술관은 미술관 안에 있는 작품들의 명성도 세계적이지만 미술관 건물 자체로도 유명하다. 소라처럼 돌돌 말린 타원형의 건물은 나선형 통로를 따라 작품들을 이어서 볼 수 있다. 하얀 외관과 실내의 자연 채광이 매력적인 구겐하임 미술관은 세계에서 가장 많은 칸딘스키 컬렉션을 자랑한다.

야경을 즐기면서 보내는 저녁 시간 Roof Top Bar
루프톱 바

♣ 뮤지컬, 재즈 바 등 뉴욕은 저녁 시간에 즐길 것이 다양하다. 그중에 빼놓지 말아야 할 것이 루프톱 바에서 야경 즐기기이다. 엠파이어 스테이트 빌딩이 보이는 록펠러 센터 루프톱 가든이나 230 피프스 루프톱 가든은 인기 플레이스 중 하나이다. 대체로 편안한 옷차림으로 즐길 수 있지만 230 피프스 같은 경우 하이힐 정도는 신어야 입장할 수 있다. 뉴욕의 마지막 밤을 보내기에 이보다 더 로맨틱한 장소는 없으니 숙소에서 가까운 루프톱 바를 찾아 가볍게 취해 보자.

미드타운 럭셔리 베스트 스팟

★ 버그도프 굿맨(Bergdorf Goodman)
이곳은 매장 안쪽보다 매장 밖을 보는 사람들로 더 붐빌 만큼 매 시즌 최고의 디스플레이로 사람들의 이목을 끈다. 뉴욕의 최상류층 사람들이 이용하는 곳이니 옷차림에도 조금은 신경 쓰고 입장해야 한다. 편안한 쇼핑을 즐기려면 5층으로 직행하자.

★ 티파니(Tiffany)
영화 〈티파니에서 아침을〉에서 오드리 헵번이 항상 바라보던 그 매장이다. 프로포즈를 받고 싶은 여자들이 선망하는 브랜드로도 인기인 티파니는 고가의 제품이 많지만 저렴한 가격의 실버 제품도 구매할 수 있으니 한 번쯤 들러보자.

★ 플라자 호텔(Plaza Hotel)
고급스러운 실내 인테리어로 명성이 높은 플라자 호텔은 입구에 들어서는 순간부터 옛 유럽의 궁전 안에 들어온 듯한 착각이 들 정도로 클래식하고 고풍스러운 분위기를 자아낸다. 로비 한쪽에 마련된 샴페인 바에서 센트럴 파크를 향하는 사람들을 구경하며 저녁 시간을 즐겨 보는 것도 좋다.

뉴욕 >> 테마 여행 03

뉴욕 히스토리컬 로드 걷기 여행

뉴욕은 아메리칸 드림을 꿈꾸며 떠나온 사람들이 만들어 낸 도시인 만큼 도시 여기저기에 역사의 흔적을 고스란히 담고 있다. 미국의 상징인 자유의 여신상, 9·11의 슬픈 흔적이 담긴 그라운드 제로 등 현재와 과거를 모두 안고 있는 뉴욕의 또 다른 모습을 감상해 보자.

ENJOY 01
그랜드 센트럴 역의 마법의 기둥에 대고 얘기하기

뉴욕의 한복판에 있는 그랜드 센트럴 역 지하에는 4개의 기둥이 세워져 있는데, 한 기둥에 대고 말을 하면 대각선에 있는 기둥에서 그 말소리가 다시 들린다고 한다.

ENJOY 02
스테이튼 아일랜드 선착장에서 자유의 여신상 바라보기

자유의 여신상에 가까이 가서 여신의 발등과 사진 찍지 말고, 공짜 페리를 타고 멀리서 여신상의 전신을 온전히 사진에 담아 보자.

ENJOY 03
출근자들로 혼잡한 뉴욕의 아침에 브라이언트 파크 조용히 산책하기

늘 도로가 꽉꽉 막히는 뉴욕! 이런 복잡한 도시 속에서도 호젓한 시간을 즐길 수 있는 곳이 있다. 소란스러운 도로와 인접해 있지만 소박한 매력이 넘치는 브라이언트 파크에서 아침 산책을 해 보자.

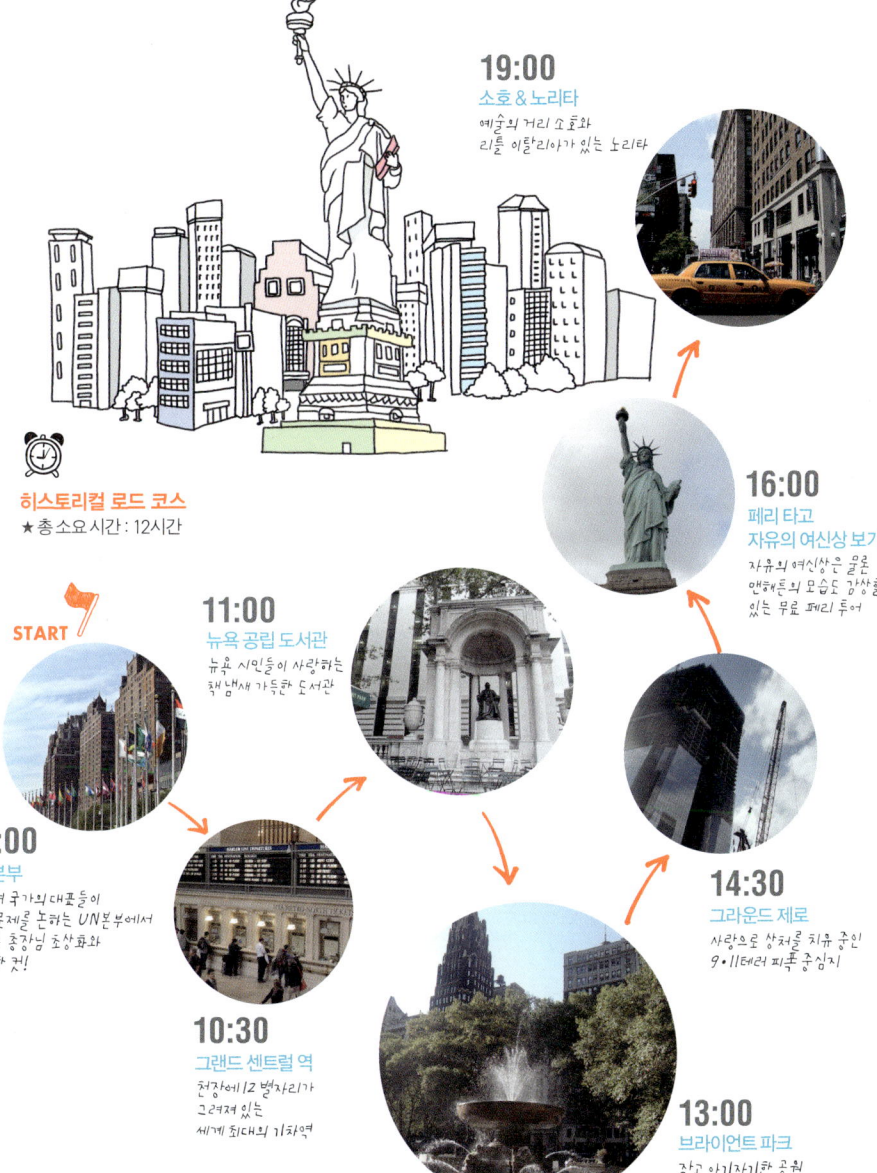

TRAVEL SPOT 14 뉴욕 NEWYORK NORTH AMERICA

히스토리컬 로드 코스
★ 총 소요시간 : 12시간

START

09:00 UN 본부
200여 국가의 대표들이 외교 문제를 논하는 UN본부에서 반기문 총장님 초상화와 사진찍은 컷!

10:30 그랜드 센트럴 역
천장에 12 별자리가 그려져 있는 세계 최대의 기차역

11:00 뉴욕 공립 도서관
뉴욕 시민들이 사랑하는 책냄새 가득한 도서관

13:00 브라이언트 파크
작고 아기자기한 공원

14:30 그라운드 제로
사랑으로 상처를 치유 중인 9·11테러 피폭 중심지

16:00 페리 타고 자유의 여신상 보기
자유의 여신상은 물론 맨해튼의 모습도 감상할 수 있는 무료 페리 투어

19:00 소호 & 노리타
예술의 거리 소호와 리틀 이탈리아가 있는 노리타

HOT SPOT

현재와 과거를 모두 껴안는
뉴욕 핫 스폿

세계 평화와 안보의 심장부 United Nations Headquarters
UN본부

add.   405 East 42nd St.
access 지하철 Line 4, 5, 6, 7 42nd Grand Central Station 역에서 도보 15분
time   9:30~16:15(월~금요일), 주말/공휴일 휴무
tel.   212-963-7539
fee   1층 무료, 2~3층(가이드 투어 포함) 18달러
URL   www.un.org

♣ 반기문 총장의 초상화가 반겨 주는 UN본부에 200여 국가의 대표들이 모여 외교 문제를 논의하는 곳이

다. 이곳을 둘러보면 지구촌 곳곳의 전쟁과 여전히 안타깝게 살아가고 있는 분쟁 지역 아이들의 실태를 구체적으로 알게 돼 마음 한쪽이 착잡해진다.
지하에는 우체국이 있어 이곳에서 편지를 보내면 UN의 도장이 찍힌 우편물을 받을 수 있으니 주변 사람들에게 엽서를 보내 보자. 시내 관광지에서는 조금 벗어난 곳에 있기 때문에 이른 아침에 들르는 게 좋다.

파크 애비뉴에 있는 가장 큰 기차역 Grand Central Terminal
그랜드 센트럴 역

add.   89 E 42nd St.
access 지하철 4, 5, 6, 7호선 42nd Grand Central 역
tel.   212-340-2583
URL   www.grandcentralterminal.com

♣ 그랜드 센트럴 역은 하루에 600여 대의 열차가 오가는 세계 최대의 기차역이다. 높은 천장에는 12별자리가 그려져 있어 넋 놓고 위를 쳐다보게 되고, 고풍스러운 매표소는 괜히 가서 기차표를 사고 싶어진다. 이곳에서 꼭 가 봐야 할 장소는 바로 지하 중앙 통로이다. 이곳에는 4개의 기둥이 세워져 있는데, 한 기둥에 대고 얘기를 하면, 대

각선에 위치한 기둥에서 그 말소리가 다시 들린다. 혼자 여행 갔을 때는 확인할 수 없으니 동행자가 있다면 꼭 시도해 보자.

맨해튼의 휴식처 Bryant Park
브라이언트 파크

add.	41 West 40th St.
access	뉴욕공립도서관 뒤
time	07:00~19:00(19시부터 24시까지 월별로 마감 시간 변동)
tel.	212-768-4242
URL	www.bryantpark.org

♣ 뉴욕 공립 도서관 뒤뜰에 자리한 브라이언 파크는 뉴욕에 있는 공원들 중에서 규모는 작은 편이지만 아기자기하고 정감 있는 곳이다. 음악이 흘러나오는 작은 회전목마와 간단한 먹거리를 즐길 수 있는 스낵바도 있어 따뜻한 햇살을 느끼며 쉬어 가기에 좋다. 도심 속에 숨어 있는 작은 공원이지만 한때는 뉴욕 패션 위크가 열렸을 만큼 패션의 중심이 되기도 했다. 시원하게 물을 뿜는 분수대를 보며 샌드위치 한 조각을 먹는 시간은 행복 그 자체이다.

수많은 책과 전시회를 볼 수 있는 아름다운 건축물
New York Public Library
뉴욕 공립 도서관

add.	5th Ave. and 42nd St.
access	지하철 7호선 42St-5Av 역
time	10:00~20:00(화~수요일), 10:00~18:00(월요일, 목~토요일), 13:00~17:00(일요일)
tel.	917-275-6975
URL	www.nypl.org

♣ 뉴욕 공립 도서관은 세계 5대 도서관 중의 하나로 꼽힐 만큼 명성이 자자하다. 읽지도 못할 외국 책을 왜 굳이 도서관까지 들어가서 봐야 하나라는 생각일랑은 접고, 근사한 천장과 작은 스탠드의 불빛, 서가를 가득 채운 책 냄새가 이끄는 도서관으로 향해 보자. 잠시 조용히 앉아 여행 일정도 정리해 보고, 평소에 관심 있던 작가의 책도 검색해 보면서 도서관이 뿜어내는 지식의 공기를 마셔 보는 것도 좋은 여행이 될 것이다.

9·11테러 피폭 중심지 Ground Zero
그라운드 제로

add.	Ground Zero Tour, Manhattan
tel.	646-801-9113
access	지하철 A, C, J, Z, 2, 3, 4, 5호선 Fulton St. 역, 버스 M5, M20, M22
time	10:00~20:00
URL	www.911groundzero.com

♣ 2001년 9월 11일 테러를 당한 월드 트레이드 무역 센터의 자리이다. 처참히 무너져 내린 그곳은 그라운드 제로가 되었고, 지금은 새롭게 건물을 지으며 9·11의 상처를 치유하고 있다. 이곳에는 사고 당시 희생된 사람들을 기리기 위한 기념관도 있는데, 당시의 참담한 흔적을 볼 수 있어 보는 이들의 마음을 애잔하게 한다.

♣ 빠트릴 수 없는 필수 관광코스인 자유의 여신상이 있는 리버티 섬으로 가기 위해서는 배를 타야 하는데, 자유에 여신상에 올라가고 싶거나, 가까이서 사진을 찍고 싶은 것이 아니라면 무료로 운행하는 스테이튼 섬으로 가는 배를 타는 것이 좋다. 스테이튼 섬으로 가는 배는 20~30분 간격으로 있어 오래 기다리지 않아도 되고, 갔다 오는 동안 자유의 여신상은 물론 맨해튼의 모습도 감상할 수 있어 1석 2조의 여행을 즐길 수 있다. 단, 비가 오거나 바람이 심한 겨울에는 배의 바깥에서 구경하는 것이 어려우니 일찌감치 포기하자.

미국의 자유와 해방을 상징하는 여신상 Statue of Liberty
자유의 여신상

뉴욕에서 가장 개성 넘치는 거리 SoHo&NOLITA
소호&노리타

add.	South of Houston(Prince St., Spring St., Broome St., Grand St.)
access	지하철 N, R호선 Prince St. 역

자유의 여신상

access	뉴저지 페리(뉴저지) 또는 뉴욕 페리(맨해튼) 이용
time	09:30~17:00
tel.	212-363-3200, 201-604-2800(예약)
fee	17달러
URL	www.statuecruises.com(예약)

스테이튼 아일랜드 페리 선착장

access	지하철 1호선 South Fery 역에서 도보 10분

♣ 요상하게 그려진 그래피티들도 예술이 되는 개성 넘치는 거리 소호. 소호 거리는 19세기부터 이곳을 찾아든 예술가들에 의해 형성되었다. 디자이너 숍들과 레스토랑, 갤러리 등이 밀집해 있어 골목골목 신선한 재미를 느낄 수 있다. 특히나 이곳은 계단이 건물 밖으로 돌출된 '캐스트 아이언(Cast Iron)' 건물들이 많아 내셔널 히스토릭 랜드마크로도 지정되었다. 예술적 취향이 강한 곳이기 때문에 열심히 돌아다니면 독특한 아이템을 살 수 있는 기회도 많다. MoMA의 기념품 숍도 이곳에 따로 있으니 한 번 들러 보자. 소호에서 멀지 않은 곳에 위치한 노리타에

는 차이나타운과 이탈리아 사람이 모여 사는 리틀 이탈리아가 있어 더욱 볼거리가 풍성하다. 리틀 이탈리아에는 맛집이 많으니 이곳에서 식사 한 끼 정도는 시도해 보자.

소호&노리타 베스트 숍 3

★ 사봉 Sabon

보디 제품 전문점으로, 스크럽 제품이 유명하다. 숍에서는 친절한 직원의 도움을 받아 제품을 테스트할 수 있고, 테스트 후 우물처럼 생긴 세면대에서 깨끗하게 씻어 내면 핸드크림까지 발라 준다. 저렴하지만 욕심 내서 큰 병을 사면 짐이 될 수 있으니 적당히 장만하자.

★ 하니 앤 선즈 Harney and Son's

미국의 대표적인 홍차 매장이다. 한쪽 벽면을 꽉 채운 티 박스만 봐도 제대로 된 홍차 전문점이라는 것을 느낄 수 있다. 차를 사는 것은 물론 매장에서 직접 맛도 볼 수 있다. 홍차 마니아라면 꼭 들러 보길 추천한다. 선물용 패키지가 예쁘게 디자인되어 있어 선물을 사기에도 좋다.

★ 펄 Purl

천을 가지고 무언가를 만드는 데 관심이 있다면 욕심 내서 가 볼 만한 곳이다. 다양한 디자인의 천과 세상의 모든 색을 다 물들여 놓은 듯한 실들의 향연으로 가득하다. 뜨개질을 못하는 사람조차도 털실을 사서 누군가를 위한 목도리라도 뜨고 싶은 마음을 갖게 하는 포근한 장소다.

뉴욕에서 꼭 먹어 볼 것 🍽

햄버거

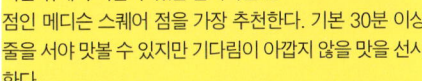

버거의 본고장에서 햄버거를 안 먹으면 섭섭한 일! 뉴욕 지천에 널린 맥도날드를 멀리하고 꼭 찾아가 봐야 할 곳은 바로 셰이크 쉑 버거(Shake Shack Burger)이다. 뉴욕에 몇 군데 매장이 있긴 하지만 밖에서 먹을 수 있는 날씨라면 본점인 메디슨 스퀘어 점을 가장 추천한다. 기본 30분 이상 줄을 서야 맛볼 수 있지만 기다림이 아깝지 않은 맛을 선사한다.

옥수수

카페 하바나의 옥수수는 한 번 먹으면 계속 찾게 되는 중독성이 강한 간식이다. 옥수수가 별거 있나 싶지만 하얀 치즈 가루가 소복하게 올려져 있는 옥수수를 한입 맛보면 왜 이 옥수수를 꼭 먹어 봐야 하는지 이해할 수 있다. 옥수수 즙 사이로 녹아내리는 치즈와 라임향의 환상적인 조화를 느껴 보자. 여기에 빨대를 꼽고 병째 마시는 콜라는 옵션!

샌드위치 베이글

우리나라에서는 베이글에 크림치즈를 발라 먹는 것 정도에서 끝나지만 뉴욕에서는 그 이상의 것을 맛보게 된다. 일단 베이글의 종류가 여러 가지이며, 크림치즈의 종류도 수십가지에 이른다. 여기에 야채, 과일, 햄 등 샌드위치에 넣는 재료까지 쏙쏙 넣으면 맛에 놀라고 둘이 하나를 나눠 먹어도 배가 부를 만큼 많은 양에 더 놀라게 될 것이다.

TRAVEL AREA 15

OCEAN RESORT
괌·사이판·코타키나발루

해양 휴양지

풀장에 가볍게 몸을 담그고 랍스터가 준비된 만찬을 즐기며 황홀하게 지는 석양을 보는 것은 신혼부부만의 특권이 아니다. 가벼운 농담에도 언제나 웃어 주는 친구들, 한없이 편안한 가족들과 에메랄드 빛 바다의 아름다움에 취해 보자. 답답한 빌딩 숲에서 벗어나 공기까지 향긋한 지상의 파라다이스에 도착하는 순간 모든 스트레스가 날아갈 것이다.

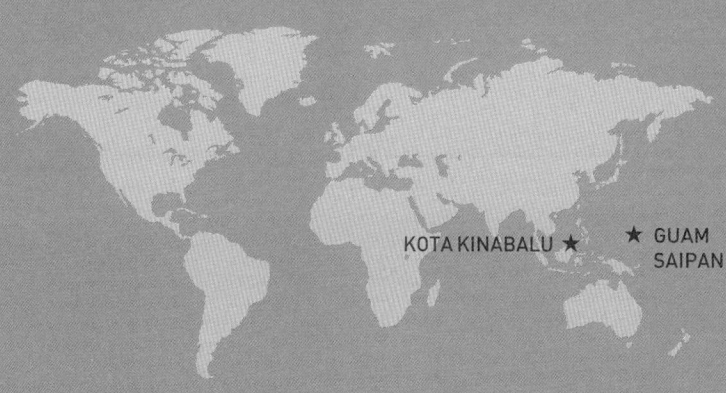

KOTA KINABALU ★ ★ GUAM
SAIPAN

| 괌·사이판·코타키나발루로 떠나기 전에 |

1. 어느 계절에 떠날까?

흔히 말하는 휴양지는 1년 내내 따뜻한 기후이기 때문에 언제 떠나도 좋다. 비가 많이 온다고는 하지만 잠깐 쏟아졌다 사라지는 스콜일 경우가 많으므로, 비행기가 착륙할 때 비가 내리고 있다고 해서 미리부터 실망하지는 말자. 날씨로 본다면 사계절 모두 좋지만 우리나라의 여름 성수기는 가급적 피하는 게 상책이다. 가격이 가장 비싸기도 하지만, 가족과 함께 휴가를 즐기러 온 세계 각국의 피서객들이 몰리는 시기이기 때문에 여유로운 휴식보다는 번잡스러움을 경험하게 될 수 있다.

2. 항공권, 어떻게 살까?

코타키나발루, 괌, 사이판은 365일 인기가 많은 여행지이다. 최근에는 거리가 멀어도 고급스러운 휴양지를 선호하는 추세이기 때문에 떠나려고 마음 먹었다면 예약을 서두르는 게 좋다. 허니문이 많은 3~5월, 여름 성수기인 7~8월은 2개월 전에 예약해야 한다. 휴양지의 경우 우선 호텔과 리조트를 선택하고 그에 맞는 에어텔을 이용하는 것이 편리할 뿐만 아니라 가격도 저렴하다. 이 세 휴양지의 장점이라면 공항에서 내려 따로 배를 타지 않고 호텔로 향할 수 있다는 점이다. 코타키나발루는 대한항공, 아시아나항공, 이스타항공, 말레이시아항공을, 괌은 대한항공과 진에어를, 사이판은 아시아나항공을 이용하면 경유 없이 갈 수 있다.

3. 어디에서 잘까?

휴양지의 숙소를 선택하는 기준은 '뭐 하고 놀까?'이다. 리조트 안의 다양한 놀이기구를 즐길 것인가, 해변가에서 보낼 것인가, 아니면 시내를 중심으로 쇼핑과 관광을 할 것인가에 따라 호텔의 위치가 달라진다.

괌에는 세계적인 호텔 체인이 많으며 대부분 투몬에서 제일 번화한 거리인 플레저 아일랜드에 밀집되어 있다. 비치를 포함하는 호텔이 많아 에메랄드빛 바다가 눈앞에 펼쳐지는 것은 물론 리조트 안에만 있어도 될 정도의 고급시설을 갖추고 있는 곳이 많다. 일반적으로 바다 전망의 오션뷰 객실이 가장 빨리 마감되고 일반 객실보다 비싼 것이 보통인데, 괌은 웨스틴 리조트 괌, 쉐라톤 라구나 괌 리조트, 호텔 니코 괌, 아웃리거 괌 리조트, 괌 호텔 오쿠라 타워 등 전 객실 오션뷰인 호텔이 유독 많다. 비치를 포함하지 않은 호텔이라면 조금 더 저렴한 가격에 예약할 수 있는데 그렇다해도 대부분 투몬만 인근에 위치하고 있어 관광, 쇼핑을 하기에 좋다.

사이판은 섬의 서쪽 해안가에 대부분의 호텔과 콘도가 밀집되어 있다. 넓은 부지를 자랑하는 사이판의 호텔들은 멋진 야외 수영장, 승마장, 골프장, 테니스 코트, 정통 인도식 에스테틱, 스파 등 특색 있는 서비스를 제공하는 곳이 많아 휴양을 즐기는 사람들에게 인기가 많다. 사이판 역시 오션뷰 호텔의 예약 마감이 빠른 편인데, 하얏트 리젠시, 월드 리조트 등은 전 객실이 오션 프런트이니 우선 순위로 예약하는 것이 좋다. 그외에 일몰이 아름답기로 소문난 하파다이 비치 호텔, 산로케 지구의 예쁜 바다를 볼 수 있는 니코 호텔, 다채로운 액티비티를 즐길 수 있고 투숙객에게 해양 스포츠 장비 대여 및 레슨을 무료로 제공하는 월드 리조트, 40여 종의 해양스포츠가 가능한 워터파크를 무료로 이용할 수 있는 퍼시픽 아일랜드 클럽(PIC)이 유명하다.

코타키나발루의 인기 리조트들은 두 군데로 선호도가 나누어지는데, 섬 투어를 떠나기 좋은 선착장이 있는 수트라하버나 샹그릴라 탄중아루 리조트 근처와 공항에서는 조금 떨어져 있지만 비치가 펼쳐진 넥서스 카람부나이 리조트 근처이다. 편리한 교통을 선호하거나 섬에서 레저 스포츠를 즐길 요량이라면 수트라하버나 샹그릴라 탄중아루 리조트를, 해변가에서 유유자적하며 조용히 호텔에만 머물고 싶다면 섬 위쪽의 넥서스 카람부나이 리조트나 샹그릴라 라사 리아 리조트를 선택하면 된다. 물론 선착장이나 해변이 없는 시내 쪽이 훨씬 저렴하다.

4. 여행 경비는 얼마나 들까?

리조트에 묵는다면 공항과 호텔 사이의 이동 비용을 빼고는 교통비가 크게 들지 않는다. 웬만한 리조트에서는 시내와 호텔을 오가는 셔틀버스를 운영하기 때문에 저렴한 비용으로 편리하게 이동할 수 있다. 괌과 사이판의 경우 대형 쇼핑몰에서 운영하는 무료 셔틀버스나 택시를 이용할 수 있고, 코타키나발루는 1,000원 정도의 호텔 셔틀버스가 시내까지 운행된다. 음식을 비롯한 다른 물가는 우리나라와 비슷하기 때문에 그다지 저렴하다는 생각이 들지 않는다. 호텔에서 판매하는 카드를 이용하면 호텔 내 레스토랑을 이용할 수 있어 식비가 절약되니 참고하자. 그외 레저스포츠, 마사지, 기념품 구입 등의 비용도 예상하자.

TIP.
비싼 리조트, 저렴하게 즐기는 방법 – 멤버십 프로그램 이용하기

대부분의 리조트는 리조트 내의 부대시설 무료 또는 할인 이용 혜택과 함께 다양한 혜택을 제공하는 맴버십 프로그램을 제공한다. 괌 PIC에는 전 식사가 포함된 '골드카드'가 있고, 코타키나발루 수트라하버는 식사를 포함한 다양한 리조트 혜택을 제공한다. 여행에서 일일이 비용을 계산하며 식사 메뉴를 고르고, 아끼고 하기보다는 미리 멤버십 카드를 구매해 할인 혜택을 누리는 게 편리하다.

★ 수트라하버 골드카드 대표 혜택

- 레이트 체크아웃(체크아웃 4시까지 연장)
- 헬스장, 당구장, 영화 관람 등 무료
- 섬 이동 보트 이용 요금 무료
- 리조트 내 대표 레스토랑 무료 이용, 음료 서비스
- 스노쿨링 장비 대여 무료
- 해양 스포츠, 스파 등 기타 편의시설 할인

AREA. 괌 · 사이판 · 코타키나발루 둘러보기

세계에서 가장 깨끗한 공기가 부는 괌은 에메랄드 빛 바다는 물론 실속 있는 브랜드 쇼핑을 즐길 수 있어 여심을 사로잡는 곳 중 하나이다. 한국에서의 이동 거리도 짧고, 고급 리조트도 많으며 무엇보다 편의시설이 잘 되어 있어 초보 여행자가 찾기에는 더 없이 편리하다. 마리아나 제도의 14개 섬 중 하나인 사이판은 북쪽부터 남쪽까지 자동차로 1시간 남짓밖에 걸리지 않는 작은 섬으로 진줏빛 모래사장인 마이크로 해변이 있어 다른 어느 곳보다 눈부신 바다를 볼 수 있다. 섬의 서쪽 라인에 이어진 해변을 따라 드라이브를 해도 좋고, 선탠 오일을 듬뿍 바르고 구릿빛 피부로 변신해 보는 것도 좋다. 말레이시아의 섬 중 하나인 코타키나발루는 휴양지라는 특징 때문에 많은 사람이 바다를 떠올리지만, 유네스코 세계문화유산으로 지정된 키나발루 산도 있고, 현대식 빌딩이 반짝거리는 도심 구역도 있어 평화로움과 세련됨을 동시에 느낄 수 있다. 섬으로 이루어진 나라인 만큼 주변에 작은 섬들도 많아 조금 더 한적한 곳으로 도피하고 싶다면 보트를 타고 떠나기만 하면 된다.

1 》 투몬 지역

괌에 간다고 하면 투몬으로 간다고 생각하면 될 정도로 투몬은 괌의 중심부이자 가장 활기를 띠는 곳이다. 새하얀 백사장이 펼쳐진 해변을 따라 늘어선 리조트와 대형 쇼핑몰 그리고 해산물 레스토랑까지 다양한 편의시설과 즐길 것들이 가득하다. 투몬에서 남쪽으로 내려가면 만나는 타무닝과 아가냐 지역은 괌의 주요 명소들과 기관이 있어 둘러보기에 좋다.

2 》 기타 지역

기다란 모양의 섬인 괌은 북부와 남부가 서로 다른 멋을 가지고 있다. 괌의 북부는 자연 생태계가 잘 보전되어 있어 천혜 자연의 모습을 감상할 수 있다. 남부 지역은 토착민 마을, 스페인풍의 마을 등이 있어 조용히 사색할 수 있는 쉼터를 찾고 싶은 사람들에게 어울린다.

1» 사이판 중심부(가라판 주변)
유명 리조트와 관광지가 몰려 있는 가라판 주변은 풍성한 볼거리, 놀 거리로 휴양지를 찾은 여행자에게 즐거움을 선사하는 곳이다. 보통 휴양지는 사원이나 시장 외에는 볼거리가 별로 없는데, 사이판은 역사적인 장소도 있고 빼어난 절경이 많아 두루두루 다녀 볼 만하다.

2» 해변
투명한 바다와 야자수의 환상적인 조화로 멋진 그림을 만들어 내는 사이판은 가장 유명한 마이크로 해변 외에도 북쪽의 윙 해변, 파우파우 해변, 아추가오 해변, 남쪽의 랜딩 해변, 킬릴리 해변 등 각기 다른 매력을 뽐내는 해변이 많다. 스노쿨링 하기에 좋은 해변, 바라만 보기에도 좋은 해변, 스쿠버하기 좋은 해변 등 자신만의 색깔에 맞는 해변을 찾아보자.

1» 코타키나발루 시내
코타키나발루의 시내에는 맥도날드 같은 프렌차이즈 패스트푸드점을 비롯해 다양한 쇼핑몰, 백화점 등 없는 것이 없다. 걸어 다니기에도 충분하지만 한낮에는 햇빛이 강하니 오후 늦게 나다니는 것이 좋다. 워터프런트 반대쪽에서는 마켓이 열리는데, 더위 때문에 아침 혹은 저녁에 열린다.

2» 해변
대표적인 해변가는 샹그릴라 탄중아루 리조트가 있는 탄중아루 해변과 넥서스 카람부나이 리조트가 있는 카람부나이 해변이다. 탄중아루 해변은 세계적인 석양을 자랑하는 곳이고, 카람부나이 해변은 모래사장의 길이만 7km로 모래가 곱지만 파도가 조금 세다는 단점이 있다.

3» 섬 투어
마누칸 섬, 사피 섬, 가야 섬, 마무틱 섬 등은 수트라하버 리조트의 선착장에서 보트를 타고 갈 수 있을 정도로 가까이 위치하고 있다. 만타나니 섬은 멀리 떨어져 있어 인적이 드물다.

해양 휴양지 >> 괌 여행

쇼핑과 휴식을 함께 즐기는 괌 여행

ENJOY 01
별빛 바라보며
심야 수영 즐기기

한여름의 더위가 밤이 되어도 가시지 않는다면 밤 10시까지 개장하는 야간 수영장에서 심야 수영을 즐겨 보자. 별빛 아래에서 즐기는 수영은 잊을 수 없는 경험이 될 것이다.

ENJOY 02
현지인들의 실생활을 엿볼 수 있는
마트 구경하기

간식 거리도 사고, 현지 사람들의 실생활도 엿보기를 원한다면 마트를 찾아 보자. 쇼핑몰과는 또 다른 친근한 매력을 느낄 수 있다.

ENJOY 03
PIC 웨딩채플에서
심야 언약식 해 보기

밤이 되면 조명으로 더욱 아름다운 웨딩채플에서 둘만의 추억을 만들어 보자. 조금은 어색하고 부끄러울지 모를 사랑 고백으로 상대방을 감동시킬 수 있는 절호의 기회가 될 것이다.

'괌' 하면 제일 먼저 물놀이가 떠오를 수 있지만, 여자들을 위한 괌의 대표 액티비티는 아마도 면세로 구입할 수 있는 쇼핑일 것이다. 아침 일찍이나 태양 볕이 뜨거운 한낮에는 풀장에서 더위를 식히고, 노는 것이 지겨워질 만한 오후에 천천히 시내로 나가 보자.

HOT SPOT

add. 210 Pale San Vitores Road, Tumon Bay
tel. 671-646-9171
URL www.pic.co.kr

쇼핑하기 좋은 휴양지
괌 핫 스폿

환상적인 휴가를 보내기에 제격 Guam PIC
괌 PIC

♣ 청초한 조명을 받아 더욱 밝게 빛나는 웨딩채플로 커플들에게 인기 있는 괌 PIC는 특정 연령에 상관없이 남녀노소 누구나 환상적인 휴가를 보내기에 좋은 곳이다. 그중에서도 아이들을 동반한 가족에게는 이보다 더 좋은 리조트는 없다. 보호자 동반 없이도 아이들을 돌봐 주는 프로그램과 키즈클럽이 있어 고가의 리조트인데도 불구하고 많은 부모가 선호한다. 다양한 액티비티를 즐길 수 있는 호텔 수영장은 물론 윈드서핑, 카누, 카약, 스쿠버 다이빙, 스노쿨링 등 다양한 강좌가 준비되어 있다. 저녁시간에도 다양한 쇼와 바비큐 파티 등의 이벤트로 고객에게 특별한 감동을 선사한다. 리조트에서 제공하는 프로그램과 혜택들을 모두 경험하려고 욕심부리다가는 '휴양지에서의 여행이 이렇게나 바쁠 수가 있구나.' 하는 것을 몸소 체험하게 될 테니 너무 무리한 스케줄을 소화하려고 하지는 말자. 공항에서의 위치도 가까울 뿐 아니라 리조트 근처의 버스 정류장, 상가 등에 대한 안내도 한글 표기로 되어 있어 패키지 여행이 아니라도 관광하는 데 큰 어려움이 없다.

TIP.
PIC만의 특별 프로그램

★ **영어로 소통하는 나눔 클래스**
아이들을 동반한 부모들이 PIC를 유독 선호하는 이유는 아이들에게 특별한 의미를 선사하는 PIC 키즈클럽 때문이다. 그중 'PIC 나눔씨앗'은 아이들에게 기부와 나눔의 의미를 심어 주는 목적으로 운영되는데, 나눔책에 있는 내용을 클럽메이트가 친절히 설명해 주어 영어를 못하는 아이들도 눈빛을 반짝이며 푹 빠져들게 된다.

★ **매일 저녁 판타스틱 디너쇼**
450석 규모의 좌석이 꽉 차는 PIC 공연 프로그램으로, 6시 30분부터 8시 40분까지 저녁 식사와 함께 폴리네시안 민속 춤 공연이 펼쳐진다. 웅장한 북소리, 절도 있는 몸놀림, 화려한 불 쇼 등 이국적인 공연과 함께 야외에서 즐기는 뷔페식의 만찬까지 경험해 보자. 예약은 필수이고, 입장은 선착순이며 골드카드 소지자라면 무료로 관람할 수 있다.

괌 최고의 쇼핑몰 DFS Galleria
DFS 갤러리아

add.	1296 Pale San Vitores Rd., Tamuning
access	플레저 아일랜드 내에 위치, 호텔 & 리조트에서 택시를 타면 무료
time	10:00~23:00 (연중 무휴)
tel.	671-646-9640, 02-732-0799 (서울 사무소)
URL	www.dfsgalleria.com

♣ 괌 최고의 쇼핑몰인 DFS 갤러리아 괌은 고급 브랜드부터 의류, 식품, 잡화까지 다양한 제품을 쇼핑할 수 있는 곳이다. DFS 갤러리아 괌 내부는 패션월드, 부티크 갤러리아, 뷰티월드, 데스티네이션 월드까지 총 4곳으로 구분되어 있다. 특히 DFS에는 한국어를 구사할 수 있는 직원도 상주해 있고, 구입한 물건에 문제가 있을 경우 한국에 있는 사무소를 통해 A/S를 받을 수 있다.

DSF 쇼핑 팁
1. 오후 4시 이전에 DFS 갤러리아에서 구입한 제품은 호텔로 배달 서비스를 신청할 수 있으니 남은 일정은 두 손 가볍게 움직이자.
2. 입구에서 받은 쇼핑 카드의 바코드를 잭팟 기계 대 보자. 보너스 선물을 얻을 수도 있다.
3. 환전 서비스는 물론 한국 돈도 사용 가능하다.

여유로운 쇼핑이 가능한 곳 Tumon Sands Plaza
투몬 샌즈 플라자

access	투몬 중앙부 호텔 로드변
time	10:00~22:00

tel.	671-646-8801
URL	www.guamtsp.com

♣ 번잡한 쇼핑센터가 피곤하다면 투몬 샌즈 플라자를 이용하자. 투몬 시내에서 도보로 이동할 수 있는 거리에 있고, DFS보다 방문자가 적어 한층 여유로운 쇼핑을 할 수 있다. 방문자가 적다 보니 품절 상품이 적은 것도 또 하나의 장점! 다른 쇼핑몰에서 눈독 들여 놨는데 품절되어 못 샀던 물건을 이곳에서 찾을 수도 있으니 간절히 원하는 것이 있다면 번거롭더라도 살짝 들러 보자.

여가 시간을 활용하기 좋은 대형 쇼핑몰 Micronesia Mall
마이크로네시아 몰

add.	1008 W. Marine Drive Suite 214, Dededo
access	버스 1, 2, 3번 탑승, 마이크로네시아몰 역에서 하차
time	10:00~21:00
tel.	671-632-8881
URL	www.micronesiamall.com

♣ 데데도에 위치한 쇼핑몰로 뉴욕의 고급 백화점 메이시즈(Macy's)와 멀티플렉스 극장, 뷰티&네일 숍 등

120여 개의 매장이 있는 대형 쇼핑몰이다. 메이시즈에서는 미국의 인기 캐주얼 브랜드들의 최신 상품들을 만나 볼 수 있고, 쇼핑 외에도 푸드코트, 실내 유원지 같은 엔터테인먼트 시설을 갖추고 있어 현지인에게도 인기가 많다.

최고 규모의 아웃렛 쇼핑센터 Guam Premier Outlets
괌 프리미어 아웃렛

add.	199 Chalan San Antonio Suite 200, Tamuning
access	버스 1, 2, 3, 5번 탑승 후 괌 프리미어 아웃렛 역에서 하차
time	10:00~21:00, 추수감사절 10:00~17:00 (크리스마스 휴관)
tel.	671-647-4032
URL	www.gpoguam.com

♣ GPO라고 줄여서 부르기도 하는 괌 프리미어 아웃렛은 괌에서 최고의 크기를 자랑하는 아웃렛 쇼핑센터이다. 아웃렛에서도 면세가 적용되니 더욱 저렴하게 쇼핑할 수 있어 인기가 좋다. GPO에서 빼놓지 말고 가 보아야 할 곳은 로스 드레스 포 레스(Ross Dress For Less)! 미국 브랜드 옷은 물론 잡화, 생활용품까지 다양하게 판매되고 있는데 잘 찾아보면 명품 브랜드를 파격적인 가격에 구입할 수 있다.

TIP.
괌 쇼핑을 위한 알뜰 교통 정보

★ 괌의 쇼핑 버스
괌에서는 쇼핑몰에서 운영하는 셔틀버스와 그레이라인 노선버스가 주요 교통수단이다. 쇼핑몰에서 운영하는 셔틀버스는 모두 무료로 운영되며 그레이라인 노선 버스인 트롤리는 마린 드라이브 익스프레스, 아가냐 코스, 투몬 트롤리까지 3가지 코스로 나누어진다. 그레이라인 노선버스는 프리패스 & 원데이 패스를 사용하면 저렴하게 이용할 수 있다.

순환익스프레스 (Circle Express)	30분마다 운행 DFS갤러리아 → 마이크로네시아 몰 → K마트 → 괌 프리미어 아웃렛 → 투몬 샌드플라자 등 5곳의 쇼핑센터 순회 운행
베이사이드익스프레스 (Bayside Marine Express)	25분마다 운행 쉐라톤 → 온워드 → 알루팡비치타워 → 괌 프리미어 아웃렛 → K마트 → 마이크로네시아 몰 → DFS갤러리아 → K마트 → 괌 프리미어 아웃렛-쉐라톤으로 운행
투몬 트롤리 익스프레스 단층버스 (Tumon Trolley Express Single Decker)	호텔 29곳의 버스정류장과 쇼핑센터 연결
투몬 트롤리 익스프레스 이층버스 (Tumon Trolley Express Double Decker)	괌의 주요 호텔과 쇼핑센터 연결 (마이크로네시아 몰과 K마트는 정차하지 않음. 북쪽의 니코 호텔에서 괌 프리미어 아웃렛까지 운행)

★ 괌의 택시
원하는 시간에 목적지에 빨리 가려면 택시를 이용하는 것이 좋다. 미터 요금제이나 비용이 비싼 편이다. 시내에 있는 아무 호텔에서 택시를 타고 DFS 갤러리아로 가면 택시비를 갤러리아에서 부담하니 유용하게 이용해 보자. DFS가 투몬 중심에 위치하고 있어 무료 택시 서비스를 이용하면 더 알뜰하게 즐길 수 있다. 기특하게도 DFS는 쇼퍼홀릭을 위해 주요 호텔을 순회하는 무료 셔틀버스인 'DFS 갤러리아 익스프레스'도 운영하고 있으니 일정만 잘 잡으면 교통비가 전혀 들지 않는다.

해양 휴양지 >> 사이판 여행

자연의 숨결 따라가는 사이판 여행

작은 섬이라 정감 있는 마을 사람들의 모습과 어촌 마을의 일상이 그대로 전해지는 곳이다. 상점들이 몰려 있는 시내가 아니라면 어디든 고요하니 넓은 자연과 평화로움을 만끽하자.

ENJOY 01
ATV 타고
사이판 절경 조망하기

ATV를 타고 높은 언덕에 올라 사이판 절경을 조망해 보자. 평지에서 보는 것보다 훨씬 더 큰 감동이 다가오는 것을 느낄 수 있을 것이다.

ENJOY 02
아무도 살지 않는
마나가하 섬 여행하기

아무도 살지 않는 섬으로 여행을 떠나 보자. 새하얀 모래사장으로 이루어진 마나가하 섬은 깊이가 얕아 아이들이 물놀이를 하기에 그만이다.

ENJOY 03
라스베이거스 최고의 마술 쇼
하얏트 리젠시 캔드캐슬 쇼 구경하기

사이판에서 라스베이거스 최고의 마술 쇼를 만나 보자. 보고 있어도 믿지 못할 광경들이 마술사의 현란한 손놀림 속에 펼쳐진다.

HOT SPOT

지상의 낙원
사이판 핫 스폿

이곳이 바로 천국! Hyatt Regency
하얏트 리젠시

add.	P.O. Box 5087, Capital Hill Rural Branch Saipan, Mariana Islands, Micronesia
tel.	02-730-0234
URL	saipan.hyatthotel.co.kr

마이크로 해변에 자리한 하얏트 리젠시는 사이판 여행을 꿈꾸는 사람이라면 누구나 한 번쯤 욕심 내는 곳이다. 태양빛에 따라 하루에 일곱 번 색이 변한다는 마이크로 해변에서의 풍요로운 여유, 어느 객실에서도 즐길 수 있는 바다 풍경, 세계적인 하얏트가 만들어 낸 분위기와 최고의 서비스는 이곳이 천국이라는 착각이 들 정도로 아늑함을 선사한다. 세계 각국에서 온 아이들이 또래들과 즐거운 문화 경험을 할 수 있는 캠프 하얏트 프로그램은 오전 9시부터 오후 3시까지 진행된다. 이 시간에 부모들의 눈과 손과 발이 편한 것은 두말할 필요도 없다. 다른 여행지에서 하얏트 호텔을 이용했던 사람이라면 하얏트 멤버십을 활용해 혜택을 받을 수 있다.

하얏트 리젠시의 매력 포인트

★ **편안하게 쉴 수 있는 넓은 가든**

하얏트 리젠시는 바다 한가운데에 조그마하게 떠 있는 새하얀 마나가하 섬을 볼 수 있다는 점 외에도 곱게 정돈된 정원을 볼 수 있다는 것이 큰 매력 포인트이다. 걷기 좋은 산책로, 멀리서 들려오는 잔잔한 파도 소리, 낯설지만 상쾌한 새들의 노랫소리는 리조트라기보다는 어느 시골의 전원 주택에 온 것 같은 편안함을 느끼게 한다.

★ **TV에서나 보던 마술 쇼를 눈 앞에서!**

사이판 샌드캐슬은 괌보다는 작은 규모이지만, 무대가 가까이 있어서 공연에 더욱 빠져들게 된다. 완벽한 무대 장치, 화려한 의상이 돋보이는 마술 쇼와 늘씬한 미녀들의 다채로운 댄스를 즐겨 보자. 디너와 함께할 수 있으며 할렛미뇽 스테이크, 랍스터, 디저트가 맛있기로 유명하다. 공연 마지막 부분에서는 아이를 무대로 불러 신발을 숨긴다거나, 객석 관객의 지폐로 마술을 보여 주고, 관객을 마술사처럼 변신시키는 등 직접 마술에 참여하는 즐거움까지 더해 준다.

add.	PMB A-49, Box 10001, Saipan, MP 96950
time	18:00~20:15(디너 쇼), 20:45~22:00(칵테일 쇼), 월~목 요일 제외
tel.	670-233-8585

세계에서 가장 깊은 해구를 자랑하는 곳
만세절벽

♣ 사이판 최북단에 위치하고 있는 만세절벽은 2차 세계대전 중이던 1944년 7월 7일, 일본 천황의 패배선포에 일본군과 일본 민간인들이 항복할 수 없다며 명예를 지키고자 '천황폐하만세'를 외치며 80m 절벽 아래로 떨어졌다고 해서 붙여진 이름이다. 비극적인 역사를 간직하고 있는 이 절벽 앞 마리아나 해구의 깊이는 세계에서 가장 깊은 15,000여 m로 웅장하면서도 짙은 바다를 볼 수 있어 아름다운 경치를 자랑한다.

사이판 북부의 멋진 산호섬 Bird Island
새 섬

♣ 새 섬은 사이판 북부 그루토에서 1.5km 정도 남쪽에 위치한 곳으로 산호초 위에 솟아 있는 석회암 바위를 부르는 이름이다. 원래는 사이판과 붙어 있었으나 지금은 본토 섬과 떨어져 있다. 시원한 파도와 깊은 바다색이 압권으로, 해질 무렵에는 멋진 선셋을 볼 수 있다.

한국군의 영혼을 달래기 위한 탑
한국인 위령 평화탑

♣ 제2차 세계대전 당시 사이판으로 강제 징용되었던 한국군의 영혼을 달래기 위해 세워진 한국인 위령 평화탑은 사이판 북부에 있는 마피산에 자리하고 있다. 고국으로 돌아오지 못한 병사들의 넋을 기리고자 우리나라 쪽을 향하고 있는 평화탑과 함께 다른 기업들과 민간 단체에서 세운 기념비들도 세워져 있다. 한국인에게 뜻 깊은 장소이니만큼 만세절벽과 새 섬을 관광하면서 함께 돌아보자.

저렴하고 다양한 먹거리, 볼거리 천국 Street Market
스트리트 마켓(야시장)

볼 수 있다. 댄스학원 학생들의 멋들어진 춤도 빼놓지 말고 구경하자. 이곳에서는 가끔씩 무선 와이파이가 잡히니 그 기회 또한 놓치지 말자.

ATV를 타며 즐기는 사이판의 환상 풍경
ATV

♣　사이판 중심에 위치한 작은 언덕, 타포차우 산에서 즐길 수 있는 ATV! ATV를 타고 신나게 씽씽 달리다 보면 터닝 포인트이자, 전망대이자, 예수님상이 서 있는 타포차 정상에 도착하게 된다. 이곳에서는 사이판의 북쪽과 남쪽 끝, 그리고 에메랄드 빛 바다(마나가하 섬까지)를 한눈에 조망할수 있다. 사이판에서 즐기는 ATV는 달리는 내내 환상적인 풍경을 볼 수 있어 꼭 해 볼 것을 추천한다.

♣　매주 목요일 6시 피에스타 스파 & 리조트 앞 코랄 애비뉴에서는 저렴하고 맛있는 먹거리와 다양한 기념품을 판매하는 스트리트 마켓이 열린다. 세계 각국의 관광객들이 방문하는 곳인 만큼 여러 종류의 음식이 판매된다. 보통 1달러 정도의 가격이라 부담 없이 맛볼 수 있어 길거리 여기저기에 편하게 앉아 음식을 먹는 외국인들도 쉽게

해양 휴양지 >> 코타키나발루 여행

꿈의
파라다이스
코타키나발루
여행

ENJOY 01
진귀한 볼거리가 가득한
선데이 마켓 구경하기

진귀한 볼거리와 소소한 재미가 가득한 선데이 마켓은 코타키나발루 여행의 필수 코스이다. 일요일 새벽 6시 30분부터 열리니 더위가 무르익기 전에 들러 보자.

ENJOY 02
물고기를 코앞에서 볼 수 있는
스노클링하기

수영을 하지 못해도 전혀 문제 없다! 구명조끼를 입고 고개만 물속에 담가 보자. 물고기들이 너도 나도 달려와 인사를 건넬 것이다.

ENJOY 03
상공에서 바다를 보는 짜릿한 기분!
패러세일링 도전하기

바다가 아니면 즐길 수 없는 새로운 경험! 한 마리의 새가 된 것처럼 시원한 바람과 펼쳐지는 푸른 바다 풍경을 마음껏 즐겨 보자.

그리스 산토리니, 남태평양의 피지와 함께 세계 3대 석양으로 꼽히는 코타키나발루의 일몰. 고요히 정박해 있는 요트를 배경 삼거나 바다 옆에 자리한 데크에서 한낮의 열기를 식히면서 사그라지는 태양을 감상해 보자.

HOT SPOT

add.	1 Sutera Harbour Boulevard, Sutera Harbour, 88100 Kotakinabalu, Sabah, MALAYSIA BORNEO
tel.	60-88-318-888, 02-752-6262(한국 사무실)
URL	www.suteraharbour.co.kr, www.shrtourdesk.co.kr(온라인 예약)

휴양의 도시
코타키나발루 핫 스팟

코타키나발루 대표 리조트 Sutera Harbour
수트라하버 리조트

♣ 수트라하버 리조트는 공항에서 10분, 시내에서 5분밖에 걸리지 않는 데다가 선착장과 바로 인접해 있다. 리조트에서 언제든지 시내 구경을 나갈 수 있고, 심심하다 싶으면 가까운 섬으로 나갈 수 있는 최적의 위치이기 때문에 기분 따라, 날씨 따라 편하게 움직일 수 있다.

열대 지역의 느낌을 살려 전원풍으로 안락하게 꾸며진 마젤란과 현대적인 콘도 스타일의 퍼시픽 리조트로 구성된 수트라하버 리조트는 말레이시아 국왕이 휴가를 보낼 정도의 최고급 리조트이다. 부대시설도 잘 되어 있어 지내기에 전혀 부족함이 없지만, 모래 해변이 아주 조금밖에 없어 해변의 낭만을 즐기고 싶다면 섬으로 나가야 하는 수고를 해야 한다. 객실에서 바로 보이는 옥빛의 바다와 탁 트인 골프장 그리고 선착장을 가득 메우고 있는 각 나라의 보트들을 바라보노라면 마음이 한층 더 여유로워지는 것을 느낄 수 있을 것이다.

수트라하버 리조트 매력 포인트

★ 국제 규격에 맞춰진 선수용 수영장
수트라하버의 여러 수영장 중에는 사람이 유독 없어 놀기 편한 선수용 수영장이 있다. 길이가 50m인 이 수영장은 한 번 왕복하기만 해도 숨이 찬다. 수영 좀 하는 사람이라면 일행들과 작은 올림픽을 열어 보자.

★ 로맨틱한 저녁 식사 즐기기

리조트에 있는 많은 레스토랑 중 저녁을 즐기기에 좋은 곳은 당연히 테이블이 바다로 향해 있는 곳이다. 바닷속으로 살포시 빠지는 붉은 석양을 바라보며 로맨틱한 저녁 식사를 해 보자. 머무는 일정에 토요일이 있다면 그날 저녁은 파이브 세일즈(Five Sails)로 할 것! 평소 저녁 식사보다 훨씬 다양한 메뉴로 주말 만찬을 제공한다. 성수기라면 미리 예약해야 한다.

보트를 타고 즐기는 섬 여행
주변 섬 여행

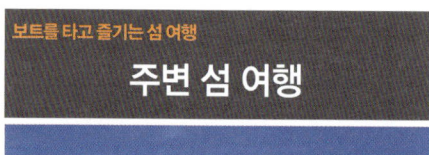

♣ 가볍게 짐을 챙겨 선착장으로 가 보자. 거의 매시간마다 섬으로 떠나는 배가 있기는 하지만, 미리 예약해야 일정에 차질이 없다. 시 퀘스트(Sea Quest)에서 보트를 타고 섬에 들어가면 입구부터 바닷물 아래에 투명하게 보이는 물고기 떼를 발견할 수 있다. 굳이 물에 들어가지 않아도 훤히 보일 정도로 깨끗한 코타키나발루의 바다가 당신을 인어공주로 만들어 줄 것이다. 구명 조끼와 물안경을 착용했다면 망설이지 말고 바로 물속에 빠져 보자.

에메랄드빛 바다 속에서 물고기와 놀기 Snorkeling
스노클링

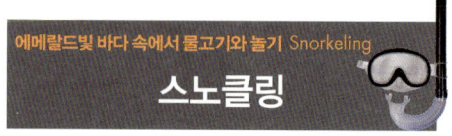

♣ 스킨스쿠버, 시워크 등 즐길 수 있는 물놀이는 많지만, 수영을 못한다거나 물에 대한 공포심이 있다면 가볍게 물속에서 첨벙첨벙하는 것만으로도 신나게 놀 수 있는 스노클링을 해 보자. 배에서 내려 통나무 다리를 따라 섬으로 들어가면 쉽사리 물고기 떼를 볼 수 있는데, 깊게

선한 해산물과 즉석에서 구워 주는 따뜻한 고기가 물놀이를 하느라 떨어진 체력을 원상 복구시켜 줄 것이다. 꼭 시식해 보아야 할 것은 테이블 옆에서 구워 주는 랍스터! 두 눈이 번쩍 뜨이는 황홀한 맛을 선사해 줄 것이다.

들어가지 않아도 물고기들이 알아서 달려온다. 특이하게 생긴 산호와 오색찬란한 물고기들의 놀이터를 구경하다 보면 한나절이 훌쩍 지나가 버릴 것이다.

바다에서 즐기는 짜릿한 모험!
해양 스포츠

바로 구워 주는 랍스터로 미각 만족 Barbecue Party
바비큐 파티

♣ 식사를 하고 조금 쉬면서 해양 레포츠 후보들을 탐색한 후, 조금 더 짜릿한 액티비티를 즐겨 보자. 바닷속을 걷는 시워크나 바다 위를 날 수 있는 패러 세일링을 추천한다. 높은 곳에서 **바다를 바라보**며 시**원한 공기를 듬뿍** 마실 수 있는 패러 세일링은 고소공포증이 있는 사람도 전혀 겁먹지 않고 탈 수 있으니 한 번쯤 도전해 보자. 이왕이면 같이 배에 탄 사람들에게 부탁해 하늘 높이 올라간 내 모습을 사진으로 남겨 보자.

♣ 개별적으로 레스토랑을 이용하는 것도 좋지만 이왕이면 호텔에서 제공하는 바비큐를 맛보도록 하자. 신

INFO.

떠나기 전
준비 3단계

STEP 1. 여권, 비자 준비하기

해외여행의 필수 아이템은 여권이다. 여권(passport)과 비자(visa)를 헷갈려 하는 사람이 많은데, 간단히 정리하면 우리나라 정부에서 '이 사람은 여행을 가도 된다.'고 허가해 주는 것이 여권, 여행을 가고 싶어 하는 나라에서 '입국을 해도 좋다.'고 허가해 주는 것은 비자이다.

해외 출입국 시 사용되는 통행증이자 국외에서 신분증으로 사용되는 여권은 2008년 이후 전자여권으로 변경되었다. 전자여권에는 지문이 들어가야 하기 때문에 여행사를 통한 대행 발급이 불가능하다. 따라서 구청 또는 각 지방 시청 등 여권 발급 기관에 방문해 직접 신청해야 한다(위임장 지참 시 대리인이 신청 가능).

요즘은 평일 낮에 시간을 내기 어려운 직장인을 위해 주 1회 또는 격주로 1회 정도 오후 8~9시까지 연장 업무를 하는 기관이 있고, 재방문을 하지 않아도 택배로 여권을 받을 수 있어 수월하게 일 처리를 할 수 있다.

여권을 발급받았다면 여행을 가려고 하는 나라의 비자를 준비해야 한다. 우리나라는 대부분의 국가와 비자면제협정을 맺었기 때문에 여권만 가지고 있으면 언제든지 여행을 떠날 수 있다. 주요 여행 국가 중 관광비자를 발급 받아야 하는 국가는 중국과 인도, 미국 정도이다. 미국은 기존 여권(전자여권 이전)을 가지고 있다면 비자 신청을 해야 하지만, 전자여권을 소지하고 있다면 온라인을 통해 간단히 여행 허가를 받을 수 있다.

01 여권 발급
- 가까운 구청에서 발급(인터넷으로 사전 예약 가능)
- 전자여권은 10년 사용 가능(55,000원)
- 사진 규정이 엄격하니 되도록이면 사진관에서 찍은 사진 지참

02 비자 발급
- 일본, 홍콩, 싱가포르, 동남아시아, 유럽 등 대부분의 나라는 무비자 입국 가능
*여권, 항공권만 있으면 출국 가능
- 중국 : 여행사를 통해 비자 발급
- 미국 : 전자여권 소지자는 미국 전자 여행 허가 홈페이지를 통해 신청
  (www.esta.or.kr)
*2008년 이전 여권 소지자는 미국 대사관에서 비자 신청
*여행 국가별 비자 확인 : 외교통상부 홈페이지(www.0404.go.kr)

STEP 2. 여행 상품 예약하기

여권과 비자가 준비되었다면(또는 곧 준비될 예정이라면) 항공권과 숙소를 예약해야 한다. 자유여행 상품과 패키지 여행 상품을 비교해 보고, 자신의 여행 스타일에 맞는 예약 방법을 선택하면 된다.
(초보자를 위한 안내이기 때문에 100% 자유여행의 예는 생략)

상품	자유여행 (에어텔)	패키지여행
이런 사람에게 추천	잠잘 곳만 정해진다면 내 여행은 내가 결정한다!	찾아보기도 귀찮고, 누가 그냥 알아서 해 줬으면…….
상품구성	왕복 항공권, 숙소(대부분 호텔)	왕복 항공권, 호텔, 가이드(인솔자), 전용 차량, 현지 식사, 입장권, 쇼핑 등
장점	원하는 스케줄에 따라 이동이 가능하며, 상황에 따라 마음대로 일정 조정 가능	식사, 교통편 등을 따로 준비할 필요가 없어 편리
단점	출발 전 준비해야 할 사항이 많고, 단체 할인을 받을 수 없음	일정조정이 불가능하고, 상품가 외 가이드 팁, 액티비티에 대한 옵션, 쇼핑이 추가됨
기본 상품 비용	예약한 항공, 숙소 외 현지 교통비, 입장료, 식사비 등을 따로 책정해야 함	패키지에 따라 선택 관광 시 추가 옵션 비용, 가이드 팁 발생 시기에 따라 상식 이상으로 가격이 높아지는 경우가 있음

01 패키지 여행 상품

여행 경험이 없고, 외국인과 대화를 나눈 것이 두렵다면 그리고 다른 나라에서 길을 잃어버리는 것은 아닌지 불안하다면 패키지 상품을 추천한다. 한국을 떠나는 순간부터 공항에 돌아오는 순간까지 모든 것을 해결해 주는 것이 바로 패키지 상품이다. 여행지에서 숙식, 관광 등이 한 번에 해결되기 때문에 여행 초보자나 어르신들, 아이들과 함께하는 가족 단위의 여행자들, 바빠서 여행 준비를 하나하나 하지 못하는 여행자들이 주로 이용한다.

**패키지 상품 예약 전에
꼭 확인해야 할 것들**

▶직항으로 갈까? 경유해서 갈까?

수많은 상품 중에서 가장 빠른 선택을 할 수 있는 방법은 자신만의 기준을 정하는 것! 같은 여행사에서 같은 날에, 같은 지역으로 출발하는 일정이라 하더라도 여행 조건에 따라 가격 차이가 천차만별이다. 다른 여행사의 상품까지 비교하다 보면 몇 날 며칠 밤새우는 것은 시간 문제이다. 이럴 때는 '항공은 직항으로', '잠은 무조건 이 호텔에서', '쇼핑은 최소 두 군데만'과 같이 본인만의 기준을 확실히 정하고 상품을 알아봐야 시간을 낭비하지 않을 수 있다.

▶내 위약금 돌려주세요~

패키지 상품을 검색하다가 저렴한 가격에 시선이 꽂혀 작은 텍스트를 놓치는 경우가 많다. 상품 가격 아래 혹은 예약 가능일이라고 표시된 부분 근처에 '4명 이상 출발 가능'과 같은 문구가 적혀 있는지 반드시 확인해야 한다. 일반적으로 패키지 상품의 경우 10명 내외의 인원이 모여야 출발할 수 있기 때문에 인원이 부족하면 계약금과 잔금을 다 내고도 여행 자체가 취소될 수 있다. 이런 경우 입금한 금액은 환불받을 수는 있지만, 모처럼 휴가까지 냈는데 여행을 못 가게 되니, 예약할 때 최소 출발 인원을 확인하고, 중간중간 확인을 하는 것이 좋다.

▶호텔은 짝수를 좋아해

여행사에서 제시하는 해외 호텔의 기준가는 대부분 2인을 기준으로 하기 때문에 패키지 여행의 상품가에는 호텔 객실 요금의 1/2만 적용되어 있다. 즉 2명이 예약을 해야 객실 1개의 방 값이 완성되는 것이다. 혼자서 호텔을 이용할 경우에는 싱글 추가 요금(Single Charge)을 부담해야 한다. 그렇다고 해서 3명이 이용할 경우 1/3로 나눠서 할인해 주는 것도 아니다. 3명이 한 방에서 지내고 싶다면 트리플룸을 이용하거나 엑스트라 베드를 추가해야 한다. 종종 "우린 밤새 대화를 나눠야 하기 때문에 넷이 한 방을 쓰고 싶어요."라고 말하는 사람이 있다. 하지만 4명이 함께 사용할 수 있는 객실이 많지 않기 때문에 2인용 객실 2개를 예약해야 한다.

▶해외 나간 김에 친척집에 들러 볼까?

여행지에 지인이 살고 있어 일정을 미뤄 만남을 갖고자 한다면 패키지 여행 후에 귀국편을 연장할 수 있는 상품이 있다. 단 이런 경우에는 단체 항공권이 아니라 개별 항공권을 이용하기 때문에 추가 요금을 지불해야 하고, 귀국편 항공권 확보를 위해 2~3개월 전에 예약하는 것이 좋다.

**패키지 상품
추천 여행사**

우리나라에 '여행사'라는 간판을 내걸고 있는 회사가 1만 개가 넘는다. 패키지 상품은 이 많은 여행사가 개별 상품을 가지고 있는 것이 아니라 큰 회사에서 만들어 놓은 상품을 빌려다가 팔고 수수료를 지급하는 방식으로 이루어져 있다.

　　　　　대형 여행사는 간접판매 여행사(간판 여행사)와 직접판매 여행사(직판 여행사)로 나누어지는데, 어디서나 쉽게 찾아볼 수 있는 하나투어와 모두투어는 간판 여행사에 속한다. 동네에 있는 하나투어나 모두투어 이름 옆에 AA관광, BB 여행사와 같이 다른 이름이 있는 것을 볼 수 있는데, 이러한 여행사들이 간판 여행사의 상품을 판매하는 대리점이다. 간판 여행사의 패키지 여행은 전국의 여러 대리점에서 모객을 하기 때문에 상품도 다양하며, 출발 인원 부족으로 여행이 취소될 확률도 상대적으로 적지만 여행상품가격이 비싸다. 간판 여행사의 여행상품가격에는 대리점의 수익과 본사의 수익이 포함되어 있기 때문이다.

　　　　　중간에 대리점을 통하지 않고, 상품을 만든 직원이 판매까지 하는 패키지 여행사를 직판 여행사라고 부르며, 대표적인 여행사는 참좋은여행, KRT, 투어2000을 꼽을 수 있다. 중간 유통단계를 거치지 않기 때문에 똑같은 일정, 똑같은 상품이더라도 가격이 저렴할 수밖에 없고, 온라인, 오프라인을 통해 상품 담당자와 직접 상담하기 때문에 보다 자세한 안내를 받을 수 있다. 단, 간판 여행사와 비교했을 때 모객력이 다소 부족할 수 있으니 예약한 이후에도 최소 출발 인원을 주의 깊게 확인하자.

하나투어 hanatour.com
모두투어 www.modetour.com
참좋은여행 www.verygoodtour.com
투어2000 www.tour2000.co.kr
KRT www.krt.co.kr

**패키지 여행 수칙
5계명**

▶출발 시간 엄수
패키지 상품은 오전 일찍 이동하고, 중간중간 자주 이동하고, 늦게 귀가하는 경우가 많다. 체력이 약하거나 아침 잠이 많은 사람이라면 패키지 여행을 신중하게 고려해야 한다.

▶개별 행동 자제
가이드가 지정해 준 범위 밖으로 이동하거나 개별적으로 움직여 정해진 시간 내에 도착하지 못하는 경우가 발생하지 않게 해야 한다. 가이드의 눈 밖에서 일어난 사고는 아무도 책임져 주지 않는다.

▶바른 말, 고운 말 사용
여행을 하다 보면 차가 막히거나 일정에 따라 관광이 취소되는 등 좋지 않은 상황이 발생하기도 한다. 혹시 그런 상황에 처한다 하더라도 가이드나 다른 여행객들에게 험한 말을 사용해서는 안 된다.

▶가이드를 엄마처럼 생각하라
생활 환경이 바뀌면 몸에 변화가 생길 수 있다. 건강이나 음식 등의 문제로 어려움이 생기면 현지에서 약을 사는 것보다 가이드에게 문의하는 것이 더 안전하다.

▶ 배려하는 마음 갖기

패키지 여행의 재미는 새로운 사람들과 함께할 수 있다는 것이다. 모두가 즐거운 추억을 만들고자 여행을 온 것이니 무례한 행동으로 다른 사람의 여행을 망치는 일이 없도록 한다. 즐거운 여행이 될 수 있도록 서로 배려하는 마음을 잊지 말자.

02 자유여행 상품 (에어텔)

자유여행 상품은 해외여행의 필수 조건인 항공과 호텔, 교통패스 등 최소한의 요소만 포함되어 있고 일정은 자유롭게 짜는 것이다. 정해진 일정대로 움직이는 것이 싫고, 많은 사람과 함께 다니는 여행에 거부감이 있다면, 또는 잠자리에 신경을 많이 쓰는 편이라면 자유여행 상품(에어텔)을 이용하는 것이 좋다. 여행 상품을 예약하면 항공권, 숙박권과 함께 여행에 필요한 정보, 여행 팁 등을 정리해 주기 때문에 쉽게 여행 준비를 할 수 있다.

에어텔 상품 예약 전에 꼭 확인해야 할 것들

▶ 저렴한 가격에 속지 말자!

여행사마다 가격을 표기해 놓는 방식이 다르다. 최근에는 호텔이 포함되어 있지 않은 가격을 제시해 놓는 여행사도 많다. 저렴한 가격 때문에 혹해 자세히 들여다보면 호텔별로 가격이 따로 책정된 곳이 많다. 에어텔의 경우 항공권보다 숙소에 따라 비용이 많이 달라지니 숙소별로 요금을 비교해 보는 것이 좋다. 호텔 조식, 공항 픽업, 부대 시설 이용에 따른 비용도 추가로 발생할 수 있으니 '불포함 내역'을 꼭 체크해야 한다.

▶ 민박은 안 되나요?

자유여행을 하고 싶지만 준비가 번거로워 에어텔을 선택하려 했는데 가격이 비싸서 호텔이 아닌 민박에서 묶고 싶다면?
안타깝게도 에어텔은 호텔 예약으로 진행된다. 일본의 료칸 등과 같은 일부 시설을 제외하고는 에어텔로 한인 민박이나 유스호스텔을 제공받을 수는 없다. 이유는 마진이 남지 않기 때문! 또한 일부 항공사는 호텔 예약이 일정 기간 동안 되어 있어야 항공권을 할인받을 수 있기 때문에 민박을 원한다면 개별적으로 예약을 진행해야 한다.

▶ 추천 일정표는 추천일 뿐

에어텔 예약자 중에 상품에 나와 있는 추천 여행 일정이 가격에 포함되어 있는 것으로 혼동하는 사람이 있다. 여행사에서 상품을 안내할 때 제시하는 추천 일정은 '당신은 자유여행을 선택했지만, 특별한 계획을 세우지 않았다면 이 일정을 참고하세요. 무난하게 여행할 수 있을 겁니다.'라는 친절한 안내와 같다. 추천 일정표를 보고 왜 이곳의 입장료가 포함되지 않았냐고 항의하면 곤란하다.

▶ 의외로 폭넓은 선택이 가능한 에어텔!

'나는 아시아나 마일리지가 많은데 이 상품은 대한항공이네? 어쩌지?' 하는 생각이 든다면 여행사에 바로 문의해 보자. 항공편부터 호텔까지 상품 리스트에 없는 사항으로도 예약이 가능한 것이 바로 에어텔의 최대 장점이다. 물론 상품이 많고, 에어텔을 전문으로 하는 여행사여야 예약이 더욱 수월한 것은 두 말하면 잔소리! 내가 원하는 항공사, 내가 원하는 호텔로 예약이 가능한지 친절하게 상담해 줄 테니 꼭 가 보고 싶었던 호텔이나 선호하는 항공사가 있다면 담당자에게 전화를 해 보는 것이 좋다.

자유여행 상품(에어텔) 추천 여행사

자유여행(에어텔)은 전문성 있는 여행사에서 예약하는 것이 좋다. 기본적으로 항공권과 호텔만 예약해 주는 것이지만 자유여행 상품을 이용하는 가장 큰 이유는 여행에 관한 기본적인 정보부터 여행지에 대한 안내, 자료 등을 쉽게 얻을 수 있기 때문이다.

대형 여행사에서 판매하는 자유여행 상품은 상품 기획자와 판매자(상담원)가 다르고, 판매자가 개별여행 상품만 파는 것이 아니라 모든 상품을 판매하기 때문에 전문성이 떨어진다.

전문 여행사를 통해 자유여행 상품을 이용하면 기본 상품에서 원하는 대로 일정을 변경하고 싶을 때 최적의 동선, 경비 등으로 새로운 일정을 받아 볼 수 있고, 고급 레스토랑, 공연, 기차표 등 세부적인 예약도 할 수 있다. 소규모 여행사 중에는 일부 지역에 주력하고 있는 곳도 있으니, 조금 더 전문적인 도움을 받을 수 있을 것이다.

지역	여행사	설명	홈페이지
일본	여행박사	일본 외의 여행 상품도 있지만 창립 초기부터 일본을 전문적으로 다뤄 왔기 때문에 저렴하고 다양한 일본 상품이 많다.	tourbaksa.com (서울시 갈월동)
	하늘땅여행	일본 여행만을 전문으로 곳으로 맞춤 여행, 렌터카 여행 등 다양한 여행 방법을 제시해 준다.	skylandtour.com (서울시 세종로)
	엔타비	일본 전문 여행사로, 주요 도시 외에도 일본의 다양한 지역의 특색 있는 상품을 제공한다.	ntabi.kr (서울시 무교동)
일본 (료칸, 온천)	큐슈로	료칸 여행을 전문으로 하는 곳으로 일본 업체들과 직거래를 하기 때문에 가격이 저렴하다.	kyushu.or.kr (서울시 정동)

유럽	블루여행사	유럽 여행 가이드북 《이지 유럽》, 《이지 지중해》를 출판한 여행사로 20여 년간 자유여행을 전문으로 하고 있다. 세계로여행사, 이오스여행사와 함께 유럽 빅3로 불리기도 한다.	bluetravel.co.kr (서울시 논현동)
	세계로여행사	유럽 자유여행뿐 아니라 교원 단체의 맞춤 여행, 유럽 출장을 주로 가는 기업 고객을 많이 확보하고 있다. 스페인 여행에서 가장 큰 강세를 보이고 있다.	segyero.com (서울시 서초동)
	이오스여행사	VIP고객을 많이 확보하는 여행사로 지중해 지역 및 파리 부띠끄 호텔 등 자유 허니문 여행 상품과 일본 고급 료칸 여행 상품을 주력으로 하고 있다.	ios.co.kr (서울시 신사동)
	내일여행	개별 여행 1위 업체로 같은 지역이라도 다양한 성격의 에어텔 상품을 제공한다. 배낭 여행객들이 주로 이용하는 곳이다. 최근에는 유럽뿐 아니라 일본, 홍콩 등 개별여행에서 강세를 보이고 있다.	naeiltour.co.kr (서울시 서소문동)

자유여행 수칙 5계명

자유여행의 시작과 끝은 무조건 안전이다! 여러 사람이 함께하는 것이 아니라 본인 또는 소수의 동행자만 여행하기 때문에 안전사고와 소지품 분실 등을 각별히 주의해야 한다. 다른 사람들과 함께 여행을 할 경우에는 서로의 취향에 대한 배려와 이해가 필요함을 잊지 말라. 커플이 함께 여행을 떠나 각자 돌아오는 일이 의외로 많다.

▶늦은 시간에는 외출 조심

외국에 나가 보면 '한국이 가장 안전해'라는 생각을 하게 된다. 가로등이 환하게 켜진 곳도 별로 없고, 늦은 시간까지 사람이 북적대는 곳도 많지 않다. 일단 비행기를 타면 어느 곳이든 우리나라와 같지 않다는 것을 명심 또 명심하자.

▶사본은 필수

가급적이면 항공권, 여권, 호텔 바우처, 신분증, 신용카드 사본을 준비해 들고 다니는 가방과 호텔에 두는 짐에 나누어 보관하는 것이 좋다.

▶계획은 꼼꼼하게

자유여행 상품을 선택했다면 현지에서의 일정은 본인 스스로 책임져야 한다. 여행지에 대한 정보가 부족한 상태에서 여행을 떠난다면 제대로 여행을 하지 못하고 계획만 세우다가 소중한 시간을 버릴 수 있으니, 어느 정도 준비를 해 놓고 출발하는 것이 좋다.

▶ 교통패스, 쿠폰 챙기기

자유여행을 하다 보면 생각보다 입장권과 교통비 지출이 많이 발생한다. 주요 관광지가 할인되는 교통패스, 또는 관광지끼리 할인되는 콤비네이션 티켓 등 현지 경비를 아낄 수 있는 다양한 방법을 사전에 준비하는 것이 좋다.

▶ 문화 제대로 알기

식습관, 교통 규칙, 인사 방법, 흥정하기 등 여행지의 문화를 공부하고 떠나야 현지인들과의 마찰을 최소화할 수 있다. 현지인의 기분을 상하게 하는 일은 여행을 망치는 지름길이다.

03 개별 자유여행

항공권은 여행사에 전화로 예약하거나 인터넷을 통해 직접 예약할 수 있다. 인터넷을 이용할 경우 출발 도시, 도착 도시, 여행 날짜를 입력하고 검색만 누르면 된다. 항공권 검색 시 표시된 요금 외에 TAX가 포함된 금액이 최종 결제 금액이며, 좌석이 대기인지 확정인지도 다시 체크해야 한다. 티켓 가격이 저렴해도 TAX가 상당 부분을 차지하는 경우가 있기 때문에 최종 금액을 비교할 때 TAX까지 더해진 금액을 살펴봐야 한다. 거리가 먼 지역일수록 유류할증료 등의 비용이 추가되기 때문에 TAX가 더 많이 부과된다.

할인 항공권만 구입할 때 가장 많이 이용하는 곳은 탑항공과 인터파크투어이다. 탑항공은 전화 통화가 잘 되고 여러 지역에 대리점이 있어 방문 상담이 가능하다는 장점이 있다. 또한 인터파크 투어는 다른 곳에 근무하는 여행사 직원들도 이용할 만큼 가격이 저렴하고 홈페이지를 통해 편하게 구입할 수 있다. 최근에는 스마트폰 어플리케이션을 이용해 예약부터 결재, 전자티켓 확인까지 가능하다.

항공권
예약하기

▶ 항공권 유효기간

항공권은 항공사마다, 판매 요금마다 다양한 판매 조건이 있다. 항공권을 구입할 때는 환불이 가능한지, 출발일 또는 귀국일, 스케줄 변경이 가능한지 등의 판매 조건을 반드시 확인해야 한다. 판매 조건을 보면 항공권의 보면 7일, 14일, 3개월과 같은 유효기간이 있는데, 출발편 비행기 탑승일 다음날부터 유효기간 내에 귀국편을 이용해야 한다는 것이다. 장기간 여행을 할 계획이라면 유효기간을 반드시 확인해야 한다.

또한 유효기간이 짧을 수록 항공권의 요금이 저렴해 지는데, 저렴한 항공권일수록 예약 마감이 빠르다. 예약 시점이 늦어지거나 연휴 기간의 여행인 경우 2박3일의 여행을 가는데, 유효기간이 짧은(저렴한) 항공권이 없어서 유효기간 1년짜리(비싼) 항공권을 구입하는 경우도 있다.

▶ 대기 예약

유효기간이 짧은 항공권일수록 예약 마감이 빠르다. 어느 여행사의 인터넷 사이트에서 실시간 항공권을 조회하여 예약하려고 하는데 대기 예약밖에 할 수 없다면 다른 여행사의 사이트를 조회해 봐도 마찬가지이다. 이는 모든 여행사가 동일한 시스템을 이용해 전세계 항공권을 판매하기 때문이다.

▶ 그룹 발권 항공권 예약

인터넷 사이트에서 조회해 보거나 여행사, 항공사에 항공권을 문의했는데 전부 마감되었다는 답을 들었다 해도 모든 좌석의 판매가 끝난 것이 아닐 수도 있다. 개별적으로 판매되는 좌석 외에 그룹으로 판매되는 항공권, 전세기 항공권은 시스템에서 조회가 되지 않기 때문이다. 쉽게 말해 그룹 발권, 전세기 항공권은 공동구매 항공권이라고 할 수 있는데, 날짜는 물론 시간까지 스케줄 변경이 불가능하고, 취소하는 경우 취소 수수료가 높기 때문에 일정을 신중하게 결정해야 한다. 항공권을 구입할 때 특별 규정이 지정된 날짜 외에는 구입이 되지 않는다는 메시지가 뜨면 그룹 발권 항공권이라고 생각하면 된다.

▶ 항공권 예약 완료 후

제주항공, 이스타항공 등의 저가항공사는 예약 조회 후에 바로 결제를 해야 전자항공권을 받을 수 있지만 대부분의 항공사는 예약 후 결제, 발권까지 약간의 여유가 있다. 예약을 하면 이메일을 통해 예약번호(Confirm No. 또는 PNR)와 편명, 스케줄과 함께 발권 시한(T/L)을 안내받는다. 발권 시한이 지나면 여행사 및 항공사의 시스템에서 자동 취소가 되고 취소된 후에는 예약을 복구할 수 없기 때문에 발권 시한 전에 결제 및 발권을 마쳐야 한다. 결제 후 발권까지는 여행사의 업무 처리에 따라서 다소 시간이 소요될 수 있으니 발권 시한보다 1~2일 전에 결제하도록 하자.

▶ 항공권을 받은 후

결제 및 발권이 완료되면 항공권 전자티켓 영수증을 받게 된다. 항공권을 받으면 탑승객 이름(Passenger Name)을 먼저 확인해야 한다. 여권의 영문 철자와 항공권의 영문 철자가 하나라도 틀리면 티켓을 이용할 수 없다. 최근에는 온라인 체크인이 가능한 항공사가 많아 공항에 가기 전에 좌석 지정과 체크인을 미리 해 공항에서의 시간을 절약할 수 있다. 각 항공사별로 기내 또는 화물로 부칠 수 있는 짐의 수량, 무게가 다르기 때문에 항공권 정보에 있는 수화물 관련 정보를 미리 확인해 두는 것도 좋다.

★탑승 수속은 여유 있게!

항공권과 호텔을 개별 예약하면 티켓과 호텔 바우처를 이메일로 받게 된다. (여행사에 따라 직접 방문 또는 우편으로도 가능) 패키지 여행처럼 '몇 시간 전 어디에서 누구를 만납니다.'라는 공지가 없기 때문에 비행기 출발 시간에 맞춰 공항에 가면 여행을 하지 못할 수도 있다. 국제선 항공의 경우 최소한 출발 1시간 전에 수속을 마쳐야 한다는 것을 잊지 말자. 2009년에 인천공항 출발 터미널이 생기면서 수속 후 탑승 게이트까지의 이동 시간이 길어졌기 때문에 외국계 항공사의 경우 비행기 출발 1시간 전에 수속을 마감하는 것을 원칙으로 한다. 여유로운 수속을 위해서는 비수기에는 2시간 전, 성수기와 연휴기간처럼 붐비는 시기에는 2시간 30분~3시간 전에 도착하는 것이 좋다.

숙소 예약하기

항공권 다음으로 확인해야 하는 것은 호텔이다. 한정된 항공편에 비해 호텔 예약은 비교적 수월한 편이다. 하지만 여행 성수기, 현지 공휴일, 박람회, 스포츠 이벤트 등이 있을 경우에는 호텔 예약이 어려울 수 있으니 여행 일정이 정해지면 항공권과 함께 바로 예약하는 것이 좋다. (항공권과 함께 바로 예약하는 것이 좋다.) 숙소는 호텔, 리조트, 민박 등 선택의 폭이 넓으니 미리 예산을 세워 그에 맞게 선택하는 것이 소비를 줄이는 방법이다.

▶한인민박

일본, 홍콩, 중국에서 저렴한 숙박을 찾는다면 한인민박을 알아보자. 맨션, 아파트 등을 여러 명이 이용하는 것이 일반적이다. 1인실, 2인실, 가족실 등 다양한 종류의 객실을 갖추고 있고 대부분 아침 식사로 한식 또는 간단한 식사가 제공되기도 하며 인터넷도 무료로 이용할 수 있다. 단, 정식 숙박업체로 등록되어 있지 않은 경우 사고가 발생했을 때 문제가 될 수 있으니 사전에 확인해 두는 것이 좋다.

▶ 유스호스텔(백패커)

전 세계 어디서나 쉽게 볼 수 있는 저렴한 숙박업체로 민박보다 저렴한 경우가 많다. 대부분 여러 대의 2층 침대가 놓여 있는 다인실(Dormitory)로 운영되고 있고, 객실 외에 TV를 보거나 간단한 게임을 즐길 수 있는 리빙룸, 직접 조리를 해 먹을 수 있는 주방 등의 부대시설을 갖추고 있다. 휴양지의 유스호스텔에는 수영장이 있는 곳도 있고, 저녁 시간에 펍을 운영하기도 한다.

▶호텔

각 나라마다 호텔 등급을 구분하는 방법이 다르다. 여행사 사이트에 몇 성급 호텔이라고 적혀 있는 것은 대부분 우리나라 여행사에서 임의로 정한 것이다. 같은 호텔인데도 여행사마다 다른 등급으로 적혀 있는 경우도 있다. 따라서 등급만 보고 호텔을 판단하기보다 객실, 부대시설, 위치, 가격 등을 비교해 보고 예약하는 것이 좋다. 객실은 싱글룸, 트윈룸, 더블룸, 트리플룸 등이 있으며, 같은 2인실인 더블룸과 트윈룸은 침대가 1개 있느냐 2개 있느냐의 차이이다. 더블룸에는 퀸 또는 킹 사이즈 침대 1개가 있고, 트윈룸에는 싱글 침대 2개가 있다.

▶ 료칸

일본에만 있는 독특한 숙박 스타일로 주로 도심에서 벗어난 온천 지역에 위치해 있다. 기본적으로 다다미(말린 짚으로 만든 바닥재)가 깔려 있고 객실 안에 전용 온천이 있는 곳도 있다. 료칸과 일반 호텔의 가장 큰 차이점은 저녁 식사가 포함되어 있다는 것인데, 일본식 코스 요리인 가이세키 요리가 제공된다. 따라서 6시 이전에는 반드시 체크인을 해야 하며, 육류, 생선 회, 두부, 우유 등 가이세키 요리에 기본적으로 들어가는 식재료에 알러지가 있다면 예약을 할 때 미리 말해 두는 것이 좋다.

▶ 풀빌라

동남아시아 휴양지에서 주로 볼 수 있는 객실 형태이다. 우리말로 풀자면 수영장이 딸려 있는 별채 객실이라고 할 수 있다. 대부분의 풀빌라 리조트는 높은 담이 있어 어디에서도 객실과 수영장이 보이지 않는다. 허니문, 커플여행으로 큰 인기를 얻고 있으며 대부분의 침대에는 캐노피가 달려 있고, 꽃으로 장식되어 있다.

▶ 리조트/레지던스

휴양지에서 호텔이나 풀빌라를 선택하기에 예산이 부족하다면 조금 더 캐주얼한 분위기의 리조트를 선택해도 좋다. 리조트의 장점이라면 호텔과 비슷한 형태의 편의시설을 제공하면서도 취사가 가능하다는 점이다.
리조트보다 이용할 수 있는 편의시설은 적지만 아파트나 오피스텔처럼 편안하게 이용할 수 있는 것이 레지던스이다. 기본적인 취사도구도 마련되어 있으면서도 가격은 리조트보다 저렴하게 이용할 수 있다. 레지던스는 일본이나 방콕, 싱가포르 등에서 이용하기에 편리하다.

▶ 에어비앤비

최근 뜨고 있는 에어비앤비는 현지인의 집을 저렴하게 대여해 주어 인기를 끌고 있다. 에어비앤비는 독채를 빌릴 수도 있으며, 주인집의 빈 방을 대여할 수도 있다. 전 세계의 집을 비교하며 고를 수 있다는 장점이 있지만 사진과 다른 경우도 있고, 집주인이 이상한 경우도 있을 수 있으니 되도록 후기가 많이 올라온 집을 선택하는 것이 좋다.

★ 숙소 예약 시 주의할 것

국내의 대표적인 호텔 예약 전문업체는 호텔트리스, 호텔패스, 호텔재팬닷컴 등과 다국적 기업인 호텔즈닷컴, 아고다 등이 있다. 각 업체별로, 시기별로 특가를 받는 호텔이 있기 때문에 어느 업체가 절대적으로 저렴하다고 할 수 없다. 호텔 예약을 많이 한다 해도 특별한 혜택을 받거나 마일리지 적립을 하여 다음에 다시 사용하기는 어렵기 때문에 예약 직전에 꼼꼼하게 비교하여 저렴한 곳을 예약하면 된다.

바로 예약 확정이 되지 않고 '몇 시간 후 회신'이라는 메시지가 뜬다면 업체가 미리 확보한 객실이 없어 호텔 측에 확인하여 예약 가능 여부를 파악하는 것이라고 할 수 있다. 이럴 경우 예약이 되지 않을 수도 있다는 점을 알고 있어야 한다. 호텔은 체크인 3~5일 전부터 취소 수수료가 발생하기 때문에 급하게 예약을 하는 경우라면 취소나 일정 변경에 주의해야 한다. 일정을 변경할 때도 우선 취소 후에 다시 예약을 하는 것이기 때문에 취소 수수료가 면제되지 않는다. 호텔 결제 시에는 부대시설 사용과 조식이 포함되어 있는지 확인해야 하며, 4성급 이상의 호텔인 경우 공항 픽업이 가능한 경우도 있으니 미리 예약한 후에 이용하면 좋다.

★ 호텔 체크인 시 알아 두어야 할 보증금

체크인을 할 때 호텔 측에서 신용카드를 요구할 때가 있다. 이때 '여행사를 통해 호텔 비용까지 결제했는데 왜 또 결제를 하라고 하는 거지?'라며 당황해하는 사람이 있다. 하지만 걱정할 필요는 없다. 신용카드의 용도는 숙박비 결제가 아니라 보증금이다. 객실의 미니바를 이용하거나 룸서비스를 이용한 후에 계산을 하지 않고 체크아웃을 하는 경우 혹은 호텔 시설을 고의적으로 파손했을 경우를 대비하는 것이다. 대부분의 경우 카드 압인만 해 두지만 간혹 승인까지 받아 두는 경우가 있다. 이때는 길게 말할 필요 없이 한마디만 하면 된다.
"디파짓(Deposit)?"

STEP 3. 여행 준비물 챙기기

01 환전하기

'환전 쿠폰'을 검색하면 각 은행에서 제공하는 환전 수수료 쿠폰을 찾을 수 있다. 그것을 이용하면 몇 천 원(환전 액수가 많으면 몇 만 원까지)이라도 비용을 절약할 수 있다. 쿠폰이 없다면 각 은행 인터넷 사이트에서 제공하는 '외화 공동구매'나 '사이버 환전'을 이용하면 된다. 평소 주거래 은행 담당 직원과 친하게 지내면 은행에 직접 방문해 조금 더 나은 환율 우대를 받을 수 있다.

02 짐 꾸리기

여행지에서는 날씨를 가늠할 수 없기 때문에 가급적이면 얇은 옷을 여러 겹 겹쳐 입을 수 있게 준비하는 것이 좋다. 가볍게 들고 다닐 수 있는 카디건이나 스카프 등을 준비하면 저녁 추위를 대비할 수 있다. 대부분의 호텔에는 헤어드라이어와 기본 용품이 준비되어 있기 때문에 개인적인 세면 도구만 가져가도 되지만 보디로션은 구비되어 있지 않은 곳도 있으니 피부가 건조한 사람은 꼭 챙겨 가도록 한다. 각 호텔의 홈페이지를 참고하거나 꼼꼼한 블로거들의 여행 후기를 보면 욕실 용품까지 사진으로 기록되어 있으니 떠나기 전에 호텔에 어떤 물품이 있는지 미리 확인하면 불필요한 짐을 줄일 수 있다. 화장품, 스프레이, 칼 등은 기내에 가지고 들어갈 수 없으니 불안하다 싶은 짐은 화물로 부칠 것을 권장한다. 화장품은 가급적 샘플을 챙겨 가도록 하고, 100ml가 넘는 것은 지퍼백에 넣어야 기내 반입이 가능하니 공항에서 버리고 싶지 않다면 미리 체크하기 바란다.

▶ **꼭 가져가야 할 것**
여권, 항공권, 호텔 바우처, 여행 경비, 옷, 카메라, 상비약, 충전기, 화장품, 신발

▶ **가져가면 좋은 것**
슬리퍼, 선글라스, 우산, 손전등, 수건, 샤워 용품, 미용 용품(손톱깎이 등), 자외선 차단제, 세컨드 백, 미니 계산기, 필기도구, 맥가이버칼, 매니큐어

03 핸드폰 로밍

대부분의 통신사가 자동로밍이 되기 때문에 특별히 신경 쓰지 않아도 되지만 핸드폰 기종에 따라 자동로밍이 되지 않는 경우도 있다. 필요 시 인천공항의 각 통신사 로밍 센터에 문의해 로밍폰을 임대하도록 한다.

★ **해외에서 스마트폰 와이파이 사용하기**

홍콩이나 일본 등의 도시로 여행을 갈 경우 스타벅스, 맥도날드, 호텔 로비 또는 대형 빌딩의 와이파이를 무료로 사용할 수 있다. 대부분의 호텔은 인터넷을 무료로 제공하지만 시간당 비용을 내야 하는 곳도 있다. 길눈이 어두워 구글 맵을 사용해야 하는 사람, SNS 금단증상이 있는 사람은 무제한 와이파이 요금을 미리 신청한 뒤 여행을 떠나는 것이 좋다. 스마트폰의 해외 데이터 무제한 로밍 요금제는 통신사, 여행지, 기간별로 요금이 상이하다. (하루에 5,000~12,000원)